本书出版获得福建省高校特色新型智库普惠金融研究院开放基金"股票市场操纵治理与中小投资者保护（KXJD2103A）"、国家自然科学基金"股票市场操纵、定价效率与投资者福利：影响评估及监管路径（71903030）"、福建省自然科学基金"台湾政治不确定性，资产价格冲击，及闽台经济合作——影响评估与对策探讨（2020J01562）"资助

股票市场操纵的影响评估和治理机制探索

刘　杰　著

Wuhan University Press
武汉大学出版社

图书在版编目（CIP）数据

股票市场操纵的影响评估和治理机制探索／刘杰著. －武汉：武汉大学出版社，2023.7

ISBN 978-7-307-23750-6

Ⅰ.股…　Ⅱ.刘…　Ⅲ.股票市场－研究－中国　Ⅳ.F832.51

中国国家版本馆CIP数据核字（2023）第080337号

责任编辑：周媛媛　冯红彩　责任校对：牟　丹　版式设计：文豪设计

出版发行：**武汉大学出版社**　　（430072　武昌　珞珈山）

（电子邮箱：cbs22@whu.edu.cn 网址：www.wdp.com.cn）

印刷：三河市祥达印刷包装有限公司

开本：710×1000　1/16　　印张：20　　字数：380千字

版次：2023年7月第1版　　2023年7月第1次印刷

ISBN 978-7-307-23750-6　　定价：98.00元

序　言

　　股票市场操纵行为由来已久。资产定价理论认为，市场操纵者能够通过散布信息或交易行为影响其他投资者的行为，使股价偏向对自己有利的方向。现有文献发现，市场操纵行为不仅加剧了股价波动，导致被操纵股票的价格暴跌，严重损害了股票市场质量，还对上市公司经营管理产生负面影响，损害了企业长期发展能力。因此，各国监管部门都将打击市场操纵行为作为市场治理的重要组成部分。我国同样面临严峻的市场操纵问题，监管机构投入大量人力和物力来遏制市场中的违法行为。2021 年 7 月，中共中央办公厅、国务院办公厅印发了《关于依法从严打击证券违法活动的意见》。该文件明确指出："打击证券违法活动是维护资本市场秩序、有效发挥资本市场枢纽功能的重要保障。"在这样的背景下，关注我国股票市场中的违法行为，探究操纵治理和中小投资者保护的研究极具现实意义。

　　对此，笔者和研究团队成员先后承接了国家自然科学基金项目"股票市场操纵、定价效率与投资者福利：影响评估及监管路径"、福建普惠金融研究院开放基金重点项目"股票市场操纵治理与中小投资者保护"、福建农林大学杰出青年科研人才计划项目"股票操纵与定价效率：基于高频数据市场微观结构的视角"等课题，针对股票市场操纵领域展开了多年的深入研究。本书是研究团队长期研究成果的总结，为市场操纵的影响评估和监管制度完善提供了可资借鉴的研究视角和政策讨论。

　　项目的完成和本书的撰写离不开同行、社会各界朋友的支持。感谢北京大学刘力、陈佳、刘玉珍、卢瑞昌、袁琳、黄鑫铭，清华大学姜磊、张

1

鑫杰，中央财经大学吴偎立，对外经济贸易大学李志冰，外交学院朱英伦，闽江学院孙淑晓，中国证券监督管理委员会（以下简称"中国证监会"）李浩民等专家学者在课题研究和本书撰写中给予的支持与帮助。感谢福建农林大学吴崇林、马雪琳、郑婉清、毕钰、林芳宇、陈雅莉、陈扬发、陈振山、黄艳玲、刘佳、曹芳瑞在整理书稿、文字排版和校对中的辛勤付出。此外，感谢《金融研究》《经济学报》《金融学季刊》《投资研究》和 *International Review of Financial Analysis*、*Emerging Markets Finance and Trade* 等国内外期刊对我们研究成果的认可。

本书利用手动整理的中国证监会在近二十年来披露的一千余件市场操纵案例，以及研究团队构建的市场操纵识别模型侦测发现的大量疑似操纵案例，全面评估市场操纵对定价效率、市场质量和投资者福利产生的影响。在投资者有限注意力、羊群效应、信息不对称等视角下考察市场操纵行为的影响机制。此外，本书检验了培养机构投资者、分析师跟踪、市场信息披露等机制对抑制市场操纵行为、提高市场质量的效果。本书是对市场操纵领域实证研究的重要补充，对深入理解市场操纵行为的影响结果和影响机制有所贡献，对监管制度的制定、投资者保护具有指导意义。

本书将中国证监会披露的案例和操纵识别模型检测的疑似操纵行为相结合，从操纵治理和中小投资者保护角度，系统地评估市场操纵的影响，检验现有市场机制对市场操纵抑制和中小投资者利益保护的作用，并借鉴国内外机制设计，总结出打击市场违法行为以提升市场质量的有益经验。本书具体可分为三个部分：第一部分为市场操纵的研究概论。本部分简要概述市场操纵的历史与现状、常见的操纵策略，并介绍国内外相关领域的研究现状。第二部分为市场操纵的类型分析。本部分在中国证监会披露的市场操纵案例的基础上，归纳总结操纵者和被操纵股票的特征，系统地评估操纵行为对股价表现、定价效率、流动性、波动性等方面的影响，并讨论产生影响的机制和原理。第三部分为市场操纵的监管现状与展望。本部分依据不同类型的操纵特征，构建市场操纵识别模型，并以部分现有监管机制为研究对象，考察其在抑制市场操纵、提高市场质量等方面起到的作用。

本书围绕市场操纵行为，根据对现实市场情形的细致观察、理论提炼和逻辑演绎，提出研究问题：操纵者及被操纵股票具有什么样的特征？如何对其进行识别？市场操纵对市场质量产生了何种影响？产生影响的机制和原理是怎样的？现有的监管机制是否起到了抑制市场操纵的作用？如何保护中小投资者？同时，本书通过手动整理的市场操纵案例，并结合操纵特征构建操纵识别模型，构建本研究所需要的研究数据。接下来展开具体的实证研究：其一，我们将市场操纵的影响作为研究对象，考察市场操纵带来的负面效应，以及通过中介效应和调节效应探究这一影响背后的作用机制；其二，我们将现有监管机制作为研究对象，考察其在抑制市场操纵、提高市场质量等方面起到的作用；其三，我们进行归纳和总结，提炼有利于提高市场质量和保护中小投资者的有益经验。

　　本书的创新之处体现在如下三方面：①研究角度的新颖性。本书参考并扩展了现有文献中衡量定价效率、市场质量的方法，首次构建了全面的市场质量衡量体系，从收益率、稳健性、波动性、流动性、有效性、市场关注度等角度全方位考察市场操纵的影响，同时分析了"股票交易龙虎榜"、涨停板制度等我国独特市场机制带来的影响。②研究观点的创新性。本书系统地评估市场操纵的影响和部分监管机制的作用，并总结出防治市场操纵、保护中小投资者，以及提升股票市场质量的相关经验，使本书的研究成果更具实用价值。③研究问题的前沿性。利用大数据方法进行市场操纵的识别是市场监管的前沿问题。本书在细致考察市场操纵特征的基础上，构建操纵识别模型，为监管部门和投资者预警识别、规避可疑股票提供了借鉴。

刘　杰

2022 年 3 月于观音湖畔

目　　录

第一章　市场操纵的历史与现状

　　股票市场操纵行为由来已久，自从股票市场建立之日起，操纵者便试图通过对市场的操纵获取非法的收益。约瑟夫·德拉维加（Joseph de la Vega）在 1688 年所著的《乱中之乱：股市三人谈》被认为是人类历史上第一本关于股票的专著，其中描绘了 17 世纪荷兰的阿姆斯特丹证券交易所的场景。当时的股票交易市场中投机氛围浓厚，投资者为了获取投资收益不择手段，谣言和谎言充斥其中，德拉维加将股票投资交易这门行当称为最公平同时也最具欺骗性的生意。"在人世间这个宏伟的剧场当中，最精彩的演出在交易所上演。在那里，你可以发现投机者们暗中玩弄把戏，寻找借口，隐瞒事实，争吵，挑衅，嘲弄，胡扯，暴力与欲望勾结，欺骗与背叛上演，直至最终以悲剧落幕。"书中描绘了市场中投机者使用的各种策略，以今天的眼光看来其中相当一部分就属于市场操纵行为，但由于当时监管缺乏，大多数此类行为逃过了处罚。

第一节　市场操纵代表性案件

　　历史上曾经发生过许多产生巨大影响的市场操纵事件。有的市场操纵案件甚至牵扯国家和民族的经济命脉，比如罗斯柴尔德家族利用英法战争进行的市场操纵。罗斯柴尔德家族在世界金融史上可谓久负盛名，该家族通过金融手段控制了巨额财富，在欧洲拥有堪比王室的巨大影响力。19 世纪，罗斯柴尔德家族在内森的带领下利用英法战争开展一系列操纵市场行动，甚至一举掌控了当时世界金融中心——英国伦敦的金融命脉，成了英国最大的债权人。这场震惊世人的市场操纵行为发生的背景是，拿破仑领导的法国军队与英国陆军将领阿瑟·韦尔斯利率领的反法同盟军之间开展了一场决定欧洲历史的重大战役。

1815 年 6 月 18 日，两军在比利时小镇滑铁卢爆发了决定性的大决战，这场战役的结果决定着欧洲未来的命运，紧紧牵动着欧洲各界人士的心，尤其是身在英国的投资者。因为英军作为反法同盟军的主力，在这场战争中的表现决定着英国的未来和投资者的钱包。其中的原因不难理解，在重大战争中，一个国家的军事实力、战争胜负极大影响着该国的信用状况和偿债能力，直接决定了该国债券的价格走势。若法国在滑铁卢战役中获得胜利，英国的国际地位和国家利益将严重受损，英国的债券价格势必随之下跌；反之，若法国战败，英国将在欧洲乃至世界拥有更大的国际影响力和更高的国际声誉，债券价格将随之上升。在战争爆发初期，罗斯柴尔德家族就敏锐地发现可以利用战争信息在金融市场中获得丰厚的投资收益。内森虽然身在英国，却耗费巨资构建了遍布欧洲的强大情报系统，在战争期间尽可能通过各种渠道收集战争的准确战况情报。

罗斯柴尔德家族为情报系统所付出的巨额投资得到了回报，早在 1815 年 6 月 19 日凌晨，他们便得知了法国战败的消息。罗斯柴尔德家族迅速赶往英国股票交易所，在众散户面前上演了一出精彩好戏。在明明得知法国已经战败的情况下，罗斯柴尔德家族故意装作悲痛的样子大量抛售英国债券，营造一副英国战败的乱象，同时通过信息渠道故意散布虚假的战况信息，误导其他投资者。不知情的投资者纷纷以为罗斯柴尔德家族已经获取了准确的战况消息——英国已经战败，英国公债将一文不值。于是，整个市场陷入了恐慌，众人在绝望中大规模抛售手中持有的债券。债券价格断崖式下降，等到 19 日傍晚时，债券价格已经跌去了 95%。罗斯柴尔德家族则在暗中狂喜，他们在真正的战争信息传来前，偷偷地以极其低廉的价格狂扫市面上能够买到的所有英国公债。两天后，法国战败的消息终于传回了英国，投资者们如梦初醒般地开始抢购英国公债，债券价格随之大涨。在这短短的几天时间里，罗斯柴尔德家族通过散布虚假的信息，成功地操纵了债券价格，攫取巨额财富的同时，一举成为英国最大的债权人，此后英格兰银行和英国公债都被罗斯柴尔德家族控制。罗斯柴尔德家族创始人梅耶·阿姆谢尔·罗斯柴尔德曾经说过："只要我能控制一个国家的货币发行，我不在乎谁制定法律。"通过英法战争进行的这场市场操纵仿佛一支利箭，成为罗斯柴尔德家族构建其金融帝国的标志性事件之一。

在中国证券市场发展初期，由于监管制度不健全，同样曾发生一些"惊天动地"的市场操纵案件。比如著名的"327 国债期货事件"，操纵者在市场中翻云覆雨，国债期货价格仿佛成了他们手中的玩物，任由其摆布。而市场中的普通投资者则只能沦为这场闹剧的看客，甚至是受害者。这场资本市场大事件发生的背景是 1992 年财政部发行了代号为 "327" 的三年期国债，在当时特殊的宏观经济形势下，通货膨胀率居高不下，银行存款利率不断提高导致投资者对国债的认可度较低。考虑到国债发行面临的现实困难，为了促进国债的发行，财政部决定从 1993 年 7 月 10 日起将参照中国人民银行公布的保值贴补率对当年发行的国债品种进行保值补贴。然而，这一政策对包括 327 国债在内的此前一年便已经发行的国债是否享受政府给予的补贴却语焉不详。从历史的眼光看，正是因为这一政策的不确定性，导致投资者对 327 国债的价值产生了巨大的分歧。327 国债以及其对应的 327 国债期货的价格走势开始出现不确定性，闻风而来的参与者涌入国债期货市场，原本平静的市场突然开始涌现投资的热潮。在这场激烈的博弈中，有两股旗帜鲜明的势力。一方是以万国证券为代表的空头。时任万国证券总经理的管金生根据 1995 年年初国家宏观调控提出的降低通货膨胀率的迫切要求，预测 327 国债价格将会进一步下降。于是，管金生率领万国证券联合辽宁国发集团成为市场空头主力。另一方则是以中国经济开发信托投资公司（以下简称 "中经开"）为代表的多头。他们认为正是由于时下的严重通货膨胀，为了提振国债投资者信心，327 国债同样将享受财政部给予的保值补贴。当 1995 年 2 月 23 日财政部公布了 "谜底" ——327 国债将按 148.50 元兑付（即发行之初约定的本息之和 128.50 元，外加保值补贴 20 元），管金生终于意识到自己的判断完全错误。按照财政部规定的国债兑付价格，万国证券将面临巨大的亏损。而另一边，作为多头的中经开并不准备轻易放过万国证券，他们率领多头借财政部利好消息在国债期货市场上继续大举买入，将价格进一步推到了 151.98 元。327 国债期货每上涨 1 元，万国证券就将亏损十几亿，使得本就已经面临巨大亏损的万国证券的处境更是雪上加霜。在这样的情况下，管金生为了避免浮亏变为即将实现的巨额亏损，做出了惊人之举。在收盘前 8 分钟时，万国证券在手头并没有足够期货保证金的前提下，连续用几十万手的巨额报单做空国债期货，强行将国债期货价格打到 147.40 元完成当日的收盘。管金生通过大举抛盘做空操纵债券价格，使得当日开盘的多方全部爆仓，当日市场所有多头投资者体验了从 "天堂" 瞬间坠入 "地狱" 的滋味。这场以空方胜利结束的激烈的多空对杀，引得业内外人士瞠目结舌。管金生这一系列明目张胆的市场操纵行为当然难逃市场监管部门的法眼，收盘后上海证券交易所（以下简称 "上交所"）通过紧急会议宣布 1995 年 2 月 23 日最后 8 分钟交易异常，交易不具有效力，这意味着万国证券最后的殊死一搏成了竹篮打水一场空。国债期货市场发生的戏剧性的一幕使得 1995 年 2 月 23 日这一天被部分媒体称为中国证券史上最黑暗的一天。自管金生 327 国债期货操纵事件发生后，上交所在次日立即发布了《关于加强国债期货交易监管工作的紧急通知》，就国债期货交易的监管问题做出六项规定，包括提高保证金比例、设置涨跌停板制度等。

号称"私募一哥"的徐翔市场操纵案则是近年来引发市场轰动的代表性市场操纵案件之一。2017年1月23日，徐翔因犯操纵证券市场罪被判处有期徒刑五年六个月，并处罚金。2010—2015年，徐翔单独或伙同他人，先后与13家上市公司的董事长或者实际控制人合谋操纵相关上市公司的股票交易，获利十多亿元。经过漫长的案件审理，投资者发现所谓的"股神"徐翔经常通过多种复杂的操纵手法影响股票价格及成交量，从市场获取了巨额的非法收益。徐翔常用的手法之一是通过与上市公司董事长或者实际控制人约定择机发布"高送转""业绩预增"等利好消息，比如引入"乙型肝炎治疗性疫苗""机器人""PPP"等热点题材，然后基于上述信息优势，徐翔利用其掌握的泽熙基金产品及其控制的亲友、员工、员工亲友等名义开设的135个证券账户，在二级市场对涉案公司股票进行交易。除了涉嫌违规利用内幕信息，徐翔还被指控通过连续买卖、对倒自成交等多种操纵手法拉抬股价、影响股票交易活跃度。这些市场操纵行为严重扰乱了市场价格形成机制，导致了错误定价，不仅破坏了市场秩序，还严重损害了投资者的合法利益。

第二节　市场操纵监管的发展

市场操纵行为往往会给市场带来剧烈的价格波动，给股票投资者带来巨大的投资损失，因而广泛地受到社会舆论的声讨和股票投资者的控诉。各国政府纷纷成立了专门的证券市场监管部门，用以整顿市场秩序，以及打击包括市场操纵在内的各类违规行为。例如，在美国，第一次世界大战后繁荣的经济诱使大量美国人投身于未被严格监管的证券市场，而随后当股票市场大崩盘发生，普通投资者损失惨重，引发了社会上关于打击市场操纵等违规行为的强烈呼声。细心的读者可能会发现，其中的逻辑似乎并没有那么强，即我们能理解市场操纵损害了普通投资者的利益，理应受到严格的监管和惩罚，但为什么这一议题是在股市大崩盘之后才引起社会的广泛关注？

事实上，市场操纵的监管既是一个经济学技术性的问题，同时也是一个社会学问题。当美国股市崩盘时，蒙受巨大损失的普通投资者产生的怒火无处宣泄，舆论将投资者的损失归结为市场操纵的结果，政府部门也借坡下驴，出台更为严厉的措施打击市场操纵行为，保障投资者利益。客观地讲，熊市阶段投资者蒙受的损失更多的是因为宏观经济形势、金融市场环境的恶化等因素，但由此出台更科学和更细致的打击市场操纵等违法违规行为的制度也便成为一个重要的时代"副产品"。作为市场操纵领域的研究者，我们乐于见到监管法律法规在一轮轮熊市过后得到了有效的加强和完善。为了有力监督证券市场和保障投资者的利益，美国国会于 1934 年依据证券交易法令成立了美国证券交易委员会（U.S. Securities and Exchange Commission，SEC）。SEC 一旦认为存在违法行为，便会启动证监会司法执行程序，或提交司法部进行刑事控诉，或在听证后进行行政处罚。

英国是世界老牌金融中心，1985 年就成立了证券投资委员会。英国的证券投资委员会于 1997 年改组为英国金融服务管理局（Financial Service Authority，FSA），负责监管银行、保险以及投资事业，包括证券和期货。2010 年英国政府解散 FSA，FSA 的职能分别由金融行为监管局和审慎监管局承担。英国是目前全球金融监管最为严格的国家之一，涉嫌市场操纵犯罪行为将交由检察官执行起诉，涉嫌内幕交易犯罪行为将交由贸易工业部执行起诉。

中国证券市场监管体制形成较晚，中国证券监督管理委员会（以下简称"中国证监会"）于 1992 年成立，负责对证券市场进行统一监督管理。随着市场的发展，1995 年开始，中国证监会依照法律、法规规定，也对证券期货市场进行监管。中国证监会下设稽查总队，其中调查一处至调查十五处负责承办证券期货市场内幕交易、市场操纵、虚假陈述等案件调查。

法律上，SEC 依据 1934 年《证券交易法》第 10 条（b）项所制定的 10b-5 规则从误导和欺诈的本质上对操纵行为进行了定义。《中华人民共和国证券法》（2014 年修正版）第七十七条将通过不法手段影响证券交易价格或者证券交易量的行为视为市场操纵。2020 年 3 月 1 日起施行的《中华人民共和国证券法》（2019 修订）明确将连续交易操纵、约定交易操纵、洗售操纵、幌骗交易操纵、蛊惑交易操纵、"抢帽子"交易操纵以及利用在其他相关市场的活动操纵证券市场的七类行为列为操纵市场。

学术上，Cherian 和 Jarrow（1995）将市场操纵定义为个人或机构投资者影响股价，使股价偏向对自己有利方向的交易行为。Kyle 和 Viswanathan（2008）认为，通过降低价格准确性或者降低交易流动性从而损害市场效率的交易行为都应当被认作市场操纵。在本书研究的市场操纵案例中，操纵者通过散布虚假信息或交易行为试图影响股票价格及其他投资者的行为，并从中谋取非法收益。我们通过对典型市场操纵类型的剖析，分析市场操纵对资产价格、市场质量、投资者权益的影响，揭露其巨大的危害性。

第二章 市场操纵的研究意义

第一节 现实意义

鉴于市场操纵行为对市场质量和投资者利益的严重损害，长期以来，打击市场操纵是市场监管部门工作的核心内容。学术界近年来也越发关注以市场操纵为代表的违规行为对市场运行效率产生的负面影响。此外，市场操纵形形色色的民间传闻时常见诸媒体，是投资者广泛关注的热点话题。中国证监会于 2007 年发布了《中国证券监督管理委员会证券市场操纵行为认定指引（试行）》，其中详细描述了多种市场中常见的操纵手法，包括连续交易、洗售交易、"抢帽子"交易、幌骗交易、尾市操纵等。人们对隐藏在错综复杂的操纵手法背后的市场操纵者的真实身份非常好奇，迫切想要了解操纵者倾向于选择何种特征的股票作为其操纵目标。为了满足社会各界的关注，笔者在过去数年时间里，组织研究团队通过网络爬虫与人工阅读相结合的方式，整理了近二十年来中国证监会发布的超过一千份行政处罚决定书，从其中记录的近万件违规案例中手动整理了一千余件市场操纵案例，同时展开实证研究。利用样本量大、操纵记录细致的数据优势，本书关注操纵者的资金规模、身份、动机、操纵过程和操纵结果，同时也关注操纵者选择的目标公司的市值、估值水平、风险水平、盈利能力、偿债能力、经营能力、发展能力、股价走势、成交活跃度等特征以及目标公司在被操纵期间的市场表现。

市场操纵者散布虚假消息、利用资金优势通过交易行为影响价格和成交量，从而实现自身非法投资收益的目的。市场操纵行为损害了市场公平，扭曲了资产价格，干扰了市场定价功能的有效运作，损害了投资者，尤其是中小投资者的利益。各国监管部门，例如，SEC、中国证监会都将查处和打击市场操纵作为市场治理的重要组成部分，并且制定了一系列规则、制度来遏制和打击市场操纵的发生。然而，市场操纵现象在世界各国仍然广泛存在，尤其是广大新兴市场由于投资者成熟度低、监管制度不完善，市场操纵更是频繁发生。中国股票市场作为一个散户投资者占比较高的市场，散户投资者缺乏与专业机构投资者相当的信息优势和信息处理能力，其交易行为更容易受到与股票真实价值无关信息的影响，散户投资者更容易成为市场操纵的接盘侠，从而遭受损失。我们必须意识到，市场操纵的手法复杂而多样，不同类型的市场操纵会给股票市场的平稳有效运行产生不同程度、不同方面的冲击。

各国监管部门在直接查处和打击此类市场操纵违法犯罪案件的同时，也通过培养机构投资者、加强信息披露、开展投资者教育活动等方式抑制市场操纵行为。监管机制的建立和完善在规范投资者行为、抑制市场操纵及提高市场质量等方面具有重要的作用，然而其在打击和抑制市场操纵方面尚存不足。本书在全面评估市场操纵对定价效率、市场质量和投资者福利影响的同时，检验了部分现有市场监管制度对操纵行为的抑制作用。同时，本书基于市场操纵的重要特征，尝试构建操纵识别模型对不同类型的操纵行为进行预判和识别。本书的研究成果为证券市场监管层健全和发展资本市场监管制度，提高信息披露质量，完善监管相关配套设施，切实保护投资者利益，尤其为市场操纵行为的防范和打击提供了参考。

第二节　学术价值

早期的学术文献中，由于研究者缺乏市场操纵的相关数据，普遍采用理论模型的方法开展研究。关于市场操纵的理论研究聚焦于市场操纵是否具有可行性，即市场操纵者能否获利。Vila（1987）、Benabou 和 Laroque（1992）、Bagnoli 和 Lipman（1996）、Huddart 等（2001）、van Bommel（2003）、Eren 和 Ozsoylev（2008）等均指出，操纵者可以通过发布虚假的信息诱导市场中其他投资者向操纵者自身持仓有利的方向交易，从而从股票价格的波动中获利。上述学者的研究证实了基于信息的市场操纵是可行的。然而，操纵者能否通过自身的交易行为诱骗其他投资者，从而操纵股票价格，这一议题却引发了争论。Fischel 和 Ross（1991）认为，不具备信息优势的交易型操纵在有效市场中不具有获利能力，因为操纵者的交易行为很容易被其他投资者识别出来，无法达成操纵股价的目的。但是，Allen 和 Gorton（1992）、Thel（1993）、Chakraborty 和 Yilmaz（2004a，2004b）、Khanna 和 Sonti（2004）、Goldstein 和 Guembel（2008）等学者认为，在现实中的股票市场由于信息不对称、投资者的非理性参与等原因，市场并非完全有效，因此，交易型市场操纵者能够通过有意提升或打压股价的交易行为干扰其他投资者的决策，并从中获利。操纵成功与否的关键在于操纵者能否利用信息的不对称误导其他投资者，使他们无法分辨价格的波动是基本面信息驱动的还是市场操纵者推动的。

随着监管部门披露的市场操纵数据日趋丰富，伴随着研究方法的改善，以实证证据为基础的实证研究得以开展。实证证据可以分为间接实证证据和直接实证证据两种类型。间接实证证据主要是指通过观察价格走势的异常，或者疑似操纵者的交易记录推测可能存在的操纵行为。例如，Felixson 和 Pelli（1999）、Carhart 等（2002）、Hillion 和 Suominen（2004）、Zdorovtsov 等（2017）、李志辉等（2018）分别利用尾市价格偏离模型进行了可疑收盘价操纵行为的监测，在芬兰、美国、法国、中国等市场识别出了尾盘价格操纵存在的证据。Khwaja 和 Mian（2005）根据巴基斯坦的经纪商的自营和代理交易记录，Gallagher 等（2009）根据共同基金业绩报告期末的交易记录，徐龙炳（2005）通过从交易数据中将机构投资者的交易记录分离出来，发现了这些市场参与者潜在的股价操纵行为。Sabherwal 等（2011）、Ackert 等（2016）通过分析互联网在线股票论坛中活跃用户的发帖行为，探讨了发帖人利用其影响力，散布虚假消息进行市场操纵的可能性。与间接实证证据相对应的直接实证证据是指监管部门查处并公布的市场操纵案例。例如，Aggarwal 和 Wu（2006）、Comerton-Forde 和 Putniņš（2011）使用了 SEC 披露的案例，吴崇林等（2021b）、Liu 等（2022a，2022b）、刘杰等（2022）采用了中国证监会披露的市场操纵案例开展研究。

同时，实验研究也被学者们用来考察市场操纵的影响机制。实验研究能够直接地观察和控制投资者接收的信息、对激励的反馈，以及市场基本面状况的变化，因而能够克服实证研究中信息不全面的缺陷。然而，实验研究的困难性在于刻画或构造与现实市场环境尽可能接近的模拟市场并非易事，这也导致了实验研究结论的可扩展性和外延性时常受到质疑。Camerer（1998）、Comerton-Forde 和 Putniņš（2011）、高鸿桢和林嘉永（2005）等均在实验室模拟的资本市场中验证了市场操纵行为的可行性以及成功实施市场操纵的先决条件。

现有学术文献中，无论是理论研究、实证研究，还是实验研究，大多证实了市场操纵可能发生在各种不同的市场和环境当中，并会导致价格扭曲和资源错配。Putniņš（2012）指出更为深入的学术研究需要收集更全面的市场操纵案例数据，使用检测控制估计方法来克服样本选择问题和局部可观测性问题。然而，市场操纵通常由操纵者在暗地执行，Thel（1993）指出，尽管监管部门大力查处，学术界进行了大量的研究，但完整、全面地估计市场操纵的发生次数、造成的危害，以及现有规则是否起到了抑制作用仍然需要更细致的实证数据和实证分析予以支持。

从学术意义上来说，本书充分利用中国市场所提供的丰富的实证研究数据，系统性地探讨市场操纵的特征和识别，度量市场操纵对定价效率、市场质量和投资者福利的损害和影响机制，检验现有市场机制对市场操纵行为的抑制作用，不仅为抑制市场操纵提供了可行的操作方法，也对制定规范的市场操纵查处和惩罚制度提供了参考。

第三章 市场操纵的相关研究

市场操纵是金融监管领域的热点研究主题，金融学家利用理论模型、实证数据、实验环境等多种方式，重点研究了操纵的可获利性、操纵对市场和投资者产生的影响、操纵的识别方法及监管制度的有效性。下面我们按照市场操纵相关学术文献的研究方法将文献分为理论研究、实证研究、实验研究三大类，并根据每一大类文献的研究内容进行了进一步划分。

第一节 市场操纵的理论研究

市场操纵是否具有可行性及盈利能力是理论研究最为关注的问题之一。社会舆论普遍认为，市场操纵者理所应当能够利用自身的信息优势、资金优势等便利条件来谋取利益。然而事实并非如此简单，市场操纵者面临的金融市场有能力消化和吸收海量的异质性信息，在大多数时候能够保证定价的有效性。很多研究者曾质疑通过市场操纵牟利的可持续性，即欺骗一次或许容易，反复的欺骗真的能不被市场投资者察觉吗？我们在研究中国证监会披露的市场操纵案例中发现，不少的操纵者在施展了其精心设计的复杂操纵策略以后，反而出现以亏损告终的滑稽场景。因此，市场操纵是否具有可获利性，以及什么条件下能够获利是非常值得关注的问题。相关学术文献将市场操纵的形式划分为信息型操纵（information-based manipulation）、交易型操纵（trade-based manipulation）以及二者的混合型操纵，下面将对这三种市场操纵展开详细的探讨。

一、信息型操纵

信息型操纵是指操纵者通过在市场中散布谣言进行股价操纵，例如活跃在网络论坛或者舆论媒体中的股市"黑嘴"。对于信息型操纵，Vila（1987）利用博弈论模型模拟了在简单市场环境下通过卖空获利的操纵过程。首先，操纵者以较高的价格卖空股票；其次，通过各种信息渠道释放虚假利空消息打压股价；最后，操纵者在较低价格对持有的空头头寸进行平仓获利。Bagnoli 和 Lipman（1996）描述的操纵过程则是利用虚假的利好消息牟利。首先，操纵者散布虚假的资产重组信息，使市场中的投资者误以为上市公司存在利好消息，推动股价上涨；随后，操纵者逐渐抛售其持有的股票，让对虚假消息信以为真并且跟风买入的投资者成为"接盘侠"。在以上两类模型中，操纵者盈利能力取决于其发布的信息的可信度。如果操纵是重复进行的并且投资者能够识别虚假信息，则操纵者将很快失去信誉，操纵者后续散布的谣言将不被投资者相信，操纵行为也就失去了获利能力。

为了克服多次操纵过程中的操纵者信用问题，Benabou 和 Laroque（1992）设定的市场环境中，私人掌握的信息中混杂着大量不相关信息，这限制了投资者识别信息真伪的能力，因而公司管理层、分析师等掌握信息优势的操纵者仍然可以在不失去信用的情况下进行重复操纵。van Bommel（2003）认为，拥有内幕消息的操纵者通过谣言散布包含信息但并不准确的消息，从而使其他投资者既需要依赖这些谣言又无法辨别其中的真伪成分。Eren 和 Ozsoylev（2008）借用与 van Bommel（2003）相似的模型，发现"拉抬股价，逢高卖出"的操纵行为会提升投资者交易热情和市场成交量，但会损害市场定价效率。

二、交易型操纵

交易型操纵是指操纵者利用策略性交易行为，如封涨停、对敲等手法，哄抬股价。对于交易型操纵，Fischel 和 Ross（1991）提出在有效市场中，交易型市场操纵是不可行的。市场价格反映所有的上市公司基本面相关信息，因而市场价格是一个有效价格。然而在现实市场中，由于投资者有限注意力、非理性行为以及对上市公司信息收集和理解的不充分等原因，市场并非完全有效，价格无法及时准确地反映市场信息。文献普遍认为交易型操纵在现实交易中能够获利，即便如此，探讨交易型市场操纵能够获利的条件仍然是非常重要的研究课题。例如，Allen 和 Gorton（1992）认为投资者提交的买单和卖单包含的信息含量存在差异，这一差异使其他投资者可能无从分辨市场订单中的信息含量，从而让交易型操纵成为可能。Glosten 和 Milgrom（1985）、Allen 和 Gale（1992）进一步指出，这种不对称性让没有信息优势的操纵者也能通过先买后卖的方式操纵股价获利。操纵者成功与否依赖于市场信息不对称程度，只有当市场信息不透明、投资者无法辨认大额买家是意图抄底低估的资产还是操纵股价时，基于交易的市场操纵才存在获利空间。Aggarwal 和

Wu（2006）则发现，虽然通常而言信息搜寻者对市场效率有积极作用，但当市场操纵存在时，信息搜寻者越多会使市场操纵越容易成功，从而有损于市场效率。Zhang（2022）构建的理论模型讨论了衍生品市场的操纵行为，指出操纵者可以通过交易标的现货，影响现货结算价，进而操纵衍生品价格。国内相关研究中，张屹山和方毅（2007）构建的模型指出有限理性的假设下，交易型操纵者能够利用正反馈交易者的羊群效应获利，并且研究还进一步指出市场中知情交易者增多，交易操纵会减少，庄家要获利就需要在多个时期进行交易操纵。周春生和梅建平（2010）也指出，投资者非完全理性，市场的有限套利特征使交易型市场操纵成为可能，市场操纵者能够利用其他投资者的两类典型行为偏好：惯性交易和处置效应（即投资者倾向于卖出已有盈利的股票，而继续持有亏损的股票）。由于这两类效应的存在，当操纵者抛售时，价格下跌的速度大于操纵者买入时价格上涨的速度，进而实现操纵获利。

三、混合型操纵

信息型操纵和交易型操纵是可以相互融合的，Chakraborty 和 Yilmaz（2004a，2004b）指出，拥有信息优势的操纵者可以先向其信息显示的相反方向交易，这样的做法虽然使其短期内蒙受损失，但市场其他参与者会进一步推动价格。此后操纵者轧平头寸并依照信息显示的方向交易，获得的收益比简单依照信息交易显著更多。

细心的读者由此可能会联想到第一章中谈到的罗斯柴尔德家族利用滑铁卢战役操纵英国公债市场的经典案例，他们便是在明知英国战胜的情况下，假装获悉英国战败的情报而抛售英国公债，同时通过信息渠道散布虚假的战况信息误导其他投资者。而当其他投资者跟随罗斯柴尔德家族的脚步开始大幅抛售英国公债时，狡猾的罗斯柴尔德家族则在暗中以极其低廉的价格大肆收购市场中一切可以买到的英国公债，一举成为英国最大的债权人。等到真实的战况信息——拿破仑战败传到伦敦时，广大投资者才恍然大悟，而罗斯柴尔德家族已经在短时间内通过这一策略赚得盆满钵满。Chakraborty 和 Yilmaz（2004a，2004b）进一步发现当许多竞争性理性交易者持有比内部人更粗略、比做市商更精细的信息时，他们的存在会使拥有信息优势的操纵者更容易通过操纵获利。张宗新等（2005）根据动态信息博弈模型指出，具有信息优势的机构投资者能够利用内幕信息进行操纵，同时实证证据表明中国股市存在较为严重的内幕信息操纵行为。

四、具体的操纵形式

理论研究也关注了操纵的具体形式和识别方法。在 Gerard 和 Nanda（1993）

构建的模型中，拥有信息优势的操纵者在股权再融资之前卖空打压股价，从而得以在配股中以较低价格大量购买，最终在配股完成、股价恢复后轧平获利头寸。Fishman 和 Hagerty（1995）发现，操纵者可以利用 1934 年美国《证券交易法》的大额交易强制披露规则，通过大额交易拉抬股价形成强制披露，在吸引其他投资者关注后通过一系列小额交易，在其他投资者不知情的情况下悄悄出逃将头寸轧平。Kose 和 Narayanan（1997）、Huddart 等（2001）均检验了操纵者利用类似的强制信息披露规则进行操纵的手法。Vila（1987）、Bagnoli 和 Lipman（1996）等构建的模型中操纵者原本持有某个公司大量股份，通过制造虚假收购要约的方式误导市场参与者、拉抬股价，从而以较高的价格出售原有股份。同时学者还发现操纵者可以利用金融市场的反馈效应牟利。例如，Khanna 和 Sonti（2004）发现长期股东可以操纵股价上升，刺激公司从事创造价值的投资，从而提升公司基本面。这种"神奇"的现象仿佛是"将吹过的牛皮都一一实现"。相对应地，Goldstein 和 Guembel（2008）的模型中操纵者恶意大量卖空公司股票，使公司融资能力受到负面影响，进一步影响其正常的投资决策，最终损害了公司基本面，降低了股票价值，操纵者得以以较低的价格轧平空头头寸获利。这类研究证实了市场操纵可以通过扭曲资源配置降低市场效率。部分学者还发现操纵收盘价牟利的可能性。Kumar 和 Seppi（1992）指出操纵者可以在期货市场上持有大量多头头寸，然后在临近收盘时猛烈拉抬现货价格，从而提升期货的交割价。Hillion 和 Suominen（2004）则对经纪商实施操纵的经济动机进行了解释，认为经纪商可以通过操纵收盘价提升客户对其执行能力的评价。同样，Bernhardt 和 Davies（2009）发现出于对薪酬和声誉的考虑，共同基金经理有动机利用短期价格影响力，在业绩报告期临近时操纵收盘价使基金业绩表现看上去更好。

第二节　市场操纵的实证研究

理论研究帮助研究者更好地理解在何种条件下市场操纵是可能的，以及何种条件下是有利可图的。然而真实金融市场交易和许多操纵策略太过复杂，难以通过理论模型进行准确刻画。对现实情况的过分简化和理想化的假设会使模型有失真的可能性，因此实证研究对市场操纵相关研究是非常必要的。绝大多数实证研究（Carhart et al.，2002；Khwaja and Mian，2005；Aggarwal and Wu，2006；Gallagher et al.，2009；赵涛和郑祖玄，2002）支持市场操纵的可行性。实证研究使用的数据按照操纵是否得到"实锤"，可以分为间接实证证据（价格走势、可疑交易行为）和直接实证证据（监管机构披露的操纵案例）。不难看出，前者是研究者根据市场信息进行的推断，而后者是监管部门查处后权威发布的操纵案例。以下内容中，我们分别展示使用相关证据进行的代表性研究结果。

一、间接实证证据

第一类间接实证证据主要通过观察价格走势的异常推测可能存在的操纵行为。Felixson 和 Pelli（1999）检验发现芬兰股票市场中大量股票的收盘价异常，疑似遭到操纵。类似地，Carhart 等（2002）在美国市场发现股价在收盘前半小时，尤其是季度末的收盘前有明显被操纵上涨的迹象。他们发现80% 的基金在一年当中最后一个交易日的收益表现能够战胜标准普尔 500 指数，而在一年中第一个交易日只有 37% 的基金能战胜标准普尔 500 指数。研究者认为，基金不大可能刚好总是在年末选中显著强于市场大盘指数的股票，更可能的原因是基金经理为了提高自己管理基金的年度排名而人为拉抬了基金重仓股。至于为什么选择在年末拉升，则是因为提前拉升的股票最终会被市场校正回归其真实价值，而如果在年末拉升，股价回调的过程便发生在第二年，不会对基金当年度的业绩排名产生影响。这也正是新一年第一个交易日，大量基金净值表现不佳的原因。类似地，Hillion 和 Suominen（2004）在巴黎证券交易所发现交易日最后 1 分钟股价波动率、成交量、买卖价差出现了不同寻常的暴增。Henderson 等（2020）研究了美国市场中一种收益结构取决于其他股票或股指的股权结构产品（structured equity products, SEP），他们发现发行人在 SEP 标的股票收盘前大量买入，从而操纵市场提升 SEP 定价。Cumming 等（2020b）利用收盘价与连续交易时期结束前 15 分钟的价格异常变化构建 EOD（end-of-day）指标，在 9 个国家和地区识别出了疑似股价操纵事件。在期权市场上的大量研究（Stoll and Whaley, 1987；Chamberlain et al., 1989；Stoll and Whaley, 1991；Ni et al., 2005）同样发现操纵者在期权到期前 1 小时操纵股票价格，从而影响对应期权的价值。Zdorovtsov 等（2017）则发现操纵者在罗素 3000 指数成分股修订时操纵相关股票收盘价，从而影响指数权重分配。研究者把这些归结为操纵者在尾盘的市场操纵行为所致。

在国内相关研究中，赵涛和郑祖玄（2002）提出在信息不对称的情况下，部门机构投资者与上市公司合谋，通过操纵基本面信息来影响股票交易价格以获得超额收益。张宗新（2008）发现应用支持向量机模型（support vector machine, SVM）对内幕交易行为具有较好的预测效果。Liu 等（2022a）、吴崇林等（2021c）基于开盘前集合竞价制度设计，构建了开盘价操纵识别模型，并对中国股票市场中的开盘价操纵行为进行了识别。李悦雷等（2010）指出沪深 300 指数权重股与指数在价格下跌过程中的极值相关性明显强于价格上涨过程中的极值相关性，这一现象可以成为操纵者利用的工具，通过对现货市场的权重股进行操纵引起指数的大幅波动，进而实现从现货市场和期货市场套利的目的。李志辉等（2018，2021）、李梦雨和李志辉（2019）、孙广宇等（2021）、吴崇林等（2021a，2022b）基于收盘价操纵后股票价格的变动特征，构建了收盘价操纵行为的识别方法，并利用该尾市价格偏离模型对中国股票市场进行了可疑收盘价操纵行为的监测。

　　第二类间接证据为疑似操纵者的交易记录。Khwaja 和 Mian（2005）发现巴基斯坦的经纪商使用"哄抬股价，逢高卖出"（pump-and-dump）的交易策略，使其自营交易收益比基准收益高 8%，同时这些超额收益不能用市场择时或者提供流动性等原因解释。Gallagher 等（2009）的研究发现则为前文介绍过的 Carhart 等（2002）的研究提供了支持，他们的研究指出，基金经理倾向于在业绩报告期末购买持仓中流动性较差的股票，从而拉抬股价提升基金业绩表现。这是因为使用相同的资金拉升流动性较差的股票能获得更高的涨幅，从而最大限度地提升基金的业绩排名。同时，他们发现原本业绩表现较差的基金经理更有动机借此操纵股价，这或许是为了保住自己宝贵的基金经理职位，避免在末位淘汰赛中出局。Khomyn 和 Putniņš（2021）认为股市异常撤单行为预示着市场操纵，提出若订单交易比（order-to-trade ratios）超过做市水平，则表明市场可能存在幌骗交易。类似地，Meoli 和 Vismara（2021）研究了数字股权筹资平台的非执行订单，发现平台内部成员倾向于利用申购价格可见性吸引普通投资者交易，但在项目结束前撤销自身申购订单。Titman 等（2021）发现股票分割也可能暗含了操纵行为，公司内部人士和大股东发布分拆公告的同时报告高水平的应计利润，暂时抬高股价。Chen 等（2019）探讨了与市场限价制度有关的操纵行为，发现在限价发生后，大型投资者会实施当天大额买入、隔天卖出的操纵策略，影响股价长期趋势。吴风云等（2001）指出很长一段时间内美国将股票上市初期的价格支持行为视为市场操纵，而近年来逐步放松了管制。我国市场中广泛存在首次公开募股（initial public offering，IPO）后的价格支持行为，监管层有必要对这些行为进行规范和监督。Duong 等（2021）认为公司 IPO 当日的证券经纪人的订单操纵行为，市场异常交易量也可作为识别市场操纵行为的依据。徐龙炳（2005）通过从交易数据中将机构投资者的交易记录分离出来，证实了存在机构采用多账户交易的行为，发现采用多账户交易的机构投资者具有集中投资、日内多次交易、利用不同证券账户进行建仓、对敲、拉升股价、出货等行为特征。

　　基于间接实证证据展开的研究有其局限性，研究者发现的现象可能是市场操纵的结果，也可能存在其他的解释原因。即便如此，这些间接实证研究也为人们进一步了解市场操纵的动机和影响提供了理论文献无法给出的贡献。

二、直接实证证据

随着数据可得性的扩展，新的研究开始采用被监管部门披露的操纵案例作为直接实证证据考察市场操纵行为。但总的来说，由于缺乏数据量丰富、有代表性的数据库，数据收集完全依赖于研究者自行收集和处理，因此利用披露案件数量进行的实证研究相对较为匮乏。Mahoney（1999）、Jiang 等（2005）检验了美国 20 世纪 20 年代"集合资产池"是否涉及市场操纵，发现其交易行为并没有损害其他投资者的利益，他们认为此类投资行为并非操纵。Aggarwal 和 Wu（2006）分析了 SEC 披露的 51 个使用"哄抬股价，逢高卖出"交易策略的操纵案例，他们发现，操纵主要集中于流动性较差的股票，大多数操纵者是拥有信息优势的公司管理层、大股东、做市商、经纪人等。Allen 等（2006）考察了大额投资者和公司内部管理层利用市场影响力操纵股价，进行市场逼空的案例。研究发现市场逼空会增加市场波动性，并对其他资产价格产生不良影响。同时，这一行为还增加了卖空交易的风险，使卖空机制对错误定价的纠正能力下降。吴崇林等（2022a）则利用披露的洗售交易案件，研究了洗售交易对市场流动性的不利影响，并考察了不同类型机构投资者在其中起到的作用。他们的研究证明了市场操纵对市场流动性产生了不利的影响，且不同类型的机构投资者在其中所起到的作用不一致。Comerton-Forde 和 Rydge（2006a）发现操纵者能通过在收盘集合竞价阶段最后几秒内提交数额庞大的订单，制造虚假的需求以哄抬收盘价，随后操纵者卖出股票获利。Comerton-Forde 和 Putniņš（2011）考察了 SEC 在 1997—2009 年披露的 184 起收盘价操纵案件，发现操纵者以基金经理、公司高管、大股东、经纪商为主，操纵行为严重损害了定价准确性。Liu 等（2022b）通过研究中国证监会披露的幌骗交易行为，分析了这一操纵类型的订单簿特征、影响程度和影响机制，为市场参与者了解这一常见的操纵策略提供了参考。Neupane 等（2017）利用印度监管机构披露的数据考察了 7 件 IPO 操纵案例，发现受操纵的上市公司规模较小，由排名靠后的承销商承销，并且难以吸引机构投资者的关注。同时，受到操纵股票的股价呈现显著的先涨后跌趋势。吴崇林等（2021b）基于中国证监会披露的多种类型市场操纵案件，分析了操纵行为对股价崩盘风险的影响，研究发现操纵结束后，受操纵股票的股价崩盘风险增加。

三、监管机制设计

精确识别操纵行为是监管部门所面临的首要问题。张宗新（2008）将支持向量机模型运用于内幕交易行为预测中，并且这一方法表现出良好的预测性。张维等（2011）根据股指期货操纵案例的特点，结合波动性和流动性，判别股指期货跨市场价格操纵行为。Liu等（2021）利用机器学习方法构建模型，不仅运用了公司估值、市场表现、公司治理和财务指标在内的基本特征指标，还创新性地引入了市场情绪指标（包括分析师评级报告、金融新闻和股吧评论），对市场操纵行为加以识别。通过对比模型的识别结果和监管机构查处的市场操纵案件，这些基于统计分析技术和机器学习模型构建的识别策略均取得了较好的识别率，为监管机构和投资者识别市场中的疑似操纵行为、避免遭受投资损失等提供了借鉴。

　　除了及时发现和查处市场操纵等违规行为，如何有效遏制市场中的操纵行为也受到了大量的关注，中外学者通过大量的理论及实证研究探讨了市场机制的设计和作用。其一，信息公开制度是市场机制的重要组成部分，大多数研究支持信息公开能够提高投资者福利及市场质量。从投资者的视角考察，信息披露通过提升信息公开程度来降低投资者的信息收集成本及对信息的过度反应（Irani，2004；Xu and Zhang，2013；施荣盛和陈工孟，2012；陈小林和孔东民，2012；吴崇林 等，2022b）。从市场表现的视角考察，信息公开减少了信息寻租机会，改善了市场公平性，降低了市场信息不对称（Huddart et al.，2001；李兴绪，2003；史永东 等，2004；Gong and Marsden，2014；方军雄，2014；陈强 等，2016）。在一个信息更为公开透明的证券市场中，操纵者难以通过散布谣言和策略性交易来虚构利好消息，这在一定程度上限制了市场操纵的空间。但也有部分文献提出信息公开的作用并不显著，例如，Hermalin 和 Weisbach（2012）指出，信息披露程度过高时有可能会加剧公司管理中代理人存在的问题，导致管理层离职率上升，反而不利于公司的长期稳定发展。因此，理想的做法是寻找到信息披露的合理程度，而非一味追求高标准的信息公开。朱伟骅（2003）、王燕（2006）等也通过实证检验信息披露的市场影响，发现其并未很好地起到威慑上市公司、提高信息透明度的作用。其二，培育机构投资者、引入国外投资者也被广泛认为是抑制市场操纵、提高市场质量的方法之一。虽然社会普遍认为部分机构投资者尤其是私募基金参与了市场操纵，破坏了市场公正。但整体来看，我国股票市场中的机构投资者依然发挥着积极的外部监督治理作用。杨墨竹（2008）、赵涛和郑祖玄（2002）、扈文秀等（2013）、李志辉等（2021）、Liu 等（2022b）均肯定了机构投资者作为理性投资者，在市场中起到的促进市场信息披露、减少市场操纵行为等作用。其三，文献中还讨论了收盘价、结算价计算方式，以及交易暂停等市场机制的影响。Comerton-Forde 和 Rydge（2006a，2006b）提出虽然交易所为了抑制尾盘操纵，开始改用集合竞价方式制定收盘价，但是操纵者仍然能通过在集合竞价最后几秒内提交数额庞大的订单来影响收盘价。因此，他们认为可以通过改变集合竞价的具体价格确定机制，进而遏制操纵者的违规行为。类似地，Suen 和 Wan（2022）、Hauser 等（2022）指出开盘和收盘集合竞价阶段，价格容易受到市场操纵者的干扰。交易所改进和完善集合竞价阶段的机制设计有助于减少此类操纵行为。刘若宙和冯芸（2018）指出从抑制市场操纵的角度来看，伦敦同业拆出利息率（London interbank offered rate, LIBOR）计算方式中的截尾均值法并不一定优于算术均值法，计算方法的优劣由市场环境决定。其四，各大交易所试验性推出的专门制度安排也得到了研究者的重视，并对这些制度的功效开展了实证检验。例如，Duong 等（2021）考察了 15 个欧盟国家交易所的交易规则，发现打击市场操纵的交易规则能够有效降低 IPO 折价率，同时有助于上市公司的资金募集，提高股票流动性，提升上市后股价的长期表现。Kemme 等（2022）实证检验了东京证券交易所在 2015 年引入的一项名为"订单处理速度提升"（arrowhead renewal improvements）的新制度的政策效果。该制度旨在减少交易延迟，增强风控功能，他们的研究结果表明这一新制度的推出减少了市场操纵行为，显著提高了市场公平性。

除此之外，面对日益兴盛的计算机技术和算法交易，Kemme 等（2022）强调了监管侧重的重要性，提出相比整治所有高频交易，重点限制不良高频交易行为或许能取得更好的监管效果。整体而言，作为新兴资本市场，我国股票市场操纵的防范和监管机制还有待完善，唐洪敏（2004）、张保华和李晓斌（2005）、鲍晓晔（2017）等回顾总结了美国和欧美市场操纵监管案例，根据其法律规范和监管框架为我国监管机制的健全与完善提出了建议。

第三节　市场操纵的实验研究

除了理论研究和实证研究以外，学者通过实验研究来模拟金融市场中的操纵行为，从而考察操纵效果和市场反应。实验研究能够直接观察和控制投资者接收的信息、对激励的反馈以及市场基本面状况的变化，因而能够克服实证研究中信息不全面的缺陷。然而，实验研究的困难在于刻画和构建同现实市场环境尽可能接近的模拟市场并非易事，这也导致了实验研究结论的可扩展性和外延性时常受到质疑。但完全描绘出现实世界的每一个方面，既不现实，也容易陷入"技术主义"的泥潭。设计精良的金融实验的优势在于去除无关的细节，让研究人员把研究重点放在想要考察的基本经济特征上。因此，笔者认为实验研究虽然存在局限性，但同样能够对现实世界起到重要的指导意义。在 Camerer（1998）模拟的赛马实验中，操纵者通过大额投注后又立即取消的方式对赔率进行操纵，他们发现操纵行为吸引了其他参与人员对临时投注马匹的关注，但并没有对实验者的下注行为产生干扰。Hanson 和 Oprea（2004）模拟了资产市场中的交易，实验结果显示操纵者无法扭曲价格的准确性，因为其他交易者并不接受操纵者的高报价，这抵消了操纵者的行为。上述实验结果表明，操纵者似乎难以操纵价格，但也存在部分金融实验得出了完全相反的结果。Comerton-Forde 和 Putniņš（2011）在相似的实验中，通过允许部分投资者从操纵收盘价中获利，与此同时，允许市场中的其他投资者试图通过反操纵来获利，这时研究者发现实验中价格的准确性和市场的流动性都遭受了损害。高鸿桢和林嘉永（2005）在实验室资本市场发现，信息不对称可能引起市场操纵行为，当市场中关于资产真实价值的信息不足时，操纵者能够利用自身的信息优势操纵价格。同时，研究者还在实验中发现了一个有趣的现象，操纵者未能如其预期那般在市场最高点抛售完持有的股票，在实验结束时操纵者仍持有一定头寸。

第四节　对研究现状的评述

综上所述，我们可以看到学术界对市场操纵研究方法的演变，早期的研究受制于实证数据的缺乏，金融学家采用构建理论模型的方式来考察市场操纵行为的特征和影响。随着数据可得性的改善，越来越多的金融学家开始利用监管部门披露的市场操纵案例（直接实证证据）或者自行设计的操纵识别模型（间接实证证据）进行实证研究。而随着行为金融和实验金融的兴起，通过实验模拟金融市场环境，则为人们理解市场操纵的影响机制提供了新的渠道。

市场操纵行为会对经济、金融的不同层面造成影响。在市场价格机制层面，研究者发现大多数的市场操纵行为会导致股价出现先上涨后下降的趋势，这是由于操纵行为引发的价格提升往往缺乏公司基本面的支持，在操纵结束后价格会恢复到原本的价值；从投资者层面来看，我国证券市场属于新兴市场，大部分个人投资者在时间、精力及专业知识方面与专业的机构投资者存在较大差距，常常成为市场操纵者的"狩猎目标"，操纵行为带来的资产价格波动会使中小投资者蒙受资产损失；从公司层面分析，市场操纵会对公司经营策略产生显著影响，如 Goldstein 和 Guembel（2008）的模型表明操纵者恶意大量卖空公司股票的行为降低了公司融资能力，影响其正常的投资决策，最终损害了公司基本面，造成股票价值和价格的下跌。Cumming 等（2020b）则发现股票操纵会增强企业的短期主义，降低员工创新激励，导致企业创新能力下降。

市场操纵行为会带来剧烈的市场波动，市场操纵的方式正随着时间的推移迅速进化。"魔高一尺，道高一丈"，市场操纵技术的进步倒逼监管部门建立更加完善的市场机制以及监管机制。表 3-1 汇总了部分现有使用直接实证证据进行实证研究的样本，正如 Putniņš（2012）指出的，实证研究需要收集更全面的市场操纵案例数据，更细致地考察市场操纵行为及影响。本书包含笔者所在研究团队收集和整理的中国证监会披露的大量市场操纵案例，并将其作为直接实证证据开展实证研究，是对相关领域的有益扩展和补充。本书的研究拥有丰富的样本数量和翔实的案情经过，这一方面加强了实证研究结论的可信度，另一方面弥补了已有文献由于数据的局限性而对市场操纵细节讨论存在的不足。同时，中外学者也通过大量的理论及实证研究探讨了市场监管机制的设计和效果。本书结合现有文献和研究团队多年的研究成果，检验了机构投资者持股抑制市场操纵的作用，并运用技术手段建立了针对不同类型市场操纵行为的识别和监测模型，这为监管部门打击市场操纵行为提供了参考。

表 3-1　部分现有使用直接实证证据进行实证研究的样本

文献	操纵类型	研究国家	案例数量/例
Neupane 等（2017）	IPO 操纵	印度	7
Aggarwal 和 Wu（2006）	哄抬股价，拉高出货	美国	51
Liu 等（2022b）	幌骗交易	中国	324
Mahoney（1999）	集合资产池	美国	55
Jiang 等（2005）	集合资产池	美国	55
吴崇林等（2022a）	洗售交易	中国	235
Allen 等（2006）	逼空操纵	美国	13
刘杰等（2022）	涨停板操纵	中国	212
Comerton-Forde 和 Rydge（2006a）	收盘价操纵	美国、加拿大	25
Comerton-Forde 和 Putniņš（2011）	收盘价操纵	美国、加拿大	184
李志辉等（2018）	收盘价操纵	中国	27
Liu 等（2022a）	开盘价操纵	中国	87

第四章　本书的研究框架

第一节　研究目标

市场操纵的特征、影响及监管是学术界、监管层、金融机构、普通投资者共同关注的焦点问题。市场操纵涉及广大投资者的根本利益，对其特征的考察为监管机构调查潜在的疑似操纵案件提供了方向，也有助于投资者规避相应投资标的；对其影响的探究有助于为立法和执法部门的定罪提供依据，也为受损投资者的事后追偿提供了支持；对其监管方式的讨论有助于健全和完善市场治理体系，有效防范和打击市场违规行为。正如本书第三章所展示的，现有的市场操纵相关文献已经搭建了多层次的研究体系，使用不同方法对不同类型的市场操纵类型开展了诸多研究。然而，目前关于市场操纵的研究仍然存在四点不足：其一，文献中使用直接实证证据对市场操纵进行的实证研究相对较为匮乏。限于数据获取的困难性，使用直接实证证据的实证研究占文献中的比例较低，而这种"实锤"性质的证据对于研究市场违规行为非常重要。其二，现有文献对市场操纵影响的研究方向有限，大多仅聚焦于定价效率和流动性，缺乏对其影响的全方位考察，且对其产生影响的机制和渠道的研究有待完善。其三，我国证券市场作为新兴资本市场，监管层为应对市场操纵出台的政策和制定的制度的有效性缺乏检验。评估政策和制度对市场操纵行为和定价效率的影响能够帮助健全和完善监管体系。评估过程是制度建设的必要一环，然而现有的相关研究仍然较为匮乏。其四，现有的研究大多关注市场操纵对市场质量的后续影响，对市场操纵的事前识别的探索相对较少。构建有效的市场操纵识别体系对及时制止操纵行为的发生和停止对市场的损害有着重要的意义。

为了填补相关研究的缺失，本书的研究目标包含以下三点：

第一，同时使用直接实证证据和间接实证证据为文献中市场操纵相关的实证研究提供补充。

理论研究能够帮助研究者更好地理解市场操纵发生的条件及其造成的影响。然而现实中操纵策略复杂程度高，难以通过理论模型准确刻画。对现实情况的过分简化和过度理想化的假设会使模型有失真的可能性。因此实证研究对于市场操纵相关研究是非常必要的。使用间接实证证据进行的实证研究可以通过观察价格走势的异常、疑似操纵者的交易记录等来推测可能存在的操纵行为。但研究者发现的现象既可能是市场操纵的结果，也可能是其他原因（如流动性变化、投资者行为偏误等）的作用结果，存在一定局限性。相较于间接实证证据，使用监管层披露的真实操纵案例能够进行直接的实证检验，一方面能够提高实证证据的可信度和实证结论的可靠性，另一方面透过案例细节能够更为深入地考察操纵的实施过程和影响机制。但直接实证证据也面临着样本量不足、监管机构可能的选择性执法行为等潜在问题，因此综合不同类型的研究方法才能够得到稳健的研究结论。

中国证监会多年来大力整顿证券市场乱象，集中查处了大量市场违规案例，为市场操纵的实证研究提供了极其宝贵的数据来源。本书的大多数研究内容所使用的直接实证证据来源于中国证监会披露的市场操纵案件。笔者带领的研究团队通过网络爬虫和人工阅读相结合的方式，历时数年整理了近二十年来中国证监会发布的超过一千份行政处罚决定书，从其中记录的近万件违规案例中手动整理了一千余件市场操纵案例开展实证研究。同时，本书通过对案件的细致分析，构建了市场操纵识别模型对部分类型的市场操纵行为进行侦测，从而构造了研究所需的间接实证证据，作为对相关研究内容的补充。

第二，全面评估市场操纵对定价效率、市场质量和投资者福利的影响。

现有文献对市场操纵产生影响的研究大多聚焦于错误定价（Aggarwal and Wu，2006；Comerton-Forde and Putniņš，2011；高鸿桢和林嘉永，2005）和流动性受损（Comerton-Forde and Putniņš，2011；李志辉 等，2018）。本书在此基础上，更为全面地考察了市场操纵对定价效率、市场质量和投资者福利的影响，关注不同类型的股票操纵行为对股票短期回报率、长期股价稳健性、波动率、流动性、有效性、关注度、投资者福利损失等不同方面的影响。同时，本书从投资者有限注意力、羊群效应、信息不对称等视角考察市场操纵破坏市场质量的中介效应，以及机构持股、分析师跟踪等因素起到的调节作用，填补相关领域空白。

第三，评估现有市场机制效果，为监管层防范和治理市场操纵提供意见和建议。

首先，本书通过对市场操纵对象和市场表现的刻画为识别和防范不同类型的操纵行为提供了帮助，通过构建操纵识别模型为监管层建立和完善市场操纵实时预警机制提供了参考。其次，本书揭示并度量了市场操纵对定价效率、市场质量和投资者福利的损害，为证券市场监管部门治理市场操纵提供了支持，为监管部门和受损投资者追究操纵者的法律和经济责任提供了参考。再次，本书的研究检验了部分市场监管机制，如交易信息公开制度等对防范市场操纵起到的作用，为监管层建立和健全市场操纵防范和治理机制提供了意见和建议。最后，本书对比了国内、国外监管部门对市场操纵行为的界定方式和事前、事中、事后监管措施，对完善和健全我国监管制度提出了政策建议。

研究内容汇总如图 4-1 所示。

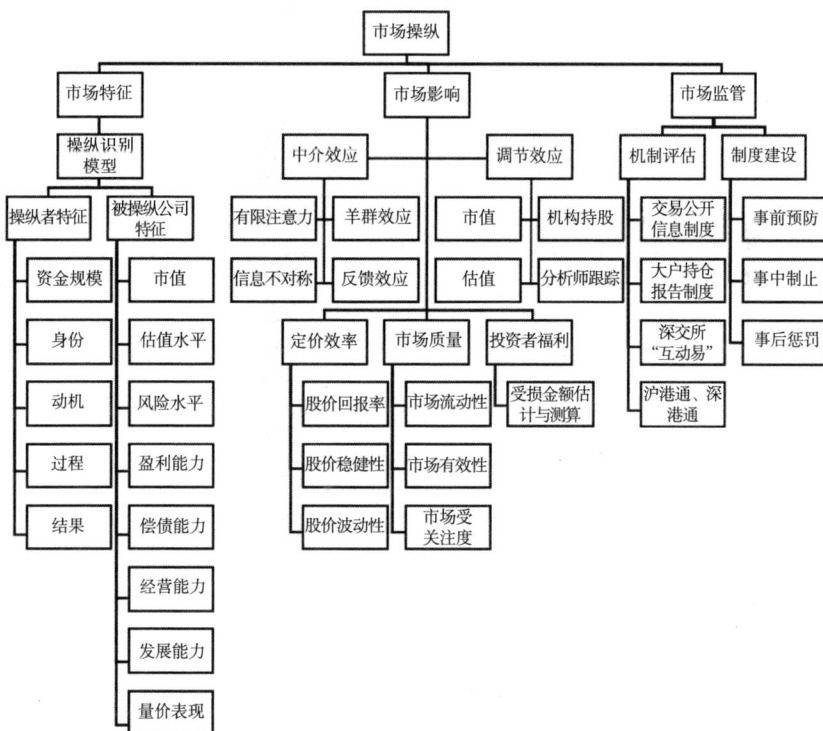

市场操纵
- 市场特征
  - 操纵识别模型
    - 操纵者特征：资金规模、身份、动机、过程、结果
    - 被操纵公司特征：市值、估值水平、风险水平、盈利能力、偿债能力、经营能力、发展能力、量价表现
- 市场影响
  - 中介效应
    - 有限注意力、羊群效应
    - 信息不对称、反馈效应
    - 定价效率：股价回报率、股价稳健性、股价波动性
    - 市场质量：市场流动性、市场有效性、市场受关注度
    - 投资者福利：受损金额估计与测算
  - 调节效应
    - 市值、估值
    - 机构持股、分析师跟踪
- 市场监管
  - 机制评估
    - 交易公开信息制度
    - 大户持仓报告制度
    - 深交所"互动易"
    - 沪港通、深港通
  - 制度建设
    - 事前预防
    - 事中制止
    - 事后惩罚

图 4-1　研究内容汇总

第二节 技术路线图

本书围绕市场操纵行为，根据对现实市场情形的细致观察、理论提炼和逻辑演绎，提出研究问题：操纵者及被操纵股票具有何种特征？如何对其进行识别？市场操纵对定价效率、市场质量和投资者福利产生了什么影响？产生影响的机制和原理是怎样的？现有的监管机制是否起到了抑制市场操纵、提高定价效率和市场质量的作用？我国针对监管市场操纵行为制定的法律法规存在哪些不足？同时本书通过文献梳理对研究议题进行归纳和总结，提炼理论框架，提出理论假设。随后本书通过手动整理中国证监会发布的行政处罚决定书、相关报告和新闻报道，结合标准数据库和网络爬虫获取的非标准数据构建本研究所需数据模型。接着本书展开具体的实证研究：其一，以市场操纵自身特征为研究对象，研究操纵者的资金规模、身份和动机，以及操纵过程和操纵结果、被操纵公司的特征，构建操纵识别模型；其二，以市场操纵对定价效率、市场质量和投资者福利的影响为研究对象，考察市场操纵带来的负面效应，以及通过中介效应和调节效应探究这一影响背后的作用机制；其三，以现有监管机制为研究对象，考察其在抑制市场操纵、提高市场质量等方面起到的作用；其四，以我国现行针对监管市场操纵行为制定的法律法规为研究对象，研究其不足及完善措施。本书的研究设计环环相扣，既是在现有文献框架下的补充，又自成体系，系统考察了市场操纵的特征、影响和监管方式。

技术路线图如图 4-2 所示。

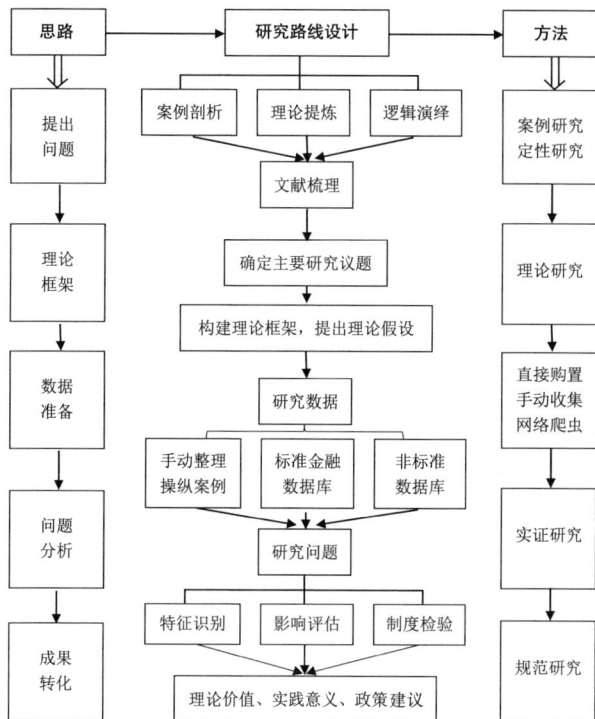

图 4-2　技术路线图

第三节　研究内容

　　学术界对市场操纵相关问题的讨论是不充分的，不同的研究方法均存在一定局限性，甚至有国外学者戏言世界范围内市场操纵手法的类型比研究市场操纵的学者更多。本书利用手动收集和整理的中国证监会披露案例，以及根据市场操纵特征构建的识别模型，拟对文献中存在的缺陷进行补充，主要从市场操纵的特征、影响、监管三个角度进行研究，汇总如图 4-1 所示。

　　本书通过人工阅读大量案件文本，从超过一千份行政处罚决定书记录的近万件违规案例中，总结并提取了涨停板操纵、幌骗交易、开盘价操纵、收盘价操纵、信息型市场操纵、龙虎榜操纵等六种出现频率较高的操纵类型，在第五章至第十章中进行实证研究。我们简要汇总了前五种不同类型的市场操纵手法，如图 4-3 所示，虽然具体的操纵手法存在一定差异，但核心是操纵者利用资金优势、技术优势、信息优势通过交易行为或散布信息营造股价有巨大上涨潜力的假象，吸引市场中其他投资者，尤其是中小投资者的跟风参与，从而推动股价进一步上涨。而在操纵者获利出逃后，价格往往出现回落并使追高买入的中小投资者蒙受损失。

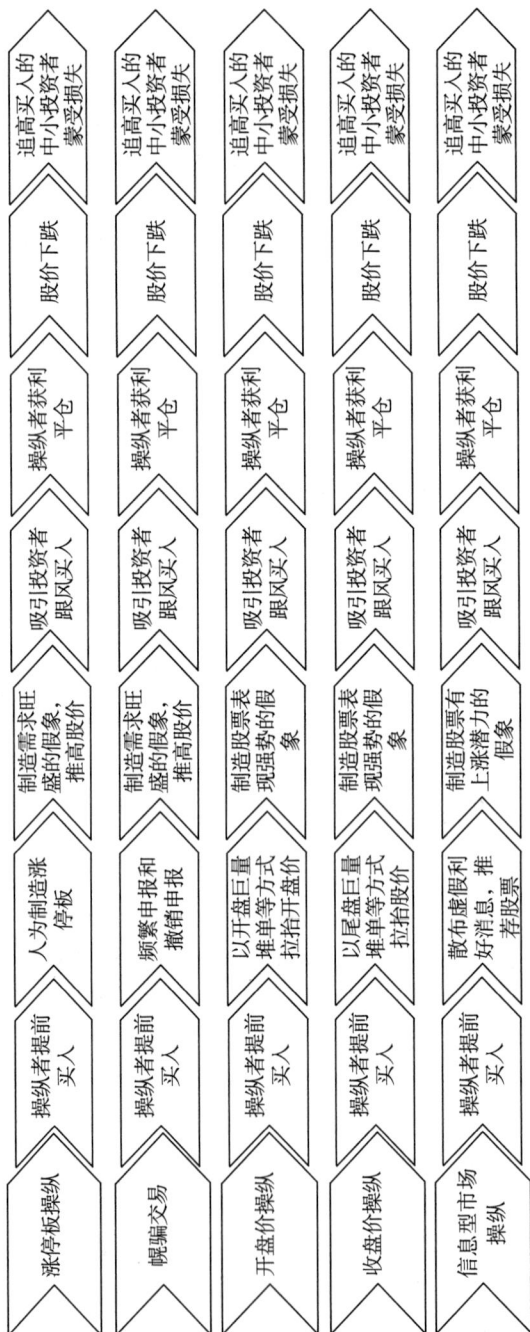

图 4-3 市场操纵类型及手法

同时，表 4-1 统计汇总了各种不同操纵类型的案例总数，典型案件及涉及的股票代码、案件编码。对比表 3-1 可以发现，本书使用的样本数量显著多于现有文献单独使用的样本量。本书充分利用中国市场所提供的丰富的实证研究数据，探讨不同市场操纵类型的特征和识别方法，度量市场操纵对定价效率、市场质量和投资者福利的损害和影响机制。

表 4-1　本书讨论的操纵类型及案例数

操纵手法	案例总数/例	典型案件	股票代码	案件编码
涨停板操纵	212	"中钢天源"等15只股票案	002057 等	证监罚字〔2017〕98 号
幌骗交易	229	"九强生物"股票案	300406	证监罚字〔2018〕59 号
开盘价操纵	87	"高鸿股份"等16只股票案	000851 等	证监罚字〔2018〕108 号
信息型市场操纵	22	"湖南发展"股票案	000722	证监罚字〔2015〕20 号

一、市场操纵的特征与识别

（一）操纵者特征

笔者从多个角度考察操纵者特征，数据来源于中国证监会披露的案情文书及结合对应时段的市场数据整理，包括操纵者的资金规模（大小、占同期市场成交总额的比重）、身份（个人投资者、公募基金、私募基金、公司高管、大股东、经纪商等）、动机、操纵过程（具体步骤、实施时间选择、累计花费时间）、操纵结果（盈亏金额、占投入资金的比重、占同期投资者福利损失的比重）。

其一，本书关注操纵者的资金规模。一般而言，研究者认为操纵市场需要使用大量的资金，如 Comerton-Forde 和 Rydge（2006a）发现操纵者在尾盘集合竞价最后几秒内提交数额极其庞大的订单来影响收盘价。我们通过中国证监会披露的案件详情，分析得出操纵者使用资金规模的大小、量级及占同期市场成交总额的比重。

其二，本书关注操纵者的身份和动机。一般而言，操纵者的身份包括个人投资者、公募基金、私募基金、公司高管、大股东、经纪商、做市商等。对于操纵者身份，Aggarwal 和 Wu（2006）、Allen 等（2006）、Comerton-Forde 和 Putniņš（2011）等的实证研究均发现大多数操纵者是拥有信息优势的内部人，如公司管理层、大股东、做市商、经纪人等。同时 Comerton-Forde 和 Rydge（2006）也指出不具备信息优势的外部投资者也能利用资金规模优势操纵市场。对于操纵者动机，Carhart 等（2002）、Gallagher 等（2009）

指出基金经理有动机在业绩报告期末操纵股价，粉饰基金业绩表现。在期权市场上的大量研究（Stoll and Whaley，1987，1991；Chamberlain et al.，1989；Ni et al.，2005）发现操纵者在期权到期前1小时操纵股票价格，从而影响期权价值。

其三，本书关注操纵过程和操纵结果，如操纵的具体步骤、实施时间选择、累计花费时间、获利还是亏损、盈亏金额以及占投入资金的比重。大部分研究者发现市场操纵是有利可图的。例如，Khwaja和Mian（2005）发现巴基斯坦的经纪商使用"哄抬股价，逢高卖出"的交易策略，使其自营交易收益比基准收益高8%。Gallagher等（2009）发现基金经理倾向于在业绩报告期末购买持仓中流动性较差的股票，从而拉抬股价，提升基金业绩表现。

（二）被操纵公司特征

操纵者选择具有何种特征的公司进行操纵是研究者关注的重点之一，例如，Aggarwal和Wu（2006）统计了SEC披露的51例市场操纵样本，发现被操纵股票主要集中于流动性较差的股票。Ackert等（2016）提出，规模较小且财务状况较差的股票，更容易成为市场操纵的对象。本书利用中国证监会披露的数据量更大、操纵类型更全面的数据来源，考察被操纵股票的特征：其一，考察操纵者选择的目标公司的基本面特征，如市值、估值水平、风险水平、盈利能力、偿债能力、经营能力、发展能力；其二，考察被操纵公司在操纵期间前、期间内、期间后的股价走势和成交活跃度等特征。

（三）构建市场操纵识别模型

由于操纵者的交易行为、市场其他投资者对股价表现或操纵者散布的信息的反应，一般而言，被操纵的股票价格走势、波动性、交易活跃性等特征显著异于正常时期。例如，Hillion和Suominen（2004）在巴黎证券交易所发现，操纵者在尾盘的市场操纵使交易日最后一分钟股价波动率、成交量、买卖价差出现了不同寻常的暴增。李志辉等（2018）根据股价尾盘表现及下一交易日的价格回转设计了尾盘操纵识别模型。本书从基本面和市场走势两方面构建操纵识别模型对特定特征股票的异常价格、成交量表现进行预警和识别。

二、市场操纵的影响

（一）定价效率

股价表现是市场操纵行为影响最为直接的体现，本书从股价回报率、股价长期稳健性、股价波动性等角度考察市场操纵对定价效率的影响。

1. 股价回报率

不同类型的市场操纵行为会导致股价走势出现不同。例如，Khwaja 和 Mian（2005）、Aggarwal 和 Wu（2006）、Comerton-Forde 和 Putniņš（2011）发现操纵者使用"哄抬股价，逢高卖出"策略时股价在操纵期内上升，而操纵期过后立即下降。而在 Goldstein 和 Guembel（2008）的模型中，操纵者恶意大量卖空公司股票，使公司融资能力受到负面影响，进一步影响其正常的投资决策，最终损害了公司基本面，降低了股票价值和价格。在本书中，我们使用超额收益率作为股票收益率的度量指标，计算方法为当天个股的收益率减去市场指数的收益率，其中收益率的计算方法如下：

$$Ret_t = \ln(P_t) - \ln(P_{t-1}) \tag{4-1}$$

其中，Ret_t 为 t 交易日的收益率；P_t 为 t 交易日的价格。

2. 股价长期稳健性

Chan（2003）指出在没有基本面支持下，股价大幅波动之后更容易发生股价反转。Khwaja 和 Mian（2005）、Aggarwal 和 Wu（2006）、Comerton-Forde 和 Putniņš（2011）都在实证研究中发现了股价在操纵后发生反转的现象，即短期走势和长期走势相背离。在本书中，我们通过对比短期和长期的股价表现度量股价稳健性，即使用虚拟变量度量股价是否在长期发生反转。

3. 股价波动性

Aggarwal 和 Wu（2006）发现操纵过程中股价波动率开始上升，并且一直延续到操纵后的一段时期。Allen 等（2006）考察了 1863—1980 年的数起操纵案例，同样发现市场操纵提高了股价波动性。本书使用超额波动率度量股票波动率。超额波动率是指超过历史平均水平的波动程度。其中，波动率的计算方法包括股票日回报率的标准差以及剔除市场因素的特质波动率等多种方式。

$$Excess\ Volatility_{i,t} = \frac{Vol_{i,t}}{Vol_{i,control}} - 1 \tag{4-2}$$

其中，$Excess\ Volatility_{i,t}$ 为股票 i 在时间 t 内的超额波动率；$Vol_{i,t}$ 为股票 i 在时间 t 内的波动率；$Vol_{i,control}$ 为股票 i 在对照期的波动率。

（二）市场质量

本书从市场流动性、股价有效性、市场关注度等角度考察市场质量。同时，本书采用时间序列对比，即被操纵股票在被操纵区间与对照区间的对比；横截面对比，即被操纵股票与同时间段对照组股票的对比，以此剔除影响市场质量的其他可能因素，考察市场操纵行为对市场质量的影响。

1. 市场流动性

Eren 和 Ozsoylev（2008）发现"拉抬股价，逢高卖出"的操纵行为会提升市场深度，提高成交量。本小节采用相对买卖价差、Amihud（2002）指标、超额换手率、超额市场深度四个指标来测量股票市场流动性。

（1）相对买卖价差，即买卖价差与中间价的比值：

$$Bid\text{-}Ask\ Spread_{i,t}= \frac{Ask\ Price_{i,t}-Bid\ Price_{i,t}}{(Ask\ Price_{i,t}+Bid\ Price_{i,t})/2} \quad （4-3）$$

其中，$Bid\text{-}Ask\ Spread_{i,t}$ 为股票 i 在时间 t 的相对买卖价差；$Ask\ Price_{i,t}$ 为股票 i 在时间 t 的买入价格；$Bid\ Price_{i,t}$ 为股票 i 在时间 t 的卖出价格。

（2）Amihud（2002）指标，即涨跌幅额度的绝对值除以成交额：

$$Amihud\ Ratio_{i,t}= \frac{|Price\ Change_{i,t}|}{Trading\ Amount_{i,t}} \quad （4-4）$$

其中，$Amihud\ Ratio_{i,t}$ 为股票 i 在时间 t 的流动性指标；$Price\ Change_{i,t}$ 为股票 i 在时间 t 的涨跌幅额度；$Trading\ Amount_{i,t}$ 为股票 i 在时间 t 的成交额。

（3）超额换手率，即换手率除以事件前对照期换手率平均值，减去 1：

$$Excess\ Turnover_{i,t}= \frac{Turnover_{i,t}}{Turnover_{i,control}} -1 \quad （4-5）$$

其中，$Excess\ Turnover_{i,t}$ 为股票 i 在时间 t 的超额换手率；$Turnover_{i,t}$ 为股票 i 在时间 t 的换手率；$Turnover_{i,control}$ 为股票 i 在对照期的换手率。

（4）超额市场深度，即市场深度除以事件前对照期市场深度平均值，减去 1，其中市场深度为五档行情下买卖挂单金额：

$$Excess\ Depth_{i,t}= \frac{MktDpth_{i,t}}{MktDpth_{i,control}} -1 \quad （4-6）$$

其中，$Excess\ Depth_{i,t}$ 为股票 i 在时间 t 的超额市场深度；$MktDpth_{i,t}$ 为股票 i 在时间 t 的市场深度；$MktDpth_{i,control}$ 为股票 i 在对照期的市场深度。

2. 股价有效性

Khanna 和 Sonti（2004）、Goldstein 和 Guembel（2008）的模型均指出市场操纵可以通过扭曲市场价格，降低市场价格有效性，最终影响市场资源配置。Eren 和 Ozsoylev（2008）发现"拉抬股价，逢高卖出"的操纵行为会损害市场效率。本小节采用方差比率、收益自相关系数、R^2、LMSW 四个指标来度量股价有效性。

（1）方差比率，即长周期股价回报率标准差与周期长度的比值，除以短周期股价回报率标准差与周期长度的比值，并减去 1：

$$Variance\ Ratio_{i,t} = \frac{Std_{i,long}\,/\,freq_{long}}{Std_{i,short}\,/\,freq_{short}} - 1 \qquad (4-7)$$

其中，$Variance\ Ratio_{i,t}$ 为股票 i 在时间 t 的方差比率；$Std_{i,long}$ 为股票 i 在长周期的回报率标准差；$freq_{long}$ 为长周期的周期长度；$Std_{i,short}$ 为股票 i 在短周期的回报率标准差；$freq_{short}$ 为短周期的周期长度。

（2）收益自相关系数，即股票日收益率的自相关系数。

（3）R^2，即 CAPM 模型中的决定系数，Jin 和 Myers（2006）指出股价走势与市场走势的同步程度能够度量股票市场的信息不对称程度：

$$Ret_{i,t} - r_{f,t} = \alpha + \beta \times (Ret_{m,t} - r_{f,t}) \qquad (4-8)$$

其中，$Ret_{i,t}$ 为股票 i 在时间 t 的收益率；$r_{f,t}$ 为时间 t 的无风险利率；$Ret_{m,t}$ 为市场 m 在时间 t 的市场收益率；α 为回归方程的截距项；β 为 $(Ret_{m,t} - r_{f,t})$ 的回归系数，度量资产的系统性风险。

（4）LMSW 指数，Llorente 等（2001）采用股票日收益率对滞后一个交易日的股票日收益率及日收益率与日换手率交叉项回归中交叉项的系数来度量股票市场的信息不对称程度：

$$Ret_{i,t} = \beta_0 + \beta_1 \times Ret_{i,t-1} + \beta_2 \times Ret_{i,t-1} \times Turnover_{i,t-1} \qquad (4-9)$$

其中，$Ret_{i,t}$ 为股票 i 在 t 交易日的收益率；$Turnover_{i,t-1}$ 为股票 i 在 $t-1$ 交易日的换手率；β_0 为回归方程的截距项；β_1 为 $Ret_{i,t}$ 的回归系数；β_2 为 $Ret_{i,t-1} \times Turnover_{i,t-1}$ 的回归系数，即 LMSW 指数。

3. 市场关注度

Aggarwal 和 Wu（2006）、王燕鸣等（2015）指出市场操纵需要吸引特定投资者的关注，因而我们推断某些操纵手法将通过引发市场关注得以实施，表现为在操纵开始后，相应股票的关注度，如百度指数、雪球关注人数、和讯关注度等指标出现显著上升。本小节采用净买入比例作为投资者资金流向的度量指标，计算方法为买入额与卖出额的差除以二者的和。借鉴锐思数据库（RESSET）相关说明，根据单笔交易金额可将投资划分为大额投资和小额投资：

$$Net\ Inflow\ Ratio_{i,t} = \frac{inflow_{i,t} - outflow_{i,t}}{inflow_{i,t} + outflow_{i,t}} \qquad (4-10)$$

其中，$Net\ Inflow\ Ratio_{i,t}$ 为股票 i 在时间 t 的净买入比例；$inflow_{i,t}$ 为股票 i 在时间 t 的买入额；$outflow_{i,t}$ 为股票 i 在时间 t 的卖出额。

同时，本小节以百度搜索指数、和讯关注度、东方财富股吧论坛发帖讨论数作为股票受到关注程度的度量。超额关注度的定义则是关注度除以事件前对照期关注度平均值，减去 1：

$$Excess\ Attention_{i,t} = \frac{Attention_{i,t}}{Attention_{i,control}} - 1 \qquad (4\text{--}11)$$

其中，$Excess\ Attention_{i,t}$ 为股票 i 在时间 t 的超额关注度；$Attention_{i,t}$ 为股票 i 在时间 t 受到的关注程度；$Attention_{i,control}$ 为股票 i 在对照期受到的关注程度。

（三）投资者福利

以往文献中，少有研究考察市场操纵行为对投资者福利的损害。参考 Gao 和 Huang（2016），本书通过逐笔数据提取小额投资者在操纵区间的交易行为，采用区间内成交量加权平均价（volume-weighted average price，VWAP）与收盘价对比算出在该区间内买入股票投资者的平均收益，再乘以该区间内的成交额，对投资者在操纵过程中所承受的损失进行估计和测算。

$$Investors'\ Welfare = \left(\frac{VWAP_t}{P_{close,t}} - 1\right) \times Trading\ Amount_t \qquad (4\text{--}12)$$

其中，$Investors'\ Welfare$ 为投资者福利指标；$VWAP_t$ 为区间 t 内成交量加权平均价；$P_{close,t}$ 为区间 t 的收盘价；$Trading\ Amount_t$ 为区间 t 的成交额。

（四）影响机制

本书还将考察市场操纵行为产生上述影响的中介作用和调节作用。具体而言，我们引入投资者有限注意力、羊群效应、市场信息不对称等作为中介变量，探究市场操纵产生上述影响的作用路径，即市场操纵者是否通过吸引个人趋势交易者、诱导跟风及提高市场信息不对称程度等操纵手段影响市场定价效率和市场质量。同时，我们还引入了市值、机构持股比例等调节变量来考察市场操纵行为对具有怎样特征的股票的定价效率和市场质量具有显著更强的影响作用，以及市场操纵者是否更愿意将机构持股比例较低、证券分析师跟踪较少的股票作为操纵对象，在该类型股票上获得的操纵收益是否更为丰厚。

三、市场操纵的监管措施及效果

其一，市场操纵通常以隐秘的方式进行以避免被发现，因而监管层强制信息披露，如交易所交易公开信息制度（trading information disclosure，TID），深圳证券交易所（以下简称"深交所"）"互动易"等可能通过及时披露相关信息抑制潜在的甚至是正在进行的市场操纵行为。一方面，部分研究（Fishman and Hagerty，1995；Kose and Narayanan，1997；Huddart et al.，2001）发现操纵者可以利用强制信息披露规则进行市场操纵。另一方面，更多的文献（Huddart et. al.，2001；Irani，2004；Gong and Marsden，2014；

方军雄，2014；陈强 等，2016）指出信息披露减少了信息寻租机会，改善了市场公平性，降低了市场信息不对称程度。因此，强制信息披露制度对市场操纵的作用究竟是抑制还是帮凶有待实证检验得出结论。例如在国内，现行的交易公开信息制度要求证券交易所及时披露存在异常交易的股票和交易席位，对潜在市场操纵行为做出警示，同时通过信息披露降低市场信息不对称程度。我们推测这一举措能够影响投资者交易行为，遏制市场操纵，提高市场质量。

其二，我国证券市场虽然目前小额投资者仍占较大份额，但长期坚持发展机构投资者、引入国外合格投资者已经取得了一定成效（赵涛和郑祖玄，2002；杨墨竹，2008；扈文秀和刘小龙，2013）。机构持股和外资持股是否能够发挥监管效应，减少市场操纵的发生是我们感兴趣的课题。现有文献较少涉及市场操纵监管机制的效用评估，而深入理解现有制度的作用对完善监管机制非常重要。本书一方面检验了这些机制在提高定价效率、市场质量中起到的积极效果，另一方面从降低市场信息不对称程度、警示作用等角度更为细致地分析这些制度如何影响市场质量和投资者行为。

其三，监管制度的有效性检验。监管机构在对市场操纵等违法行为进行查处和公告后，潜在的和正在进行的操纵者理应受到震慑。虽然朱伟骅（2003）发现即便是交易所"公开谴责"这种严厉的惩罚措施也未取得显著的威慑效果，但更细致地考察监管机构处罚对操纵者的警示效应是否能够抑制市场操纵行为仍然是非常需要的。此外，为了更全面地分析我国现行市场操纵行为监管法律法规，对比我国监管体系与国外金融监管体系，我们借鉴了国外多个成熟资本市场的监管经验，针对其不同的监管优势，对市场操纵行为定义、事前预防措施、事中制止措施、事后惩罚措施相关的法律法规制定提出了不同的政策建议，以减少市场操纵行为的发生对市场和投资者造成的损害。

其四，我国针对监管市场操纵行为制定的法律法规不够完善。随着市场操纵手段的多样化，为了更有效、更及时地进行监管，应借鉴国外成熟资本市场的有益经验对我国市场操纵行为进行明确的界定，并完善事前、事中、事后监管的相关法律法规。在技术层面，由于操纵者的交易行为，市场其他投资者对股价表现或操纵者散布的信息的反应，被操纵的股票价格走势、波动性、交易活跃性等特征显著异于正常时期，从而使市场操纵的识别变得可行。本书依照不同市场操纵案例类型，对操纵股票特征和市场表现进行观察和总结，探索性地构建操纵识别模型对特定类型股票的可疑市场行为进行预警和识别。

为了方便读者阅读接下来的内容，我们在附录 A 中更全面地总结和列举了研究中常见的定价效率、市场质量、投资者福利度量指标。

第五章 "李逵还是李鬼？"：涨停板操纵

第一节 涨停板制度与涨停板操纵

一、涨停板制度简介

涨跌停板制度是我国股票市场交易制度中的重要组成部分。20 世纪 90 年代初，我国股票市场开始运作的初期，市场中投机氛围过于浓厚，股票价格波动剧烈。基于这些乱象，监管层着力通过完善市场交易制度来抑制过度投机，涨跌停板制度在这个背景下孕育而生。自 1996 年开始，涨跌停板制度在我国股票市场中正式施行至今。

具体而言，涨跌停板是指股票市场中对股价的最大涨幅和跌幅予以适当限制。当股票价格上涨或者下跌到涨停价或跌停价时，不允许以更高或者更低的价格成交。目前的市场制度对于涨停、跌停的设计大多数情况下是对称的，即涨停幅度与跌停幅度保持一致。有趣的是，在 1990 年的一段时间内，深交所为了严厉打击市场炒作现象，曾经将涨停板幅度限制在 0.5%，而把跌停板幅度设定为 5%。但在绝大多数时期，我国的涨跌停板幅度是相同的。由于卖空机制在我国现行市场制度下的不完善，利用股价下跌获利的操作复杂度远超过利用股价上涨获利的复杂度。因此，本书主要探讨涨停板制度以及该制度下发生的市场操纵行为。

值得一提的是，涨停板幅度的规定对于不同类型股票是存在差异的。大多数股票在当日的交易价格相对上一交易日的收盘价格的上涨幅度不能超过

10%。而对于科创板股票，每日涨停板的幅度限制为 20%；对于财务状况异常的股票（即所谓的 ST 股），每日涨停板的幅度限制在 5%；对于新股上市首日的涨幅限制在 44%。

二、涨停板操纵的基本特征

　　涨停板制度对防止股票价格暴涨、抑制市场过度投机起到了一定的作用。然而，这项制度安排也被部分操纵者利用，成为他们谋取不法利益的手段。中国证监会在 2017 年发布的报告《"投资者保护·明规则、识风险"案例——警惕"涨停板"中的陷阱》中，指出不法分子利用投资者"追涨"的心理，通过交易行为推高股价制造涨停板，吸引投资者跟风买入，并在成功拉升股价后获利出逃，使追高买入的投资者成为"接盘侠"承受投资损失。中国证监会的报告中介绍了一个典型案例：2015 年 3 月 23 日，唐某某以 19.37 元的成交均价买入 X 股票 214 万股，完成建仓。2015 年 3 月 24 日 10 时 42 分后的 31 分钟内，唐某某以 18.91 元至涨停价 21.32 元的价格和 100 倍于同档位其他投资者的申报量将 X 股票推至涨停。中午收盘前，X 股票短暂打开涨停，唐某某在 5 分钟内以涨停价和超过卖盘 55 倍的申报量重新将 X 股票拉至涨停。下午开盘后，唐某某继续以涨停价巨量买入，将股价封死在涨停板上。

　　3 月 25 日开盘集合竞价期间，唐某某以高于前收盘价 9.77% 的价格申报买入 X 股票 700 万股，并在 9 时 19 分 48 秒前全部撤单，制造买盘汹涌的假象，误导投资者跟风买入，将开盘价推至 22.8 元。开盘后，唐某某随即以 22.8 元至 21.24 元的价格反向卖出前期持股，非法获利 3634 万元。X 股票价格当日持续下跌，以 21.21 元收盘，开盘跟进的投资者遭受严重损失。

　　从中我们不难看出，典型的涨停板操纵案件一般经历"建仓—拉抬—出货"三个阶段。操纵者悄无声息地提前建仓，然后大张旗鼓地利用资金优势拉抬股价至涨停价，营造股票需求旺盛的假象，等到跟风的投资者蜂拥而入之时反手将提前建仓的股票卖出获利。

　　市场操纵按照操纵形式可以划分为信息型操纵和交易型操纵，大多数涨停板操纵者是利用自己的交易行为影响股价，属于交易型操纵。涨停板操纵广义上属于"哄抬股价，逢高卖出"交易策略中的一种。该交易策略的实施依赖于操纵者能否成功营造市场对股价的乐观预期，进而吸引其他投资者跟风买入。具体而言，操纵者利用了我国股票市场涨停板制度对股票当日涨跌幅度进行限制这一特殊的制度设定。由于股票在正常情况下每日上涨幅度不能超过前一交易日收盘价的 10%，股价涨停常常被投资者理解为该股票"真实价值"的上涨幅度超过 10%，但受制于涨停板制度"实际价格"无法在一天内完成相应幅度的上涨，因此涨停被投资者视为股价将要在未来继续上涨的乐观信号。操纵者正是利用了投资者的这一心理，完成了涨停板操纵。

在 A 股（即 A 种股票，亦称人民币普通股票）市场上就曾经存在专门利用涨停板谋利的投资者，其被称为"涨停板敢死队"。值得指出的是，并非所有"涨停板敢死队"采用的交易手法均属于市场操纵。如前文所述，涨停板是监管层防范股价过度波动，对上涨幅度施加的人为限制。如果某家上市公司发布经营状况大幅改善或者兼并重组等重大利好消息时，股票价值的提升幅度可能远超 10%，而在消息发布当日由于涨停板的限制只能实现最大涨幅 10%，因此，有理由推断在下一个交易日或者今后的短期时间内，这只股票的股价会继续上涨，直到股价逼近其真实价值。在这种情况下，如果敏感的投资者在消息发布当日股价接近涨停时能够及时买入股票，则大概率能够享受之后股价上涨带来的收益。这种有基本面支撑的涨停板交易手法不属于本章的研究范围。另外，部分"涨停板敢死队"采用交易手法，将不具备基本面支撑的股票价格强行推高到涨停价，营造股票需求旺盛、"一票难求"的虚假繁荣景象，严格意义上来说则应当被视为市场操纵。缺乏基本面支撑的股票既可能是操纵者"无中生有"，完全利用资金优势将没有发生任何实质利好消息的股票推上涨停板；也有可能是操纵者"夸大其词"，将有实质利好信息但力度不足的股票，通过伪装成重磅利好消息并结合交易型操纵推动涨停。2003 年 2 月 15 日，《中国证券报》在头版刊发《涨停板敢死队》一文，首次披露了"涨停板敢死队"的存在。文章中提到银河证券宁波解放南路营业部存在以徐翔为代表的投机者，他们以激进的投资风格著称，市场中不乏他们的追随者，甚至流传着"炒股不跟解放南，便是神仙也枉然"的戏言。部分"涨停板敢死队"善于捕捉市场热点，惯用手法是利用其资金优势拉抬股价和成交量，通过股价涨停的方式吸引投资者跟风参与。由于股价的大幅上涨是操纵产生的效果，缺乏基本面的支撑，涨停板操纵者在获利后需要及时出逃，避免其他投资者先于自己卖出。因此，操纵者在卖出时往往选择在短时间内大举出货，股价随着他们的卖出而大幅下跌，被市场其他投资者称为"一字断魂刀"。涨停板操纵严重扭曲了股票价格，干扰了市场定价功能的有效发挥，使追随参与其中的投资者蒙受巨大的投资损失。

第二节　涨停板操纵的研究意义

涨停板操纵依赖于涨停板制度，是我国常见的市场操纵方式之一，对于学术界、监管层和市场投资者都具有非常重要的研究价值。涨停板操纵在证券类媒体以及坊间传闻中频繁出现，然而由于缺乏系统性的实证数据支撑，涨停板操纵的相关研究几近空白。笔者带领的研究团队在近年来的研究中通过手工收集证监会披露的涨停板操纵案例，为涨停板操纵市场影响的研究提供了直接的实证证据。本书针对涨停板操纵展开讨论的主要实证议题包括涨停板操纵者倾向于选择具有何种特征的目标股票？受到操纵达到涨停的股票与自然涨停的股票股价表现有何差异？股票流动性、分析师关注度、错误定价程度、新闻媒体报道等因素是否会影响被操纵股票涨停后的表现？

在实证上纯粹地考察涨停板操纵后的股价表现是有一定挑战性的，因为被操纵涨停的股票同时具备两个特征：一是股价被操纵；二是股价达到涨停价。市场操纵会对投资者行为产生显著的影响不难理解，而涨停事实上同样会对投资者行为产生显著的影响。例如 Seasholes 和 Wu（2007）指出涨停板会吸引个人投资者跟风买入，使股价短期内上升而在长期发生反转。王燕鸣等（2015）发现涨停板存在广告效应，能够吸引投资者关注。因此，简单地研究涨停后的市场表现，很容易将操纵造成的影响与涨停引发的效果相互混淆。为了剔除其他因素的干扰，纯粹地考察操纵产生的影响，研究者需要在分析被操纵股票涨停后的市场表现时将当天涨停这一因素去除。在研究方法上，我们选择在涨停板操纵当天自然涨停的股票作为对照组，将货真价实正常达到涨停的"李逵"与经由操纵达到涨停的"李鬼"进行对比，从而剔除涨停这一特殊走势对研究结论的干扰。我们的数据处理方法允许我们较为纯粹地考察涨停板操纵对股价表现的影响。

根据我们的研究测算，涨停板操纵造成了股票价格的扭曲，涨停后操纵组股票与对照组股票的股价表现存在显著差异：相对于对照组，操纵组在涨停后短期和长期的收益率均显著较低；流动性越低、分析师关注度越低的股票，操纵导致的错误定价程度越高；涨停后随着操纵者退出市场，操纵组股票的股价中公司特有信息含量提升，股价同步性下降；错误定价程度越高、新闻媒体报道量越多，操纵后公司特有信息含量提升越多，股价同步性越低。本章第四节和第五节将详细展示上述研究内容。

首先，资产定价理论认为，市场操纵者能够通过散布信息或交易行为影响其他投资者的行为，使股价偏向对自己有利的方向。虽然大量研究证实了市场操纵存在的广泛性和对定价效率的危害性，但限于数据获取的困难，提供直接实证证据、不依赖股价走势对操纵行为进行猜测的实证研究相对较少。现有文献利用手工收集的案例数据考察了"集合资产池"操纵、IPO操纵、收盘价操纵等市场操纵类型,然而受限于直接实证数据的缺失,文献中涨停板操纵的研究几近空白。完整全面地估计市场操纵的影响需要细致的实证数据和实证分析的支持(Putniņš,2012)。在本章接下来的内容中,我们利用手动整理的中国证监会行政处罚决定书披露的212例涨停板操纵案例,对比分析了操纵涨停与正常涨停股票在涨停后的股价表现,丰富了市场操纵相关的直接实证证据。其次,涨跌停板制度是我国证券市场交易机制的重要组成部分(Seasholes and Wu,2007;王燕鸣 等,2015),但利用涨停板进行市场操纵的行为未能受到学术界的充分重视,相关研究几近空白。笔者指出涨停板操纵缺乏实质的正面消息,股价短期偏离实际价值,长期会发生股价反转,操纵行为引发的市场价格扭曲使得跟风买入的投资者承受损失。

第三节　涨停板操纵目标股票的特征

在本章中,笔者以中国证监会截至2020年通过行政处罚决定书向社会披露的涨停板操纵案件为例,探讨涨停板操纵对股票市场的影响。我们采用网络爬虫与人工筛选相结合的方式,对中国证监会官方网站披露的案例文书进行分类并提取案件关键信息。原始样本中包含296例证监会查处的涨停板操纵案例。在此基础上,我们剔除涨停前后5个交易日公司发生重大基本面事件,以及前后5个交易日存在连续涨停的样本,筛选后的涨停板操纵案例共计212件。同时,我们选取在操纵当天同样达到涨停的股票作为对照组,共计22667个观测值。最终样本共计22879个观测值,操纵组占总样本比例为0.93%,对照组占比99.07%。

本章的研究中使用的数据可以分为三个部分。第一部分是股票交易数据,主要为指数及个股的日度收益率、换手率、资金流入比例等信息。第二部分是上市公司基本面数据,包括账面市值比、公司市值、托宾Q、净资产收益率、基金持股比例等。第一部分和第二部分数据来源于国泰安CSMAR金融数据库及锐思数据库(RESSET)。第三部分是网络新闻数据,包括标题出现该公司的新闻总数、内容出现该公司的新闻总数等,此部分数据来源于中国研究数据服务平台(CNRDS)数据库。本章所使用的主要变量名称及定义如表5-1所示。为了避免极端值对实证结果可能的干扰,我们将比值型变量进行了1%双向缩尾处理。在回归模型中,我们控制了常用的公司特征,包括账面市值比、公司市值、托宾Q、净资产收益率、基金持股比例等。

表 5-1 本章主要变量名称与变量定义

变量名称	变量定义
dum_manip	虚拟变量，操纵组股票取值为 1，对照组股票取值为 0
CAR 5	涨停后 5 个交易日的累计超额收益率
rev 5	虚拟变量，股票在涨停 5 个交易日后跌破涨停当天收盘价取值为 1，否则为 0
Amihud	非流动性指标，用以衡量流动性
Follow	分析师跟踪人数
syn	涨停后 5 个交易日 CAPM 模型的决定系数 R^2，用以度量股价同步性
newscont	当日新闻媒体对个股的报道数量
MTB	账面市值比
Size	流通市值的自然对数
ROE	净资产收益率
Tobin's Q	市值 / 资产总计
fund	基金持股比例
clsprc	收盘价

在表 5-2 中，我们提供了主要被解释变量、解释变量及控制变量的描述性统计。

表 5-2 主要被解释变量、解释变量及控制变量的描述性统计

变量名称	观测数	均值	标准差	最小值	25% 分位数	中位数	75% 分位数	最大值
dum_manip	22879	0.009	0.096	0	0	0	0	1
CAR 5	22879	0.033	0.128	−0.581	−0.040	0.019	0.091	0.725
rev 5	22879	0.409	0.492	0	0	0	1	1
CAR 100	22879	0.165	0.325	−1.370	−0.049	0.136	0.348	2.843
CAR 150	22879	0.187	0.358	−2.401	−0.044	0.161	0.386	2.602
CAR 200	22879	0.220	0.398	−2.401	−0.030	0.192	0.448	2.778
CAR 250	22879	0.237	0.426	−2.401	−0.029	0.223	0.489	3.052
Amihud	22879	0.180	1.058	0	0.002	0.005	0.014	9.162
Follow	22879	2.129	2.889	0	0	1	3	25
syn	22879	0.493	0.323	0.000	0.183	0.520	0.792	0.983
newscont	22879	7.301	9.233	0	1	6	9	343
MTB	22879	3.653	2.873	0.956	1.734	2.775	4.512	16.863
Size	22879	15.777	0.803	14.341	15.189	15.657	16.244	18.310
ROE	22879	0.045	0.072	−0.272	0.016	0.045	0.078	0.272
Tobin's Q	22879	3.239	2.977	0.200	1.236	2.391	4.193	16.725
fund	22879	0.037	0.049	0.000	0.004	0.015	0.051	0.228
clsprc	22879	28.085	27.819	2.06	11.8	19.34	33.72	450

为了考察操纵者选择操纵目标的特征，我们比较了受到操纵涨停股票与自然涨停股票在公司特征上的差异，包括账面市值比、公司规模、分析师跟踪人数、净资产收益率、托宾Q、基金持股比例、收盘价。操纵组与对照组股票特征对比如表5-3所示。操纵组股票的市值规模、分析师跟踪人数、净资产收益率和基金持股比例相较于对照组显著偏低，收盘价显著较高，而其他方面的差异在统计上不显著。现有研究发现市值规模大、分析师跟踪人数较多、业绩表现优异、机构持股比例较高的上市公司信息透明程度较高（Boone and White，2015；Chen et al.，2016）。我们对操纵者与对照组股票特征的对比符合这些文献的发现，这表明操纵者更加倾向于选择信息透明程度较低的股票作为操纵目标。由于这类股票的信息不对称程度较高，投资者难以区分涨停是基本面支撑的股价上涨还是市场操纵者利用资金优势推动的股价上涨，这为操纵者瞒天过海、"李鬼"扮"李逵"提供了方便。

表5-3 操纵组与对照组股票特征对比

变量名称	均值（操纵组）	均值（对照组）	差值	标准差	t 统计值	p 统计值
MTB	3.744	3.652	0.092	0.198	0.467	0.641
Size	15.630	15.778	−0.148	0.055	−2.678	0.007***
Follow	1.302	2.137	−0.835	0.199	−4.190	0.000***
ROE	0.034	0.045	−0.011	0.005	−2.036	0.042**
Tobin's Q	3.345	3.237	0.108	0.205	0.525	0.600
fund	0.027	0.037	−0.010	0.003	−2.958	0.003***
clsprc	32.917	28.040	4.877	1.919	2.541	0.011**

注：*、**、*** 分别代表组间差异在 10%、5%、1% 的程度上显著。

第四节　涨停板操纵对股价表现的影响

一、短期股价超额收益率

通常来说，操纵过程中股价将向对操纵者有利的方向移动，而在操纵结束后股价回归原本的价值。例如，Aggarwal 和 Wu（2006）分析了 SEC 披露的 51 例使用"哄抬股价，逢高卖出"交易策略的股票操纵案例，股价在短期内上涨而在操纵者获利出逃后下跌。Neupane 等（2017）利用印度监管机构披露的数据考察了 7 起 IPO 操纵案例，股价同样呈现显著的先涨后跌趋势。李志辉等（2018）检验了中国证券市场存在的尾盘操纵案件，指出其重要特征便是当天尾盘价格走高，而在第二天开盘后价格走低。在本章研究的涨停板操纵案例中，由于股票是在操纵者的影响下达到涨停价格，其基本面的支撑程度相比于自然涨停的股票较弱，操纵对股票价格的扭曲将在事件后逐步恢复。因此，我们推测其事件后短期和长期表现弱于对照组。

在本节内容中，我们采用两个特征变量来考察涨停后操纵组与对照组股价表现的差异。一是股价超额收益率，我们采用市场模型，即用个股的累计收益率减去同一时期市场指数的累计收益率表征个股股价表现的相对强弱程度。二是股价反转概率，我们通过对比操纵后交易日收盘价与操纵当日收盘价，构造虚拟变量判断股价是否发生反转，当操纵后 5 个交易日的收盘价跌破操纵当日收盘价时，则认为股价发生反转，取值为 1；否则未发生反转，取值为 0。

图 5-1 对比了两组股票的短期股价表现，坐标中实线和虚线分别表示操纵组与对照组股票的累计超额收益率，柱状图展示了两组股票累计超额收益率的差值。操纵涨停的股票与其他自然涨停的股票相比，短期收益率较低。在涨停后的 5 个交易日，操纵组平均累计超额收益率为 –0.39%，而对照组则达到 3.35%，二者相差 3.74%。

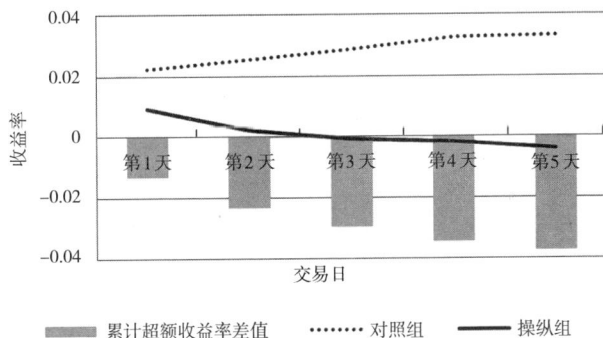

图 5-1　操纵组与对照组短期股价表现对比

为了准确地比较受到操纵涨停股票和正常涨停股票在涨停后短期股价表现差异，我们构建了 OLS 模型（5-1）和 Probit 模型（5-2）进行实证检验。

$$CAR_{i,t}=\beta_0+\beta_1\times dum\_manip_{i,t}+\beta_2\times control_{i,t} \tag{5-1}$$

$$rev_{i,t}=\beta_0+\beta_1\times dum\_manip_{i,t}+\beta_2\times control_{i,t} \tag{5-2}$$

其中，$CAR_{i,t}$ 为股价超额收益率；$rev_{i,t}$ 为股价是否发生反转的虚拟变量，当股价发生反转时取值为 1，否则取值为 0。

涨停板操纵与短期股价表现如表 5-4 所示。其中第（1）列引入了是否被操纵这一主要解释变量，并对年度固定效应和行业固定效应进行了控制；第（2）列中则进一步加入了描述公司基本特征的控制变量。实证结果显示，操纵组在事件期内累计超额收益率显著低于对照组。平均而言，5 个交易日的累计差值为 3.2%，这一差距不但在统计上是显著的，而且有着重要的经济学意义。

同时，Chan（2003）指出在没有基本面的支持下，股价的大幅移动之后会更容易发生股价反转。Khwaja 和 Mian（2005）、Aggarwal 和 Wu（2006）、Comerton-Forde 和 Putniņš（2011）都在实证研究中发现了股价在操纵后反转的现象，即短期走势和长期走势相背离。操纵者人为推高股价到涨停板，因此我们推测没有实质利好的操纵组股票更可能在涨停后股价回归正常水平，甚至跌破当天的涨停价，即出现股价反转现象。为了检验这一推断，我们采用 Probit 模型（5-2）估计股价反转可能性与是否被操纵的关系。估计结果如表 5-4 所示，其中第（3）列引入了是否被操纵这一主要解释变量，并对年度固定效应和行业固定效应进行了控制；第（4）列中则进一步加入了描述公司基本特征的控制变量。实证结果显示操纵组股价反转概率显著较高，利用 Probit 模型的边际效应分析显示操纵组股价发生反转的概率比对照组高 11.11%，这一差异不但在统计上是显著的，而且有着重要的经济意义。综上所述，我们基本可以确认操纵者推动的涨停个股在短期内股价走势显著弱于正常涨停个股。

表 5-4　涨停板操纵与短期股价表现

变量名称	（1）CAR 5	（2）CAR 5	（3）rev 5	（4）rev 5
dum_manip	−0.038*** （−4.335）	−0.032*** （−3.677）	0.350*** （4.001）	0.286*** （3.239）
MTB		0.015*** （3.160）		0.019 （0.406）
Size		−0.005*** （−4.091）		0.036*** （2.767）
Follow		0.001** （2.505）		−0.005 （−1.261）
ROE		0.076*** （5.942）		−0.387*** （−2.933）
Tobin's Q		−0.007 （−1.454）		−0.060 （−1.308）
fund		−0.046** （−2.341）		−0.572*** （−2.850）
clsprc		−0.001*** （−27.775）		0.010*** （24.393）
Constant	−0.007 （−0.319）	0.059** （1.992）	0.109 （0.476）	−0.431 （−1.433）

续表

变量名称	（1）	（2）	（3）	（4）
	CAR 5	CAR 5	rev 5	rev 5
Observations	22879	22879	22879	22879
R^2	0.015	0.056		
Year FE	YES	YES	YES	YES
Industry FE	YES	YES	YES	YES

注：括号内为 T 值，*、**、*** 分别代表在 10%、5%、1% 的程度上显著。

二、长期股价超额收益率

我们采用 OLS 模型考察操纵涨停与自然涨停股票长期股价表现差异，我们在表 5-5 的第（1）至第（4）列分别考察了涨停后 100 个交易日、150 个交易日、200 个交易日、250 个交易日的累计超额收益率，所有模型都对年度固定效应、行业固定效应和描述公司基本特征的变量进行了控制。实证结果显示，操纵组长期累计超额收益率显著低于对照组。平均而言，100 个交易日、150 个交易日、200 个交易日、250 个交易日的累计差值分别为 7.2%、6.4%、8.5%、6.1%，这些差距相较于短期累计超额收益率进一步扩大，反映被操纵股票价格在长期表现弱势。

表 5-5　涨停板操纵与长期股价表现

变量名称	（1）	（2）	（3）	（4）
	CAR 100	CAR 150	CAR 200	CAR 250
dum_manip	−0.072***	−0.064***	−0.085***	−0.061**
	（−3.453）	（−2.859）	（−3.504）	（−2.387）
MTB	0.049***	0.037***	0.005	−0.016
	（4.434）	（3.069）	（0.393）	（−1.145）
Size	−0.095***	−0.132***	−0.170***	−0.190***
	（−31.162）	（−39.974）	（−47.674）	（−51.048）
Follow	0.016***	0.021***	0.026***	0.029***
	（18.860）	（23.491）	（26.694）	（27.817）
ROE	0.393***	0.421***	0.474***	0.490***
	（12.793）	（12.618）	（13.147）	（12.993）
Tobin's Q	−0.022**	−0.009	0.021	0.036***
	（−2.018）	（−0.810）	（1.629）	（2.739）

变量名称	（1）	（2）	（3）	（4）
	CAR 100	*CAR* 150	*CAR* 200	*CAR* 250
fund	−0.406***	−0.457***	−0.535***	−0.551***
	（−8.731）	（−9.025）	（−9.797）	（−9.646）
clsprc	−0.003***	−0.003***	−0.003***	−0.003***
	（−32.119）	（−31.239）	（−29.978）	（−27.239）
Constant	1.432***	1.935***	2.430***	2.459***
	（20.210）	（25.125）	（29.237）	（28.301）
Observations	22879	22879	22879	22879
R^2	0.156	0.180	0.227	0.263
Year FE	YES	YES	YES	YES
Industry FE	YES	YES	YES	YES

注：括号内为 *T* 值，*、**、*** 分别代表在 10%、5%、1% 的程度上显著。

三、风险因子调整

现有文献指出，影响股价表现的因素是复杂多样的，本小节实证检验发现：被操纵的涨停股股价表现弱于正常涨停股，可能是由于它们对风险因子的载荷（factor loading）存在显著差异。为了验证研究的稳健性，我们在考察涨停后操纵组与对照组股价表现差异中进行风险因子调整。我们采用了 3 种风险因子组合进行调整，实证结果如表 5-6 所示，其中第（1）、第（4）列为采用 Fama-French 三因子模型调整后的超额收益；第（2）、第（5）列为采用 Carhart 四因子模型调整后的超额收益；第（3）、第（6）列为采用 Fama-French 五因子模型调整后的超额收益。我们在第（1）至第（3）列、第（4）至第（6）列中分别检验了操纵组风险因子调整后的短期、长期股价表现。*dum_manip* 的回归系数显著为负，表明风险因子调整后的回归结果依然显示操纵组股价表现在短期及长期均显著弱于对照组，从而证明了本书结论的稳健性。

表 5-6　稳健性检验：风险因子调整

变量名称	（1）	（2）	（3）	（4）	（5）	（6）
	短期表现（5个交易日）			长期表现（200个交易日）		
	FF3F	Carhart	FF5F	FF3F	Carhart	FF5F
dum_manip	−0.035***	−0.035***	−0.036***	−0.070***	−0.071***	−0.092***
	（−3.720）	（−3.748）	（−3.759）	（−2.692）	（−2.716）	（−3.685）
MTB	0.008	0.008	0.007	−0.013	−0.012	−0.011
	（1.513）	（1.597）	（1.471）	（−0.920）	（−0.846）	（−0.784）
Size	−0.006***	−0.005***	−0.006***	−0.174***	−0.173***	−0.168***
	（−4.121）	（−3.947）	（−4.398）	（−45.616）	（−45.501）	（−45.595）
Follow	0.001***	0.001***	0.001***	0.025***	0.025***	0.024***
	（2.742）	（2.887）	（2.971）	（23.291）	（23.449）	（24.005）
ROE	0.070***	0.069***	0.072***	0.501***	0.499***	0.460***
	（5.017）	（4.948）	（5.125）	（12.976）	（12.922）	（12.370）
Tobin's Q	−0.001	−0.001	−0.000	0.045***	0.043***	0.040***
	（−0.133）	（−0.236）	（−0.082）	（3.292）	（3.201）	（3.051）
fund	−0.051**	−0.051**	−0.051**	−0.193***	−0.194***	−0.270***
	（−2.413）	（−2.426）	（−2.414）	（−3.299）	（−3.312）	（−4.797）
clsprc	−0.001***	−0.001***	−0.001***	−0.004***	−0.004***	−0.003***
	（−23.672）	（−23.107）	（−23.773）	（−37.369）	（−36.830）	（−30.774）
Constant	0.066**	0.081**	0.074**	2.493***	2.530***	2.464***
	（2.049）	（2.497）	（2.279）	（27.997）	（28.408）	（28.739）
Observations	22879	22879	22879	22879	22879	22879
R²	0.090	0.092	0.091	0.255	0.257	0.311
Year FE	YES	YES	YES	YES	YES	YES
Industry FE	YES	YES	YES	YES	YES	YES

注：括号内为 T 值，*、**、*** 分别代表在 10%、5%、1% 的程度上显著。

四、股票流动性

现有研究指出，信息不对称是操纵者成功实施市场操纵的关键（Fischel and Ross，1991；Chakraborty and Yilmaz，2004；Khwaja and Mian，2005），操纵者往往选择信息透明程度低的股票进行操纵。科迪亚等（Chordia et al.，2008）、钟纪华和赫拉兹迪尔（Chung and Hrazdil，2010）等人的研究指出，当市场流动性增加时，定价效率提升，股价短期收益率的可预测性降低。流动性越低的股票定价效率也越低，操纵者能够以较小的成本实施操纵（Huang and Cheng，2015；Comerton-Forde and Putniņš，2014）。在本章研究的涨停板操纵案例中，股价涨停并无实际利好信息支撑，高流动性将加速市场对错误定价的修正。因此，我们推测，在操纵当日流动性低的股票，定价效率更低，操纵导致的错误定价程度更大。

为了论证流动性对操纵导致的错误定价程度的影响，在本小节中我们依据流动性大小将总样本划分为低流动性和高流动性两个子样本，采用 OLS 模型（5-1）和 Probit 模型（5-2），考察不同流动水平下操纵导致的错误定价程度差异。我们采用操纵当日的 *amihud* 指标作为流动性的度量指标，考察了在不同流动性水平下，操纵导致的错误定价程度的差异。具体而言，我们将涨停当日 *amihud* 指标低于年度中位数的样本划分为高流动性子样本，将涨停当日 *amihud* 指标高于年度中位数的样本划分为低流动性子样本，分别估计市场操纵对股票涨停后短期累计超额收益率及股价反转可能性的影响，估计结果如表 5-7 所示。

表 5-7　流动性水平与错误定价程度

变量名称	（1）	（2）	（3）	（4）
	低流动性		高流动性	
	CAR 5	rev 5	CAR 5	rev 5
dum_manip	−0.034**	0.302**	−0.009	0.102
	（−2.406）	（2.332）	（−0.931）	（0.832）
MTB	0.028***	−0.049	0.020***	−0.041
	（3.703）	（−0.686）	（3.964）	（−0.630）
Size	0.008***	−0.100***	0.009***	−0.050***
	（3.308）	（−4.215）	（6.625）	（−2.913）
Follow	0.001	−0.002	−0.001	0.001
	（1.405）	（−0.371）	（−1.563）	（0.291）
ROE	0.058**	−0.046	0.010	−0.117
	（2.513）	（−0.211）	（0.778）	（−0.687）
Tobin's Q	−0.020***	0.017	−0.016***	0.009
	（−2.657）	（0.245）	（−3.324）	（0.146）
fund	−0.142***	0.071	0.130***	−1.564***
	（−5.086）	（0.272）	（5.245）	（−4.719）

续表

变量名称	（1）	（2）	（3）	（4）
	低流动性		高流动性	
	CAR 5	rev 5	CAR 5	rev 5
clsprc	−0.001***	0.012***	−0.001***	0.016***
	（−29.393）	（25.124）	（−19.248）	（15.796）
Constant	−0.090*	1.192**	−0.187***	1.102***
	（−1.694）	（2.360）	（−6.097）	（2.706）
Observations	11438	11434	11441	11441
R^2	0.120		0.045	
Year FE	YES	YES	YES	YES
indid FE	YES	YES	YES	YES

注：括号内为 T 值，*、**、*** 分别代表在10%、5%、1%的程度上显著。

实证结果显示，操纵组与对照组在事件期内累计超额收益率的差异主要体现在低流动性子样本中，平均而言，5个交易日的累计超额收益率差值为3.4%，而对于高流动性子样本这一差距并不显著。同时，操纵组与对照组股价反转概率的差异在低流动性子样本中也更为显著，操纵组股价发生反转的概率比对照组高10.57%，而对于高流动性子样本，两组股票股价发生反转的概率并无显著差异。上述实证结果表明，当操纵当日的流动性越低时，操纵造成的错误定价程度越高。

五、分析师跟踪

现有文献指出，公司治理水平越高，信息不对称程度越低（Kanagaretnam et al.，2007；伊志宏 等，2010；谭兴民 等，2009），因此当被操纵股票的公司治理水平越低，操纵导致的错误定价程度越高。Lee 等（2013）、Huang 和 Cheng（2015）基于直接实证证据的研究也指出，操纵者偏好于选择治理水平较差的上市公司（股票）进行操纵。Yuan 等（2008）、Chen 等（2015）、李春涛等（2014）认为分析师跟踪能够对上市公司管理层进行监督，提升公司治理水平。为了检验分析师跟踪对操纵导致的错误定价程度的影响，在本小节中我们依据分析师跟踪人数将总样本划分为高分析师关注度和低分析师关注度两个子样本，采用 OLS 模型（5-1）和 Probit 模型（5-2）估计市场操纵对股票涨停后短期累计超额收益率及股价反转可能性的影响，估计结果如表5-8所示。

表 5-8　分析师跟踪与错误定价程度

变量名称	（1）	（2）	（3）	（4）
	低分析师关注度		高分析师关注度	
	CAR 5	rev 5	CAR 5	rev 5
dum_manip	−0.035***	0.396***	−0.021	0.061
	（−3.205）	（3.585）	（−1.457）	（0.397）
MTB	−0.020***	0.161***	0.007	0.073
	（−3.638）	（2.951）	（0.947）	（0.930）
Size	0.000	0.007	−0.010***	0.059***
	（0.109）	（0.408）	（−5.379）	（3.041）
Follow	0.010***	−0.027	0.001*	−0.006
	（4.006）	（−1.079）	（1.659）	（−1.085）
ROE	0.001	0.017	0.002	−0.036
	（0.296）	（0.854）	（0.339）	（−0.482）
Tobin's Q	0.023***	−0.175***	−0.000	−0.110
	（4.199）	（−3.227）	（−0.056）	（−1.419）
fund	−0.028	−0.755**	−0.050**	−0.409
	（−0.909）	（−2.438）	（−2.109）	（−1.623）
clsprc	−0.001***	0.009***	−0.001***	0.009***
	（−19.168）	（17.082）	（−16.616）	（16.264）
Constant	0.023	−0.205	0.126***	−0.917**
	（0.570）	（−0.502）	（2.976）	（−2.062）
Observations	13257	13257	9622	9622
R^2	0.047		0.061	
Year FE	YES	YES	YES	YES
indid FE	YES	YES	YES	YES

注：括号内为 T 值，*、**、*** 分别代表在 10%、5%、1% 的程度上显著。

　　估计结果表明，操纵导致的错误定价主要体现在低分析师关注度的子样本中，平均而言，5 个交易日的累计超额收益率差值为 3.5%，操纵组股价发生反转的概率比对照组高 2.31%，而在高分析师关注度的子样本中，两组股票的累计超额收益率和股价反转概率并无显著差异。这一实证结果表明，分析师跟踪有助于降低操纵导致的错误定价程度。

第五节　涨停板操纵对股价信息含量的影响

一、股价同步性

我们采用 CAPM 模型的决定系数 syn（CAPM 模型的拟合优度 R^2），即股价走势与市场的一致性（stock return synchronicity）来衡量股价同步性。现有文献指出，syn 越大，表明个股股价走势与市场同步性越强（蔡庆丰和杨侃，2013；Jin and Myers，2006；Devos et al.，2015）。同时由于公司信息不是完全透明的，相较于外部投资者，内部投资者（insider）掌握了更多的公司自身信息（firm-specific risk）。Jin 和 Myers（2006）的模型推测股价崩盘更有可能发生在 syn 较低的公司，这是因为当内部投资者获取了公司自身负面信息时就会选择放弃这只股票，使得股价出现较大幅度的下跌，同时内部投资者的参与使得股价同步性较高。与此相似，在我们的研究中，操纵涨停的股票，操纵者拥有股票价值的真实信息。如果操纵者在涨停后及时出逃，将会导致股价表现较弱，同时使得股价中公司特有信息含量提升，股价走势与市场的一致性较低。由此，我们推测受到操纵的股票，操纵后股价同步性较低。

为了论证操纵与股价同步性的关系，我们构建 OLS 模型（5-3）比较操纵涨停股票和正常涨停股票的事件后股价同步性差异。股价同步性通过股价与市场走势的一致性程度，即 CAPM 模型的决定系数 syn 来表征。syn 越大，表明个股股价走势与市场同步性越强（蔡庆丰和杨侃，2013；Jin and Myers，2006；Devos et al.，2015）。

$$syn_{i,t}=\beta_0+\beta_1\times dum\_manip_{i,t}+\beta_2\times control_{i,t} \tag{5-3}$$

OLS 模型的实证结果如表 5-9 第（1）列所示，模型中引入了是否被操纵这一主要解释变量，同时控制了年度固定效应、行业固定效应以及描述公司基本特征的控制变量。实证结果显示，相较于对照组，操纵组股票在操纵后的股价同步性低 6.5%。这一差异不但在统计上是显著的，而且有重要的经济学意义，即操纵结束后，随着操纵者退出市场，股价中公司特有信息含量得到提升，股价同步性下降。

二、错误定价程度

操纵者通过操纵行为推动股价触及涨停，其基本面支撑程度低于正常达到涨停的对照组股票，操纵导致的错误定价程度越高，与股价触及涨停所需的利好信息之间"真实缺口"越大。在操纵结束后，随着操纵者退出市场，操纵组股票股价中的公司特有信息将会恢复至真实水平，错误定价程度越高，股票的股价信息含量修正程度越高，股价同步性越低。因此，我们推测，错误定价程度越高的股票，操纵后市场对股价中的公司特有信息含量的修正程度越高，即股价同步性下降程度更高。为了检验错误定价程度与操纵后股价同步性的关系，我们依据错误定价程度将总样本划分为错误定价程度低和错误定价程度高两个子样本，采用 OLS 模型（5-3）考察不同错误定价程度下，操纵后的股价同步性差异。

具体而言，我们将样本按照短期股价表现 CAR 5 是否大于 0 划分为错误定价程度高和错误定价程度低两个子样本，分别考察短期股价上涨或下跌条件下涨停板操纵与股价同步性的关系。当短期股价表现 CAR 5 小于 0 时，划分为错误定价程度高子样本；当短期股价表现 CAR 5 大于 0 时，划分为错误定价程度低子样本。实证结果如表 5-9 第（2）、第（3）列所示，模型中引入了是否被操纵这一主要解释变量，同时控制了年度固定效应、行业固定效应以及描述公司基本特征的控制变量。实证结果显示，当短期累计超额收益率为正时，操纵组股价同步性高于对照组 4.6%，但这一差异在统计上并不显著；而当短期累计超额收益率为负时，操纵组股价同步性显著高于对照组 9.0%。这一结果与 Jin 和 Myers（2006）的模型推测相符，表明操纵者如果在涨停后及时出逃，将会导致股价表现较弱，同时使得股价走势与市场的一致性较低。

三、新闻媒体报道

新闻媒体作为股票市场中的重要信息中介，通过搜集、整理和发布上市公司信息，影响投资者对相关信息的获取，最终影响投资者的交易策略。同时，新闻媒体报道作为社会舆论的一部分，能够起到外部约束和监督作用，有利于改进上市公司治理结构，提升信息透明度（An et al.，2020；Fang and Peress，2009；罗进辉，2012；Bushee et al.，2010）。黄俊和郭照蕊（2014）发现在我国股票市场中，随着媒体报道数量的增多，更多公司层面的信息被纳入股价信息，股价同步性降低。Kim 等（2014）研究了全球 50 个国家 / 地区的公司新闻自由和股价信息的关系，发现更大的新闻自由度与更低的股价同步性相关。因此，我们推测新闻媒体报道量越多的股票，操纵后公司特有信息含量越高，股价同步性越低。

为了分析新闻媒体报道与操纵后股价同步性的关系，我们依据操纵当日的新闻媒体报道数量，将总样本划分为新闻媒体报道量低和新闻媒体报道量高两个子样本，采用 OLS 模型（5-3）考察不同新闻媒体报道水平下操纵后的股价同步性差异。

具体而言，我们按照操纵当日新闻媒体报道数量将样本划分为新闻媒体报道量高和新闻媒体报道量低两个子样本，分别考察了在不同新闻媒体报道量水平下涨停板操纵与股价同步性的关系。当新闻媒体报道数量高于日度均值时，划分为新闻媒体报道量高子样本，否则划分为新闻媒体报道量低子样本。实证结果如表5-9第（4）、第（5）列所示，模型中引入了是否被操纵这一主要解释变量，同时控制了年度固定效应、行业固定效应以及描述公司基本特征的控制变量。实证结果显示，新闻媒体报道数量少时，操纵组股价同步性高于对照组4.4%，但这一差异在统计上并不显著；而新闻媒体报道数量多时，操纵组股价同步性显著高于对照组10.3%。这一结果表明，操纵新闻媒体报道量越多，操纵后股价公司特有信息含量提升程度越高，股价同步性下降幅度越大。

表5-9　涨停板操纵与股价同步性的关系

变量名称	（1）	（2）	（3）	（4）	（5）
	syn				
	总样本	错误定价程度低	错误定价程度高	新闻媒体报道量低	新闻媒体报道量高
dum_manip	−0.065***	−0.046	−0.090***	−0.044	−0.103***
	（−3.028）	（−1.464）	（−3.092）	（−1.580）	（−3.010）
MTB	−0.056***	−0.063***	−0.037**	−0.044***	−0.070***
	（−4.874）	（−4.204）	（−2.093）	（−2.877）	（−4.032）
Size	0.007**	0.003	0.008*	0.011***	0.004
	（2.223）	（0.677）	（1.761）	（2.632）	（0.827）
Follow	0.002**	0.002	0.002	0.001	0.003**
	（2.057）	（1.622）	（1.359）	（1.155）	（2.028）
ROE	0.079**	0.074*	0.105**	0.049	0.112**
	（2.482）	（1.789）	（2.136）	（1.137）	（2.372）
Tobin's Q	0.050***	0.055***	0.036**	0.039***	0.062***
	（4.468）	（3.833）	（2.077）	（2.615）	（3.723）
fund	0.032	0.150**	−0.093	−0.005	0.063
	（0.671）	（2.435）	（−1.215）	（−0.073）	（0.897）
clsprc	−0.002***	−0.002***	−0.002***	−0.002***	−0.002***
	（−21.344）	（−13.248）	（−20.122）	（−18.679）	（−11.580）
Constant	0.265***	0.324***	0.223**	0.006	0.481***
	（3.616）	（3.304）	（2.043）	（0.058）	（4.688）
Observations	22879	13328	9551	12644	10235
R^2	0.086	0.080	0.118	0.101	0.075
Year FE	YES	YES	YES	YES	YES
indid FE	YES	YES	YES	YES	YES

注：括号内为T值，*、**、***分别代表在10%、5%、1%的程度上显著。

本章小结

综上所述，在本章中，我们利用手动整理的中国证监会行政处罚决定书披露的212例涨停板操纵案例，对比分析了操纵涨停与正常涨停股票在涨停后的股价表现差异。研究发现，相对于对照组，操纵组股票在涨停后短期和长期的收益率均显著较低；流动性越低、分析师关注度低的股票，操纵导致的错误定价程度越高；涨停后随着操纵者逐步退出市场，操纵组的股价中公司特有信息含量提升，股价同步性下降；错误定价程度越高、新闻媒体报道量越多，操纵后公司特有信息含量提升越多，股价同步性越低。这些研究结论是对涨停板操纵研究的重要补充，对深入理解涨停板操纵行为的影响结果和影响机制有重要贡献，对监管制度的制定、投资者保护具有指导意义。

涨跌停板制度是我国证券市场交易机制的重要组成部分（Seasholes and Wu，2007；王燕鸣 等，2015）。投资者对追逐涨停板抱有极高的热情，也在无形中为涨停板操纵提供了土壤。坊间流传着诸如"炒股不跟解放南，便是神仙也枉然"此类口头禅，其中的"解放南"是指活跃在银河证券宁波解放南路营业部的 "宁波涨停板敢死队"，他们操作的股票屡屡触及涨停，交易频繁且交易量巨大，曾因此被怀疑涉及涨停板操纵。但利用涨停板进行市场操纵的行为尚未受到学术界的充分重视，相关研究较为匮乏。如何完善涨停板交易制度和其他市场制度以抑制涨停板操纵的发生，如何进行投资者教育以杜绝操纵的土壤，如何评估涨停板操纵对市场的危害，是研究者需要思考的问题。学术界、监管层及金融业界应当充分意识到操纵者利用特定交易机制设计进行市场操纵的可能性，通过缜密细致的学理分析建立健全市场交易体制，同时做好投资者教育工作，杜绝市场操纵的土壤，提高金融市场定价效率。

第六章 "看得见，摸不着"：
幌骗交易

第一节 幌骗交易的定义

在中国股票市场的交易中，交易所通常根据买卖价格顺序依次展示最佳的5档买入价格和5档卖出价格，并同时披露每个价格对应的申报数量。某些专业机构投资者使用的 level 2 行情可以看到10档甚至更多档位的买卖委托价量，除此之外，市场中绝大多数投资者所能观察到的订单簿特征来自行情软件中的5档买卖委托价量，也就是投资者常说的"盘口"。"盘口"包含大量的信息，它直接反映了此时此刻股票的供求关系，有经验的投资者非常看重阅读"盘口"信息的能力。然而一切对"盘口"信息的分析都必须建立在一个基础的假设之上，那便是"盘口"是真实的，能够准确地反映市场供求关系。如果"盘口"被别有目的的操纵者利用，营造出虚假繁荣的假象，则任何固有的投资分析方法都可能失灵。幌骗交易正是这样一种人为影响"盘口"特征的基于订单簿的市场操纵手法。

在幌骗交易操纵行为中，操纵者通过不以成交为目的的频繁申报和撤销申报，误导其他投资者对股票供求和价格走势做出错误判断，影响证券交易价格和交易量。中国证监会将幌骗交易认定为具有以下特征的交易行为：

（1）行为人不以成交为目的。行为人提交数量巨大的买入订单，订单数量占同时段市场总买入订单数量较高，后续行为人将大量买入订单撤销，撤销数量占申报数量和同时期市场撤单数量比例均较高，行为人的申报和撤销行为体现出不以成交为目的的特征。

（2）行为人做出频繁申报和撤销申报的行为。行为人在日内频繁、多次提交买入订单以制造价格压力，同时行为人在日内多次将即将成交的买入订单撤销。

（3）影响证券交易价格或交易量。由于在中国股票市场存在卖空限制，操纵者很难通过压低股价从而在空头头寸上获利，操纵者偏好于拉高股价或者利用异常高的交易量给投资者营造股价将继续上涨的假象，随后在股价上涨至高点卖出获利。在最高人民法院和最高人民检察院的相关规定中，将交易价格或交易量异常作为幌骗交易操纵的特征之一。

例如，在证监罚字〔2018〕59号行政处罚决定书披露的九强生物（300406）操纵案例中，操纵者在2015年8月11日10:26:17至10:31:12期间连续10笔申报买入九强生物（300406）共827000股，申报买入量占同时段全市场申报买入量的85.47%。为避免成交，操纵者在该时段共撤单826900股，占其申报量的99.99%，占同时段全市场撤单量的92.27%；该时段仅成交100股，占其申报买入量的0.01%。此后13:14:01至13:19:05期间，操纵者连续12笔申报买入九强生物（300406）共583000股并全部撤单，申报买入量占同时段全市场申报买入量的81.13%，撤单量占同时段全市场撤单量的84.77%。13:19:44至13:20:50期间，操纵者分3笔卖出8000股，卖出金额364000元。当日操纵者获利7165.85元。操纵者不以成交为目的，日内频繁申报与撤销订单。九强生物（300406）当日股价上涨3.10%，换手率为8.56%。

从案例中可见，幌骗交易通过在日内频繁大量申报，尤其是在买方一侧提交大量的订单，制造订单不平衡压力，推动价格上涨。并且为了尽可能地迷惑市场中的投资者，买单规模往往较大。同时为了避免其所提交的买单被成交，操纵者会选择在订单即将成交前撤销其买入订单，撤销金额占其申报总金额比例较高。操纵者频繁申报和订单在成交前撤销，体现出操纵者的挂单行为并不以成交为目的。

世界上大部分证券监管机构对幌骗交易的正式定义较为笼统和模糊，缺乏明确的界定标准。例如，韩国证券法将幌骗交易定义为"意图让投资者形成交易活跃的错误判断，进而影响市场价格的订单"（Lee et al.，2013）。中国证监会于2007年发布的《证券市场操纵行为认定指引（试行）》将幌骗交易定义为"行为人做出不以成交为目的的频繁申报和撤销申报，误导其他投资者，影响证券交易价格或交易量"。读者可能好奇，为什么各国监管部门不约而同地将幌骗交易的定义模糊化？这是因为交易所需要避免操纵者设计出准确规避法律精确定义的市场操纵方案（Cumming et al.，2011；Putniņš，2012）。例如，如果监管机构明确规定撤单率超过20%是异常的，将会纳入监控范围，那么操纵者将会严格控制撤单率在20%以内从而躲避监管，这样反而会削弱监管体系的有效性。虽然各国对幌骗交易定义的表述略有差异，但大体内容是基本一致的，幌骗交易中市场操纵者进行了大量的订单申报、订单撤销，通常产生的后果是股票价格的上涨和成交量的放大（Lee et al.，2013；Putniņš，2012；Nawn and Banerjee，2019；O'Hara，2010）。

第二节　幌骗交易的研究意义

金融市场文献普遍认为，操纵者可以通过做出不以成交为目的的频繁申报与撤销申报，即幌骗交易来操纵股票价格（Cumming et al.，2011；Aitken et al.，2015c；Duong et al.，2021）。幌骗交易在股票市场中广泛存在，是中国证监会近年来披露的市场操纵案例中出现频率最高的操纵类型之一，我们的统计结果显示，中国证监会截至 2020 年披露的操纵案件中，操纵手法中涉及幌骗交易的操纵案件占比超过 50%。中国股票市场作为新兴市场，散户投资者占比高。众所周知，散户投资者缺乏专业机构投资者所拥有的信息优势和信息处理能力，其交易行为更容易受与股票真实价值无关信息的影响，表现出噪声交易的特征（Brandt et al.，2010；Foucault et al.，2011；Choi and Choi，2018）。散户投资者更容易被幌骗交易者营造的订单簿假象迷惑，如追踪价格上涨、成交活跃的股票。正因如此，相较于其他发达市场，幌骗交易在中国股票市场更加值得展开深入的研究和探讨。在本章中，我们将讨论幌骗交易这种通过提交欺骗性订单进行市场操纵的手法，为完善市场监督机制、保护中小投资者利益提供参考。

虽然幌骗交易是当下最常见的操纵类型之一，然而相较于其他操纵类型，如"集合资产池"操纵、收盘价操纵、IPO 操纵、金融中介机构操纵等（Khwaja and Mian，2005；Neupane et al.，2017；Duong et al.，2021；Aggarwal and Wu，2006；Comerton-Forde and Putniņš，2014），其受到的学术界的关注仍显不足。同时，现有的幌骗交易实证研究主要讨论了该操纵策略的实施方法、盈利情况和股价表现，例如 Lee 等（2013）发现在幌骗交易中，操纵者的真实意图是出售股票，但操纵者通常首先提交一个低于当前市场价的大额买单，拉抬股价后随即卖出其持有的股票，并取消前期提交的大额买单。Lee 等（2013）的研究证实了幌骗交易的可盈利性。Kong 和 Wang（2014）的研究表明操纵者择机实施操纵，他们倾向于在信息不对称程度较大时，假装为知情交易者。在操纵期间，股票价格、成交量、换手率和日内波动率上升，短期收益率对订单不平衡的敏感性增加。操纵结束后，上述影响逐渐降低。

现有研究虽然意识到幌骗交易损害市场质量（Kong and Wang，2014；Lee et al.，2013），但是并未对市场操纵影响机制进行深入分析。此外，正如前文所述，中国股票市场中散户投资者占比较高，他们缺乏信息优势和信息处理能力，其交易行为表现出噪声交易的特征（Brandt et al.，2009；Foucault et al.，2011）。而噪声交易者是否会被操纵者利用是理论文献的研究重点之一（Kyle，1985；Aggarwal and Wu，2006；Collin-Dufresne and Fos，2016）。在实证上，鲜有研究考察噪声交易在操纵损害市场质量中起到的调节作用。本章的实证研究结果显示，噪声交易越多的股票，其市场质量受到操纵的负面影响程度越高。这突出了监管部门进行投资者教育的重要性，提升投资者理性程度有利于降低市场操纵的负面影响。最后，如何减少幌骗交易对市场质量的破坏是监管层和投资者感兴趣的话题。现有文献指出，外部监督能够起到提升上市公司内部治理水平、降低信息不对称等积极作用，被视为抑制市场操纵、提升市场治理水平的重要方式（Cumming et al.，2011；Lee et al.，2013；Comerton-Forde and Putniņš，2014；Huang and Cheng，2015；Duong et al.，2021）。然而外部监督能否缓解幌骗交易对流动性的损害这一议题缺乏讨论。我们的研究发现对于拥有较强外部监督的股票，其流动性受到操纵的损害显著低于外部监督较弱的股票，证实了外部监督的有效性。这为市场加强外部监督、抵御市场操纵的负面影响提供了依据。

本章中，我们的研究样本来源于中国证监会截至2020年所披露的幌骗交易案例。我们采用网络爬虫与人工筛选相结合的方式，对收集到的案例文书进行分类并提取描述案件的关键信息。需要注意的是，由于中国股票市场存在一定的卖空约束，因此通过幌骗交易卖单拉低股价并在空头头寸上获利的案例并不在本章的研究范围内，同时由于开盘集合竞价阶段与日内交易连续竞价制度的不同，开盘集合竞价阶段的幌骗交易行为也不在本章的研究范围内。本章中，我们仅关注中国证监会披露的在日内连续竞价交易阶段，通过提交频繁申报与撤销买单哄抬股价的幌骗交易案例。在此基础上，为了保证样本数量以及结果的可靠性，我们还根据以下标准剔除了部分观测值：①中国证监会认定的金融类上市公司；②样本内存在退市风险或其他风险警示实施记录的股票；③日内观测值数小于1000的股票；④其他数据缺失的股票。

在市场交易过程中，投资者对实时行情中的申报数量与金额、买卖订单差异、巨额订单、订单撤销数量与金额、订单成交数量与金额、其他投资者报价策略等较为关注，投资者往往根据已有的订单申报信息选择交易时机（Yang and Zhu，2020）。而幌骗交易意图通过频繁的申报与撤销申报以影响其他投资者的判断，因此本章推测幌骗交易将会对多方面的股票订单特征产生影响，接下来我们将在第三节介绍幌骗交易对订单申报特征、订单成交特征、波动性的影响，在第四节介绍幌骗交易对买卖价差的影响。

第三节　幌骗交易与订单簿特征

为了方便读者阅读，我们在表 6-1 中列举了本节研究中所使用的主要变量名称及定义。为了避免极端值对实证结果可能的干扰，我们将连续型变量进行了 1% 双向缩尾处理。

表 6-1　本节主要变量名称与定义

变量名称	变量全称	变量定义
Manip	幌骗交易	虚拟变量，股票被幌骗交易时取值为 1，否则为 0
ExDepth 5_vol	超额订单申报数量	当日订单申报金额与前 20 个交易日订单申报金额均值的差值
ExBid_vol	超额买单申报数量	当日买单申报数量与前 20 个交易日买单申报数量均值的差值
ExCancel_vol	超额撤单比例	当日撤单比例与前 20 个交易日撤单比例均值的差值
ExBSI_vol	超额买卖订单不平衡	当日买卖订单申报数量不平衡与前 20 个交易日买卖订单申报数量不平衡均值的差值
ExPrb_vol	超额巨额买单概率	当日巨额买单概率与前 20 个交易日巨额买单概率均值的差值
ExDeal_vol	超额成交比例	当日成交比例与前 20 个交易日成交比例均值的差值
ExNbqr	超额非最优报价占比	当日订单非最优报价占比与前 20 个交易日订单非最优报价占比均值的差值
ExHfv	超额波动率	当日波动率与前 20 个交易日波动率均值的差值
ExCNI_retail	超额小额资金净流入比例	当日小额资金净流入比例与前 20 个交易日小额资金净流入比例均值的差值
Event	重大基本面事件	虚拟变量，幌骗交易前后 20 个交易日存在重大基本面事件时取值为 1，否则取值为 0
Size	市值规模	市值的自然对数
MTB	账面市值比	账面价值与市值规模的比值
Tobin's Q	托宾 Q	市值规模与总资产的比值
Inst	机构投资者持股比例	各类机构投资者的持股比例
Follow	分析师跟踪人数	跟踪上市公司的分析师人数
ROE	净资产收益率	税后净利润与净资产的比值
Price	价格水平	前一交易日收盘价的自然对数
Constrained	最小报价比例	当日绝对买卖价差为 0.01 元的交易时段占全天总交易时段的比例
ExTurn	超额换手率	当日换手率与前 20 个交易日换手率均值的差值

在表6-2中，我们提供了主要被解释变量、解释变量及控制变量的描述性统计。

表6-2　主要变量描述性统计

变量名称	观测数	均值	标准差	最小值	25%分位数	中位数	75%分位数	最大值
Manip	353330	0.001	0.025	0	0	0	0	1
ExDepth 5_vol	353330	0.002	2.390	−268.832	−0.114	−0.017	0.019	301.111
ExBid_vol	353330	−0.222	5.118	−867.714	−0.086	−0.011	0.007	295.243
ExCancel_vol	353330	0.074	0.655	−4.554	−0.239	0.045	0.394	9.282
ExBSI_vol	353330	−0.401	14.154	−103.445	−8.989	−0.564	7.884	104.077
ExPrb_vol	353330	−0.200	13.901	−75.753	−8.836	−2.017	5.707	99.718
ExDeal_vol	353330	0.083	2.237	−50.735	−0.603	−0.066	0.529	90.259
ExNbqr	353330	−0.120	5.045	−71.177	−2.078	−0.076	1.702	87.836
ExHfv	353330	0.004	0.063	−1.192	−0.022	−0.006	0.016	2.376
ExCNI_retail	353330	−0.141	14.920	−126.939	−8.767	−0.737	7.609	43.044
Event	353330	0.100	0.301	0	0	0	0	1
Size	353330	15.937	0.896	13.500	15.306	15.819	16.458	21.365
MTB	353330	3.266	2.603	0.910	1.583	2.421	3.964	15.764
Tobin's Q	353330	2.837	2.700	0.196	1.066	2.033	3.637	15.482
Inst	353330	0.048	0.044	0.001	0.015	0.036	0.070	0.209
Follow	353330	2.855	3.663	0	0	1	4	32
ROE	353330	0.035	0.053	−0.158	0.008	0.026	0.057	0.219
Price	353330	2.749	0.713	0.438	2.257	2.721	3.220	6.148
Constrained	353330	0.658	0.239	0.028	0.472	0.689	0.870	1.000
ExTurn	353330	0.272	2.263	−0.986	−0.358	0.053	0.611	3.606

一、订单申报特征

理论上来说，采用幌骗交易的操纵者为了实现哄抬股价和提高交易量的效果，将会提交大量的委托买单营造股票需求旺盛、有巨大上涨潜力的假象（Lee et al.，2013；Nawn and Banerjee，2019）。同时，为避免在哄抬股价过程中委托的买单被成交而可能造成的损失，操纵者会选择在成交前及时地撤销其申报的大量订单（Lee et al.，2013；Nawn and Banerjee，2019；O'Hara，2010）。因此，我们推测，受到幌骗交易影响的股票其订单申报量，尤其是买单的订单申报量会显著高于其他股票。此外，由于操纵者在订单成交前大量撤销，受到幌骗交易影响的股票的订单撤销相比其他股票将会更为频繁。

操纵者在买单一侧大量的订单会造成买卖订单不平衡，传递虚假的需求信息。大额订单和多个小额订单的信息含量是不同的，相较于小额订单，大额订单更可能向市场传递有关股票价值的信息。文献也发现，操纵者的订单相较于已执行的买入订单规模更大（Kong and Wang，2014；Lee et al.，2013）。因此，我们推测操纵者除在买单一侧进行大量的订单申报以制造订单不平衡压力，也会提交更多的巨额买单，以营造大额"知情交易者"正在疯狂扫货、市场需求旺盛的虚假繁荣景象。

为了对上述论断进行检验，我们采用超额订单申报数量（$ExDepth5\_vol_{i,t}$）、超额买单申报数量（$ExBid\_vol_{i,t}$）、超额撤单比例（$ExCancel\_vol_{i,t}$）、超额买卖订单不平衡（$ExBSI\_vol_{i,t}$）和超额巨额买单概率（$ExPrb\_vol_{i,t}$）共计 5 个指标衡量幌骗交易股票的订单申报特征。

（1）订单申报数量（$Depth5\_vol_{i,t}$）为每个快照数据的 1~5 档申报数量的日内均值，计算方法如下：

$$Depth5\_vol_{i,t}=\frac{1}{j}\times\sum_{j=1}^{n}\left(\sum_{m=1}^{5}Bid\_vol_{i,t,j,m}+Ask\_vol_{i,t,j,m}\right) \qquad (6-1)$$

其中，$Bid\_vol_{i,t,j,m}$ 和 $Ask\_vol_{i,t,j,m}$ 分别为股票 i 在 t 交易日 j 时刻买方第 m 档和卖方第 m 档的申报数量（m=1,2,3,4,5；j=1,2,3,$\cdots$,n），n 为日内连续交易的快照数据数。

（2）买单申报数量（$Bid\_vol_{i,t}$）为每个快照数据的买单 1~5 档申报数量的日内均值，计算方法如下：

$$Bid\_vol_{i,t}=\frac{1}{j}\times\sum_{j=1}^{n}\left(\sum_{m=1}^{5}Bid\_vol_{i,t,j,m}\right) \qquad (6-2)$$

（3）撤单比例（$Cancel\_vol_{i,t}$）的估计方法为前一快照数据的 1~5 档申报数量总和减去当前快照数据的 1~5 档申报数量总和与成交数量，除以前一快照数据 1~5 档申报数量总和与成交数量。撤单比例（$Cancel\_vol_{i,t}$）计算方法如下：

$$Cancel\_tick_{i,t,j}=\begin{cases}\dfrac{Depth5_{i,t,j-3}-Depth5_{i,t,j}-Tvol_{i,t,j}}{Depth5_{i,t,j-3}+Tvol_{i,t,j}} & if\ Depth5_{i,t,j-3}-Depth5_{i,t,j}-Tvol_{i,t,j}>0\\[2mm] 0 & if\ Depth5_{i,t,j-3}-Depth5_{i,t,j}-Tvol_{i,t,j}\leqslant0\end{cases}$$

$$\qquad (6-3)$$

$$Cancel\_vol_{i,t}=\frac{1}{j}\times\sum_{j=1}^{n}Cancel\_vol\_tick_{i,t,j} \qquad (6-4)$$

其中，$Depth5\_vol_{i,t,j}$ 为股票 i 在 t 交易日 j 时刻买卖 1~5 档的申报数量；$Tvol_{i,t,j}$ 为股票 i 在 t 交易日 j-3 时刻至 j 时刻的成交量。

（4）买卖订单不平衡（$BSI\_vol_{i,t}$）的计算方法为日内每个快照数据的买卖订单不平衡的均值，其中买卖订单不平衡的判定方法为：买单1~5档申报数量总和与卖单1~5档申报数量总和的差值，再除以1~5档订单申报数量总和的比值。买卖订单不平衡（$BSI\_vol_{i,t}$）具体计算方法如下：

$$BSI\_vol_{i,t}=\frac{1}{j}\times\sum_{j=1}^{n}\left(\frac{Bid\_vol_{i,t,j}-Ask\_vol_{i,t,j}}{Bid\_vol_{i,t,j}+Ask\_vol_{i,t,j}}\times100\right) \qquad (6-5)$$

其中，$Bid\_vol_{i,t,j}$和$Ask\_vol_{i,t,j}$分别为股票i在t交易日j时刻买方1~5档和卖方1~5档的申报数量。

（5）巨额买单判定方法为当买方1~5档订单申报中出现任意一档的买入委托数量大于卖方1~5档订单申报的总卖出委托数量时，则视为存在巨额买单。巨额买单概率（$Prb\_vol_{i,t}$）判定方法如下：

$$Prb\_vol\_tick_{i,t,j}=\begin{cases}1 & \exists m & Bid\_vol_{i,t,j,m}>Ask\_vol_{i,t,j}\\0 & \forall m & Bid\_vol_{i,t,j,m}\leqslant Ask\_vol_{i,t,j}\end{cases} \qquad (6-6)$$

$$Prb\_vol_{i,t}=\left(\frac{1}{j}\times\sum_{j=1}^{n}Prb\_vol\_tick_{i,t,j}\right)\times100 \qquad (6-7)$$

在此基础上，我们采用上述指标（订单申报数量、买单申报数量、撤单比例、买卖订单不平衡和巨额买单概率）的当日值减去过去20个交易日的均值度量其与正常水平的差值，即超额订单申报数量（$ExDepth\,5\_vol_{i,t}$）、超额买单申报数量（$ExBid\_vol_{i,t}$）、超额撤单比例（$ExCancel\_vol_{i,t}$）、超额买卖订单不平衡（$ExBSI\_vol_{i,t}$）和超额巨额买单概率（$ExPrb\_vol_{i,t}$）表征幌骗交易股票的订单申报特征。以超额订单申报数量（$ExDepth\,5\_vol_{i,t}$）为例，其计算方法如下：

$$ExDepth\,5\_vol_{i,t}=Depth\,5\_vol_{i,t}-Depth\,5\_vol_{i,t}^{*} \qquad (6-8)$$

其中，$Depth\,5\_vol_{i,t}^{*}$为前20个交易日订单申报数量（$Depth\,5\_vol_{i,t}$）的均值。

在构造完回归所需要的核心变量后，我们开始使用回归模型（6-9）来估计幌骗交易对订单申报特征的影响程度。

$$OrdChar_{i,t}=\beta_0+\beta_1\times Manip_{i,t}+\beta_c\times Control_{i,t} \qquad (6-9)$$

其中，$OrdChar_{i,t}$为衡量市场微观结构的代理变量；$Manip_{i,t}$为是否幌骗交易虚拟变量，当股票被幌骗交易时取值为1，否则取值为0；$Control_{i,t}$代表控制变量。

具体而言，本节中我们控制了重大基本面事件（$Event$），包括资产出售与转让、资产置换、资产重组、资产赠与、资产拍卖、资金冻结、股份回购、借贷、发行企业债券、违规处罚及批评、业绩预告、税负变动、意外事故、重大经营合同、发债人违约、财务数据调整修正、经营范围变动等17项可能影响股票市场表现的事件、市值规模（$Size$）、账面市值比（MTB）、托宾Q（Tobin's Q）、机构投资者持股比例（$Inst$）、分析师跟踪人数（$Follow$）、净资产收益率（ROE）、价格水平（$Price$）、最小报价比例（$Constrained$）和超额换手率（*ExTurn*）等常用的股票特征。估计结果如表 6-3 第（1）至第（5）列所示，其中模型中引入了是否被幌骗交易（*Manip*）这一主要解释变量，同时控制了年度固定效应、行业固定效应以及描述公司基本特征的控制变量。

估计结果表明，平均而言，相较于未被操纵的股票，被操纵股票超额订单申报数量（*ExDepth 5_vol*）高 0.946 百万股，超额买单申报数量（*ExBid_vol*）高 1.169 百万股，超额撤单比例（*ExCancel_vol*）高 0.244%，超额买卖订单不平衡（*ExBSI_vol*）高 3.713%，超额巨额买单概率（*ExPrb_vol*）高 9.671%，这一差异不但在统计上显著，而且有重要的经济学含义。这一结论符合 Kong 和 Wang（2014）以及 Lee 等（2013）的研究结论，受操纵行为影响，投资者参与被操纵股票交易的意图增强，投资者形成了股价将进一步上涨的错误预期，倾向于购入被操纵股票；为了避免成交造成的损失，操纵者会在成交前撤销其提交的大量订单；操纵行为制造了更强的买卖订单不平衡状态，营造更大的价格上涨压力，操纵者和其他投资者提交了更多的巨额买单。

表 6-3　幌骗交易股票的订单申报特征

变量名称	（1）*ExDepth 5_vol*	（2）*ExBid_vol*	（3）*ExCancel_vol*	（4）*ExBSI_vol*	（5）*ExPrb_vol*	（6）*ExDeal_vol*
Manip	0.946***	1.169***	0.244***	3.713***	9.671***	0.745***
	(0.158)	(0.338)	(0.039)	(0.935)	(0.915)	(0.145)
Event	0.031**	−0.169***	0.098***	0.425***	0.951***	0.114***
	(0.015)	(0.031)	(0.004)	(0.087)	(0.085)	(0.013)
Size	−0.110***	−0.321***	0.110***	0.285***	−0.260***	−0.108***
	(0.006)	(0.013)	(0.001)	(0.035)	(0.034)	(0.005)
MTB	−0.023	−0.160***	0.081***	0.409***	0.092	−0.043*
	(0.024)	(0.051)	(0.006)	(0.141)	(0.138)	(0.022)
Tobin's Q	0.041*	0.169***	−0.098***	−0.372***	−0.065	0.043**
	(0.023)	(0.050)	(0.006)	(0.137)	(0.134)	(0.021)
Inst	0.690***	1.418***	−0.639***	0.456	2.170***	0.678***
	(0.098)	(0.210)	(0.024)	(0.580)	(0.567)	(0.090)
Follow	0.004***	−0.002	−0.007***	−0.010	0.012	0.005***
	(0.001)	(0.003)	(0.000)	(0.008)	(0.008)	(0.001)
ROE	0.260***	0.685***	−0.157***	0.348	0.436	−0.801***
	(0.085)	(0.181)	(0.021)	(0.502)	(0.491)	(0.078)

续表

变量名称	（1）	（2）	（3）	（4）	（5）	（6）
	ExDepth 5_vol	ExBid_vol	ExCancel_vol	ExBSI_vol	ExPrb_vol	ExDeal_vol
Price	0.250***	0.340***	−0.416***	−0.575***	1.309***	0.681***
	（0.011）	（0.024）	（0.003）	（0.067）	（0.066）	（0.010）
Constrained	1.311***	0.966***	−1.956***	−3.267***	5.061***	2.064***
	（0.031）	（0.066）	（0.008）	（0.182）	（0.178）	（0.028）
ExTurn	0.006***	−0.041***	0.040***	−0.086***	0.294***	0.142***
	（0.002）	（0.004）	（0.000）	（0.011）	（0.010）	（0.002）
Constant	0.110	3.795***	0.832***	0.874	−0.070	−1.379***
	（0.093）	（0.200）	（0.023）	（0.553）	（0.541）	（0.086）
Observations	353330	353330	353330	353330	353330	353330
R^2	0.006	0.005	0.189	0.004	0.011	0.042
Year FE	YES	YES	YES	YES	YES	YES
Industry FE	YES	YES	YES	YES	YES	YES

注：括号内为标准误，*、**、*** 分别代表在10%、5%、1% 的程度上显著。

二、订单成交特征

股票订单成交比例是指市场中成交订单的数量与申报订单数量的比值。幌骗交易对股票订单成交比例可能产生两方面的影响：一方面，Khwaja 和 Mian（2005）、Huang 和 Cheng（2015）等大量研究表明，受操纵行为的影响，投资者更积极地进行交易，导致被操纵股票的成交更为活跃，从而使订单成交比例提高（成交量效应）；另一方面，操纵者提交了大量不以成交为目的的申报订单后，由于申报总体规模的上升，整体订单成交比例下降（稀释效应）。我们推测在操纵当日，成交比例变化方向取决于这两种效应的共同影响。值得指出的是，幌骗交易者的主要目的在于诱使其他投资者跟风买入，因此我们推测成交量效应影响比稀释效应更大。

我们采用超额成交比例（$ExDeal\_vol_{i,t}$）来衡量幌骗交易股票的订单成交特征，其中成交比例的计算方法为该快照数据的成交量与前一快照数据的1~5 档申报数量总和的比值。超额成交比例（$ExDeal\_vol_{i,t}$）的计算方法如下：

$$Deal\_vol\_tick_{i,t}=\frac{1}{j} \times \sum_{j=1}^{n}\left(\frac{Tvol_{i,t,j}}{Depth\,5\_vol_{i,t,j-3}+Tvol_{i,t,j}} \times 100\right) \tag{6-10}$$

其中，$Tvol_{i,t,j}$ 为股票 i 在 t 交易日 $j-3$ 时刻至 j 时刻的成交量。

与订单申报特征代理指标的处理方式一致，在此基础上，我们采用当日的成交比例减去前 20 个交易日的均值，即超额成交比例（*ExDeal_vol*$_{i,t}$）来衡量幌骗交易股票的订单成交特征。为了检验幌骗交易的订单成交特征中，稀释效应和成交量效应孰强孰弱，我们采用模型（6-10）分别估计了幌骗交易的订单成交特征，模型中引入了是否被幌骗交易（*Manip*）这一主要解释变量，同时控制了年度固定效应、行业固定效应以及描述公司基本特征的控制变量，估计结果如表 6-3 第（6）列所示。

实证结果表明，平均而言，相较于未被操纵股票，被操纵股票的超额成交比例（*ExDeal_vol*）高 0.745%。这一显著性差异表明，操纵当日幌骗交易引发的成交量效应比稀释效应更强。Cumming 等（2011）、Aitken 等（2015c）和 Duong 等（2021）认为幌骗交易是操纵交易量中的一种策略，其目的在于造成投资者对异常交易活动的错误印象。实证结果显示受操纵股票的超额成交比例更高，这表明幌骗交易的频繁申报和频繁撤销成功地误导了投资者对股票真实价值的判断，促使投资者更积极地参与交易。

三、波动性

现有市场操纵相关文献发现，市场操纵行为通过人为操纵股票价格和交易量，吸引市场中的投机者和套利者参与，操纵将增加股价异常波动。噪声交易是指投资者无法获取准确的基本面信息，非理性地将噪声视为信息进行的交易。文献发现，个人投资者的交易较多出于非信息性原因，而不是对基本面特征的判断，即表现出噪声交易的特征（Kumar and Lee，2006；Stambaugh，2014；Foucault et al.，2011；Peress and Schmidt，2021）。孔东民（2006）的世代交叠模型认为，市场中的波动性来源于噪声交易者对真实信息的认知偏差。同时一系列文献也充分证明了个人投资者引发的噪声交易加剧了股价波动（Brandt et al.，2009；Foucault et al.，2011；Banerjee and Green，2015；Peress and Schmidt，2020）。中国的股票市场中个人投资者比例较高，其行为更容易受市场与股票价值无关的信号影响，表现出忽视基本面信息的噪声交易的特点。因此，我们推测幌骗交易通过吸引市场中的小额投资者的噪声交易间接增加了股价波动。

我们采用股价波动率（*Hfv*），即用中点价格收益率的标准差来衡量市场日内波动率，计算方法如下：

$$Hfv_{i,t} = \sqrt{Variance[\log(Midprc_{i,t,j}) - \log(Midprc_{i,t,j-3})]} \times 100 \qquad (6-11)$$

与订单申报特征代理指标的处理方式一致，在此基础上，我们采用当日日内波动率与操纵前 20 个交易日日内波动率均值的差值，即超额波动率

（*ExHfv*）来衡量波动性的变化。实证结果列于表 6-4 第（2）列，模型中引入了是否被操纵这一主要解释变量，同时控制了年度固定效应、行业固定效应以及描述公司基本特征的控制变量。

估计结果表明，被操纵股票日内波动性显著高于未被操纵股票。平均而言，相较于未被操纵股票，被操纵股票的波动率（*ExHfv*）高 0.029%，这与 Aggarwal 和 Wu（2006）、Huang 和 Cheng（2015）、Hillion 和 Suominen（2004）等人的发现一致。

为了进一步考察噪声交易起到的中介作用，我们采用衡量小额投资者流入情况作为噪声交易的度量指标。活跃在市场中的小额投资者通常财富有限，交易金额通常较小。《上海证券交易所统计年鉴（2020 卷）》的统计结果表明，持股规模在 100 万元以下的个人投资者占个人投资者总数的 93.05%。因此本书参考刘杰等（2019）的判定方法，将小额资金净流入比例定义为当天单笔交易金额不超过 100 万元的交易买入额与卖出额的差除以二者之和。小额资金净流入比例的计算方法如下：

$$CNI\_retail_{i,t} = \frac{CNI\_inflow_{i,t} - CNI\_outflow_{i,t}}{CNI\_inflow_{i,t} + CNI\_outflow_{i,t}} \quad （6-12）$$

其中，$CNI\_inflow_{i,t}$ 和 $CNI\_outflow_{i,t}$ 分别为股票 i 在 t 交易日单笔交易金额不超过 100 万元的买入金额和卖出金额。

与前述指标处理方法一致，本书进一步采用当日小额资金净流入比例与操纵前 20 个交易日小额资金净流入比例均值的差值，即超额小额资金净流入比例（$ExCNI\_retail_{i,t}$）来衡量小额投资者流入的变化。本书对超额小额资金净流入比例（$ExCNI\_retail_{i,t}$）的中介效应进行了估计，估计结果列于表 6-4 中，模型中引入了是否被操纵这一主要解释变量，同时控制了年度固定效应、行业固定效应以及描述公司基本特征的控制变量。

表 6-4　小额投资者噪声交易起到的中介作用

变量名称	（1） *ExHfv*	（2） *ExCNI_retail*	（3） *ExHfv*	（4） *ExHfv*
Manip	0.029*** （0.004）	1.854* （0.969）		0.028*** （0.004）
ExCNI_retail			0.001*** （0.000）	0.001*** （0.000）
Event	0.005*** （0.000）	−0.460*** （0.090）	0.006*** （0.000）	0.006*** （0.000）
Size	0.001*** （0.000）	−1.412*** （0.036）	0.002*** （0.000）	0.002*** （0.000）

变量名称	（1）ExHfv	（2）ExCNI_retail	（3）ExHfv	（4）ExHfv
MTB	−0.000	−1.026***	0.001	0.001
	（0.001）	（0.146）	（0.001）	（0.001）
Tobin's Q	0.000	1.063***	−0.000	−0.000
	（0.001）	（0.142）	（0.001）	（0.001）
Inst	−0.006**	6.498***	−0.010***	−0.010***
	（0.003）	（0.601）	（0.003）	（0.003）
Follow	−0.000*	0.093***	−0.000***	−0.000***
	（0.000）	（0.008）	（0.000）	（0.000）
ROE	−0.034***	0.802	−0.035***	−0.035***
	（0.002）	（0.520）	（0.002）	（0.002）
Price	−0.001***	4.308***	−0.004***	−0.004***
	（0.000）	（0.069）	（0.000）	（0.000）
Constrained	−0.006***	19.548***	−0.020***	−0.020***
	（0.001）	（0.189）	（0.001）	（0.001）
ExTurn	0.002***	0.141***	0.002***	0.002***
	（0.000）	（0.011）	（0.000）	（0.000）
Constant	−0.002	−4.548***	0.001	0.001
	（0.002）	（0.573）	（0.002）	（0.002）
Observations	353330	353329	353329	353329
R^2	0.012	0.037	0.037	0.037
Year FE	YES	YES	YES	YES
Industry FE	YES	YES	YES	YES

注：括号内为标准误，*、**、*** 分别代表在 10%、5%、1% 的程度上显著。

表 6-4 第（1）列结果显示，被操纵股票超额小额资金净流入比例显著高于未被操纵股票。相较于未被操纵股票，被操纵股票的超额小额资金净流入比例（$ExCNI\_retail_{i,t}$）高 1.854%，即操纵者通过频繁申报与撤销的操纵方法，吸引了小额投资者的流入。第（2）列结果显示小额资金净流入对股价波动率存在正向影响，超额小额资金净流入比例（$ExCNI\_retail_{i,t}$）增加 1%，股价日内波动率（$ExHfv$）增加 0.001%，这与 Brandt 等（2009）、Foucault 等（2011）、Choi 和 Choi（2018）等人发现小额投资者会增加股价波动的结论一致。第（3）列结果显示，在同时考虑幌骗交易和小额资金净流入比例后，相较于未被操纵股票，幌骗交易导致被操纵股票股价波动率（$ExHfv$）高 0.028%，超额小额资金净流入比例（$ExCNI\_retail_{i,t}$）每增加 1%，被操纵股票股价波动率

（*ExHfv*）增加 0.001%。我们发现，在幌骗交易对股价波动性的影响中，小额资金流入起到了中介作用，幌骗交易通过吸引市场中小额投资者的流入，增大了噪声交易的比例，从而增加了股价波动性。

四、稳健性检验

为了论证研究结论的稳健性，我们进行了一系列稳健性分析：

第一，由于股票市场是否被操纵并不是随机的，现有市场操纵行为的文献也表明，操纵者倾向于选择具有特定特征的股票进行操纵。为了减小样本选择误差产生的影响，参考 Han 和 Liang（2017），我们采用倾向得分匹配（propensity score matching，PSM）和最小距离匹配分别挑选未被操纵股票，其中倾向得分匹配所使用的匹配变量为本书前述控制变量，最小距离匹配所使用的匹配变量为操纵前 20 个交易日的订单特征、流动性、波动性和前述控制变量。检验结果如表 6-5 和表 6-6 所示，在采用倾向得分匹配和最小距离匹配以控制样本选择性偏差所带来的影响后，得到的结论与正文部分一致。

表 6-5　倾向得分匹配

变量名称	（1）ExDepth 5_amt	（2）ExBid_amt	（3）ExBSI_amt	（4）ExPrb_amt	（5）ExCancel_amt	（6）ExDeal_amt	（7）ExHfv
Manip	1.921***	1.921***	1.911***	1.323***	1.731***	1.474***	0.880***
	（0.409）	（0.409）	（0.448）	（0.442）	（0.258）	（0.540）	（0.134）
Event	0.417***	0.184***	0.316***	0.147**	−0.519***	0.365	0.306***
	（0.119）	（0.067）	（0.061）	（0.057）	（0.091）	（0.346）	（0.021）
Size	−0.688***	−1.742***	−1.230***	−1.103***	−0.528***	−2.089***	−0.980***
	（0.060）	（0.063）	（0.030）	（0.037）	（0.022）	（0.016）	（0.123）
MTB	4.777***	0.171	−0.262	4.907***	3.946***	0.095	2.113***
	（0.394）	（0.309）	（0.163）	（0.256）	（0.136）	（0.076）	（0.653）
Tobin's Q	0.586***	0.021	0.057***	1.246***	0.522***	0.005***	0.259**
	（0.050）	（0.014）	（0.007）	（0.052）	（0.018）	（0.001）	（0.115）
Inst	−0.000	0.007***	0.009***	0.012***	0.016***	0.014***	0.005
	（0.002）	（0.003）	（0.001）	（0.001）	（0.001）	（0.001）	（0.004）
Follow	0.009	0.066***	0.070***	0.047***	−0.002	0.003	0.020**
	（0.007）	（0.007）	（0.003）	（0.004）	（0.003）	（0.002）	（0.009）

续表

变量名称	（1）ExDepth 5_amt	（2）ExBid_amt	（3）ExBSI_amt	（4）ExPrb_amt	（5）ExCancel_amt	（6）ExDeal_amt	（7）ExHfv
ROE	−1.155***	−0.091	−2.662***	−0.599**	−1.039***	−0.746***	0.039
	（0.262）	（0.076）	（0.242）	（0.244）	（0.149）	（0.054）	（0.055）
Price	−2.585***	−3.484***	−7.650***	−7.392***	−7.302***	−0.931***	−4.683***
	（0.095）	（0.106）	（0.058）	（0.067）	（0.035）	（0.025）	（0.152）
Constrained	1.404***	0.971***	−2.067***	5.431***	−1.881***	1.998***	1.001***
	（0.030）	（0.066）	（0.152）	（0.170）	（0.006）	（0.040）	（0.028）
ExTurn	−0.079***	0.044*	−0.203***	−0.120***	−0.047***	−0.190***	0.050*
	（0.017）	（0.023）	（0.011）	（0.013）	（0.007）	（0.004）	（0.030）
Constant	25.938***	48.946***	51.928***	44.151***	36.019***	48.637***	37.051***
	（1.039）	（1.084）	（0.512）	（0.574）	（0.368）	（0.260）	（2.086）
Observations	458	458	458	458	458	458	458
R^2	0.180	0.160	0.412	0.441	0.535	0.109	0.409
Year FE	YES	YES	YES	YES	YES	YES	YES
Industry FE	YES	YES	YES	YES	YES	YES	YES

注：括号内为标准误，*、**、***分别代表在10%、5%、1%的程度上显著。

表6-6　最小距离匹配

变量名称	（1）ExDepth 5_amt	（2）ExBid_amt	（3）ExBSI_amt	（4）ExPrb_amt	（5）ExCancel_amt	（6）ExDeal_amt	（7）ExHfv
Manip	1.743***	1.641**	0.759*	0.815***	0.339**	2.144**	0.864***
	（0.129）	（0.686）	（0.441）	（0.231）	（0.157）	（0.888）	（0.207）
Event	0.452***	−0.410***	0.210	0.069	0.523***	0.284***	−0.005
	（0.051）	（0.121）	（0.168）	（0.104）	（0.081）	（0.094）	（0.011）
Size	−1.510***	−1.987***	−1.395***	−1.401***	−0.824***	−2.829***	−0.025***
	（0.015）	（0.033）	（0.042）	（0.057）	（0.029）	（0.027）	（0.004）
MTB	−1.782***	0.562***	−1.343***	3.903***	3.269***	−1.580***	0.005
	（0.074）	（0.149）	（0.229）	（0.394）	（0.179）	（0.125）	（0.021）
Tobin's Q	0.022***	0.144***	0.075***	1.202***	0.527***	0.006***	−0.001
	（0.002）	（0.014）	（0.010）	（0.080）	（0.023）	（0.002）	（0.004）

变量名称	（1） ExDepth 5_amt	（2） ExBid_amt	（3） ExBSI_amt	（4） ExPrb_amt	（5） ExCancel_ amt	（6） ExDeal_ amt	（7） ExHfv
Inst	0.020***	0.022***	0.013***	0.016***	0.019***	0.019***	0.000**
	（0.001）	（0.001）	（0.002）	（0.002）	（0.001）	（0.001）	（0.000）
Follow	−0.059***	0.015***	0.068***	0.046***	−0.008**	0.000	−0.002***
	（0.002）	（0.004）	（0.005）	（0.006）	（0.003）	（0.004）	（0.000）
ROE	−0.620***	−0.067	−2.823***	−0.510	−1.584***	−0.852***	0.001
	（0.054）	（0.073）	（0.341）	（0.376）	（0.196）	（0.088）	（0.002）
Price	−3.022***	−5.157***	−7.900***	−7.516***	−7.081***	−0.736***	0.028***
	（0.024）	（0.042）	（0.082）	（0.103）	（0.046）	（0.041）	（0.005）
Constrained	−0.060***	−0.030***	0.013***	−0.042***	−0.029***	−0.056***	−0.000***
	（0.001）	（0.002）	（0.002）	（0.003）	（0.001）	（0.003）	（0.000）
ExTurn	0.096***	0.158***	0.051***	0.105***	0.186***	−0.076***	0.016***
	（0.005）	（0.009）	（0.016）	（0.020）	（0.009）	（0.007）	（0.001）
Constant	49.942***	59.214***	58.402***	52.851***	43.091***	64.978***	0.502***
	（0.237）	（0.530）	（0.724）	（0.896）	（0.484）	（0.429）	（0.066）
Observations	458	458	458	458	458	458	458
R^2	0.087	0.275	0.269	0.253	0.387	0.072	0.169
Year FE	YES	YES	YES	YES	YES	YES	YES
Industry FE	YES	YES	YES	YES	YES	YES	YES

注：括号内为标准误，*、**、*** 分别代表在 10%、5%、1% 的程度上显著。

第二，在前述幌骗交易订单特征的分析中，除超额非最优报价占比（Ex-Nbqr）以外，其余变量均采用订单申报数量构建，我们进一步采用订单申报金额构建了超额订单申报金额（ExDepth 5_amt）、超额买单申报金额（ExBid_amt）、超额买卖订单金额不平衡（ExBSI_amt）、超额巨额买单（ExPrb_amt）、超额撤单金额比例（ExCancel_amt）、超额成交金额比例（ExDeal_amt）等一系列市场微观结构指标，采用前述分析模型分析了幌骗交易基于订单的市场微观结构特征，如表6-7所示，结论与前述结论基本一致。

表6-7　基于金额构建订单特征指标

变量名称	（1）ExDepth 5_amt	（2）ExBid_amt	（3）ExBSI_amt	（4）ExPrb_amt	（5）ExCancel_amt	（6）ExDeal_amt
Manip	0.945***	1.167***	3.703***	9.669***	0.244***	0.755***
	（0.143）	（0.320）	（1.001）	（0.907）	（0.037）	（0.155）
Event	0.031**	−0.169***	0.425***	0.951***	0.098***	0.114***
	（0.015）	（0.031）	（0.087）	（0.085）	（0.004）	（0.013）
Size	−0.110***	−0.321***	0.285***	−0.260***	0.110***	−0.108***
	（0.006）	（0.013）	（0.035）	（0.034）	（0.001）	（0.005）
MTB	−0.023	−0.160***	0.409***	0.092	0.081***	−0.043*
	（0.027）	（0.051）	（0.141）	（0.142）	（0.006）	（0.022）
Tobin's Q	0.041*	0.169***	−0.372***	−0.065	−0.098***	0.043**
	（0.023）	（0.050）	（0.137）	（0.134）	（0.006）	（0.021）
Inst	0.690***	1.418***	0.456	2.170***	−0.639***	0.678***
	（0.098）	（0.210）	（0.580）	（0.567）	（0.024）	（0.090）
Follow	0.004***	−0.001	−0.013	0.012	−0.007***	0.005***
	（0.001）	（0.002）	（0.008）	（0.008）	（0.000）	（0.001）
ROE	0.260***	0.685***	0.348	0.433	−0.157***	−0.801***
	（0.085）	（0.181）	（0.502）	（0.504）	（0.021）	（0.078）
Price	0.250***	0.340***	−0.575***	1.309***	−0.416***	0.681***
	（0.011）	（0.024）	（0.067）	（0.066）	（0.003）	（0.010）
Constrained	1.311***	0.966***	−3.267***	5.061***	−1.956***	2.064***
	（0.031）	（0.066）	（0.182）	（0.178）	（0.008）	（0.028）
ExTurn	0.006***	−0.041***	−0.086***	0.294***	0.040***	0.142***
	（0.002）	（0.004）	（0.011）	（0.010）	（0.000）	（0.002）
Constant	0.111	3.794***	0.879	−0.072	0.827***	−1.306***
	（0.093）	（0.200）	（0.564）	（0.601）	（0.024）	（0.066）
Observations	353330	353330	353330	353330	353330	353330
R^2	0.006	0.005	0.004	0.011	0.189	0.042
Year FE	YES	YES	YES	YES	YES	YES
Industry FE	YES	YES	YES	YES	YES	YES

注：括号内为标准误，*、**、*** 分别代表在 10%、5%、1% 的程度上显著。

第三，开盘集合竞价阶段的幌骗交易。上交所和深交所规定，9点15分至
9点20分，投资者可以申报买卖订单，也可以撤销申报。这为幌骗交易的实施
提供了可能，操纵者能够通过在该阶段提交并撤销大量数额庞大的订单以操纵

开盘价。与本节研究的集合竞价阶段发生的幌骗交易类似，我们发现开盘集合竞价阶段的幌骗交易同样存在频繁申报、频繁撤销等订单特征，并对当天连续竞价阶段的流动性和波动性产生了显著影响。但考虑到日内连续竞价阶段和开盘集合竞价阶段的交易机制存在较大差异，不适合放入统一样本中进行讨论。因此我们将在第七章中对集合竞价阶段的操纵行为展开细致分析。

第四节　幌骗交易的订单簿与买卖价差特征

为了方便读者阅读，我们在表 6-8 列举了本节研究中所使用的主要变量名称与定义。为了避免极端值对实证结果可能的干扰，我们将连续型变量进行了 1% 双向缩尾处理。

表 6-8　本节主要变量名称与定义

类型	变量名称	变量定义
关键变量	*Manip*	虚拟变量，当股票受幌骗交易操纵时，取值为 1，否则取值为 0
	ExQsp	超额时间加权相对报价价差，当日时间加权相对报价价差减去前 100 个交易日（前 120 个交易日至前 20 个交易日）均值
	ExEsp	超额成交额加权相对有效价差，当日成交额加权相对有效价差减去前 100 个交易日（前 120 个交易日至前 20 个交易日）均值
	ExBig	超额巨额订单概率，当日巨额订单概率减去前 100 个交易日（前 120 个交易日至前 20 个交易日）均值
	ExRevoke	超额撤单比例，当日撤单比例减去前 100 个交易日（前 120 个交易日至前 20 个交易日）均值
	ExImb	超额订单不平衡，当日订单不平衡的值减去前 100 个交易日（前 120 个交易日至前 20 个交易日）均值，订单方向采用 Lee 和 Ready（1991）的判定方法进行划分
控制变量	*InterVol*	波动率，前 20 个交易日考虑现金红利再投资收益率的标准差
	Price	价格水平，前一个交易日收盘价的自然对数
	Trdvol	成交规模，当日成交量的自然对数
	Mktcap	市值规模，流通市值的自然对数
	MTB	账面市值比
	Inst	机构投资者持股比例
	Follow	分析师跟踪人数
	QuarEnd	虚拟变量，当日为季度末时，取值为 1，否则取值为 0

续表

类型	变量名称	变量定义
分组变量	*HighExRetail*	超额小额资金交易比例（*ExRetail*）的计算方法为：当日小额资金参与程度减去前 100 个交易日（前 120 个交易日至前 20 个交易日）均值，其中小额资金定义为单笔交易金额小于 5 万元的订单，小额资金参与程度为小额资金占当日总交易量的比例。当日内超额小额资金交易比例（*ExRetail*）高于同行业中位数时取值为 1，否则取值为 0
	HighExBDidx	超额百度搜索指数（*ExBDidx*）的计算方法为：当日百度搜索指数减去前 100 个交易日（前 120 个交易日至前 20 个交易日）均值。当日内超额百度搜索指数（*ExBDidx*）高于同行业中位数时取值为 1，否则取值为 0
	HighExHXidx	超额和讯指数（*ExHXidx*）的计算方法为：当日和讯指数减去前 100 个交易日（前 120 个交易日至前 20 个交易日）均值。当日内超额和讯指数（*ExHXidx*）高于同行业中位数时取值为 1，否则取值为 0
	HighExNews	超额新闻数量（*ExNews*）的计算方法为：当日网络新闻报道数量减去前 100 个交易日（前 120 个交易日至前 20 个交易日）均值。当日内超额新闻数量（*ExNews*）高于同行业中位数时取值为 1，否则取值为 0
	HighInterVol	当波动率（*InterVol*）高于同行业中位数时取值为 1，否则取值为 0
	HighFundHols	当基金投资者持股比例高于年度同行业中位数时取值为 1，否则取值为 0
	AuditBig 4	当上市公司审计师来源于普华永道（PwC）、德勤（DTT）、毕马威（KPMG）和安永（EY），即四大会计师事务所时取值为 1，否则取值为 0
	BigSize	当上市公司市值规模高于年度同行业中位数时取值为 1，否则取值为 0
	NonStateOwn	当上市公司为非国有企业时取值为 1，否则取值为 0
	Bull/Bear	根据 Chen（2009），如果过去 5 个月的累计市场回报大于 0，我们将市场定义为牛市，否则我们将市场界定为熊市

表 6-9 Panel A 汇报了主要变量的描述性统计结果，包括变量观测数、均值、标准差、最小值、四分位数、最大值。Panel B 汇报了操纵组股票和对照组股票的均值差检验。统计结果表明，操纵组股票的买卖价差更大，即市场流动性更低。同时操纵组的巨额订单比例、撤单比例更高，订单不平衡更强。这揭示了操纵组和对照组的买卖价差和订单簿特征差异，本书将在后续部分对此进行更加细致的分析。Panel C 汇报了主要变量的 Person 相关系数矩阵。衡量买卖价差的超额时间加权相对报价价差（*ExQsp*）和超额成交额加权相对有效价差（*ExEsp*）显著正相关（相关系数为 0.872）。此外，是否操纵（*Manip*）与买卖价差度量指标（相关系数分别为 0.004 和 0.012）、巨额订单度量指标（相关系数为 0.022）、频繁撤单度量指标（相关系数为 0.014）和订单不平衡度量指标（相关系数为 0.016）在 1% 的显著性水平下显著正相关。

表 6-9 主要变量描述性统计

Panel A: 描述性统计

stats	变量观测数	均值	标准差	最小值	p25	p50	p75	最大值
Manip	454881	0.001	0.024	0	0	0	0	1
ExOsp (%)	454881	-0.299	4.884	-11.721	-3.064	-1.031	1.686	18.606
ExEsp (%)	454881	-0.143	7.304	-15.062	-4.296	-1.464	2.397	31.398
ExBig (%)	454881	2.997	16.888	-33.769	-8.239	1.689	12.220	55.685
ExRevoke (%)	454881	0.227	0.788	-1.663	-0.298	0.142	0.722	2.600
ExImb (%)	454881	1.569	15.391	-33.334	-8.480	0.446	10.308	48.891
InterVol	454881	0.037	0.011	0.022	0.027	0.034	0.046	0.059
Price	454881	2.701	0.712	1.112	2.196	2.668	3.178	4.560
Trdvol	454881	18.807	1.216	15.777	17.972	18.834	19.648	21.677
Mktcap	454881	15.662	0.914	13.588	15.077	15.601	16.200	18.296
MTB	454881	0.511	0.241	0.076	0.321	0.485	0.685	1.063
Inst	454881	0.199	0.201	0.000	0.048	0.120	0.300	1.446
Folllow	454881	6.533	7.517	0	1	4	10	66
QuarEnd	454881	0.016	0.125	0	0	0	0	1

Panel B: 操纵组股票和对照组股票的均值差检验

	Mean (Manip)	Mean (UnManip)	Difference	T statistic
ExOsp	0.450	-0.299	0.749	2.49***
ExEsp	3.620	-0.145	3.765	8.36***
ExBig	18.187	2.988	15.199	14.59***
ExRevoke	0.692	0.226	0.466	9.58***
ExImb	11.600	1.563	10.037	10.57***

续表

Panel C: Person 相关系数矩阵

	Manip	ExQsp	ExEsp	ExBig	ExRevoke	ExImb	InterVol	Price	Trdvol	Mktcap	MTB	Inst	Follow	QuarEnd
Manip	1													
ExQsp	0.004***	1												
ExEsp	0.012***	0.872***	1											
ExBig	0.022***	0.206***	0.306***	1										
ExRevoke	0.014***	0.091***	0.165***	0.342***	1									
ExImb	0.016***	0.037***	0.074***	0.146***	-0.110***	1								
InterVol	0.005***	0.222***	0.219***	0.249***	0.308***	0.027***	1							
Price	0.008***	0.038***	0.044***	0.094***	0.226***	0.014***	0.124***	1						
Trdvol	0.022***	0.029***	0.055***	0.282***	0.382***	0.096***	0.465***	0.345***	1					
Mktcap	0.002	0.037***	0.038***	0.083***	0.060***	0.005	0.275***	0.033***	0.558***	1				
MTB	0.001***	0.041***	0.019***	0.075***	-0.104***	0.021***	0.099***	0.516***	0.195***	0.046***	1			
Inst	-0.002	0.028***	0.003	0.061***	-0.103***	0.006	0.062***	0.024***	0.052***	0.209***	0.012***	1		
Follow	0.003*	0.017***	0.000	0.058***	-0.066***	0.030***	0.023***	0.290***	0.184***	0.394***	0.030***	0.122***	1	
QuarEnd	0.001	0.025***	0.029***	0.040***	0.020***	0.013***	0.035***	0.035***	0.061***	0.023***	0.027***	0.027***	-0.001	1

注：*、**、*** 分别代表在 10%、5%、1% 的程度上显著。

一、幌骗交易对买卖价差的影响

现有文献中关于市场操纵对流动性的影响没有统一的结论，重要原因之一在于对流动性的度量指标不一致。例如，部分文献将市场宽度和深度（market breadth/depth）作为流动性的度量指标，发现市场操纵提升了股票的换手率和挂单金额，即提高了流动性（Aggarwal and Wu，2006；Jiang et al.，2005；Neupane et al.，2017）。其他文献则将市场紧度（market tightness）作为流动性的度量指标，发现市场操纵扩大了股票的买卖价差，即降低了流动性（Comerton-Forde and Putniņš，2011；Aitken et al.，2015c）。本节我们主要关注市场操纵是否会提升买卖价差，从而导致交易成本的提高和流动性的下降。幌骗交易的操纵者频繁地申报和撤销订单，使得其他投资者难以区分交易对手方是否为知情交易者。我们推测，市场中投资者面临的逆向选择成本提高，导致买卖价差扩大（Glosten and Milgrom，1985；Hillion and Suominen，2004）。

金融市场微观结构文献普遍认为，买卖价差作为一种隐性交易成本，反映了投资者交易股票的便利程度。买卖价差越低，投资者的交易成本越低，市场流动性越高（Amihud and Mendelson，1988）。文献普遍采用时间加权相对报价价差和成交额加权相对有效价差作为买卖价差的代理指标，基于此我们进一步构建了超额时间加权相对报价价差（ExQsp）和超额成交额相对有效价差（ExEsp）作为衡量买卖价差变化的指标。

关于超额时间加权相对报价价差（ExQsp），其计算方法如下：首先，我们计算了股票 i 在 t 交易日的时间加权相对报价价差（$Qsp_{i,t}$）：

$$Qsp_{i,t} = \sum WeightTime_{i,t,j} \times \frac{2 \times (Askprc_{i,t,j} - Bidprc_{i,t,j})}{Askprc_{i,t,j} + Bidprc_{i,t,j}} \qquad (6-13)$$

其中，$WeightTime_{i,t,j}$ 为股票 i 在 t 交易日第 j 个快照数据占全日可交易时长的比例；$Askprc_{i,t,j}$ 和 $Bidprc_{i,t,j}$ 分别为股票 i 在 t 交易日第 j 个快照数据的最佳卖出价格和最佳买入价格。

当日时间加权相对报价价差（$Qsp_{i,t}$）越大，表明投资者交易成本越高，市场流动性越低。在此基础上，我们采用当日时间加权相对报价价差（$Qsp_{i,t}$）减去前 100 个交易日（前 120 个交易日至前 20 个交易日）均值，即超额时间加权相对报价价差（ExQsp）作为衡量买卖价差变化的第一个指标。

虽然时间加权相对报价价差（Qsp）考虑到了每一个快照数据报价变化的影响，但这一指标将不同时间的交易做等权处理，忽视了不同时间段交易活跃性不同所带来的问题，这在一定程度上影响了其度量交易成本的准确性。为此，我们引入了成交额加权相对有效价差（Esp），并基于此构建了超额成交额加权相对有效价差（*ExEsp*），以此作为衡量买卖价差变化的第二个指标。其计算方法如下：首先，我们构建了股票 *i* 在 *t* 交易日的成交额加权相对有效价差（*Esp*_{i,t}）：

$$Esp_{i,t}=\sum WeightValue_{i,t,j}\times\frac{2\times|Trdprc_{i,t,j}-Midprc_{i,t,j}|}{Askprc_{i,t,j}+Bidprc_{i,t,j}} \qquad （6-14）$$

其中，$WeightValue_{i,t,j}$ 为股票 *i* 在 *t* 交易日第 *j* 个快照数据内的成交金额占当日总成交金额的比例；$Trdprc_{i,t,j}$ 为股票 *i* 在 *t* 交易日第 *j* 个快照数据的成交价；$Midprc_{i,t,j}$ 为中点价格，其计算方法如下：

$$Midprc_{i,t,j}=(Askprc_{i,t,j}+Bidprc_{i,t,j})/2 \qquad （6-15）$$

在此基础上，我们采用当日成交额加权相对有效价差（$Esp_{i,t}$）减去前 100 个交易日（前 120 个交易日至前 20 个交易日）均值，即超额成交额加权相对有效价差（*ExEsp*）作为衡量买卖价差变化的第二个指标。

表 6-10 Panel A 的均值差检验结果显示，操纵前受操纵股票和未受操纵股票的买卖价差衡量指标并不存在显著性差异。操纵当日，相较于未受操纵股票，受操纵股票当天超额时间加权相对报价价差（*ExQsp*）高 0.749%，超额成交额加权相对有效价差（*ExEsp*）高 3.765%，且这一差异在统计上显著。而在操纵结束后，两组股票的市场买卖价差差异逐渐降低，至操纵后的第 4 个交易日，两组股票买卖价差的差异在统计上不再显著。

为了检验这一结果，我们构建了如下实证模型来估计幌骗交易对当天买卖价差的影响。

$$Liqui_{i,t}=\beta_0+\beta_1\times Manip_{i,t}+\beta_c\times Control_{i,t}+\sum Year\ FE+\sum Firm\ FE \qquad （6-16）$$

其中，$Liqui_{i,t}$ 为反映买卖价差变化的超额时间加权相对报价价差（*ExQsp*）和超额成交额加权相对有效价差（*ExEsp*）；$Control_{i,t}$ 为控制变量，参考 Aitken 等（2015c）、Huang 和 Cheng（2015）、Lee 等（2013）文献的做法，我们在模型中控制了日度收益率波动率（*InterVol*）、成交规模（*Trdvol*）、价格水平（*Price*）、市值规模（*MktCap*）、账面市值比（*MTB*）、分析师跟踪人数（*Follow*）和季度末虚拟变量（*QuarEnd*）；*Year FE* 和 *Firm FE* 分别为年份固定效应和公司固定效应。

估计结果列于表 6-10 Panel B 第（1）、第（2）列。第（1）、第（2）列估计结果表明，平均而言，相较于未被操纵股票，受操纵股票的超额时间加权相对报价价差（*ExQsp*）高 1.65%，超额成交额加权相对有效价差（*ExEsp*）高 4.04%。与 Comerton-Forde 和 Putniņš（2011）、Aitken 等（2015c）文献的发现一致，我们发现市场操纵增加了买卖价差，降低了市场流动性。

进一步地，本书基于模型（6-16）估计了幌骗交易对下一个交易日买卖价差的影响，估计结果如表6-10 Panel B第（3）、第（4）列所示。估计结果表明，平均而言，当天相较于未受操纵股票，受操纵股票的超额时间加权相对报价价差（*ExQsp*）高0.01%，超额成交额加权相对有效价差（*ExEsp*）高0.03%，低于幌骗交易对当天买卖价差的影响。综合幌骗交易对当天和下一个交易日的影响可以看出，在影响方向上，无论是当天还是下一个交易日，幌骗交易都造成了买卖价差上升和市场流动性下降。在影响程度上，与当天的影响相比，幌骗交易对下一个交易日买卖价差的影响程度减弱。

表6-10　幌骗交易对买卖价差的影响

Panel A: 均值差检验			
	Mean（*Manip*）	*Mean*（*UnManip*）	*Difference*	*T statistic*
L2ExQsp	0.002	0.000	0.002	0.89
L2ExEsp	−0.003	−0.002	−0.001	−0.20
L1ExQsp	0.001	0.001	0.000	1.15
L1ExEsp	0.002	−0.001	0.003	0.84
ExQsp	0.450	−0.299	0.749	2.49***
ExEsp	3.620	−0.145	3.765	8.36***
F1ExQsp	0.002	−0.002	0.004	2.15**
F1ExEsp	0.024	0.001	0.023	3.77***
F2ExQsp	−0.002	−0.003	0.001	2.22**
F2ExEsp	0.019	0.001	0.018	2.07**
F3ExQsp	0.004	−0.002	0.006	1.69*
F3ExEsp	0.009	0.002	0.007	1.38
F4ExQsp	−0.011	−0.002	−0.009	−1.55
F4ExEsp	0.003	0.001	0.002	0.22
Panel B: 回归结果			
	（1）	（2）	（3）	（4）
	操纵当日		下一个交易日	
变量名称	*ExQsp*	*ExEsp*	*L1ExQsp*	*L1ExEsp*
Manip	1.65*** (6.03)	4.04*** (9.36)	0.01** (2.41)	0.03*** (4.24)
InterVol	99.84*** (106.33)	110.14*** (74.46)	1.11*** (95.97)	1.33*** (64.62)
Price	−1.72*** (−66.88)	−2.39*** (−58.84)	−0.01*** (−32.78)	−0.01*** (−17.38)

续表

	（1）	（2）	（3）	（4）
	\multicolumn{2}{}{操纵当日}		下一个交易日	
变量名称	ExQsp	ExEsp	L1ExQsp	L1ExEsp
Trdvol	−1.08***	−0.21***	−0.01***	−0.01***
	（−105.60）	（−13.24）	（−84.00）	（−30.34）
Mktcap	1.47***	1.95***	0.02***	0.02***
	（52.71）	（44.62）	（46.59）	（35.55）
MTB	8.13***	11.03***	0.09***	0.13***
	（102.45）	（88.24）	（96.02）	（72.34）
Inst	2.02***	2.88***	0.02***	0.03***
	（32.09）	（29.09）	（29.07）	（22.19）
Follow	0.02***	0.00	0.00***	−0.00***
	（10.77）	（0.67）	（3.86）	（−4.29）
QuarEnd	1.07***	1.62***	0.00***	0.01***
	（20.79）	（20.00）	（5.20）	（6.09）
Constant	−15.80***	−43.42***	−0.21***	−0.42***
	（−25.16）	（−43.90）	（−27.50）	（−30.84）
Year FE	YES	YES	YES	YES
Firm FE	YES	YES	YES	YES
Observations	454881	454881	454881	454881
R^2	0.235	0.152	0.181	0.099

Panel B: 回归结果

注：括号内为 T 值，*、**、*** 分别代表在 10%、5%、1% 的程度上显著。

二、幌骗交易中的订单簿特征与买卖价差

幌骗交易对订单簿特征产生了显著的影响，具体表现为巨额订单概率增加、频繁撤单和订单不平衡加剧（Lee et al.，2013）。我们推测这些市场微观结构特征能够对市场造成冲击，增加买卖价差并降低市场流动性。其一，大额订单比小额订单包含更多的信息，因而大额订单的交易对手面临更大的逆向选择成本（Easley and O'Hara，1987）。幌骗交易操纵的股票会出现更多的大额订单，这是交易对手为知情交易者的重要信号，因此市场出于索取信息不对称风险补偿的考虑将会形成更高的买卖价差（Lin et al.，1995；Chan and Fong，2000；Koski and Michaely，2000）。其二，操纵者频繁撤单的行为对买卖价差的影响包括两方面：一方面，撤单的频繁发生意味着其

他投资者订单的非执行风险（the risk of non-execution）上升，投资者会采取更为保守的报价策略，即在远离当前市场最优报价的价格上提交订单，因而增大买卖价差（Foucault，1999）；另一方面，操纵者以幌骗交易误导其他投资者，迅速撤单后常常在另一侧提交反向订单，对原来方向的订单进行掠夺，将导致市场流动性降低（Manahov，2016；Khomyn and Putniņš，2021）。其三，订单不平衡对买卖价差的影响包括两方面：一方面，订单失衡是交易者要求立即提供流动性或者信息需求导致的（Chordia et al.，2005），订单失衡意味着私人信息进入市场，这将增加买卖价差并降低市场流动性并改变市场价格（Kyle，1985）；另一方面，订单失衡将加剧做市商面临的库存问题，做市商需要改变买卖价格和买卖价差来做出回应（Chordia et al.，2008）。因此，我们认为上述订单簿特征的变化，即巨额订单概率增加、频繁撤单和订单不平衡加剧，将在幌骗交易增加买卖价差的影响中起到中介作用。由此，我们推测幌骗交易显著影响订单簿特征，提高巨额订单出现的概率、撤单比例和订单不平衡，并因此显著提高买卖价差。

根据监管部门对幌骗交易的定义："行为人做出不以成交为目的的频繁申报和撤销，误导其他投资者，影响证券交易价格或交易量"，我们分别采用超额巨额订单概率（ExBig）、超额撤单比例（ExRevoke）和超额订单不平衡（ExImb）来衡量幌骗交易的订单簿特征。这些变量的定义方法与本章第三节类似，因此此处不予赘述。

（一）巨额订单概率

市场微观结构文献发现逆向选择成本会随着交易规模的增加而增加，交易规模与知情交易者拥有的信息量成正比，随着信息不对称程度的增加，买卖价差增加（Easley and O'Hara，1987；Lin et al.，1995；Chan and Fong，2000；Koski and Michaely，2000）。因此，我们推测幌骗交易操纵者提交的巨额订单将提升市场交易成本，扩大买卖价差。为了对这一论断进行检验，我们构建了如下实证模型对超额巨额订单概率（ExBig）的中介效应进行检验：

$$OrderChar_{i,t}=\beta_0+\beta_1\times Manip_{i,t}+\beta_c\times Control_{i,t}+\sum Year\ FE+\sum Firm\ FE \quad (6-17)$$
$$Liqui_{i,t}=\beta_0+\beta_1\times Manip_{i,t}+\beta_2\times OrderChar_{i,t}+\beta_c\times Control_{i,t}+\sum Year\ FE+\sum Firm\ FE \quad (6-18)$$

其中，$OrderChar_{i,t}$ 为衡量巨额订单的超额巨额订单概率（ExBig）。

中介效应的检验结果列于表6-11中，其中Panel A第（1）列汇报了模型（6-17）的估计结果，Panel B第（1）、第（2）列汇报了模型（6-18）的估计结果。Panel A第（1）列的估计结果显示受操纵股票的超额巨额订单概率（ExBig）显著高于未受操纵股票10.92%。这一差异不但在统计上是显著的，而且有着重要的经济学含义，即操纵者在操纵当日提交了大量的巨额订单，市场中的巨额订单比例上升。Lee等（2013）基于韩国证券交易市场的一份账户交易数据研究发现，采用幌骗交易策略的操纵者所下达的订单规模更大，是正常订单的 5.6 倍，本书的研究结论与 Lee 等（2013）的结论一致。Panel B 第（1）、第（2）列的估计结果表明，在同时考虑幌骗交易和巨额订单的影响后，相较于未受操纵股票，受操纵股票的超额时间加权相对报价价差（ExQsp）高 0.84%，超额成交额加权相对有效价差（ExEsp）高 2.52%。超额巨额订单概率（ExBig）每增加 1%，超额时间加权相对报价价差（ExQsp）增加 0.07%，超额成交额加权相对有效价差（ExEsp）增加 0.14%。模型（6-16）中 Manip 的估计系数衡量了幌骗交易对买卖价差的总效应；模型（6-17）中 Manip 的估计系数衡量了幌骗交易对中介变量 OrderChar 的影响；模型（6-18）中 OrderChar 的估计系数衡量了控制幌骗交易的影响后中介变量对买卖价差的效应。因此，中介变量的中介效应占比为模型（6-17）中 Manip 的估计系数乘以模型（6-18）中 OrderChar 的估计系数（中介效应），除以模型（6-16）中 Manip 的估计系数（总效应）。例如，超额巨额订单比例的中介效应能够解释幌骗交易对超额时间加权相对报价价差 ExQsp 总影响的 46.33%，计算方法为（10.92×0.07）/1.65。中介效应检验结果表明，超额巨额订单概率的中介效应能够解释幌骗交易对超额时间加权相对报价价差（ExQsp）和超额成交额加权相对有效价差（ExEsp）总影响的 46.33% 和 37.84%。

表 6-11　幌骗交易对订单簿特征与买卖价差的影响

Panel A: 幌骗交易对订单簿特征的影响			
变量名称	（1）	（2）	（3）
	ExBig	ExRevoke	ExImb
Manip	10.92***	0.18***	8.46***
	（11.35）	（4.48）	（8.73）
InterVol	97.54***	3.39***	−84.57***
	（29.62）	（24.62）	（−25.50）
Price	5.10***	0.43***	−2.21***
	（56.44）	（113.10）	（−24.27）
Trdvol	4.57***	0.23***	3.49***
	（127.89）	（156.92）	（96.96）
Mktcap	1.58***	0.03***	1.82***
	（16.22）	（7.49）	（18.49）
MTB	6.02***	0.48***	8.10***
	（21.63）	（41.62）	（28.91）
Inst	2.72***	0.19***	2.65***
	（12.35）	（20.57）	（11.94）
Follow	−0.22***	−0.01***	−0.09***
	（−28.49）	（−35.19）	（−11.38）

续表

Panel A: 幌骗交易对订单簿特征的影响			
变量名称	（1）	（2）	（3）
	ExBig	*ExRevoke*	*ExImb*
QuarEnd	3.47***	0.00	0.66***
	（19.30）	（0.32）	（3.64）
Constant	−133.54***	−6.50***	−105.64***
	（−60.66）	（−70.57）	（−47.64）
Year FE	YES	YES	YES
Firm FE	YES	YES	YES
Observations	454881	454881	454881
R^2	0.213	0.367	0.039

Panel B: 幌骗交易对买卖价差的间接影响								
	（1）	（2）	（3）	（4）	（5）	（6）	（7）	（8）
	ExQsp	*ExEsp*	*ExQsp*	*ExEsp*	*ExQsp*	*ExEsp*	*ExQsp*	*ExEsp*
Manip	0.84***	2.52***	1.51***	3.77***	1.51***	3.77***	0.66**	2.18***
	（3.17）	（6.13）	（5.53）	（8.81）	（5.53）	（8.76）	（2.52）	（5.36）
ExBig	0.07***	0.14***					0.07***	0.13***
	（182.13）	（219.65）					（165.17）	（199.44）
ExRevoke			0.82***	1.54***			0.64***	1.20***
			（81.32）	（97.13）			（62.79）	（76.46）
ExImb					0.02***	0.03***	0.01***	0.03***
					（39.48）	（48.10）	（34.31）	（42.82）
InterVol	92.55***	96.50***	97.05***	104.92***	101.24***	112.84***	92.16***	95.84***
	（102.04）	（68.58）	（104.05）	（71.62）	（107.93）	（76.42）	（101.98）	（68.53）
Price	−2.10***	−3.10***	−2.07***	−3.04***	−1.69***	−2.32***	−2.31***	−3.50***
	（−84.33）	（−80.12）	（−79.96）	（−74.78）	（−65.53）	（−57.22）	（−92.12）	（−89.91）
Trdvol	−1.42***	−0.85***	−1.27***	−0.57***	−1.13***	−0.32***	−1.59***	−1.18***
	（−141.61）	（−54.83）	（−122.11）	（−35.15）	（−110.35）	（−20.02）	（−154.32）	（−73.97）
Mktcap	1.35***	1.73***	1.44***	1.91***	1.44***	1.90***	1.31***	1.66***
	（50.20）	（41.63）	（52.19）	（44.00）	（51.69）	（43.39）	（49.06）	（40.22）
MTB	7.68***	10.19***	7.73***	10.28***	7.99***	10.77***	7.29***	9.45***
	（100.23）	（85.73）	（97.96）	（82.98）	（100.83）	（86.32）	（95.30）	（79.82）
Inst	1.81***	2.50***	1.86***	2.59***	1.97***	2.79***	1.67***	2.23***
	（29.90）	（26.56）	（29.82）	（26.40）	（31.44）	（28.31）	（27.65）	（23.83）
Follow	0.04***	0.03***	0.03***	0.02***	0.02***	0.01	0.05***	0.05***
	（18.88）	（10.03）	（15.10）	（5.76）	（11.46）	（1.49）	（22.37）	（14.26）

续表

Panel B: 幌骗交易对买卖价差的间接影响							
（1）	（2）	（3）	（4）	（5）	（6）	（7）	（8）
ExQsp	*ExEsp*	*ExQsp*	*ExEsp*	*ExQsp*	*ExEsp*	*ExQsp*	*ExEsp*
QuarEnd 0.81***	1.13***	1.06***	1.61***	1.06***	1.60***	0.82***	1.15***
（16.29）	（14.72）	（20.90）	（20.17）	（20.61）	（19.79）	（16.55）	（15.04）
Constant −5.82***	−24.75***	−10.46***	−33.41***	−14.04***	−40.05***	7.26***	−4.32***
（−9.56）	（−26.22）	（−16.70）	（−33.95）	（−22.35）	（−40.50）	（15.54）	（−5.97）
Year FE YES	YES	YES	YES	YES	YES	YES	YES
Firm FE YES	YES	YES	YES	YES	YES	YES	YES
Observations 454881	454881	454881	454881	454881	454881	454881	454881
R^2 0.288	0.234	0.246	0.169	0.238	0.156	0.294	0.245

注：Panel A 展示了模型（6-17）$OrderChar_{i,t}=\beta_0+\beta_1\times Manip_{i,t}+\beta_c\times Control_{i,t}+\sum Year\ FE+\sum Firm\ FE$ 的估计结果，Panel B 展示了模型（6-18）$Liqui_{i,t}=\beta_0+\beta_1\times Manip_{i,t}+\beta_2\times OrderChar_{i,t}+\beta_c\times Control_{i,t}+\sum Year\ FE+\sum Firm\ FE$ 的估计结果。中介效应的计算方法为：$(\beta_1^A\times\beta_2^B)/\beta$，其中 β_1^A 为模型（6-17）中 $Manip_{i,t}$ 的估计系数，β_2^B 为模型（6-18）中 $OrderChar_{i,t}$ 的估计系数，β 为模型（6-16）中的 $Manip_{i,t}$ 估计系数。括号内为 T 值，*、**、*** 分别代表在 10%、5%、1% 的程度上显著。

（二）撤单比例

订单的大量撤销通常表明，部分投资者掌握了新信息，并试图基于新信息进行交易。幌骗交易带来的订单频繁撤销不仅促使其他投资者执行更加保守的报价策略，还通过在订单簿另一侧的掠夺性交易消耗了流动性（Foucault，1999；Manahov，2016；Khomyn and Putniņš，2021）。因此，我们推测幌骗交易导致了市场撤单率提高，增加了买卖价差，降低了市场流动性。为了对这一论断进行检验，我们采用模型（6-17）和模型（6-18）对超额撤单比例（*ExRevoke*）的中介效应进行检验，估计结果如表6-11所示，其中 Panel A 第（2）列汇报了模型（6-17）的估计结果，Panel B 第（3）、第（4）列汇报了模型（6-18）的估计结果。

Panel A 第（2）列的估计结果显示，受操纵股票和未受操纵股票超额撤单比例（*ExRevoke*）的差异为 0.18%，且这一差异在统计上显著。这一结果不仅符合监管部门对幌骗交易的认定标准，也与 Lee 等（2013）观察到的幌骗交易操纵策略一致。Panel B 第（3）、第（4）列的估计结果表明，在同时考虑频繁撤单和幌骗交易后，相较于未受操纵股票，受操纵股票的超额时间加权相对报价价差（*ExQsp*）高 1.51%，超额成交额加权相对有效价差（*ExEsp*）高 3.77%。超额撤单比例（*ExRevoke*）每增加 1%，超额时间加权相对报价价差（*ExQsp*）增加 0.82%，超额成交额加权相对有效价差（*ExEsp*）增加 1.54%。

我们的发现与 Manahov（2016）、Khomyn 和 Putniņš（2021）等文献的推测一致，被操纵股票较高的订单撤单率是操纵行为的结果，这增加了买卖价差，降低了市场流动性。中介效应检验结果表明，超额撤单比例的中介效应能够解释幌骗交易对超额时间加权相对报价价差（*ExQsp*）和超额成交额加权相对有效价差（*ExEsp*）总影响的 8.95% 和 6.86%。

（三）订单不平衡

投资者通过订单的流向判断市场中知情交易的动向，订单失衡意味着私人信息进入。为了避免遭受损失，投资者包括做市商，将增大买卖价差以应对新信息的冲击（Kyle，1985；Chordia et al.，2008）。因此，我们推测，幌骗交易通过制造订单不平衡，增加了买卖价差，降低了市场流动性。我们对超额订单不平衡（*ExImb*）的中介效应进行了检验，估计结果如表6–11 所示。

Panel A 第（3）列的估计结果显示，受操纵股票的超额订单不平衡（*ExImb*）显著高于未受操纵股票 8.46%。中国股票市场存在一定的卖空约束，投资者难以通过卖空获利，因此幌骗交易操纵者主要通过在买单一侧进行频繁申报和频繁撤销以操纵股价，这导致操纵当日受操纵股票的超额订单更不平衡。Pancel B 第（5）、第（6）列的估计结果表明，在同时考虑订单不平衡和幌骗交易后，相较于未受操纵股票，受操纵股票的超额时间加权相对报价价差（*ExQsp*）高 1.51%，超额成交额加权相对有效价差（*ExEsp*）高 3.77%。超额订单不平衡（*ExImb*）每增加 1%，超额时间加权相对报价价差（*ExQsp*）增加 0.02%，超额成交额加权相对有效价差（*ExEsp*）增加 0.03%。由此可见，订单不平衡的增加在幌骗交易对买卖价差的负面影响中起到了中介作用，超额订单不平衡的中介效应能够解释幌骗交易对超额时间加权相对报价价差（*ExQsp*）和超额成交额加权相对有效价差（*ExEsp*）总影响的 10.25% 和 6.28%。

进一步地，Panel B 第（7）、第（8）列汇报了同时考虑巨额订单、频繁撤销和订单不平衡后，幌骗交易对买卖价差的影响。估计结果表明，受操纵股票的买卖价差显著高于未受操纵股票。此外，中介效应检验结果还表明，超额巨额订单比例的中介效应占总效应的比例为 46.33% 和 35.14%，超额撤单比例的中介效应占总效应的比例为 6.98% 和 5.35%，超额订单不平衡的中介效应占总效应的比例为 5.13% 和 6.28%。上述三个订单簿特征的改变能够解释幌骗交易对超额时间加权相对报价价差（*ExQsp*）和超额成交额加权相对有效价差（*ExEsp*）总影响的 58.44% 和 46.77%。

三、噪声交易

中国股票市场中存在大量散户投资者（Brunnermeier et al.，2017）。相较于机构投资者，散户投资者缺乏获取信息的渠道以及对信息进行分析处理的金融专业知识，其交易行为表现出噪声交易的特征（Hsieh et al.，2020；

Carpenter et al.，2021）。对于噪声交易者占据主导的股票，幌骗交易更容易提高市场中信息不对称程度，投资者挂单的逆向选择成本提高得更多，市场流动性损害程度更大。另外，小额资金净流入比例较高、网络搜索频率较高、新闻报道较多和波动性大的股票吸引了更多的噪声交易者参与。对于这些噪声交易者占据主导的股票，幌骗交易更容易提高市场中信息不对称程度，投资者挂单的逆向选择成本提高得更多，市场流动性损害程度更大。因此，我们推测对于噪声交易者占据主导的股票，幌骗交易对买卖价差的增加程度越大。活跃在市场中的散户投资者通常财富有限，交易金额通常较小。《上海证券交易所市场质量报告（2020）》的统计结果表明，56.98%的个人投资者持股规模在 10 万元以下，这部分投资者的平均交易规模在 5 万元以下。百度搜索引擎是中国网络用户进行信息检索的重要平台，活跃在中国股票市场中的散户投资者主要通过百度搜索引擎获取上市公司相关信息。和讯网是一家提供所有股票实时交易数据和最新会计信息的中国网站，中国股票市场中大多数散户投资者在该网站上获取与上市公司相关的信息。在事件期超出估计期平均水平的搜索频率直接反映了散户投资者对该股票的超额关注度。除百度搜索引擎与和讯网之外，新闻报道同样能够给投资者提供上市公司相关信息。部分上市公司借助新闻媒体向市场传递信息，在事件期超出估计期平均水平的新闻报道同样能够吸引投资者关注。Barber 和 Odean（2008）发现，个人投资者是吸引注意力股票的净买入者。此外，散户投资者偏好具有高波动性特征的股票，以期在波动中获利。因此，为了比较受操纵股票和未受操纵股票的噪声交易差异，我们采用超额小额资金交易比例（*ExRetail*）、超额百度搜索指数（*ExBDidx*）、超额和讯指数（*ExHXidx*）、超额新闻数量（*ExNews*）和日度收益率波动率（*InterVol*）作为噪声交易的代理变量。

为了对这一论断进行检验，我们构建了如下模型来检验噪声交易在幌骗交易与买卖价差之间的关系：

$$Liqui_{i,t}=\beta_0+\beta_1\times Manip_{i,t}+\beta_2\times HighNoiseTrd_{i,t}+\beta_3\times Manip_{i,t}\times HighNoiseTrd_{i,t}+$$
$$\beta_c\times Control_{i,t}+\sum Year\ FE+\sum Firm\ FE \qquad (6\text{--}19)$$

其中，$HighNoiseTrd_{i,t}$ 为噪声交易的虚拟变量，当日内噪声交易高于同行业中位数时取值为 1，否则取值为 0。

模型（6--19）的估计结果如表 6--12 所示。与推测一致，估计结果表明噪声交易者参与程度越高，幌骗交易造成买卖价差增加的程度越大。以超额小额资金交易占比为例，平均而言超额小额资金交易占比（*ExRetail*）每增加 1%，幌骗交易导致超额时间加权相对报价价差（*ExQsp*）增加 3.46%（1.36%+2.10%），超额成交额加权相对有效价差（*ExEsp*）增加 8.18%（3.56%+4.62%）。这一实证结果支持了我们推测，即噪声交易强度越大，幌骗交易造成买卖价差增加的程度越大。

表6-12 噪声交易与幌骗交易中买卖价差的关系

变量名称	(1) ExQsp	(2) ExEsp	(3) ExQsp	(4) ExEsp	(5) ExQsp	(6) ExEsp	(7) ExQsp	(8) ExEsp	(9) ExQsp	(10) ExEsp
HighExRetail×Manip	1.36*** (4.06)	3.56*** (6.74)								
HighExBDidx×Manip			1.99*** (6.67)	4.43*** (9.43)						
HighExHXidx×Manip					1.74*** (5.82)	4.19*** (8.92)				
HighExNews×Manip							2.12*** (6.80)	4.70*** (9.59)		
HighInterVol×Manip									2.51*** (4.63)	3.00*** (3.51)
Manip	2.10*** (4.61)	4.62*** (6.44)	0.41 (0.61)	2.50* (2.36)	0.99 (1.50)	2.79** (2.68)	0.25 (0.45)	1.92* (2.24)	2.91*** (7.42)	5.54*** (8.96)
HighExRetail	0.03* (1.95)	0.33*** (16.15)								
HighExBDidx			0.75* (1.95)	1.43 (1.26)						
HighExHXidx					0.28*** (18.49)	0.57*** (23.43)				
HighExNews							1.08** (2.16)	1.65* (1.69)		
HighInterVol									1.94*** (63.13)	2.57*** (52.98)

续表

变量名称	(1) ExQsp	(2) ExEsp	(3) ExQsp	(4) ExEsp	(5) ExQsp	(6) ExEsp	(7) ExQsp	(8) ExEsp	(9) ExQsp	(10) ExEsp
InterVol	99.91*** (106.37)	110.72*** (74.86)	97.00*** (103.27)	107.02*** (72.25)	100.15*** (106.69)	110.77*** (74.92)	99.15*** (105.73)	109.38*** (73.98)	161.76*** (119.47)	192.10*** (89.94)
Price	-1.72*** (-66.84)	-2.38*** (-58.61)	-1.92*** (-73.49)	-2.60*** (-63.22)	-1.68*** (-65.23)	-2.31*** (-56.83)	-1.68*** (-65.21)	-2.34*** (-57.62)	-1.72*** (-67.00)	-2.38*** (-58.88)
Trdvol	-1.08*** (-105.46)	-0.23*** (-14.19)	-0.88*** (-78.92)	0.00 (0.22)	-1.10*** (-106.93)	-0.25*** (-15.44)	-1.10*** (-107.46)	-0.23*** (-14.54)	-1.11*** (-109.13)	-0.26*** (-15.94)
Mktcap	1.46*** (52.65)	1.94*** (44.26)	1.54*** (55.48)	2.04*** (46.50)	1.46*** (52.64)	1.95*** (44.53)	1.44*** (51.67)	1.92*** (43.86)	1.43*** (51.80)	1.91*** (43.79)
MTB	8.13*** (102.42)	11.00*** (88.05)	8.15*** (102.91)	11.05*** (88.51)	8.05*** (101.30)	10.87*** (86.86)	8.03*** (101.31)	10.92*** (87.39)	7.65*** (96.43)	10.40*** (83.08)
Inst	2.01*** (32.09)	2.87*** (29.03)	2.02*** (32.25)	2.88*** (29.18)	2.00*** (31.83)	2.84*** (28.76)	1.98*** (31.55)	2.84*** (28.69)	1.81*** (28.92)	2.61*** (26.39)
Follow	0.02*** (10.76)	0.00 (0.77)	0.02*** (11.06)	0.00 (0.86)	0.02*** (11.34)	0.00 (1.38)	0.02*** (9.38)	-0.00 (-0.32)	0.03*** (12.18)	0.01* (1.82)
QuarEnd	1.07*** (20.79)	1.62*** (20.05)	1.03*** (20.13)	1.58*** (19.54)	1.01*** (19.72)	1.51*** (18.66)	1.10*** (21.45)	1.65*** (20.46)	1.09*** (21.25)	1.64*** (20.38)
Constant	-6.69* (-13.97)	-30.22*** (-40.10)	-10.67*** (-21.95)	-34.93*** (-45.57)	-6.60*** (-13.80)	-30.35*** (-40.29)	-5.45* (-11.37)	-29.16*** (-38.61)	-6.64*** (-13.95)	-30.48*** (-40.57)
Year FE	YES	YES	YES	YES	YES	YES	YES	YES	YES	YES
Firm FE	YES	YES	YES	YES	YES	YES	YES	YES	YES	YES
Observations	454881	454881	434889	434889	211737	211737	199998	199998	454881	454881
R^2	0.235	0.152	0.238	0.154	0.236	0.153	0.237	0.153	0.242	0.157

注：括号内为T值，*、**、***分别代表在10%、5%、1%的程度上显著。

四、市场监督

外部监督者不仅积极参与上市公司信息发掘，也能够促进管理层积极披露信息，起到降低信息不对称的作用。例如，Yuan 等（2008）发现中国股票市场中的共同基金作为重要股东对公司起到了监督作用，改善了公司的信息披露质量。同时，Francis 等（2013）、Callen 和 Fang（2017）指出，潜在的诉讼担忧会促使审计师密切监视可能掩盖坏消息的财务报告，提升信息透明度，尤其是四大会计师事务所的审计师。此外，Zhang（2006）认为大公司可供市场使用的信息更多，信息不确定性更低。Borisova 等（2012）发现政府所有权与较低的治理质量相关。我们推测，对于外部监督强的股票，例如共同基金持股比例较高、四大会计师事务所出具审计报告、市值较大、非国有控股公司的股票，它们的信息透明度较高，幌骗对投资者逆向选择成本提高的边际作用较小，因而买卖价差的扩大幅度较低。由此，我们推测共同基金持股比例较高、审计师来源于四大会计师事务所、公司市值较大、非国有控股的企业通常会受到更强的外部监督，幌骗交易对买卖价差的增加幅度较低。

为了检验市场监督的有效性，我们构建了如下模型来检验市场监督在幌骗交易与买卖价差之间的关系：

$$Liqui_{i,t} = \beta_0 + \beta_1 \times Manip_{i,t} + \beta_2 \times MktSup_{i,t} + \beta_3 \times Manip_{i,t} \times MktSup_{i,t} +$$
$$\beta_c \times Control_{i,t} + \sum Year\ FE + \sum Firm\ FE \qquad (6-20)$$

其中，$MktSup_{i,t}$ 为市场监督的代理变量。具体而言，当基金持股比例高于年度同行业中位数时，$HighFundHold$ 的取值为 1，否则取值为 0；当上市公司审计师来源于四大会计师事务所时，$AuditBig\ 4$ 的取值为 1，否则取值为 0；当上市公司市值规模高于年度同行业中位数时，$BigSize$ 的取值为 1，否则取值为 0；当上市公司为非国有控股企业时，$NonStateOwn$ 的取值为 1，否则取值为 0。

表 6-13 汇报了市场监督与买卖价差之间的异质性关联。第（1）至第（6）列的实证结果表明，在 1% 显著性水平下，交乘项 $HighFundHold \times Manip$、$AuditBig\ 4 \times Manip$、$BigSize \times Manip$ 和 $NonStateOwn \times Manip$ 的系数显著为负。这表明在共同基金持股比例较高、审计师来源于四大会计师事务所、市值规模越大和非国有控股上市公司中，幌骗交易对买卖价差的负面影响较小。因此，我们发现市场监督水平的提升有助于缓解幌骗交易与买卖价差之间的正向关系。

表6-13　市场监督与买卖价差之间的异质性关联

变量名称	(1) ExQsp	(2) ExEsp	(3) ExQsp	(4) ExEsp	(5) ExQsp	(6) ExEsp	(7) ExQsp	(8) ExEsp
HighFund Hold×Manip	-2.88*** (-5.02)	-5.86*** (-6.47)						
AuditBig 4×Manip			-2.06*** (-2.87)	-4.47*** (-3.94)				
BigSize×Manip					-2.84*** (-4.97)	-4.59*** (-5.09)		
NonStateOwn×Manip							-1.16* (-1.95)	-4.94*** (-5.31)
Manip	3.53*** (7.62)	7.85*** (10.76)	2.02*** (6.68)	4.83*** (10.15)	2.66*** (7.79)	5.67*** (10.54)	1.29*** (3.90)	2.50*** (4.79)
HighFundHold	0.04* (1.82)	-0.10*** (-3.24)						
AuditBig 4			-0.28** (-2.33)	-0.30 (-1.60)				
BigSize					-0.66*** (-16.58)	-0.90*** (-14.36)		
NonStateOwn							0.13 (0.68)	0.29 (0.36)
InterVol	99.79*** (106.26)	110.18*** (74.48)	99.85*** (106.34)	110.19*** (74.49)	100.02*** (106.55)	110.39*** (74.64)	99.85*** (106.33)	110.15*** (74.45)

续表

变量名称	(1) ExQsp	(2) ExEsp	(3) ExQsp	(4) ExEsp	(5) ExQsp	(6) ExEsp	(7) ExQsp	(8) ExEsp
Price	-1.72*** (-66.89)	-2.38*** (-58.71)	-1.72*** (-66.83)	-2.39*** (-58.79)	-1.73*** (-67.07)	-2.39*** (-59.00)	-1.72*** (-66.88)	-2.39*** (-58.81)
Trdvol	-1.08*** (-105.65)	-0.21*** (-13.28)	-1.08*** (-105.64)	-0.21*** (-13.29)	-1.07*** (-105.05)	-0.21*** (-12.77)	-1.08*** (-105.61)	-0.21*** (-13.30)
Mktcap	1.47*** (52.78)	1.96*** (44.63)	1.47*** (52.69)	1.95*** (44.60)	1.50*** (53.94)	2.01*** (45.68)	1.47*** (52.72)	1.96*** (44.67)
MTB	8.13*** (102.47)	11.02*** (88.18)	8.13*** (102.46)	11.03*** (88.24)	8.30*** (103.73)	11.26*** (89.35)	8.13*** (102.44)	11.03*** (88.25)
Inst	2.02*** (32.12)	2.88*** (29.11)	2.02*** (32.10)	2.88*** (29.10)	1.95*** (31.00)	2.79*** (28.14)	2.02*** (32.10)	2.88*** (29.11)
Follow	0.02*** (10.77)	0.00 (0.59)	0.02*** (10.74)	0.00 (0.64)	0.03*** (11.59)	0.00 (1.38)	0.02*** (10.75)	0.00 (0.63)
QuarEnd	1.07*** (20.80)	1.62*** (20.01)	1.07*** (20.79)	1.62*** (20.01)	1.07*** (20.80)	1.62*** (20.02)	1.07*** (20.79)	1.62*** (20.01)
Constant	-6.76*** (-14.11)	-30.51*** (-40.46)	-15.50*** (-24.24)	-43.09*** (-42.77)	-16.21*** (-25.82)	-43.99*** (-44.45)	-15.65*** (-24.47)	-43.29*** (-42.96)
Year FE	YES	YES	YES	YES	YES	YES	YES	YES
Firm FE	YES	YES	YES	YES	YES	YES	YES	YES
Observations	454881	454881	454881	454881	454881	454881	454881	454881
R^2	0.235	0.152	0.229	0.164	0.236	0.152	0.235	0.152

注：括号内为 T 值，*、**、*** 分别代表在 10%、5%、1% 的程度上显著。

五、不同市场环境

当市场处于熊市时，由于投资者的恐慌性抛售和金融机构减少流动性的供给，市场出现流动性不足的现象（Gromb and Vayanos，2002；Coval and Stafford，2007）。因此，我们推测，相较于牛市阶段，熊市阶段发生的幌骗交易对买卖价差的边际扩大作用将会更为显著。由此，我们推测在熊市行情中，幌骗交易对买卖价差的提升程度更大。

为了探究不同市场环境（牛市、熊市）下，幌骗交易对买卖价差的影响差异，我们参考 Chen（2009）根据移动平均收益率的大小将样本区间划分为牛市和熊市，当近 5 个月的市场平均收益率大于 0 时，市场处于牛市，否则为熊市。我们在表 6-14 Panel A 汇报了样本区间内牛市和熊市的分布情况。在样本期内，市场有 20 个月处于熊市，占比 33.33%；有 40 个月处于牛市，占比 66.67%。在中国证监会披露的 263 例幌骗交易案例中，67 起发生在熊市行情中，占比 25.48%；196 起发生在牛市行情中，占比 74.52%。进一步地，我们依据市场环境将 263 例幌骗交易案例划分为熊市和牛市两个子样本，采用模型（6-16）估计了幌骗交易对买卖价差的影响，估计结果如表 6-14 Panel B 所示。实证结果表明，幌骗交易对买卖价差的影响在熊市阶段影响更大，平均而言，相较于未受操纵股票，受操纵股票的超额时间加权相对报价价差（$ExQsp$）高 3.30%，超额成交额加权相对有效价差（$ExEsp$）高 7.45%；而在牛市阶段，差异分别为 0.98% 和 2.82%。与 Gromb 和 Vayanos（2002）、Coval 和 Stafford（2007）等文献指出的熊市阶段容易出现流动性匮乏现象类似，我们发现幌骗交易对买卖价差的负面影响在熊市阶段更大。

表 6-14　不同股票市场环境下幌骗交易对买卖价差的影响

Panel A: 样本区间内牛市和熊市分布情况				
市场环境	月份数 / 个	占比	幌骗交易案例	幌骗交易案例占比
熊市	20	33.33%	67	25.48%
牛市	40	66.67%	196	74.52%
总计	60	100%	263	100%

	Panel B: 回归结果			
变量名称	（1）	（2）	（3）	（4）
	熊市		牛市	
	ExQsp	*ExEsp*	*ExQsp*	*ExEsp*
Manip	3.30***	7.45***	0.98***	2.82***
	（7.17）	（10.04）	（3.06）	（5.52）
InterVol	89.55***	102.54***	142.67***	174.19***
	（57.19）	（40.69）	（112.61）	（86.04）
Price	−3.53***	−5.08***	−2.09***	−3.35***
	（−78.84）	（−70.38）	（−62.37）	（−62.50）
Trdvol	−1.40***	−0.51***	−0.77***	0.17***
	（−84.38）	（−19.12）	（−60.94）	（8.25）
Mktcap	0.97***	1.23***	2.41***	3.35***
	（20.74）	（16.43）	（70.15）	（60.99）
MTB	4.34***	6.51***	9.62***	12.89***
	（32.21）	（30.01）	（96.58）	（80.98）
Inst	0.31***	0.57***	1.97***	3.17***
	（3.81）	（4.32）	（20.01）	（20.20）
Follow	0.05***	0.04***	0.03***	0.03***
	（17.69）	（7.64）	（9.82）	（5.77）
QuarEnd	−1.01***	−1.64***	2.04***	2.93***
	（−13.60）	（−13.67）	（32.76）	（29.39）
Constant	14.28***	−4.45***	−28.55***	−60.13***
	（17.88）	（−3.46）	（−48.40）	（−63.79）
Year FE	YES	YES	YES	YES
Firm FE	YES	YES	YES	YES
Observations	133777	133777	320604	320604
R^2	0.341	0.212	0.311	0.228

注：括号内为 *T* 值，*、**、*** 分别代表在 10%、5%、1% 的程度上显著。

六、稳健性检验

（一）倾向得分匹配

为了降低样本选择和内生性问题对实证结论的影响，我们采用倾向得分匹配挑选对照组股票进行了重复检验。Roberts 和 Whited（2013）指出，虽然倾向得分匹配并不能完全解决潜在的内生性威胁，但仍然是一种有效的稳健性检验方法。因此，我们采用这一方法来应对实证结论受不可观测的公司特征所驱动这一担忧。

在倾向得分匹配中，我们基于倾向性得分（propensity score）为每一只被操纵股票匹配一只对照组股票。然后，我们采用基准模型（6-16）估计了操纵组和匹配后对照组股票的买卖价差差异。具体而言，首先，我们估计了一个 Logit 模型，该模型中 Manip 为被解释变量，包含模型（6-16）中使用的控制变量。其次，我们基于模型的估计系数计算每只股票的倾向性得分。最后，我们基于此得分来执行匹配。我们执行的匹配是一对一最近邻匹配（1-to-1 nearest neighbor matching algorithm）。

表 6-15 展示了使用倾向得分匹配进行样本匹配后的估计结果。第（1）、第（2）列汇报了基于操纵概率进行一对一匹配的估计结果。估计结果表明，Manip 的估计系数在 1% 显著性水平下依然显著为正（系数分别为 0.54 和 0.83，T 统计量分别为 2.76 和 3.23），在统计和经济学含义上，小于基准回归模型。在表 6-15 第（3）、第（4）列中，我们采用事件前 100 个交易日的买卖价差计算倾向性得分，并进行一对一匹配，确保了操纵组和对照组股票在操纵前买卖价差不存在显著差异。估计结果表明，市场操纵显著增加了交易成本，增加了买卖价差（系数分别为 2.55 和 6.26，T 统计量分别为 1.99 和 2.23）。上述结果表明，我们的实证结果并非完全来源于样本选择偏差的影响，证实了研究结论的稳健性。

表 6-15　倾向得分匹配稳健性检验

变量名称	（1）	（2）	（3）	（4）
	Manipulation Probability Matched		Liquidity Matched	
	ExQsp	ExEsp	ExQsp	ExEsp
Manip	0.54***	0.83***	2.55**	6.26**
	（2.76）	（3.23）	（1.99）	（2.23）
InterVol	153.70***	255.56***	135.74***	285.45***
	（4.31）	（3.70）	（3.56）	（3.42）
Price	−0.83	−2.49	0.95	3.11
	（−0.60）	（−0.93）	（0.65）	（0.97）

变量名称	（1）	（2）	（3）	（4）
	Manipulation Probability Matched		Liquidity Matched	
	ExQsp	*ExEsp*	*ExQsp*	*ExEsp*
Trdvol	0.48	3.48***	−0.54	1.86
	（0.84）	（3.14）	（−0.87）	（1.36）
Mktcap	4.94	−5.31	1.69	13.41
	（1.36）	（−0.76）	（0.32）	（1.15）
MTB	16.65***	18.62*	0.66	22.85
	（3.08）	（1.78）	（0.07）	（1.13）
Inst	−3.92	−14.88	13.68	49.59*
	（−0.76）	（−1.49）	（1.12）	（1.85）
Follow	0.54***	0.55*	0.82	1.26
	（3.31）	（1.74）	（1.62）	（1.15）
QuarEnd	3.21*	5.66*	4.73***	8.17**
	（1.96）	（1.78）	（2.97）	（2.34）
Constant	−104.92*	1.99	−34.64	−302.45
	（−1.79）	（0.02）	（−0.40）	（−1.60）
Year FE	YES	YES	YES	YES
Firm FE	YES	YES	YES	YES
Observations	526	526	526	526
R^2	0.730	0.596	0.633	0.492

注：括号内为 T 值，*、**、*** 分别代表在 10%、5%、1% 的程度上显著。

（二）不同基准时间窗口

前述主检验中，超额时间加权相对报价价差（*ExQsp*）和超额成交额加权相对有效价差（*ExEsp*）的计算基准为 [−120，−20]，即操纵前 120 天至操纵前 20 天的均值。为了增强结论在不同基准时间窗口下的稳健性，我们进一步将基准时间窗口设置为 [−40，−20]，[−80，−20]，[−100，−20]，[−200，−20]。基于不同基准时间窗口构建的市场超额流动性指标，我们重复检验了幌骗交易对买卖价差的影响。实证结果列于表 6−16 中，得到的结论与正文部分基本一致，说明了研究结果对时间窗口选择来说具有稳健性。

表 6-16　不同基准时间窗口下稳健性分析

变量名称	(1) [-40, -20] ExQsp	(2) [-40, -20] ExEsp	(3) [-80, -20] ExQsp	(4) [-80, -20] ExEsp	(5) [-100, -20] ExQsp	(6) [-100, -20] ExEsp	(7) [-200, -20] ExQsp	(8) [-200, -20] ExEsp
Manip	1.60*** (5.04)	4.29*** (7.46)	2.16*** (6.69)	5.19*** (8.99)	2.21*** (6.87)	5.22*** (9.07)	0.02*** (6.92)	0.05*** (9.14)
InterVol	86.67*** (79.65)	85.55*** (43.40)	107.39*** (97.07)	114.69*** (58.01)	107.22*** (97.07)	117.99*** (59.84)	0.99*** (87.35)	1.18*** (59.34)
Price	-0.28*** (-9.29)	-0.80*** (-14.82)	-1.00*** (-33.11)	-1.44*** (-26.48)	-1.43*** (-47.32)	-1.99*** (-36.81)	-0.02*** (-58.22)	-0.03*** (-46.04)
Trdvol	-0.75*** (-63.21)	0.16*** (7.28)	-0.91*** (-75.67)	0.02 (1.09)	-1.04*** (-86.79)	-0.12*** (-5.74)	-0.01*** (-116.29)	-0.01*** (-27.09)
Mktcap	0.70*** (21.64)	0.91*** (15.63)	1.34*** (40.83)	1.76*** (29.99)	1.53*** (46.81)	2.06*** (35.22)	0.02*** (68.54)	0.03*** (50.61)
MTB	4.98*** (54.14)	7.04*** (42.26)	7.76*** (83.06)	10.84*** (64.87)	8.30*** (88.95)	11.63*** (69.83)	0.10*** (108.73)	0.14*** (82.25)
Inst	0.84*** (11.51)	1.39*** (10.54)	1.46*** (19.77)	2.20*** (16.67)	1.80*** (24.39)	2.65*** (20.11)	0.03*** (43.67)	0.05*** (34.75)
Follow	0.01*** (3.18)	-0.01** (-2.26)	0.02*** (6.63)	-0.01* (-1.73)	0.02*** (8.41)	-0.00 (-0.68)	0.00*** (2.22)	-0.00*** (-3.20)
QuarEnd	0.56*** (9.34)	1.13*** (10.49)	0.99*** (16.45)	1.51*** (14.01)	1.20*** (19.81)	1.80*** (16.71)	0.01*** (17.39)	0.02*** (14.82)
Constant	-1.97*** (-3.55)	-21.73*** (-21.63)	-9.58*** (-17.00)	-34.11*** (-33.86)	-9.41*** (-16.71)	-35.27*** (-35.11)	-0.15*** (-25.31)	-0.41*** (-40.98)
Year FE	YES	YES	YES	YES	YES	YES	YES	YES
Firm FE	YES	YES	YES	YES	YES	YES	YES	YES
Observations	454881	454881	454881	454881	454881	454881	454881	454881
R^2	0.098	0.045	0.162	0.082	0.187	0.099	0.248	0.138

注：括号内为 T 值，*、**、*** 分别代表在 10%、5%、1% 的程度上显著。

（三）不同样本筛选方法

我们进一步使用不同的样本筛选方法进行稳健性检验。其一，重大公司事件会对股票的流动性产生显著影响，因此在实证检验中我们剔除了前后 20 个交易日存在基本面事件的样本，表 6-17 第（1）、第（2）列汇报了保留存在基本面事件样本的估计结果。其二，由于低价股的流动性可能与其他股票存在差异，第（3）、第（4）列汇报了剔除股票价格低于 5 元 / 股后的估计结果。其三，在我们的样本期内，中国股市于 2015 年 6 月—9 月发生了市场崩盘，可能对买卖价差产生重大影响（Han and Liang，2017）。第（5）、第（6）列汇报了剔除了 2015 年中国股市崩盘期间的样本后的估计结果。实证结果证明了结论的稳健性，幌骗交易显著增加了受操纵股票的买卖价差。

表 6-17　不同的样本筛选方法

变量名称	（1）	（2）	（3）	（4）	（5）	（6）
	Keep Major Events		Drop Price < 5 RMB yuan		Drop 2015 Chinese Stock Market Crash	
	ExQsp	*ExEsp*	*ExQsp*	*ExEsp*	*ExQsp*	*ExEsp*
Manip	1.66***	4.05***	1.75***	4.20***	2.89***	6.27***
	（6.04）	（9.37）	（6.31）	（9.51）	（10.74）	（14.79）
InterVol	99.78***	110.14***	101.26***	111.79***	65.85***	54.79***
	（106.53）	（74.66）	（106.23）	（73.71）	（69.98）	（36.93）
Price	−1.72***	−2.38***	−1.50***	−2.15***	−1.79***	−2.39***
	（−66.88）	（−58.80）	（−56.98）	（−51.29）	（−71.71）	（−60.57）
Trdvol	−1.08***	−0.22***	−0.96***	−0.07***	−1.19***	−0.40***
	（−106.23）	（−13.59）	（−90.28）	（−4.29）	（−125.89）	（−26.57）
Mktcap	1.48***	1.98***	1.49***	1.95***	0.87***	1.07***
	（53.58）	（45.30）	（51.16）	（42.05）	（34.69）	（27.05）
MTB	8.19***	11.09***	8.22***	11.12***	4.10***	5.39***
	（103.41）	（88.96）	（100.61）	（85.49）	（53.84）	（44.83）
Inst	2.00***	2.86***	1.83***	2.78***	1.26***	1.78***
	（31.87）	（28.98）	（28.07）	（26.79）	（22.80）	（20.40）
Follow	0.02***	0.00	0.02***	0.01	0.03***	0.00*
	（10.88）	（0.78）	（11.04）	（1.51）	（13.64）	（1.65）
QuarEnd	1.06***	1.61***	1.11***	1.69***	−1.26***	−1.68***
	（20.79）	（20.02）	（21.69）	（20.63）	（−23.91）	（−20.17）
Constant	−6.97***	−30.87***	−9.73***	−33.52***	7.35***	−9.50***
	（−14.62）	（−41.10）	（−19.52）	（−42.25）	（16.99）	（−13.94）
Year FE	YES	YES	YES	YES	YES	YES
Firm FE	YES	YES	YES	YES	YES	YES

续表

变量名称	（1）	（2）	（3）	（4）	（5）	（6）
	Keep Major Events		Drop Price < 5 RMB yuan		Drop 2015 Chinese Stock Market Crash	
	ExQsp	*ExEsp*	*ExQsp*	*ExEsp*	*ExQsp*	*ExEsp*
Observations	474210	474210	427340	427340	354194	354194
R^2	0.236	0.152	0.239	0.156	0.216	0.102

注：括号内为 *T* 值，*、**、*** 分别代表在 10%、5%、1% 的程度上显著。

本章小结

本章基于幌骗交易的研究内容分两个部分介绍了幌骗交易对股票订单簿特征及买卖价差的影响。实证结果显示：①幌骗交易者提交了大量的订单申报，尤其是在买方一侧，并在成交前撤销；②幌骗交易者制造了更大的订单不平衡压力，提交了更多的巨额买单；③受操纵影响，被操纵股票成交比例上升；④被操纵股票吸引了小额投资者的流入，增加了股价的波动性；⑤幌骗交易增加了买卖价差，降低了市场流动性；⑥巨额订单概率、订单撤销率和订单不平衡大幅度增加在幌骗交易增加买卖价差过程中起到了中介作用；⑦噪声交易者参与程度越高，幌骗交易对买卖价差的负面影响越大；⑧提升外部监督水平能够降低幌骗交易的负面影响；⑨相对于牛市阶段，幌骗交易在熊市期间对市场流动性的损害更大。

本章的研究成果对于监管机构制定相关监管政策以保护散户投资者、遏制市场违规交易行为和提升市场质量具有重要启示意义。鉴于幌骗交易对市场质量的不良影响，市场监管部门应构建与完善幌骗交易的检测预警系统，增强对幌骗交易的发现能力，并通过增大处罚力度来提高违法成本以遏制幌骗交易；同时，加强股票市场的外部监督，提高信息透明度，抑制幌骗交易的负面影响。此外，幌骗交易在熊市行情中的负面影响更为显著，此时应进一步加强对幌骗交易的监管力度。对幌骗交易的有效遏制能够维护市场公正，保护中小投资者利益，从而促进市场质量的不断提升。

第七章 "虎头蛇尾"：开盘价操纵

第一节 开盘价操纵的定义

开盘价顾名思义是指股票市场开盘时产生的价格，即一天当中投资者达成的第一笔成交的价格。开盘价和收盘价是股票市场投资者最为关注的两个价格。由于收盘价通常被用于确定衍生品价格、基金经理绩效、管理层薪酬等，因此收盘价操纵是学术文献最为关注的一种操纵类型，研究者围绕收盘价操纵展开了大量研究（Comerton-Forde and Putniņš，2011；Comerton-Forde and Putniņš，2014；李志辉 等，2018；Cumming et al.，2020a）。但市场交易中针对另一个重要指示价格的操纵行为——开盘价操纵，相关研究却较为匮乏。开盘集合竞价阶段是非交易时段和连续竞价时段的衔接，投资者在开盘集合竞价阶段通过订单申报或交易将其掌握的私人信息反映至股价当中，该阶段确定的开盘价具有重要的价格指示作用（Barclay and Hendershott，2008；Moshirian et al.，2012）。因此，确定一个正确的开盘价对金融市场尤为重要，开盘价操纵也应受到投资者和学术研究者的关注。

中国证监会于 2015 年发布的《警惕"炒新"风险、提防"操纵开盘价"陷阱》对开盘价操纵的手法进行了归纳和总结，该文件指出，开盘价操纵具有买申报量大、买申报价高、对买申报全部撤单和当日实际大量卖出等特征。开盘价操纵利用了散户投资者盲目跟风的心理，通过在集合竞价期间申报和撤销数额巨大的订单哄抬开盘价，吸引散户投资者跟风买入后择机卖出，而被跳跃的开盘价吸引的散户投资者则成为"接盘侠"并遭受投资损失。开盘价操纵的操纵策略是"哄抬股价，逢高卖出"交易策略中的一种，这一策略在文献中被广泛记载（Khwaja and Mian，2005；Neupane et al.，2017；Huang and Cheng，2015；Aggarwal and Wu，2006）。实施这一策略的关键在于，操纵者拉抬股价并维持股价，进而吸引小额投资者跟风买入，操纵者才能退出获利。具体而言，操纵者利用了中国股票市场开盘前的集合竞价制度，上交所和深交所规定：9点15分至9点20分，投资者可以申报买卖订单，也可以撤销申报；9点20分至9点25分，投资者仅可申报而不能撤销，交易中心再根据此前有效委托情况确定当日开盘价；9点25分至9点30分，交易中心只接受申报，但不对买卖申报和撤销申报作处理；9点30分后正式开盘交易。在集合竞价阶段，投资者根据自己掌握的隔夜信息和对未来股价涨跌的预期进行买卖申报，而开盘集合竞价阶段的大额委托买入行为通常被视为存在隔夜利好的信号，因此投资者预期这类股票在未来将继续上涨。操纵者正是利用了投资者的这一心理进行开盘价操纵，提交大额买申报拉抬开盘价吸引其他投资者跟风。

证监罚字〔2018〕108号行政处罚决定书披露了一起经典的开盘价操纵案例。2014—2017年，某操纵者先后操纵高鸿股份、巨化股份等16只股票，多次在开盘集合竞价期间通过集中资金优势，通过高价、巨额订单申报后全部撤单的方式操纵开盘价，之后在开盘后迅速卖出。表7-1展示了16只股票的详细操纵记录，在3年多的时间里，这位操纵者累计动用的委托资金高达2.3亿元，意图通过哄抬开盘价"割韭菜"。

表7-1　证监罚字〔2018〕108号行政处罚决定书披露的开盘价操纵案操纵记录

操纵时间	操纵股票名称	订单委托数量/个	委托平均占比	撤单时间
2014-05-20	高鸿股份	1440000	69.00%	9点18分
2014-05-21	巨化股份	32000000	10.75%	9点18分
2014-06-10	泰合健康	1015000	69.75%	9点16分
2014-08-27	万向钱潮	770000	44.50%	9点16分
2015-07-28	鸿博股份	450000	16.00%	9点17分
2016-01-18	华工科技	1800000	56.50%	9点18分
2016-02-26	冠豪高新	370000	13.00%	9点18分
2016-03-07	锡业股份	900000	41.00%	9点18分
2016-03-11	西部黄金	1410000	19.50%	9点17分
2016-04-01	亚太股份	1048000	14.50%	9点16分
2016-04-29	龙蟒佰利	979000	28.30%	9点18分
2016-07-19	欧菲科技	162000	43.00%	9点18分

操纵时间	操纵股票名称	订单委托数量/个	委托平均占比	撤单时间
2016-07-28	东旭光电	1438000	32.33%	9点16分
2016-12-26	深中华A	260000	26.00%	9点16分
2016-12-26	新大陆	150000	43.00%	9点16分
2017-01-18	*ST罗顿	891000	6.80%	9点16分

　　根据证监会行政处罚决定书中披露的细节，操纵者操纵开盘价的手法存在以下特点：

　　（1）买入申报量大。操纵者在集合竞价阶段往往会提交数量巨大的买入申报，其委托量较大，占集合竞价阶段市场总委托量的比重也较高。通常来说，大额订单和小额订单的信息含量是不同的，一个大额订单比几个小额订单更可能向投资者传递有关股票真实价值的信息。操纵者通过提交数量巨大的买入申报，其意图在于造成价格压力，误导其他投资者并传递虚假信息，吸引市场中其他投资者跟风买入。比如，2014年5月20日9点16分至9点18分，操纵者账户分2笔委托买入"高鸿股份"，委托数量分别为58万股和86万股，委托数量占委托时刻市场买量比重分别为55%和83%，委托平均占市场同期申报量的69%。

　　（2）买入申报价高。操纵者在集合竞价阶段提交的订单价格往往远高于前日收盘价和集合竞价阶段市场申买均价，部分操纵者甚至以当日涨停价进行申报。操纵者此举的目的在于尽可能拉高开盘价，以赚取更多的收益。在前述"高鸿股份"股票案中，两笔委托的价格均为10.41元/股，委托价较前一个交易日收盘价涨幅10%。

　　（3）成交前撤单。操纵者通过提交价格较高、数量巨大的买入委托扰乱其他投资者的判断，在吸引市场中投资者的跟风买入使股价得以维持后，操纵者在集合竞价可撤单时段迅速撤单，其目的在于避免订单被执行。在证监罚字〔2018〕108号行政处罚决定书披露的操纵过程中，操纵者账户均在9点20分前撤销了订单。

　　（4）当日实际大量卖出。在操纵者完成开盘价操纵后，操纵者在当日将持有的股票大量卖出，部分股票受市场环境的影响，操纵者也会选择在操纵后的几个交易日内尽快卖出。比如，在前述"高鸿股份"股票案中，开盘后，操纵者账户10点前卖出131840股，获利14210.22元。

第二节　开盘价操纵的研究意义

现有研究表明，操纵者热衷于采用"拉高抛售"交易策略来操纵公开市场的价格（Aggarwal and Wu，2006；Huang and Cheng，2015；Khwaja and Mian，2005；Neupane et al.，2017）。通常，操纵者通过在开盘前集合竞价时段下达虚构订单来抬高开盘价，以误导其他投资者相信股价变化是信息驱动的。开市前集合竞价将隔夜非交易时段与连续竞价联系起来，对市场吸收公共和私人隔夜信息至关重要（Barclay and Hendershott，2008；Cao et al.，2000；Moshirian et al.，2012）。如果本应反映这一隔夜信息的开盘价被扭曲，将会出现大幅度的价格调整，买卖价差和波动性将会扩大（Pagano et al.，2013）。

信息论提出，操纵者可以误导其他投资者相信股价变化是信息驱动的（Allen and Gorton，1992；Comerton-Forde and Rydge，2006a，2006b；Hauser et al.，2022）。在信息不对称的情况下，操纵者在信息密集时期隐藏自己的真实身份，并假装是知情交易者并不难（Allen and Gale，1992）。因此，基于交易的操纵通常发生在信息密集时期，如开盘前集合竞价阶段。自身无法获得股票基本面信息或者缺乏处理相关信息的能力的投资者，试图从市场中股票价格和成交量的变化中推断知情交易者是否正在购买股票。这种情形与我们观察到的日常景象十分类似，散户投资者通过研判K线，并从对行情演化的观察中得出结论，所谓的主力资金抑或是庄家正在大举购买股票。然而不幸的是，这一交易策略很容易被操纵者利用，被操纵的股票看似存在大量需求，殊不知这些巨额需求是操纵者营造的假象。被这种假象吸引的不知情的投资者争先恐后地涌入市场抢购，期待能够跟上"主力资金"分一杯羹，这种行为推动了股价上涨并增加了交易活跃度（Aggarwal and Wu，2006）。现有的研究将市场操纵细分为基于信息的操纵和基于交易的操纵，或二者的结合（Allen and Gale，1992；Putniņš，2012）。基于信息的操纵是通过传播虚假信息来实现的（Benabou and Laroque，1992；van Bommel，2003）；而基于交易的操纵则表现为代理人通过自己的交易行为影响股票价格或交易量（Aggarwal and Wu，2006；Khwaja and Mian，2005）。操纵者通过在开盘前的集合竞价时段下虚构订单的行为来推高股价，从而进行一种基于交易的操纵形式。信息理论认为，在信息不对称的市场中，操纵者有机会进行基于交易的操纵以赚取利润（Allen and Gale，1992；Allen and Gorton，1992）。

关于市场操纵的实证研究调查了不同司法管辖区的不同操纵策略，其带来了不同的交易行为和经济后果。Jiang等（2005）发现，20世纪20年代美国的"股票池"不会对市场质量造成损害。Khwaja 和 Mian（2005）调查了巴基斯坦金融中介机构的交易记录，并确定经纪人使用"拉高抛售"操纵策略。Neupane 等（2017）发现，印度国家证券交易所的 IPO 操纵者也采用了类似的策略。Comerton-Forde 和 Putniņš（2011，2014）构建了一个收盘价操纵识别模型，以检查美国和加拿大的操纵行为，认为只有一小部分操纵行为被发现，大量的罪犯逃脱了监管部门的处罚没有被起诉。尽管 Jiang 等（2005）研究得出的结论表明，市场操纵对市场质量没有显著负面影响，但更多的证据表明，此类操纵行为会影响市场表现并损害公司价值。Cumming 等（2020a）认为，收盘价操纵降低了员工创新的动机，尤其是在知识产权较低、股东保护较高的市场。加密货币市场中的市场操纵也很常见。Li 等（2020）研究了加密货币市场中的拉高抛售操纵策略，发现市场操纵会导致短期价格泡沫。Cong 等（2020）研究了 29 家加密货币交易所的交易记录，发现洗售交易会影响交易量并扭曲价格。

近年来，抑制市场操纵的交易规则和监管机制引起了研究者的浓厚兴趣。学术界和监管层携手考察如何改进交易机制，减少市场操纵的发生。Suen 和 Wan（2022）研究了集合竞价制度设计对收盘价操纵的影响，他们的结果表明，标准集合竞价机制很容易受到收盘价操纵的影响。Duong 等（2021）发现打击市场操纵的交易规则降低了 IPO 抑价。Kemme 等（2022）则指出一项名为"箭头更新改进"的制度引入了新的风险管理功能，能够通过减少操纵性交易策略来提高市场公平性。

此外，不少研究着重考察了集合竞价制度的设计。集合竞价是许多国家证券交易所用于确定开盘价、收盘价和结算价的方式（Chelley-Steeley，2008；Pagano et al.，2013；Pagano and Swartz，2003）。Comerton-Forde 和 Rydge（2006b）研究了 6 个发达市场的收盘价操纵后发现，在看涨期权拍卖过程中使用的精心设计的算法，如波动率扩展，有助于减少收盘价操纵。与收盘价类似，在大多数情况下，开盘价是通过集合竞价确定的。开盘价是隔夜信息的反映，对投资者来说非常重要（Jiang and Zhu，2017；Moshirian et al.，2012；Tsiakas，2008），在某些情况下被用作金融衍生品的结算价。但开盘价同样容易受到操纵（Pagano et al.，2013），如果要有效控制操纵者对开盘价的干扰，并使市场定价功能有效运作，就迫切需要研究者细致考察集合竞价交易机制以及这些交易机制是如何被操纵者扭曲的。

虽然之前的文献已经对市场操纵进行了广泛的研究，但开盘价格操纵产生的市场影响这一议题却没有得到学术界的足够重视。现有文献考察了多种市场操纵的类型，如虚假申报（Lee et al.，2013；Kong and Wang，2014）、"股票池"操纵（Jiang et al.，2005）、收盘价操纵（Comerton-Forde and

Putniņš，2011，2014；Cumming et al.，2020a；Suen and Wan，2022）、IPO 操纵（Neupane et al.，2017）和金融中介操纵（Khwaja and Mian，2005）。然而，它们对开盘价操纵的重视不够。本书的研究通过考察开盘价格操纵对市场行为和投资者回报的影响，扩展了之前的研究，并回答了以下社会广泛关注的问题：①开盘价操纵将如何影响股价表现？②开盘价操纵对交易活跃度和股价波动有何影响？③由分析师和独立董事实施的外部监管和内部治理是否有效缓解了操纵造成的价格扭曲程度？

现有的实证研究已经探索了市场操纵的类型，但开盘价操纵并没有引起研究者足够的学术兴趣。本书的研究通过调查开盘价操纵的经济后果，弥补了现有文献中的这一研究空白。尽管开盘价操纵实施的交易策略是广义上"虚假申报"操纵策略的一种形式，但现有文献（Kong and Wang，2014；Lee et al.，2013）并未区分操纵发生的交易时段。由于开盘前集合竞价时段和连续竞价时段之间的交易规则存在明显差异，如果样本混杂，可能会影响估计结果，因此分开研究这两个交易时段的虚假申报行为能提供更多信息。具体来说，上交所和深交所使用集中、无纸化、电子化的订单匹配系统，而不是纽约证券交易所的做市商（Wang et al.，2019）。在 9:15 至 9:30 的开盘前阶段，集合竞价制度被用于确定开盘价。证券交易所的自动化交易系统收集买方、卖方的投标价格和申报数量，从而刻画市场中即时的需求和供应分布。开盘价的设定是为了使交易量最大化，并使供应量与需求量相等。在这之后上交所和深交所 9:30 开盘，连续竞价开始，午休时间为 11:30 至 13:00，并最终在每天的 15:00 收盘。在连续竞价阶段，交易所采用了连续的、有序的竞价方法。报单和交易行为在整个交易日都是连续进行的，投资者在该阶段申报的订单按照先进先出（first in, first out, FIFO）的原则达成成交或处于等待排队状态。由此可见，发生在开盘集合竞价阶段的虚假申报操纵与连续竞价阶段的虚假申报操纵，由于交易制度的显著差异，表现出的特点也截然不同。这也正是本书选择将这两种操纵策略分作两个篇章分别展开研究的主要原因。

在本章中，我们的研究一方面着力考察中国证监会披露的开盘价操纵案例，另一方面则着力自主构建开盘价操纵识别模型，侦测可疑的操纵案例。对于前者，据我们掌握的资料而言，可能是学术界首次使用开盘价操纵的直接实证证据（即监管部门披露的案例）开展的学术研究。当然，仅仅使用监管部门披露的案例是不够的，文献指出监管机构调查和披露的市场操纵案件仅占所有案件的一小部分，大量操纵逃脱了监管的处罚（Comerton-Forde and Putniņš，2014；Neupane et al.，2017）。因此，使用直接实证证据的研究可能面临样本选择偏差的缺陷。因此，本书构建了一个开盘价格操纵识别模型，通过识别隔夜异常跳空、股价反转、大额订单撤销和无基本面信息等若干特征检测可疑的操纵案例。此外，识别模型的构建还可以让我们有机会使用监管机构披露案例以外的数据，来检验开盘价操纵的影响。我们构建的操纵识别模型避免了监管部门执法延迟的问题，即我们能够在操纵发生后的短时间内予以判定是否是疑似开盘价操纵，相较于监管部门短则数月长则数年的执法周期而言，更加灵活快捷。同时，操纵识别模型是统一的，不受执法强度差异的影响。社会中有一种普遍看法，在股票行情较差或者股价波动剧烈的时期，打击市场操纵的执法力度更强，而在行情向好或者股价波动较小的时期，执法力度更弱。这就导致了"选择性执法"的样本偏差问题。而对于我们采用的识别模型，由于判断条件是客观的，因此不受执法强度差异的影响。集合竞价是确定开盘价的最常见机制，当允许投资者撤销订单时，它也就有可能作为市场操纵者使用的便捷工具（Comerton-Forde and Rydge，2006b；Biais et al.，2014）。

本章第三节考察了开盘价操纵对市场表现的影响，第四节则考察了开盘价操纵对定价效率的影响。本章的研究结果有助于读者深入了解集合竞价机制，并有助于市场监管机构改善其功能。

第三节　开盘价操纵对市场表现的影响

一、直接实证证据

我们所使用的直接实证证据来源于中国证监会截至 2020 年发布的行政处罚决定书中披露的开盘价操纵案件。同时，为了避免基本面事件对股票价格和流动性的潜在影响，我们剔除了前后 20 个交易日存在基本面变动的开盘价操纵案例。其中，重大基本面事件参考锐思数据库（RESSET）的定义，包括并购、股权变动、收益公告等一系列影响上市公司基本面特征的事件。经上述处理后，我们共计获得 87 例开盘价操纵案例。

为了纯粹地考察开盘价操纵的影响，剔除隔夜信息的干扰，我们选取当日与被操纵股票具有相似隔夜跳空幅度的未被操纵的股票作为对照组。具体而言，我们将隔夜跳空幅度进行四舍五入精确至 1% 的范围内，选取与操纵组股票具有相同隔夜跳空幅度的股票作为对照组。最终，我们共计获得 23330 例股票日观察值。

二、间接实证证据

间接实证证据来自开盘价操纵识别模型侦测的疑似操纵案例。现有文献指出，监管部门查处的市场操纵案件仅占全部案件的一小部分，市场中存在大量的操纵行为逃脱了监管机构的处罚（Comerton-Forde and Putniņš，2014；Neupane et al.，2017）。基于直接实证证据的研究，可能受到样本选择偏差的潜在影响。

为了尽可能降低样本选择偏差带来的影响，我们构建了开盘价操纵识别模型。依据该模型侦测到的疑似操纵案例（间接实证证据），我们检验了操纵对错误定价、交易活动和波动性的影响。具体而言，我们考虑了四个识别特征，即隔夜异常跳空、股价反转、大额撤单和无基本面信息（Medrano and Vives，2001；Cumming et al.，2020a；Hauser et al.，2022）构建识别模型以侦测疑似操纵案例。

（1）当开盘价明显高于前一交易日收盘价时，即出现隔夜异常跳空。我们计算前 30 个交易日的隔夜跳空的均值和标准差，如果一天的隔夜跳空超过平均值 3 个标准差，则认为是隔夜异常跳空（Medrano and Vives，2001）。

$$RetOvernight_{i,t} > \overline{RetOvernight_{i,t}} + 3 \times \sigma_{i,t} \tag{7-1}$$

其中，$RetOvernight_{i,t} = \dfrac{Opnprc_{i,t} - Clsprc_{i,t-1}}{Clsprc_{i,t-1}}$ 为个股 i 在 t 交易日的隔夜跳空幅度；$\overline{RetOvernight_{i,t}}$ 为前 30 个交易日隔夜跳空的均值；$\sigma_{i,t}$ 为相同时间窗口隔夜跳空幅度的标准差。

（2）股价反转（Hauser et al.，2022）为一个虚拟变量，表示股价反转的幅度是否达到隔夜跳空的 50%。

$$IntraReverse_{i,t} = \dfrac{Clsprc_{i,t} - Opnprc_{i,t}}{Opnprc_{i,t} - Clsprc_{i,t-1}} \leqslant -50\% \tag{7-2}$$

（3）大额撤单。在 9:15 到 9:20 期间，投资者撤单的数量异常多。类似隔夜异常跳空，大额撤单被定义为当日撤单数量超过前 30 个交易日的平均值 3 倍标准差。

（4）无基本面信息，即不存在与股票相关的信息披露和重大基本面事件。

基于该开盘价操纵识别模型，我们侦测到 19003 起疑似开盘价操纵案件。侦测结果与 Comerton-Forde 和 Putniņš（2014）以及 Neupane 等（2017）的观点一致，监管机构披露的操纵案件仅占实际发生的一小部分。为了验证识别模型的有效性，我们将侦测出的疑似案例与证监会披露的 87 例进行了对比。对比结果表明，操纵识别模型可侦测到 54 例，识别成功率为 62.07%。与直接实证证据的处理方式一致，我们将与被操纵股票隔夜跳空幅度相似的非操纵股票作为对照组。最终，我们获得共计 1172982 例股票日观察值，其中的 19003 个观测值为识别模型侦测的疑似开盘价操纵案件。

本节研究使用的数据包含三部分：第一部分为从中国证监会的行政处罚书中收集整理的开盘价操纵案例，以及操纵识别模型侦测到的疑似开盘价操纵案例；第二部分是股票交易数据，包括开盘价、收盘价、每日收益和成交量；第三部分为上市公司基本财务信息，包括市值、机构持股比例、账面市值比和托宾 Q。为了降低异常值对实证结果的影响，我们对连续型变量进行了 1% 双向缩尾处理。股票交易数据和上市公司基本财务信息来源于国泰安（CSMAR）金融数据库与锐思数据库（RESSET）。

三、错误定价与投资者损失

开盘前集合竞价期间的定价准确性对市场吸收隔夜信息至关重要（Cao et al.，2000；Moshirian et al.，2012）。为影响开盘价，操纵者在开盘集合竞价阶段以远高于股票真实价值的价格提交大量订单，从而降低市场定价效率。Lee 等（2013）认为，通过下达此类执行可能性很小的订单可以欺骗市场并操纵后续价格。市场操纵的文献认为，受操纵股票的价格呈现显著的"先涨后跌"模式（Aggarwal and Wu，2006；Huang and Cheng，2015；Khwaja and Mian，2005；Neupane et al.，2017）。Pagano 等（2013）发现超出基本面价值的开盘价更有可能在市场开盘后不久出现价格调整。当一只股票由于操纵而以高于其真实公平交易价值的价格开盘时，与具有类似隔夜跳空的股票相比，其基本面支撑程度相对较弱，因此扭曲的开盘价将逐渐得到纠正，从而扭转错误定价并揭示其"真实"价格（Medrano and Vives，2001；Hauser et al.，2022）。因此，我们推测与具有类似隔夜跳空的非操纵股票相比，被操纵股票在操纵日的盘中收益更低，在操纵后的短期累计超额收益更低。此外，股票的价格甚至可能在短期内跌破开盘价。同时，购买了被操纵股票的投资者将遭受投资损失。

在有效市场中，股价的隔夜跳空应当及时准确地反映市场隔夜信息，然而开盘价操纵阻碍了价格对信息的准确反映，错误定价将会在开盘价操纵实施后逐步得到恢复。因此我们采用操纵后的股价表现作为操纵导致的错误定价程度的度量指标。例如，当操纵导致开盘价高于股票真实价值时，在操纵当日或未来数个交易日股价将逐步下跌恢复至真实价值。操纵后股价下跌的幅度越大，说明开盘价与股票真实价值的偏离程度越高。具体而言，本小节采用如下 3 个指标衡量操纵后股价的表现。

一是操纵当日的日内涨跌幅（*Interday_ret*）。我们采用操纵当日收盘价与操纵当日开盘价之差与上一日收盘价的比值，再减去同时期市场收益率，以表征个股股价的日内表现，其计算方法如下：

$$Interday\_ret_{i,t}=\frac{Clsprc_{i,t}-Opnprc_{i,t}}{Clsprc_{i,t-1}}-\frac{Mkt\_Clsprc_t-Mkt\_Opnprc_t}{Mkt\_Clsprc_{t-1}}\qquad(7-3)$$

其中，$Clsprc_{i,t}$ 和 $Opnprc_{i,t}$ 分别为股票 i 在 t 交易日的收盘价和开盘价；Mkt_Clsprc_t 和 Mkt_Opnprc_t 为大盘指数在 t 交易日的收盘价和开盘价。操纵组股票相较于对照组股票日内涨跌幅（*Interday_ret*）的值越小，表明操纵组股票在操纵当日股价下跌程度越高，市场对错误定价的纠正程度越高。

二是股价累计超额收益率（*CAR*）。我们采用市场模型（market model），用个股操纵后 5 个交易日的累计收益率减去市场指数的累计收益率，以表征个股股价表现的相对强弱程度，其计算方法如下：

$$CAR_{i,t}=\sum_{m=1}^{5}(Dretwd_{i,t+m}-Mktret_{t+m})\qquad(7-4)$$

其中，$Dretwd_{i,t+m}$ 为股票 i 在 $t+m$ 交易日考虑现金红利再投资的收益率；$Mktret_{t+m}$ 为 $t+m$ 交易日的市场收益率。操纵组股票相较于对照组股票累计超额收益率（*CAR*）取值越小，表明操纵组股票在操纵后股价调整程度越高，即操纵组股票在操纵当日开盘价错误定价的程度越高。

三是股价反转概率（*Reverse*）。我们通过对比操纵后交易日收盘价与操纵当日开盘价，构造虚拟变量判断股价是否发生反转，当操纵后 5 个交易日的收盘价跌破操纵当日开盘价时，则表明股价发生反转，*Reverse* 取值为 1；否则未发生反转，*Reverse* 取值为 0。我们采用股价反转（*Reverse*）作为开盘价是否偏离其基本价值的度量，其计算方法如下：

$$Reverse_{i,t}=\begin{cases}1 & if\quad Clsprc_{i,t+5}<Opnprc_{i,t}\\0 & if\quad Clsprc_{i,t+5}\geq Opnprc_{i,t}\end{cases}\qquad(7-5)$$

其中，$Clsprc_{i,t+5}$ 和 $Opnprc_{i,t}$ 分别为操纵后 5 个交易日的收盘价和操纵当日开盘价。操纵组股票相较于对照组股票股价反转概率（*Reverse*）越高，表明操纵组股票在操纵后股价有更大的可能跌破操纵当日开盘价，则操纵组股票在操纵当日开盘价错误定价的程度越高。

综上所述，若操纵组股票在操纵当日开盘价存在错误定价，则在操纵后市场开始调整错误定价，股价开始回归其真实价值，操纵组股票相较于对照组股票日内涨跌幅（*Interday_ret*）将更低，股价累计超额收益率（*CAR*）将更低，股价反转概率（*Reverse*）将更高。

此外，我们采用两种方法来衡量投资者持有被操纵股票的成本，用以考察在开盘价操纵当日购入被操纵股票的投资者的投资损失。

一是开盘价（Opnprc），我们采用操纵当日开盘价来衡量操纵当日开盘集合竞价阶段购入股票的平均成本。

二是成交量加权平均价（VWAP），我们参考 Gao 等（2016）采用操纵当日成交额与成交量的比值，即成交量加权平均价（VWAP）来衡量投资者在操纵当日购入股票的平均持有成本，其计算方法如下：

$$VWAP_{i,t} = \frac{Dnvaltrd_{i,t}}{Dnshrtrd_{i,t}} \qquad (7-6)$$

其中，$Dnvaltrd_{i,t}$ 为股票 i 在 t 交易日的成交额；$Dnshrtrd_{i,t}$ 为股票 i 在 t 交易日的成交量。

我们用操纵后交易日的收盘价作为衡量投资者出售股票（假设）的价格，分别通过对比操纵后交易日的收盘价和操纵当日的开盘价、操纵后交易日的收盘价和操纵当日的成交量加权平均价，衡量投资者的投资损失。在操纵当日集合竞价阶段以开盘价购入被操纵股票的投资者，其投资者损失（Investors' loss 1）的计算方法为：操纵当日开盘集合竞价阶段的成交额，乘以操纵后 3 个交易日（5 个交易日）的收盘价相对操纵当日开盘价的收益率，其计算方法如下：

$$Investors' loss\ 1_{i,t} = Dnvalopn_{i,t} \times \left(\frac{Clsprc_{i,t+m} - Opnprc_{i,t}}{Opnprc_{i,t}} \right) \qquad (7-7)$$

其中，$Dnvalopn_{i,t}$ 为操纵当日开盘集合竞价阶段的成交额；$Clsprc_{i,t+m}$ 为操纵后 m（$m=3$，5）个交易日的收盘价；$Opnprc_{i,t}$ 为操纵当日开盘价。

在操纵当日任意阶段以成交量加权平均价购入被操纵股票的投资者，其投资者损失（Investors' loss 2）的计算方法为：操纵当日的全天成交额，乘以操纵后 3 个交易口（5 个交易口）的收盘价相对于操纵当日成交量加权平均价的收益率，计算方法如下：

$$Investors' loss\ 2_{i,t} = Dnvaltrd_{i,t} \times \left(\frac{Clsprc_{i,t+m} - VWAP_{i,t}}{VWAP_{i,t}} \right) \qquad (7-8)$$

其中，$Dnvaltrd_{i,t}$ 为操纵当日的全天成交额；$Clsprc_{i,t+m}$ 为操纵后 m（$m=3$，5）个交易日的收盘价。

在操纵导致股票开盘价高于其基本价值的前提下，我们预测操纵后股价会下跌。为了直观地观察开盘价操纵导致的错误定价，我们比较了操纵股票和与操纵股票之间的价格表现差异基于直接证据的非操纵股票。如图 7-1 所示，当日（$t+0$）的开盘价操纵分为开盘前集合竞价时段（$t+0$ Opn）和连续交易时段（$t+0$ Cls），股票价格为操纵组随着操纵日的集合竞价时段逐渐减小。操纵后第 5 个交易日（$t+5$），操纵组股票累计收益下降至 121 个基点，而对照组股票累计收益上升至 363 个基点，使二者之差达到 –242 个基点，这表明在开盘价操纵后，错误定价已逐渐得到纠正。

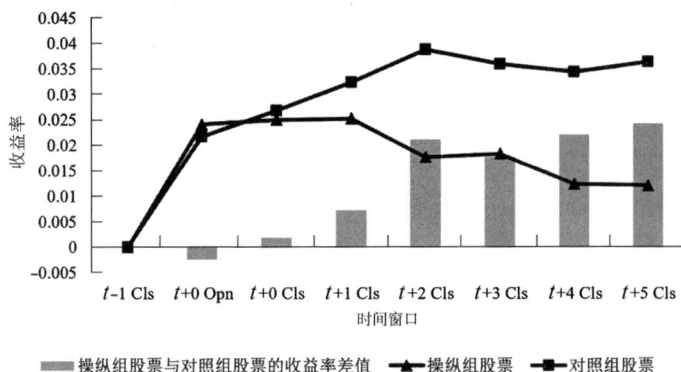

图 7–1 操纵组股票与对照组股票短期股价收益率表现

表 7–2 中的均值差检验结果显示，股票在操纵当天的盘中收益（*Intra_ret*[0]）低于对照组，但是直接证据的差异在统计上不明显。此外，被操纵股票（*CAR*[1，5]）的 5 天累计超额收益明显降低，而价格反转的概率显著升高。为了对这些结果进行更正式的检验，我们使用模型（7–9）和模型（7–10）来估计开盘价操纵对操纵日盘中收益和操纵后累计异常收益的影响，采用模型（7–11）用于估计对股价反转概率的影响。

$$Intra\_ret[0]_{i,t}=\beta_0+\beta_1\times Dum\_manip_{i,t}+\beta_2\times Controls_{i,t}+\varepsilon_{i,t} \qquad (7-9)$$

$$CAR[1，5]_{i,t}=\beta_0+\beta_1\times Dum\_manip_{i,t}+\beta_2\times Controls_{i,t}+\varepsilon_{i,t} \qquad (7-10)$$

$$Reverse_{i,t}=\Phi\beta_0+\beta_1\times Dum\_manip_{i,t}+\beta_2\times Controls_{i,t}+\varepsilon_{i,t} \qquad (7-11)$$

其中，被解释变量 *Intra_ret*[0]$_{i,t}$ 为日内涨跌幅。*CAR*[1，5]$_{i,t}$ 为股价累计超额收益率。*Reverse*$_{i,t}$ 是一个虚拟变量，表示操纵后第五天的股价是否低于操纵日的开盘价。如果股票被操纵，关键解释变量 *Dum_manip*$_{i,t}$ 的取值为 1，否则取值为 0。*Controls*$_{i,t}$ 包括可能影响股票收益的各种控制变量。根据先前的研究（Chakraborty and Yilmaz，2004；Khwaja and Mian，2005；Jiang et al.，2005；Comerton–Forde and Putniņš，2011；Lee et al.，2013；Huang and Cheng，2015；Neupane et al.，2017；Gu et al.，2019），我们控制了价格（*Price*）、滞后的换手率（*Lagturnover*）、股价波动率（*Intravol*）、过去的股票回报波动率（*Lagvol*）、公司规模（*Size*）、机构持股比例（*Inst*）、分析师跟踪人数（*Follow*）、账面市值比（*MTB*）、资产回报率（*ROA*）和托宾 Q（*Tolin's Q*）。$\varepsilon_{i,t}$ 为误差项。

表 7-2 均值差检验

样本	变量名称	均值（M Group）	均值（C Group）	差值（M-C）	标准误	T 值	P 值
		Panel A: 股价表现的均值差检验					
直接证据	Intra_ret[0]	−0.001	0.002	−0.003	0.003	−0.65	0.513
	CAR[1，5]	−0.015	0.009	−0.024	0.006	−3.850	0.000***
	Reverse	0.558	0.394	0.164	0.053	3.123	0.002***
间接证据	Intra_ret[0]	−0.007	0.002	−0.009	0.000	−42.773	0.000***
	CAR[1，5]	−0.010	0.004	−0.014	0.000	−15.178	0.000***
	Reverse	0.561	0.473	0.088	0.004	24.264	0.000***
		Panel B: 交易活动的均值差检验					
直接证据	AT[0]	2.419	−0.032	2.451	0.089	27.365	0.000***
	CAT[1，5]	7.345	−0.036	7.381	0.391	18.894	0.000***
	Amihud[0]	34.903	38.512	−3.609	7.768	−0.465	0.642
	Amihud[1，5]	12.609	21.027	−8.418	4.828	−1.744	0.081*
间接证据	AT[0]	1.344	0.023	1.321	0.030	43.616	0.000***
	CAT[1，5]	3.265	0.048	3.217	0.066	48.506	0.000***
	Amihud[0]	0.013	0.027	−0.014	0.003	−4.708	0.000***
	Amihud[1，5]	0.003	0.004	−0.001	0.000	−1.690	0.091*
		Panel C: 波动率的均值差检验					
直接证据	Idivol[1，5]	0.028	0.017	0.011	0.001	9.211	0.000***
间接证据	Idivol[1，5]	0.032	0.027	0.005	0.000	38.073	0.000***

注：*、** 和 *** 分别表示 10%、5% 和 1% 的显著性水平。

模型（7-9）、模型（7-10）和模型（7-11）的估计结果如表 7-3 所示。其中，第（1）至第（3）列报告了基于直接实证证据的估计结果，第（4）至第（6）列报告了基于间接实证证据的估计结果。

表 7-3 开盘价操纵与股价表现

变量名称	直接实证证据			间接实证证据		
	（1）	（2）	（3）	（4）	（5）	（6）
	Intra_ret[0]	CAR[1，5]	Reverse	Intra_ret[0]	CAR[1，5]	Reverse
Dum_manip	0.005	−0.021***	0.403***	−0.061***	−0.010***	1.001***
	（0.006）	（0.006）	（0.106）	（0.001）	（0.002）	（0.140）
Price	−0.001*	−0.004***	0.176***	−0.003***	−0.003***	0.078***
	（0.000）	（0.001）	（0.011）	（0.000）	（0.000）	（0.010）

续表

变量名称	直接实证证据			间接实证证据		
	（1）	（2）	（3）	（4）	（5）	（6）
	Intra_ret[0]	CAR[1, 5]	Reverse	Intra_ret[0]	CAR[1, 5]	Reverse
Lagturnover	0.192***	−0.148***	−0.022	0.152***	−0.121***	2.256***
	（0.008）	（0.014）	（0.177）	（0.002）	（0.003）	（0.184）
Intravol	−0.001***	0.000***	0.001***	0.000***	−0.000***	0.004***
	（0.000）	（0.000）	（0.000）	（0.000）	（0.000）	（0.001）
Lagvol	−0.023***	0.205***	0.809***	0.022***	0.034***	−12.300***
	（0.009）	（0.039）	（0.311）	（0.004）	（0.008）	（0.543）
Size	−0.004***	0.005***	0.005	0.000***	−0.000***	0.041***
	（0.000）	（0.000）	（0.009）	（0.000）	（0.000）	（0.008）
Inst	−0.000	0.000***	−0.004***	0.000***	0.000**	0.002**
	（0.000）	（0.000）	（0.001）	（0.000）	（0.000）	（0.001）
Follow	−0.000	0.000	−0.000	0.000***	−0.000***	−0.000
	（0.000）	（0.000）	（0.000）	（0.000）	（0.000）	（0.000）
MTB	0.006***	−0.026***	0.164***	−0.006***	−0.019***	0.069
	（0.001）	（0.002）	（0.049）	（0.000）	（0.001）	（0.050）
ROA	0.004	0.015**	−0.380***	0.009***	0.026***	−0.658***
	（0.003）	（0.006）	（0.123）	（0.001）	（0.001）	（0.093）
Tobin's Q	0.001***	−0.002***	0.013**	−0.000***	−0.000**	0.013
	（0.000）	（0.000）	（0.006）	（0.000）	（0.000）	（0.009）
Constant	−0.008*	0.072***	−2.328***	0.001	0.026***	−1.506***
	（0.005）	（0.008）	（0.184）	（0.001）	（0.002）	（0.186）
Observations	23330	23330	23330	1172987	1172987	1172987
R^2	1.186	0.044		0.057	0.014	
Pseudo R^2			0.068			0.039
Year FE	YES	YES	YES	YES	YES	YES
Industry FE	YES	YES	YES	YES	YES	YES

注：括号内为标准误，*、**、*** 分别代表在10%、5%、1%的程度上显著。

表7-3第（1）列和第（4）列报告了模型（7-9）的OLS估计结果，直接实证证据中，两组股票的日内涨跌幅差异并不显著。而在间接实证证据中，操纵股票的日内涨跌幅低于对照组股票610个基点。

表7-3第（2）列和第（5）列报告了模型（7-10）的OLS估计结果，直接实证证据和间接实证证据中的估计结果表明，操纵组股票的累计超额收益率分别比对照组股票低210个基点和100个基点。这一结果不仅具有统计学意义，还具有重要的经济学含义，即在操纵者离开市场后，与对照组股票相比操纵组股票的股价表现更弱。

表 7-3 第（3）列和第（6）列报告了模型（7-11）的估计结果，结果表明被操纵股票价格跌破当日开盘价的可能性更高。直接实证证据和间接实证证据中的估计结果表明，被操纵股票在操纵后价格低于操纵日开盘价的概率比对照组股票分别高 12.83% 和 16.92%，这些结果证实操纵扭曲了开盘价，导致其偏离股票的基本价值。扭曲的价格将在操纵结束后逐渐纠正，这与早期研究（Aggarwal and Wu, 2006; Huang and Cheng, 2015; Khwaja and Mian, 2005; Neupane et al., 2017）的发现基本一致。

此外，我们根据直接实证证据估计了投资者因操纵导致的损失。表 7-4 的第（1）列和第（4）列分别显示了投资者在操纵日开盘前集合竞价期间的平均购买价格（Opnprc）、操纵日全天的成交量加权平均买入价（VWAP）和相应的持仓价值。然后，我们将假设的平均购买价格与操纵后第三天和第五天的收盘价进行比较（Clsprc）以估计投资者遭受的损失。我们同时汇报了投资者损失估计值的金额和百分比。第（2）列和第（3）列报告投资者的损失（Investors' loss 1），即以操纵日开盘价作为假设平均买入价计算投资者损失，第（5）列和第（6）列报告投资者损失（Investors' loss 2），即以操纵日成交量加权平均价作为假设平均买入价计算的投资者损失。

表 7-4　开盘价操纵与投资者损失

项目	（1）	（2）	（3）	（4）	（5）	（6）
	开盘价（开市前集合竞价）			成交量加权平均价（全天）		
时间窗口	$T+0$	$T+3$	$T+5$	$T+0$	$T+3$	$T+5$
交易价格 /（元·股$^{-1}$）	21.78	21.11	20.88	21.81	21.11	20.88
持仓价值 / 万元	792	768	759	9388	9087	8988
投资者损失金额 / 万元	—	24	33	—	301	400
投资者损失比例	—	3.03%	4.17%	—	3.21%	4.26%

结果表明，在操纵日开盘前集合竞价买入被操纵股票的投资者，平均买入价为 21.78 元 / 股，操纵后第三天的平均收盘价为 21.11 元 / 股。平均投资者损失为 308 个基点。在这种情况下，投资者的头寸价值从 792 万元下降到 768 万元，每个投资者平均损失 24 万元（Investors' loss 1）。操纵后第五天，平均收盘价为 20.88 元 / 股，平均亏损率为 413 个基点。平均而言，这些投资者在操纵案件中损失 33 万元，头寸价值从 792 万元下降到 759 万元。相比之下，Comerton-Forde 和 Putniņš（2011）发现，以收盘价购买受收盘价操纵的股票的投资者在下一个交易日损失 185 个基点。

投资者在操纵日以成交量加权平均价买入被操纵股票，平均成交价为21.81 元 / 股，操纵后第三日平均收盘价为 21.11 元 / 股。投资者平均损失 321个基点，折合人民币 301 万元（*Investors' loss 2*），并且投资者持仓价值由9388 万元下降至 9087 万元。操纵后第五个交易日，平均收盘价为 20.88 元 / 股，投资者平均损失 426 个基点，折合人民币 400 万元，持仓价值由 9388 万元跌至 8988 万元。这些结果表明，以开盘价购买被操纵股票的投资者和以成交量加权平均价购买被操纵股票的投资者都遭受了投资损失。

四、交易活跃性

操纵者提交大量订单以影响开盘价，这将会诱导投机者和套利者进行交易（Allen and Gale，1992；Aggarwal and Wu，2006）。例如，由于操纵者造成的开盘价远高于前一个交易日的收盘价，这可能会引起动量交易者的买入。同时，精明的投资者和套利者将会择机逢高卖出，他们抓住机会通过抵消操纵者的影响来赚取利润（Comerton-Forde and Putniņš，2011）。值得指出的是，操纵者营造出被操纵股票在市场受到热捧的假象，将会吸引大量的不知情投资者踊跃入市抢购（Khwaja and Mian，2005；Aggarwal and Wu，2006；Huang and Cheng，2015）。因此，我们推测由于操纵者的交易行为以及市场上其他投资者的反应，在操纵期间和之后的短期内，市场交易活跃度将会增加。

我们采用四个指标衡量股票的交易活跃性，用以考察开盘价操纵后操纵组股票与对照组股票的交易活跃性差异。

一是超额换手率（*AT*）。超额换手率（*AT*）的计算方法为操纵当日换手率与操纵前 200 个交易日的平均换手率的比值减去 1，其计算方法如下：

$$AT_{i,t} = \frac{Turnover_{i,t}}{Turnover_{i,t}^{*}} - 1 \tag{7-12}$$

其中，$Turnover_{i,t}$ 为股票 i 在 t 交易日的换手率；$Turnover_{i,t}^{*}$ 为股票 i 在 t 交易日前 200 个交易日的平均换手率。操纵组股票相较于对照组股票超额换手率（*AT*）越大，表明操纵组股票操纵当日交易活跃性越高。

二是累计超额换手率（*CAT*）。累计超额换手率（*CAT*）为 5 个交易日超额换手率（*AT*）的加总，其计算方法如下：

$$CAT_{i,t} = \sum_{m=1}^{5} AT_{i,t+m} \tag{7-13}$$

操纵组股票相较于对照组股票累计超额换手率（*CAT*）取值越大，表明操纵组股票在操纵后交易越活跃，交易活跃性越高。

三是当日 Amihud 非流动性指标（$Amihud$）。参考 Amihud（2002）的研究，我们使用操纵当日的价差的绝对值与成交额的比值，即 Amihud 非流动性指标（$Amihud$）衡量市场的非流动性。操纵组股票相较于对照组股票当日 Amihud 非流动性指标（$Amihud$）取值越大，表明操纵组股票在操纵当日交易越不活跃，交易活跃性越低，反之则交易活跃性越高，其计算方法如下：

$$Amihud_{i,t} = \frac{|Price\_change_{i,t}|}{Dnvaltrd_{i,t}} \quad\quad (7\text{--}14)$$

其中，$|Price\_change_{i,t}|$ 为股票 i 在 t 交易日的价差（即操纵当日收盘价与前一日收盘价之差）的绝对值；$Dnvaltrd_{i,t}$ 为股票 i 在 t 交易日的成交额。

四是 5 日 Amihud 非流动性指标（$Amihud\,5$），其计算方法为操纵后 5 个交易日的价差的绝对值与操纵后 5 个交易日成交额的比值。操纵组股票相较于对照组股票 5 日 Amihud 非流动性指标（$Amihud\,5$）取值越大，表明操纵组股票在操纵后交易越不活跃，交易活跃性越低，反之则交易活跃性越高，其计算方法如下：

$$Amihud\,5_{i,t} = \frac{|Price\_change\,5_{i,t}|}{Dnvaltrd\,5_{i,t}} \quad\quad (7\text{--}15)$$

其中，$|Price\_change\,5_{i,t}|$ 为股票 i 在 t 交易日后的 5 日价差（即操纵后 5 个交易日收盘价与操纵当日收盘价之差）的绝对值；$Dnvaltrd\,5_{i,t}$ 为股票 i 在 t 交易日后 5 个交易日的成交额。

在本节中，我们同时采用超额换手率（AT）和当日 Amihud 非流动性指标（$Amihud$）表征股票操纵当日流动性，采用累计超额换手率（CAT）和 5 日 Amihud 非流动性指标（$Amihud\,5$）表征股票操纵后 5 个交易日的流动性。为了考察开盘价操纵对操纵当日和操纵后短期流动性的影响，我们采用模型（7--16）和模型（7--17）考察操纵组股票与对照组股票操纵当日流动性的差异，采用模型（7--18）和模型（7--19）考察操纵组股票与对照组股票操纵后 5 个交易日流动性的差异。我们预测，无论是操纵当天还是在操纵之后，被操纵股票的交易活跃度均高于对照组股票，这与表 7-2 中的均值差检验结果一致。

$$AT\,[0]_{i,t} = \beta_0 + \beta_1 \times Dum\_manip_{i,t} + \beta_2 \times Controls_{i,t} + \varepsilon_{i,t} \quad\quad (7\text{--}16)$$

$$Amihud\,[0]_{i,t} = \beta_0 + \beta_1 \times Dum\_manip_{i,t} + \beta_2 \times Controls_{i,t} + \varepsilon_{i,t} \quad\quad (7\text{--}17)$$

$$CAT\,[1,\ 5]_{i,t} = \beta_0 + \beta_1 \times Dum\_manip_{i,t} + \beta_2 \times Controls_{i,t} + \varepsilon_{i,t} \quad\quad (7\text{--}18)$$

$$Amihud[1,5]_{i,t}=\beta_0+\beta_1\times Dum\_manip_{i,t}+\beta_2\times Controls_{i,t}+\varepsilon_{i,t} \quad\quad (7-19)$$

其中，被解释变量 $AT[0]_{i,t}$ 和 $Amihud[0]_{i,t}$ 分别为操纵当天的超额换手率和 Amihud 非流动性指标。$CAT[1,5]_{i,t}$ 和 $Amihud[1,5]_{i,t}$ 分别为 5 日累计超额换手率和 5 日 Amihud 非流动性比例。如果股票被操纵，关键解释变量 $Dum\_manip_{i,t}$ 的取值为 1，否则取值为 0。$Controls_{i,t}$ 包括可能影响交易活动的各种控制变量。根据先前的研究（Chakraborty and Yilmaz，2004；Khwaja and Mian，2005；Jiang et al.，2005；Comerton-Forde and Putniņš，2011；Lee et al.，2013；Huang and Cheng，2015；Neupane et al.，2017；Gu et al.，2019），我们控制了价格（*Price*）、滞后的换手率（*Lagturnover*）、股价波动率（*Intravol*）、滞后的股票回报波动率（*Lagvol*）、绝对股票收益（*Absret*）、公司规模（*Size*）、机构持股比例（*Inst*）、关注的分析师数量（*Follow*）、账面市值比（*MTB*）、资产回报率（*ROA*）和托宾 Q（*Tobin's Q*）。$\varepsilon_{i,t}$ 为误差项。

表 7-5 的第（1）至第（4）列报告了基于直接实证证据的经验结果，第（5）至第（8）列报告了基于间接实证证据的经验结果。第（2）列和第（6）列表明，被操纵股票的 Amihud 非流动性指标（*Amihud*）显著更低，这与我们的推测基本一致，即在操纵日，被操纵股票的交易活跃性高于对照组股票。同样，第（3）列和第（4）列以及第（7）列和第（8）列显示，在操纵后的 5 个交易日内，受操纵股票的交易活跃性显著增加。与对照组股票相比，被操纵股票有较高的累计超额换手率（*CAT*[1,5]）和较低的 Amihud 非流动性指标（*Amihud*[1,5]）。这些结果表明，操纵者会吸引其他投资者参与市场交易，这与 Aggarwal 和 Wu（2006）的研究结果一致。作为比较，我们的估计结果第（1）列表明，在操纵当日，操纵股票的超额换手率比非操纵股票高 141.6%；而 Huang 和 Cheng（2015）发现被操纵股票的换手率平均比非操纵股票高 5.87%。总体而言，我们的研究结果证实了我们的推测，即操纵在操纵期间和操纵之后都会增加交易活动。

表7-5 开盘价操纵与交易活跃性

变量名称	直接实证证据				间接实证证据			
	(1) AT[0]	(2) Amihud[0]	(3) CAT[1, 5]	(4) Amihud[1, 5]	(5) AT[0]	(6) Amihud[0]	(7) CAT[1, 5]	(8) Amihud[1, 5]
Dum_manip	1.416*** (0.215)	-10.734* (6.007)	3.545*** (1.011)	-12.112*** (1.141)	0.268*** (0.056)	-0.414*** (0.059)	0.790*** (0.128)	-0.670*** (0.125)
Price	-0.248*** (0.047)	0.006*** (0.001)	-0.237* (0.137)	0.002*** (0.000)	-0.318*** (0.015)	0.022*** (0.002)	-0.170*** (0.025)	0.005*** (0.000)
Lagturnover	28.874*** (8.894)	-0.569*** (0.121)	3.933 (4.841)	-0.101*** (0.037)	31.485*** (1.637)	-1.370*** (0.059)	17.606*** (0.783)	-0.317*** (0.019)
Intravol	-0.001 (0.002)	-0.001*** (0.000)	-0.026*** (0.004)	-0.000* (0.000)	0.004** (0.002)	-0.001*** (0.000)	-0.013*** (0.001)	-0.000*** (0.000)
Lagvol	-10.574** (5.187)	1.752*** (0.574)	29.087** (11.398)	0.268* (0.138)	-2.984*** (0.585)	1.152*** (0.207)	3.770*** (0.810)	0.286*** (0.055)
Absret	4.951*** (1.644)	0.888*** (0.161)	55.936*** (9.200)	0.118** (0.051)	2.189*** (0.474)	2.216*** (0.085)	49.065*** (1.226)	0.401*** (0.027)
Size	0.162*** (0.037)	-0.005*** (0.001)	0.063 (0.039)	-0.002*** (0.000)	0.159*** (0.009)	-0.015*** (0.001)	0.070*** (0.011)	-0.004*** (0.000)
Inst	0.011*** (0.004)	-0.000*** (0.000)	-0.014*** (0.005)	-0.000*** (0.000)	0.013*** (0.001)	-0.001*** (0.000)	0.001 (0.001)	-0.000*** (0.000)

续表

变量名称	直接实证证据				间接实证证据			
	(1)	(2)	(3)	(4)	(5)	(6)	(7)	(8)
	AT[0]	Amihud[0]	CAT[1, 5]	Amihud[1, 5]	AT[0]	Amihud[0]	CAT[1, 5]	Amihud[1, 5]
Follow	0.001**	-0.000***	-0.004*	-0.000**	0.001***	-0.000***	-0.003***	-0.000***
	(0.000)	(0.000)	(0.002)	(0.000)	(0.000)	(0.000)	(0.000)	(0.000)
MTB	-0.255***	0.012***	-0.796***	0.004***	-0.190***	-0.021***	-0.920***	-0.007***
	(0.094)	(0.003)	(0.194)	(0.001)	(0.026)	(0.005)	(0.053)	(0.001)
ROA	0.037	0.084***	0.808	0.016***	0.684***	0.109***	1.080***	0.027***
	(0.399)	(0.020)	(0.730)	(0.006)	(0.062)	(0.016)	(0.106)	(0.003)
Tobin's Q	0.017***	-0.001**	-0.055**	-0.000	0.020***	-0.002*	-0.038***	-0.001***
	(0.004)	(0.001)	(0.027)	(0.000)	(0.002)	(0.001)	(0.007)	(0.000)
Constant	-4.170***	0.071***	-0.536	0.030***	-4.521***	0.290***	-3.411***	0.085***
	(1.046)	(0.020)	(0.856)	(0.005)	(0.240)	(0.018)	(0.236)	(0.004)
Observations	23330	23330	23330	23330	1172987	1172987	1172987	1172987
R^2	0.021	0.063	0.045	0.025	0.060	0.042	0.044	0.023
Year FE	YES	YES	YES	YES	YES	YES	YES	YES
Industry FE	YES	YES	YES	YES	YES	YES	YES	YES

注：括号内为标准误，*、**、***分别代表在10%、5%、1%的程度上显著。

五、小额投资者流入与股价波动性

文献指出，操纵者的操纵行为能够吸引市场中其他投资者参与，导致被操纵的股票价格波动更大（Allen and Gale，1992；Aggarwal and Wu，2006）。小额投资者通常被认为是噪声交易者，他们通常无法获得基本面信息或者缺乏分析基本面信息的能力，因此会努力通过价格和交易量的轨迹推断信息来确定是否存在知情方购买股票（Allen and Gorton，1992；Hauser et al.，2022），因此，小额投资者更有可能被操纵者骗局所营造的假象欺骗。模型预测，噪声交易导致的异质性波动超出了现金流变化所产生的波动（Banerjee and Green，2015；Brandt et al.，2010；Foucault et al.，2011；Choi and Choi，2018）。由此我们推测开盘价操纵将会吸引小额投资者的涌入，提高股价波动性。

我们采用特质波动率（$Idivol$）指标衡量股价的波动性。我们使用市场模型中残差项 $\varepsilon_{i,t}$ 滚动 5 个交易日的标准差，即特质波动率（$Idivol$）用以考察开盘价操纵后操纵组股票与对照组股票股价波动的差异。残差项 $\varepsilon_{i,t}$ 的计算方法如下：

$$\varepsilon_{i,t}=Dretwd_{i,t}-(\beta_0+\beta_1\times Mktret_t) \tag{7-20}$$

其中，$Dretwd_{i,t}$ 为股票 i 在 t 交易日考虑红利再投资的个股收益率；$Mktret_t$ 为市场收益率，包括上证综指收益率和深证成指收益率。特质波动率（$Idivol$）指标越大，表明股价波动越高。

为了衡量小额投资者的流动，我们参考了锐思数据库（RESSET）对股票资金流向的判断标准，构建了小额资金净流入比例（CNI_retail）。其计算方法为操纵当日单笔交易金额不超过 100 万元的交易买入金额与卖出金额的差除以二者的和，具体如下：

$$CNI\_retail_{i,t}=\frac{CNI\_inflow_{i,t}-CNI\_outflow_{i,t}}{CNI\_inflow_{i,t}+CNI\_outflow_{i,t}} \tag{7-21}$$

其中，$CNI\_inflow_{i,t}$ 和 $CNI\_outflow_{i,t}$ 分别为股票 i 在 t 交易日单笔交易金额不超过 100 万元的交易买入金额与卖出金额。操纵组股票相较于对照组股票小额资金净流入比例（CNI_retail）取值越大，表明小额资金的流入越大。

表 7-2 中的均值差检验表明，相较于对照组股票，被操纵股票的波动率显著更高。更正式地，我们采用如下模型检验了操纵对股价特质波动性的影响：

$$Idivol[1,5]_{i,t}=\beta_0+\beta_1\times Dum\_manip_{i,t}+\beta_2\times Controls_{i,t}+\varepsilon_{i,t} \qquad （7-22）$$

其中，被解释变量 $Idivol[1,5]_{i,t}$ 为操纵后的 5 个交易日的特质波动率。如果股票被操纵，关键解释量 $Dum\_manip_{i,t}$ 取值为 1，否则取值为 0。$Controls_{i,t}$ 包括可能影响股价波动的各种控制变量。根据先前的研究（Chakraborty and Yilmaz，2004；Khwaja and Mian，2005；Jiang et al.，2005；Comerton-Forde and Putniņš，2011；Lee et al.，2013；Huang and Cheng，2015；Neupane et al.，2017；Gu et al.，2019），我们控制了价格（ $Price$ ）、滞后的换手率（ $Lagturnover$ ）、股价波动率（ $Intravol$ ）、滞后的股票回报波动率（ $Lagvol$ ）、绝对股票收益（ $Absret$ ）、滞后的非流动性指数（ $LagAmihud$ 5 ）、公司规模（ $Size$ ）、机构持股比例（ $Inst$ ）、追踪的分析师数量（ $Follow$ ）、账面市值比（ MTB ）、资产回报率（ ROA ）和托宾 Q（ $Tobin's\ Q$ ）。$\varepsilon_{i,t}$ 为误差项。

表 7-6 第（1）列和第（5）列给出了模型（7-22）的估计结果。估计结果表明，与对照组股票相比，直接实证证据和间接实证证据中，被操纵股票的特质波动率显著高 2.2% 和 0.8%，这与 Huang 和 Cheng（2015）、Aggarwal 和 Wu（2006）及 Hillion 和 Suominen（2004）的发现基本一致。而相比之下，Huang 和 Cheng（2015）发现操纵股票的股价波动率平均比非操纵股票高 3.05%。

此外，研究表明噪声交易者会增加价格波动（Foucault et al.，2011；Banerjee and Green，2015）。个人投资者在中国股市中占比较大，其交易行为更容易受到与基本面无关的信息的影响。与 Brandt 等（2010）、Foucault 等（2011）及 Choi 和 Choi（2018）的研究一致，我们预计个人投资者充当噪声交易者，这种噪声交易将增加价格波动。为检验开盘价操纵通过吸引小额投资者间接增加股价波动的推断，我们采用如下模型来估计小额投资者交易净流入率的中介效应。

$$CNI\_retail[1,5]_{i,t}=\beta_0+\beta_1\times Dum\_manip_{i,t}+\beta_2\times Controls_{i,t}+\varepsilon_{i,t} \qquad （7-23）$$

$$Idivol[1,5]_{i,t}=\beta_0+\beta_1\times CNI\_retail[1,5]_{i,t}+\beta_2\times Controls_{i,t}+\varepsilon_{i,t} \qquad （7-24）$$

$$Idivol[1,5]_{i,t}=\beta_0+\beta_1\times Dum\_manip_{i,t}+\beta_2\times CNI\_retail[1,5]_{i,t}+\beta_3\times Control_{i,t}+\varepsilon_{i,t} \quad （7-25）$$

其中，被解释变量 $CNI\_retail[1,5]_{i,t}$ 为小额资金净流入比例。$Idivol[1,5]_{i,t}$ 为操纵后的 5 天特质波动率。如果股票被操纵，关键的自变量 $Dum\_manip_{i,t}$ 的取值为 1，否则取值为 0。$Controls_{i,t}$ 包括可能影响股价波动和散户投资者流入的各种控制变量。根据先前的研究（Chakraborty and Yilmaz，2004；Khwaja and Mian，2005；Jiang et al.，2005；Comerton-Forde and Putniṇš，2011；Lee et al.，2013；Huang and Cheng，2015；Neupane et al.，2017；Gu et al.，2019），我们控制了价格（*Price*）、滞后的换手率（*Lagturnover*）、股价波动率（*Intravol*）、滞后的股票回报波动率（*Lagvol*）、绝对股票收益（*Absret*）、滞后的非流动性指数（*LagAmihud5*）、公司规模（*Size*）、机构持股比例（*Inst*）、跟踪的分析师数量（*Follow*）、账面市值比（*MTB*）、资产回报率（*ROA*）和托宾 Q（*Tobin's Q*）。$\varepsilon_{i,t}$ 为误差项。

表 7-6 第（2）和第（6）列的结果显示，在直接实证证据和间接实证证据中，操纵后操纵组股票的小额投资者交易净流入率分别显著高于对照组股票 6.4% 和 1.0%。第（3）列和第（7）列的结果表明散户的参与增加了波动性，平均而言，小额投资者交易净流入率每增加 1%，股价波动性分别增加 3.1% 和 7.8%。第（4）列和第（8）列的结果表明，在考虑开盘价操纵和小额投资者交易的净流入率后，操纵组股票的股价波动率高出 1.7% 和 0.9%。综上所述，开盘价操纵吸引了大量小额投资者涌入市场，从而增加了股价的特质波动性。

表7-6　开盘价操纵与股价波动性

变量名称	直接实证证据					间接实证证据		
	(1)	(2)	(3)	(4)	(5)	(6)	(7)	(8)
	Idivol[1,5]	CNI_retail[1,5]	Idivol[1,5]	Idivol[1,5]	Idivol[1,5]	CNI_retail[1,5]	Idivol[1,5]	Idivol[1,5]
Dum_manip	0.022*** (0.001)	0.064*** (0.020)		0.017*** (0.001)	0.008*** (0.002)	0.010*** (0.004)		0.009*** (0.002)
CNI_retail[1,5]			0.031** (0.016)	0.031** (0.016)			0.078*** (0.019)	0.078*** (0.019)
Price	0.013 (0.015)	-0.014*** (0.001)	0.012 (0.016)	0.013 (0.018)	0.023*** (0.004)	-0.006*** (0.000)	0.031*** (0.005)	0.031*** (0.005)
Lagturnover	0.344 (0.831)	0.242*** (0.022)	0.540 (0.880)	0.382 (0.923)	0.264*** (0.088)	0.198*** (0.007)	0.189* (0.104)	0.189* (0.104)
Intravol	0.003*** (0.000)	-0.000 (0.000)	0.003*** (0.000)	0.003*** (0.000)	-0.000 (0.000)	-0.001*** (0.000)	0.000 (0.000)	0.000 (0.000)
Lagvol	-1.866*** (0.968)	-0.371*** (0.043)	-1.933* (1.033)	-2.022* (1.075)	-0.554*** (0.107)	0.047*** (0.011)	-0.628*** (0.133)	-0.628*** (0.133)
Absret	2.080*** (0.427)	1.657*** (0.044)	2.250*** (0.423)	2.244*** (0.420)	1.373*** (0.083)	2.163*** (0.015)	1.045*** (0.073)	1.045*** (0.073)
LagAmihud 5	0.028 (0.026)	0.011** (0.004)	0.027 (0.026)	0.027 (0.026)	0.044** (0.018)	0.007*** (0.002)	0.042** (0.017)	0.042** (0.017)

续表

变量名称	直接实证证据					间接实证证据		
	(1)	(2)	(3)	(4)	(5)	(6)	(7)	(8)
	Idivol[1,5]	CNI_retail[1,5]	Idivol[1,5]	Idivol[1,5]	Idivol[1,5]	CNI_retail[1,5]	Idivol[1,5]	Idivol[1,5]
Size	0.004	0.007***	0.006	0.005	0.003***	0.006***	0.003***	0.003***
	(0.006)	(0.001)	(0.007)	(0.007)	(0.001)	(0.000)	(0.001)	(0.001)
Inst	0.000	0.000	0.000	0.000	-0.000***	-0.000***	-0.000**	-0.000**
	(0.001)	(0.000)	(0.001)	(0.001)	(0.000)	(0.000)	(0.000)	(0.000)
Follow	-0.000***	0.000*	-0.000**	-0.000**	-0.000***	0.000	-0.000***	-0.000***
	(0.000)	(0.000)	(0.000)	(0.000)	(0.000)	(0.000)	(0.000)	(0.000)
MTB	0.063	-0.012**	0.066	0.065	0.025**	-0.020***	0.037***	0.037***
	(0.039)	(0.006)	(0.042)	(0.042)	(0.010)	(0.002)	(0.012)	(0.012)
ROA	0.011	-0.006	0.019	0.018	-0.043***	-0.018***	-0.037***	-0.037***
	(0.060)	(0.015)	(0.064)	(0.064)	(0.009)	(0.004)	(0.011)	(0.011)
Tobin's Q	0.018***	0.001	0.020***	0.019***	0.011***	0.002***	0.011***	0.011***
	(0.006)	(0.001)	(0.007)	(0.006)	(0.002)	(0.000)	(0.003)	(0.003)
Constant	-0.250*	-0.168***	-0.293*	-0.252*	-0.169***	-0.208***	-0.144***	-0.144***
	(0.137)	(0.022)	(0.156)	(0.140)	(0.027)	(0.006)	(0.030)	(0.030)
Observations	17468	17468	17468	17468	971081	971081	971081	971081
R^2	0.028	0.088	0.123	0.129	0.017	0.113	0.021	0.021
Year FE	YES	YES	YES	YES	YES	YES	YES	YES
Industry FE	YES	YES	YES	YES	YES	YES	YES	YES

注：括号内为标准误差，*、**、*** 分别代表在10%、5%、1%的程度上显著。

六、外部监督、内部治理和错误定价

较低的市场信息透明度是操纵的重要前提（Allen and Gale，1992；Glosten and Milgrom，1985）。只有当市场中存在信息不对称时，基于交易的操纵才是可行的（Aggarwal and Wu，2006），并且只有在投资者无法区分操纵者的交易是否基于股价真实信息时，基于交易的操纵才能得以实施（Allen and Gale，1992；Glosten and Milgrom，1985；Aggarwal and Wu，2006）。证券分析师和独立董事等外部或内部监督者积极参与挖掘公司信息和监督管理层的行为，这对减少信息不对称和提高信息透明度至关重要（Francis et al.，2013；Jiang et al.，2015；Liu et al.，2015；Charitou et al.，2019；Gu et al.，2019）。因此，我们认为更有效的外部监督和内部治理可以帮助减少由市场操纵引起的错误定价现象。

证券分析师和外部审计师等信息中介机构积极参与私人信息挖掘，有可能增加投资者对上市公司的了解程度，并对管理层进行监督，这有助于发现和约束市场操纵行为（Francis et al.，2013；Charitou et al.，2019；Gu et al.，2019）。因此，我们预计外部监管较强的股票因开盘价操纵而导致的错误定价程度较低。为了检验这一推断，我们使用两个指标来衡量外部监督：第一个是分析师关注度。分析师的盈利预测包含丰富的基本面信息，分析师的关注有助于减少上市公司的信息不对称，提高信息透明度（Charitou et al.，2019；Gu et al.，2019）。第二个指标为是否四大会计师事务所之一对一家公司进行审计。大型会计师事务所出具的审计结果更加可信，可以为加强外部监督提供保障（Francis et al.，2013）。例如，DeFond 等（2017）发现"大N效应"，即大型的会计师事务所的审计报告质量高于其他会计师事务所。根据分析师人数是否高于当年的行业中值，以及审计师是否为四大会计师事务所之一，可以将样本分为两个子样本。表 7-7 分别报告了基于直接实证证据和间接实证证据的模型（7-10）和模型（7-11）的估计结果。第（1）至第（4）列中的估计结果表明，在分析师关注度较低的子样本公司中，开盘价操纵对累计超额收益率的负面影响和对价格反转的正面影响比分析师关注度较高的子样本公司更为显著。此外，第（5）至第（8）列显示的结果表明，对于非四大会计师事务所审计的公司，开盘价操纵对累计超额收益率和价格反转的影响显著更强。这些结果表明，强有力的外部监控对于减轻操纵对定价准确性的影响至关重要。

表 7-7　外部监督与错误定价

变量名称	低分析师跟踪		高分析师跟踪		非四大会计师事务所审计		四大会计师事务所审计	
	（1）	（2）	（3）	（4）	（5）	（6）	（7）	（8）
	CAR[1,5]	Reverse	CAR[1,5]	Reverse	CAR[1,5]	Reverse	CAR[1,5]	Reverse
Panel A: 直接证据								
Dum_manip	−0.021***	0.592***	−0.022*	0.061	−0.023***	0.374**	−0.017	0.109
	（0.008）	（0.225）	（0.012）	（0.226）	（0.009）	（0.162）	（0.011）	（0.657）
Price	−0.004***	0.197***	−0.007***	0.237***	−0.006***	0.227***	−0.008***	0.297***
	（0.001）	（0.015）	（0.001）	（0.015）	（0.001）	（0.011）	（0.002）	（0.044）
Lagturnover	−0.168***	0.298	−0.120***	−0.662**	−0.147***	−0.037	−0.163**	−0.261
	（0.018）	（0.238）	（0.022）	（0.272）	（0.014）	（0.183）	（0.071）	（0.875）
Intravol	0.000***	0.003***	0.000***	0.001*	0.000***	0.002***	0.000***	−0.003**
	（0.000）	（0.000）	（0.000）	（0.000）	（0.000）	（0.000）	（0.000）	（0.001）
Lagvol	0.217***	2.680***	0.138***	0.286	0.176***	1.833***	0.260**	−4.461***
	（0.043）	（0.467）	（0.049）	（0.409）	（0.038）	（0.349）	（0.108）	（1.436）
Size	−0.001***	0.056***	−0.002***	0.066***	−0.002***	0.071***	−0.001	0.047*
	（0.001）	（0.012）	（0.000）	（0.010）	（0.000）	（0.009）	（0.001）	（0.025）
Inst	0.000***	−0.004***	0.000***	−0.004***	0.000***	−0.005***	0.000	−0.004*
	（0.000）	（0.001）	（0.000）	（0.001）	（0.000）	（0.001）	（0.000）	（0.002）
Follow	0.001***	0.005	−0.000**	0.001	0.000	−0.001	−0.000	0.000
	（0.000）	（0.003）	（0.000）	（0.000）	（0.000）	（0.000）	（0.000）	（0.001）
MTB	−0.013***	0.047	−0.018***	0.097	−0.014***	0.034	−0.012	0.560**
	（0.003）	（0.064）	（0.004）	（0.078）	（0.002）	（0.050）	（0.009）	（0.247）
ROA	0.020**	−0.269*	0.048***	−0.988***	0.036***	−0.629***	0.066**	−1.725***
	（0.008）	（0.157）	（0.011）	（0.214）	（0.007）	（0.126）	（0.027）	（0.651）
Tobin's Q	−0.001*	0.008	−0.001**	0.004	−0.001***	0.002	−0.005**	0.175***
	（0.000）	（0.007）	（0.001）	（0.011）	（0.000）	（0.006）	（0.002）	（0.057）
Constant	0.051***	−1.878***	0.065***	−1.967***	0.062***	−2.173***	0.022	−2.292**
	（0.013）	（0.286）	（0.012）	（0.258）	（0.009）	（0.203）	（0.031）	（1.088）
Observations	12375	12375	10955	10955	21356	21356	1974	1974
R²	0.030		0.042		0.032		0.066	
Pseudo R²		0.076		0.061		0.067		0.075
Year FE	YES	YES	YES	YES	YES	YES	YES	YES
Industry FE	YES	YES	YES	YES	YES	YES	YES	YES

续表

变量名称	低分析师跟踪		高分析师跟踪		非四大会计师事务所审计		四大会计师事务所审计	
	（1）	（2）	（3）	（4）	（5）	（6）	（7）	（8）
	CAR[1,5]	Reverse	CAR[1,5]	Reverse	CAR[1,5]	Reverse	CAR[1,5]	Reverse
Panel B: 间接实证证据								
Dum_manip	−0.010***	0.970***	−0.006***	0.618***	−0.012***	1.059***	−0.010**	0.338
	（0.002）	（0.049）	（0.002）	（0.024）	（0.002）	（0.147）	（0.005）	（0.532）
Price	−0.002***	0.194***	−0.005***	0.212***	−0.004***	0.077***	−0.005***	0.183***
	（0.000）	（0.003）	（0.000）	（0.003）	（0.000）	（0.010）	（0.000）	（0.047）
Lagturnover	−0.151***	0.251***	−0.086***	−0.662	−0.122***	2.330***	−0.138***	0.404
	（0.004）	（0.054）	（0.004）	（0.060）	（0.003）	（0.188）	（0.016）	（1.209）
Intravol	−0.000***	0.003***	0.000	0.002***	−0.000***	0.003***	0.000***	0.011**
	（0.000）	（0.000）	（0.000）	（0.000）	（0.000）	（0.001）	（0.000）	（0.004）
Lagvol	0.052***	−0.602***	0.015**	−0.286***	0.034***	−12.250***	0.012	−14.031***
	（0.013）	（0.175）	（0.007）	（0.105）	（0.008）	（0.560）	（0.015）	（2.478）
Size	0.000***	0.022***	−0.001***	0.021***	−0.000	0.041***	−0.001***	−0.002
	（0.000）	（0.003）	（0.000）	（0.002）	（0.000）	（0.009）	（0.000）	（0.026）
Inst	−0.000***	−0.001***	0.000**	−0.002***	0.000*	0.003***	0.000	0.001
	（0.000）	（0.000）	（0.000）	（0.000）	（0.000）	（0.001）	（0.000）	（0.002）
Follow	0.000***	−0.008***	−0.000**	−0.001***	−0.000***	−0.000	0.000	0.001
	（0.000）	（0.001）	（0.000）	（0.000）	（0.000）	（0.000）	（0.000）	（0.001）
MTB	−0.019***	0.240***	−0.021***	0.368***	−0.019***	0.067	−0.022***	0.218
	（0.001）	（0.014）	（0.001）	（0.017）	（0.001）	（0.052）	（0.002）	（0.220）
ROA	0.025***	−0.440***	0.012***	−0.529***	0.028***	−0.634***	0.010*	−0.019
	（0.002）	（0.027）	（0.002）	（0.044）	（0.001）	（0.095）	（0.006）	（0.876）
Tobin's Q	−0.000***	0.008***	0.000***	0.010***	−0.000*	0.015	−0.001	−0.044
	（0.000）	（0.002）	（0.000）	（0.003）	（0.000）	（0.009）	（0.001）	（0.038）
Constant	0.008***	−1.537***	0.044***	−1.621***	0.024***	−1.519***	0.099***	−0.868
	（0.003）	（0.062）	（0.003）	（0.054）	（0.002）	（0.207）	（0.019）	（0.688）
Observations	607177	607177	565810	565810	986999	986999	185988	185988
R²	0.021		0.021		0.015		0.012	
Pseudo R²		0.028		0.033		0.040		0.032
Year FE	YES	YES	YES	YES	YES	YES	YES	YES
Industry FE	YES	YES	YES	YES	YES	YES	YES	YES

注：括号内为标准误，*、**、*** 分别代表在 10%、5%、1% 的程度上显著。

类似地，公司治理薄弱的股票通常具有低流动性和信息不对称的特点，更容易受到操纵（Jiang et al., 2015; Liu et al., 2015）。先前的文献表明，由于投资者无法区分股价波动中隐含的信息，因此公司治理不佳的股票容易被操纵，操纵成本较低（Lee et al., 2013; Comerton-Forde and Putniņš, 2014; Huang and Cheng, 2015）。因此，我们推测，由于开盘价格操纵，内部治理较强的股票的错误定价程度较低。为了验证上述推断，我们使用两个指标来衡量内部治理，第一个指标是国有股比例。众所周知，由于严重的代理问题，国有企业在内部治理和信息透明度方面的效率低于私营企业（Liu et al., 2015）。一方面，国有企业的运营效率通常较低，因为政府所有使其免受市场竞争和市场纪律的影响（Chen et al., 2011）；另一方面，国有企业的高管通常由政府任命，因此他们在实现某些社会目标和财政目标时要遵守政府议程，而不是实现股东价值最大化（Jiang and Kim, 2020）。根据该公司是否为国有企业，我们将样本分为两个子样本。表 7-8 第（1）至第（4）列所示的模型（7-10）和模型（7-11）的估计结果表明，国有企业中操纵带来的不利影响明显强于非国有企业。然而，由于国有企业往往市值规模较大，批评者可能会认为，国有化程度与企业规模之间的正相关关系可能会使估计结果产生偏差。为了解决这一问题，我们进一步对公司市值规模（小、中、大）和国有化（低、高）进行了独立的双重排序。我们将样本分为六个子样本，即：①规模小、国有化程度低；②规模小、国有化程度高；③规模中等和国有化程度低；④规模中等和国有化程度高；⑤规模大、国有化程度低；⑥规模大、国有化程度高。我们在六个子样本中研究了操纵对定价准确性的影响，表 7-9 中的实证结果证实，操纵的影响在小—高、中—高和大—高的子样本中比小—低、中—低和大—低的子样本中更强。这些结果使我们得出结论，国有化较高的公司具有较大程度的与规模无关的错误定价。

内部治理的第二个指标是独立董事的存在。研究表明，独立董事在监督中国上市公司和提高信息透明度方面发挥着积极作用（Liu et al., 2015; Jiang et al., 2016）。因此，我们根据董事会中独立董事的比例是否高于行业中位数，将样本分为两个子样本。表 7-8 第（5）至第（8）列中的估计结果表明，与独立董事比例较高的公司相比，对于董事会中独立董事比例较低的公司而言，市场操纵对累计超额收益率具有更显著的负面影响，对股价反转具有更显著的影响。这些结果表明，内部治理强的股票的错误定价程度较低。

表 7-8　内部治理对错误定价的影响

变量名称	国有		非国有		低独立董事占比		高独立董事占比	
	（1）	（2）	（3）	（4）	（5）	（6）	（7）	（8）
	CAR[1,5]	Reverse	CAR[1,5]	Reverse	CAR[1,5]	Reverse	CAR[1,5]	Reverse
Panel A: 直接实证证据								
Dum_manip	−0.030***	0.337***	−0.020**	0.314	−0.026***	0.392***	−0.018	0.314
	（0.006）	（0.141）	（0.010）	（0.268）	（0.008）	（0.109）	（0.016）	（0.238）
Price	−0.005***	0.269***	−0.007***	0.208***	−0.006***	0.241***	−0.005***	0.182***
	（0.001）	（0.018）	（0.001）	（0.014）	（0.001）	（0.015）	（0.001）	（0.015）
Lagturnover	−0.168***	−0.366	−0.159***	0.351*	−0.167***	0.020	−0.123***	−0.128
	（0.024）	（0.341）	（0.017）	（0.212）	（0.017）	（0.238）	（0.022）	（0.268）
Intravol	0.000***	0.002***	0.000***	0.002***	0.000***	0.002***	0.000***	0.002***
	（0.000）	（0.000）	（0.000）	（0.000）	（0.000）	（0.000）	（0.000）	（0.000）
Lagvol	0.097**	2.718***	0.233***	0.910**	0.176***	2.021***	0.180***	1.022**
	（0.043）	（0.599）	（0.046）	（0.392）	（0.055）	（0.494）	（0.042）	（0.470）
Size	−0.000	0.047***	−0.002***	0.082**	−0.002***	0.066***	−0.001***	0.058***
	（0.000）	（0.011）	（0.001）	（0.012）	（0.001）	（0.011）	（0.000）	（0.011）
Inst	0.000***	−0.005***	0.000***	−0.005***	0.000***	−0.006***	0.000***	−0.004***
	（0.000）	（0.001）	（0.000）	（0.001）	（0.000）	（0.001）	（0.000）	（0.001）
Follow	−0.000	−0.000	0.000	−0.000	−0.000	−0.000	−0.000	−0.000
	（0.000）	（0.001）	（0.000）	（0.000）	（0.000）	（0.001）	（0.000）	（0.001）
MTB	−0.013***	0.172**	−0.011***	−0.078	−0.014***	0.089	−0.013***	0.006
	（0.003）	（0.074）	（0.003）	（0.069）	（0.003）	（0.070）	（0.003）	（0.068）
ROA	0.014	−0.522***	0.042***	−0.730***	0.039***	−0.732***	0.032***	−0.486***
	（0.010）	（0.196）	（0.008）	（0.161）	（0.009）	（0.174）	（0.009）	（0.173）
Tobin's Q	−0.000	−0.000	−0.001***	0.002	−0.001**	0.012	−0.001**	−0.001
	（0.001）	（0.011）	（0.000）	（0.007）	（0.001）	（0.009）	（0.000）	（0.008）
Constant	0.030***	−1.823***	0.067***	−2.206***	0.054***	−2.135***	0.046***	−1.725***
	（0.012）	（0.256）	（0.014）	（0.290）	（0.013）	（0.275）	（0.011）	（0.248）
Observations	10220	10220	13110	13110	12272	12272	11058	11058
R²	0.045		0.024		0.036		0.030	
Pseudo R²		0.069		0.067		0.067		0.065
Year FE	YES	YES	YES	YES	YES	YES	YES	YES
Industry FE	YES	YES	YES	YES	YES	YES	YES	YES

变量名称	国有		非国有		低独立董事占比		高独立董事占比	
	（1）	（2）	（3）	（4）	（5）	（6）	（7）	（8）
	CAR[1,5]	Reverse	CAR[1,5]	Reverse	CAR[1,5]	Reverse	CAR[1,5]	Reverse
Panel B: 间接实证证据								
Dum_manip	−0.017***	1.998***	−0.008***	0.952***	−0.014***	1.011***	−0.008***	0.683***
	（0.002）	（0.061）	（0.002）	（0.057）	（0.002）	（0.225）	（0.003）	（0.178）
Price	−0.006***	0.259***	−0.003***	0.188***	−0.003***	0.089***	−0.004***	0.067***
	（0.000）	（0.004）	（0.000）	（0.004）	（0.000）	（0.014）	（0.000）	（0.015）
Lagturnover	−0.140***	0.258***	−0.125***	0.043	−0.127***	2.331***	−0.117***	2.248***
	（0.005）	（0.085）	（0.004）	（0.064）	（0.004）	（0.277）	（0.005）	（0.250）
Intravol	−0.000***	0.000	−0.000***	0.000	−0.000***	0.005***	−0.000***	0.002**
	（0.000）	（0.000）	（0.000）	（0.000）	（0.000）	（0.001）	（0.000）	（0.001）
Lagvol	0.052***	−0.805***	0.030***	−0.066	0.021***	−12.159***	0.076***	−12.662***
	（0.010）	（0.190）	（0.008）	（0.055）	（0.007）	（0.743）	（0.017）	（0.794）
Size	0.000	0.013***	−0.000	0.018***	0.000	0.046***	−0.001***	0.034***
	（0.000）	（0.003）	（0.000）	（0.003）	（0.000）	（0.010）	（0.000）	（0.011）
Inst	0.000***	−0.004***	−0.000*	−0.003***	0.000	0.003**	0.000**	0.002
	（0.000）	（0.000）	（0.000）	（0.000）	（0.000）	（0.001）	（0.000）	（0.002）
Follow	−0.000	−0.001***	−0.000***	−0.002***	−0.000***	−0.000	−0.000	−0.000
	（0.000）	（0.000）	（0.000）	（0.000）	（0.000）	（0.000）	（0.000）	（0.000）
MTB	−0.019***	0.352***	−0.018***	0.215***	−0.019***	0.046	−0.019***	0.090
	（0.001）	（0.018）	（0.001）	（0.019）	（0.001）	（0.069）	（0.001）	（0.074）
ROA	0.018***	−0.694***	0.033***	−0.433***	0.022***	−0.587***	0.030***	0.706***
	（0.002）	（0.037）	（0.002）	（0.037）	（0.002）	（0.137）	（0.002）	（0.130）
Tobin's Q	0.000*	0.019***	−0.000**	0.018***	−0.000	−0.002	−0.000*	0.024*
	（0.000）	（0.003）	（0.000）	（0.003）	（0.000）	（0.013）	（0.000）	（0.013）
Constant	0.025***	−1.502***	0.025***	−1.389***	0.021***	−1.669***	0.032***	−1.322***
	（0.003）	（0.062）	（0.003）	（0.079）	（0.003）	（0.267）	（0.003）	（0.270）
Observations	571831	571831	601156	601156	655475	655475	517512	517512
R²	0.013		0.023		0.014		0.015	
Pseudo R²		0.039		0.044		0.040		0.041
Year FE	YES	YES	YES	YES	YES	YES	YES	YES
Industry FE	YES	YES	YES	YES	YES	YES	YES	YES

注：括号内为标准误，*、**、*** 分别代表在 10%、5%、1% 的程度上显著。

表 7-9　市值规模与国有化程度对错误定价影响分析

变量名称		市值规模					
		小		中		大	
		CAR 5	Reverse	CAR 5	Reverse	CAR 5	Reverse
		Panel A: 直接实证证据					
国有化程度	低	-0.027^{***}	0.610	-0.025	0.084	-0.003	0.330
		（0.012）	（0.434）	（0.023）	（0.432）	（0.015）	（0.339）
	高	-0.046^{**}	1.613^{***}	-0.048^{**}	0.810^{***}	-0.028^{***}	0.984^{***}
		（0.011）	（0.493）	（0.022）	（0.297）	（0.011）	（0.299）
		Panel B: 间接实证证据					
国有化程度	低	-0.009^{***}	0.951^{***}	-0.016^{***}	0.926^{***}	-0.002	0.675^{***}
		（0.003）	（0.081）	（0.004）	（0.119）	（0.004）	（0.132）
	高	-0.014^{**}	1.061^{***}	-0.018^{**}	1.083^{***}	-0.004^{**}	1.016^{***}
		（0.004）	（0.089）	（0.004）	（0.104）	（0.002）	（0.136）

注：括号内为标准误，*、**、*** 分别代表在 10%、5%、1% 的程度上显著。

七、稳健性检验

（一）倾向得分匹配

　　尽管我们的结果证实了开盘价操纵对定价准确性、交易活动和股票波动性的影响，但被操纵股票的选择往往不是随机的，操纵者经常选择具有特定特征的股票。为了解决前述实证结果中的选择偏差和内生性问题，我们使用倾向得分匹配分析来降低样本选择偏差的影响（Roberts and Whited，2013）。我们使用 Probit 模型来估计在可观察特征下股票被操纵的概率（Dum_manip），其中可观察特征包括前述实证模型中的所有控制变量。然后我们使用 Probit 模型估计的倾向得分进行匹配。为了确保可比性，我们使用倾向得分匹配来为每一只操纵组股票匹配对照组股票，匹配方法为一对一无放回匹配。最后，我们采用匹配后的样本重新进行了模型（7-10）和模型（7-11）的检验。表 7-10 中汇报的估计结果表明，操纵导致被操纵股票的股价收益降低、交易活跃度上升和波动性增加，这一结果与我们前述研究结论基本一致，进一步验证了研究结论的稳健性。

表 7-10 倾向得分匹配

变量名称	（1）	（2）	（3）	（4）	（5）	（6）	（7）
	CAR[1,5]	Reverse	AT [0]	Amihud [0]	CAT [1,5]	Amihud[1,5]	Idivol [1,5]
Panel A: 直接实证证据（操纵概率匹配）							
Dum_manip	−0.023***	0.354**	0.781***	−0.701***	3.383***	−0.667***	0.043***
	（0.008）	（0.157）	（0.740）	（0.048）	（1.011）	（0.201）	（0.001）
Price	−0.005***	0.199***	−0.280***	0.006***	−0.264**	0.002***	0.017
	（0.000）	（0.010）	（0.052）	（0.001）	（0.127）	（0.000）	（0.014）
Lagturnover	−0.145***	0.106	35.045***	−0.558***	5.450	−0.099***	0.785
	（0.014）	（0.174）	（9.780）	（0.120）	（4.639）	（0.036）	（0.955）
Intravol	0.000***	0.002***	−0.000	−0.001***	−0.026***	−0.000*	0.002***
	（0.000）	（0.000）	（0.002）	（0.000）	（0.004）	（0.000）	（0.000）
Lagvol	0.177***	2.272***	−14.623**	1.721***	30.325***	0.265*	−1.645*
	（0.036）	（0.347）	（6.045）	（0.560）	（11.163）	（0.136）	（0.891）
Absret			3.719*	0.877***	55.211***	0.116**	2.197***
			（1.984）	（0.159）	（9.067）	（0.050）	（0.376）
LagAmihud 5							0.027
							（0.025）
Size	−0.002***	0.068***	0.182***	−0.005***	0.069*	−0.002***	0.026*
	（0.000）	（0.007）	（0.038）	（0.001）	（0.039）	（0.000）	（0.014）
Inst	0.000***	−0.005***	0.013***	−0.000***	−0.013**	−0.000***	0.000
	（0.000）	（0.001）	（0.004）	（0.000）	（0.005）	（0.000）	（0.001）
Follow	0.000	−0.000	0.001*	−0.000***	−0.004	−0.000**	−0.000*
	（0.000）	（0.000）	（0.001）	（0.000）	（0.002）	（0.000）	（0.000）
MTB	−0.012***	0.033	−0.262***	0.012***	−0.725***	0.004***	0.019
	（0.002）	（0.047）	（0.097）	（0.003）	（0.187）	（0.000）	（0.048）
ROA	0.033***	−0.615***	0.366	0.082***	0.679	0.015***	−0.048
	（0.006）	（0.119）	（0.517）	（0.019）	（0.706）	（0.005）	（0.051）
Tobin's Q	−0.001***	0.004	0.019***	−0.001*	−0.043	−0.000	0.015***
	（0.000）	（0.006）	（0.005）	（0.001）	（0.026）	（0.000）	（0.006）
Constant	0.052***	−2.064***	−4.760***	0.072***	−0.779	0.030***	−0.172
	（0.008）	（0.178）	（1.097）	（0.019）	（0.840）	（0.005）	（0.108）
Observations	174	174	174	174	174	174	174

续表

变量名称	（1）	（2）	（3）	（4）	（5）	（6）	（7）
	CAR[1,5]	Reverse	AT[0]	Amihud[0]	CAT[1,5]	Amihud[1,5]	Idivol[1,5]
Panel A: 直接实证证据（操纵概率匹配）							
R^2	0.031		0.048	0.062	0.046	0.025	0.029
Pseudo R^2		0.060					
Year FE	YES	YES	YES	YES	YES	YES	YES
Industry FE	YES	YES	YES	YES	YES	YES	YES
Panel B: 间接实证证据（操纵概率匹配）							
Dum_manip	−0.008**	1.001***	0.757***	−1.302**	3.313***	−1.207***	0.808***
	（0.004）	（0.140）	（0.131）	（0.616）	（1.008）	（0.242）	（0.011）
Price	−0.002***	0.078***	−0.280***	5.567***	−0.264**	2.113***	0.076***
	（0.000）	（0.010）	（0.052）	（1.082）	（0.127）	（0.260）	（0.012）
Lagturnover	−0.148***	2.256***	35.045***	−58.396***	5.445	−98.745***	1.727***
	（0.005）	（0.184）	（9.780）	（19.513）	（4.640）	（35.654）	（0.224）
Intravol	−0.000***	0.004***	−0.000	−0.615***	−0.026***	−0.062*	−0.000
	（0.000）	（0.001）	（0.002）	（0.161）	（0.004）	（0.035）	（0.000）
Lagvol	0.089***	−12.300***	−14.621**	20.952***	30.315***	64.826*	−1.183***
	（0.034）	（0.543）	（6.044）	（3.320）	（11.163）	（16.105）	（0.402）
Absret			3.717*	77.231***	55.218***	116.482**	3.114***
			（1.984）	（19.117）	（9.068）	（50.003）	（0.187）
LagAmihud 5							0.040**
							（0.018）
Size	−0.002***	0.041***	0.182***	−5.352***	0.070*	−1.720***	0.082***
	（0.000）	（0.008）	（0.038）	（0.848）	（0.039）	（0.186）	（0.006）
Inst	−0.000***	0.002**	0.013***	−0.436***	−0.013**	−0.066***	0.000
	（0.000）	（0.001）	（0.004）	（0.107）	（0.005）	（0.025）	（0.000）
Follow	−0.000***	−0.000	0.001*	−0.080***	−0.004	−0.017**	−0.000*
	（0.000）	（0.000）	（0.001）	（0.029）	（0.002）	（0.008）	（0.000）
MTB	−0.019***	0.069	−0.262***	12.282***	−0.728***	4.160***	−0.030
	（0.001）	（0.050）	（0.097）	（3.016）	（0.187）	（0.480）	（0.031）
ROA	0.035***	−0.658***	0.367	81.549***	0.676	15.262***	−0.245***
	（0.003）	（0.093）	（0.518）	（19.397）	（0.705）	（5.456）	（0.033）

续表

变量名称	（1）	（2）	（3）	（4）	（5）	（6）	（7）
	CAR[1,5]	Reverse	AT[0]	Amihud[0]	CAT[1,5]	Amihud[1,5]	Idivol[1,5]
Panel B: 间接实证证据（操纵概率匹配）							
Tobin's Q	0.000	0.013	0.019***	−1.093*	−0.043*	−0.074	0.014***
	（0.000）	（0.009）	（0.005）	（0.559）	（0.026）	（0.131）	（0.005）
Constant	0.057***	−1.506***	−4.760***	71.893***	−0.780	30.158***	−0.022
	（0.005）	（0.186）	（1.097）	（19.001）	（0.840）	（4.539）	（0.092）
Observations	38006	38006	38006	38006	38006	38006	38006
R^2	0.013		0.112	0.047	0.107	0.046	0.053
Pseudo R^2		0.007					
Year FE	YES	YES	YES	YES	YES	YES	YES
Industry FE	YES	YES	YES	YES	YES	YES	YES

注：括号内为标准误，*、**、*** 分别代表在 10%、5%、1% 的程度上显著。

（二）隔夜收益

在我们构建操纵识别模型的过程中，异常隔夜跳空是侦测开盘价操纵的重要识别条件之一。然而，Qiao 和 Dam（2020）的研究指出，由于中国市场中 "T+1" 交易规则的存在，隔夜回报显著为负，因此一些大买家可能会在下一个交易日要求折扣购买股票。为了解决这一问题，我们进一步采用 Akbas 等（2022）研究中的方法来构建隔夜收益指标，该指标通过日间收益和每日收盘收益进行估算。采用不同隔夜收益率度量指标的估计结果列于表 7-11 中。估计结果表明，采用隔夜收益的替代方法产生的估计结果与之前的研究结果基本一致，这表明我们的研究结论不是由 "T+1" 交易规则导致的。

表 7-11 隔夜收益

变量名称	（1）	（2）	（3）	（4）	（5）	（6）	（7）
	CAR[1,5]	Reverse	AT[0]	Amihud[0]	CAT[1,5]	Amihud[1,5]	Idivol[1,5]
Dum_manip	−0.002***	0.349***	1.308***	−0.064***	0.817***	−0.015***	0.004**
	（0.001）	（0.032）	（0.275）	（0.007）	（0.134）	（0.002）	（0.002）
Price	−0.005***	0.201***	−0.274***	0.055***	−0.110***	0.013***	0.026***
	（0.000）	（0.012）	（0.010）	（0.003）	（0.034）	（0.001）	（0.001）
Lagturnover	−0.099***	−0.912***	34.038***	0.705***	21.111***	0.147***	0.765***
	（0.001）	（0.150）	（2.219）	（0.069）	（0.434）	（0.020）	（0.010）
Intravol	−0.000***	0.006***	0.004**	−0.001***	−0.010***	−0.000***	0.001***
	（0.000）	（0.000）	（0.002）	（0.000）	（0.001）	（0.000）	（0.000）

变量名称	（1）CAR[1,5]	（2）Reverse	（3）AT[0]	（4）Amihud[0]	（5）CAT[1,5]	（6）Amihud[1,5]	（7）Idivol[1,5]
Lagvol	0.046***	−0.361**	−2.745***	1.133***	4.320***	0.281***	−0.519***
	（0.001）	（0.172）	（0.562）	（0.209）	（0.883）	（0.056）	（0.012）
Absret			2.727***	2.656***	49.960***	0.500***	1.016***
			（0.431）	（0.106）	（1.384）	（0.035）	（0.011）
LagAmihud 5							0.037***
							（0.000）
Size	0.001***	−0.091***	0.277***	0.087***	0.270***	0.019***	0.027***
	（0.000）	（0.010）	（0.034）	（0.005）	（0.028）	（0.002）	（0.000）
Inst	0.000***	−0.002**	0.013***	−0.001***	0.001	−0.000***	−0.000***
	（0.000）	（0.001）	（0.001）	（0.000）	（0.001）	（0.000）	（0.000）
Follow	0.000*	0.001***	0.001***	−0.000***	−0.003***	−0.000***	−0.000***
	（0.000）	（0.000）	（0.000）	（0.000）	（0.000）	（0.000）	（0.000）
MTB	−0.015***	0.214***	−0.390***	−0.200***	−1.274***	−0.047***	−0.020***
	（0.000）	（0.060）	（0.061）	（0.012）	（0.081）	（0.004）	（0.003）
ROA	0.029***	−0.135	0.453***	−0.083***	0.564***	−0.016***	−0.054***
	（0.001）	（0.126）	（0.045）	（0.015）	（0.103）	（0.003）	（0.006）
Tobin's Q	0.000	−0.003	0.008*	−0.014***	−0.054***	−0.003***	0.004***
	（0.000）	（0.006）	（0.004）	（0.001）	（0.010）	（0.000）	（0.000）
Constant	−0.005***	1.446***	−4.403***	0.462***	−3.417***	0.123***	−0.086***
	（0.001）	（0.235）	（0.215）	（0.024）	（0.266）	（0.006）	（0.012）
Observations	1002864	1002864	1002864	1002864	1002864	1002864	1002864
R^2	0.011		0.054	0.031	0.029	0.022	0.014
Pseudo R^2		0.028					
Year FE	YES	YES	YES	YES	YES	YES	YES
Industry FE	YES	YES	YES	YES	YES	YES	YES

注：括号内为标准误，*、**、*** 分别代表在 10%、5%、1% 的程度上显著。

（三）股市环境

投资者的行为在牛市和熊市期间存在显著差异（Demirer and Kutan，2006）。因此，我们研究了市场操纵的影响在不同的市场环境下是否依然强劲。参考 Chen（2009）的研究设计，我们根据过去 5 个月的平均市场收益率是否大于 0，将样本期分为熊市期和牛市期。表 7–12 展示了样本期内牛市和熊市时期的分布。牛市月份有 74 个，熊市月份有 58 个，分别占样本期的 56.06%和 43.94%。中国证监会报告的开盘价操纵案件 87 起，其中牛市期 58 起，占

66.67%；熊市期 29 起，占 33.33%。同样，在我们的开盘价操纵识别模型侦测到的 19003 起疑似案例中，牛市期发生 10980 起，占比 57.78%；熊市期发生 8023 起，占比 42.22%。估计结果列于表 7-13 中，结果表明我们的研究结论在牛市和熊市市场环境中同样成立。

表 7-12　牛市和熊市中市场操纵案例分析

样本时间段			直接实证证据		间接实证证据	
（1）	（2）	（3）	（4）	（5）	（6）	（7）
市场环境	月数/个	占时间段比例	操纵案例数/起	占所有案例比例	操纵案例数/起	占所有案例比例
牛市	74	56.06%	58	66.67%	10980	57.78%
熊市	58	43.94%	29	33.33%	8023	42.22%
总数	132	100%	87	100%	19003	100%

表 7-13　牛市和熊市中市场操纵的影响

变量名称	（1） $CAR[1,5]$	（2） $Reverse$	（3） $AT[0]$	（4） $Amihud[0]$	（5） $CAT[1,5]$	（6） $Amihud[1,5]$	（7） $Idivol[1,5]$
Panel A: 直接实证证据（牛市）							
Dum_manip	−0.035***	0.457**	1.477***	−2.029***	4.337***	−0.772***	2.099***
	(0.08)	(0.196)	(0.077)	(0.066)	(1.359)	(0.284)	(0.255)
Price	−0.009***	0.221***	−0.297***	1.460	−0.631***	1.140*	0.029
	(0.001)	(0.014)	(0.043)	(2.324)	(0.218)	(0.631)	(0.024)
Lagturnover	−0.185***	0.261	36.210***	−764.193***	−11.467*	−128.147**	1.097
	(0.018)	(0.215)	(12.593)	(167.929)	(6.938)	(50.847)	(1.401)
Intravol	0.000***	0.004***	−0.002	−0.823***	−0.033***	−0.092*	0.002***
	(0.000)	(0.000)	(0.003)	(0.235)	(0.005)	(0.050)	(0.001)
Lagvol	0.216***	2.189***	−12.874*	2669.074***	48.129***	412.082*	−2.090
	(0.059)	(0.476)	(6.835)	(953.440)	(18.467)	(219.598)	(1.617)
Absret			3.494*	1084.123***	61.447***	156.159**	2.972***
			(2.083)	(203.167)	(11.980)	(65.785)	(0.523)
LagAmihud 5							0.024
							(0.024)
Size	−0.001***	0.063***	0.201***	−7.461***	−0.024	−1.876***	0.038*
	(0.000)	(0.010)	(0.052)	(1.545)	(0.069)	(0.345)	(0.022)
Inst	0.000***	−0.007***	0.014***	−0.598***	−0.024***	−0.085**	0.000
	(0.000)	(0.001)	(0.005)	(0.147)	(0.008)	(0.033)	(0.001)

续表

变量名称	（1）CAR[1,5]	（2）Reverse	（3）AT[0]	（4）Amihud[0]	（5）CAT[1,5]	（6）Amihud[1,5]	（7）Idivol[1,5]
Panel A: 直接实证证据（牛市）							
Follow	−0.000	−0.000	0.001**	−0.058	−0.005	−0.015	−0.000
	(0.000)	(0.000)	(0.001)	(0.043)	(0.003)	(0.009)	(0.000)
MTB	−0.020***	0.204***	−0.223*	9.809**	−0.748**	3.170***	0.043
	(0.003)	(0.062)	(0.118)	(4.789)	(0.298)	(0.772)	(0.075)
ROA	0.032***	−0.286*	0.105	143.318***	3.151***	24.141**	−0.076
	(0.009)	(0.155)	(0.605)	(35.449)	(1.182)	(9.761)	(0.085)
Tobin's Q	−0.001***	0.014*	0.029***	−2.319**	−0.096**	−0.270	0.026***
	(0.000)	(0.008)	(0.009)	(0.980)	(0.040)	(0.218)	(0.009)
Constant	0.060***	−2.118***	−5.347***	114.954***	2.709*	33.522***	−0.258
	(0.012)	(0.233)	(1.613)	(35.223)	(1.502)	(7.990)	(0.183)
Observations	14882	14882	14882	14882	14882	14882	14882
R^2	0.043		0.046	0.093	0.055	0.034	0.033
Pseudo R^2		0.097					
Year FE	YES	YES	YES	YES	YES	YES	YES
Industry FE	YES	YES	YES	YES	YES	YES	YES
Panel B: 直接实证证据（熊市）							
Dum_manip	−0.030**	0.268**	1.233***	−1.317	1.837	−0.332	0.214
	(0.014)	(0.129)	(0.348)	(1.078)	(1.266)	(0.366)	(0.234)
Price	0.001	0.159***	−0.111***	5.046***	−0.247***	2.906***	0.001***
	(0.001)	(0.019)	(0.007)	(0.230)	(0.035)	(0.135)	(0.000)
Lagturnover	−0.030	3.561***	9.504***	−81.046***	27.799***	−29.077***	0.028
	(0.019)	(0.423)	(0.364)	(3.551)	(1.269)	(1.710)	(0.025)
Intravol	−0.000***	−0.020***	0.010***	−0.016	0.009***	0.044***	0.000**
	(0.000)	(0.002)	(0.001)	(0.010)	(0.003)	(0.009)	(0.000)
Lagvol	0.191***	−12.088***	0.844*	−29.560***	13.047***	−26.166***	−0.245
	(0.030)	(0.844)	(0.507)	(5.156)	(2.363)	(3.521)	(0.157)
Absret			7.911***	184.255***	24.625***	−5.238**	0.091***
			(0.431)	(6.993)	(1.797)	(2.451)	(0.031)
LagAmihud 5							0.006
							(0.004)

续表

变量名称	（1）	（2）	（3）	（4）	（5）	（6）	（7）
	CAR[1,5]	Reverse	AT[0]	Amihud[0]	CAT[1,5]	Amihud[1,5]	Idivol[1,5]
Panel B: 直接实证证据（熊市）							
Size	−0.001***	0.066***	0.068***	−3.439***	0.123***	−1.729***	0.001**
	（0.000）	（0.013）	（0.005）	（0.133）	（0.025）	（0.105）	（0.001）
Inst	0.000***	−0.001	0.003***	−0.018**	0.008***	−0.014***	0.000
	（0.000）	（0.001）	（0.000）	（0.008）	（0.002）	（0.004）	（0.000）
Follow	−0.000	0.001	0.001***	−0.006	0.003**	−0.002	−0.000
	（0.000）	（0.001）	（0.000）	（0.004）	（0.001）	（0.003）	（0.000）
MTB	−0.004	−0.392***	−0.072**	11.572***	−0.551***	5.484***	−0.003
	（0.003）	（0.085）	（0.032）	（0.677）	（0.159）	（0.515）	（0.005）
ROA	0.035***	−1.487***	−0.062	8.062***	−0.643*	3.400***	−0.005
	（0.008）	（0.218）	（0.075）	（1.341）	（0.391）	（0.792）	（0.004）
Tobin's Q	−0.001	0.002	0.015***	0.504***	0.025	0.224***	−0.000
	（0.000）	（0.011）	（0.004）	（0.059）	（0.019）	（0.038）	（0.000）
Constant	0.036***	−2.295***	−1.710***	61.792***	−3.024***	32.030***	−0.002
	（0.011）	（0.319）	（0.119）	（2.949）	（0.585）	（2.222）	（0.003）
Observations	8448	8448	8448	8448	8448	8448	8448
R^2	0.029		0.548	0.449	0.300	0.215	0.079
Pseudo R^2		0.204					
Year FE	YES	YES	YES	YES	YES	YES	YES
Industry FE	YES	YES	YES	YES	YES	YES	YES
Panel C: 间接实证证据（牛市）							
Dum_manip	−0.069***	0.809***	0.513***	−0.071***	1.330***	−0.016***	0.041***
	（0.008）	（0.026）	（0.112）	（0.009）	（0.206）	（0.002）	（0.006）
Price	0.000	0.128***	−0.461***	0.014***	−0.261***	0.002***	0.032***
	（0.001）	（0.003）	（0.031）	（0.005）	（0.049）	（0.001）	（0.002）
Lagturnover	0.208***	0.746***	45.315***	−2.027***	0.263	−0.469***	0.863***
	（0.013）	（0.058）	（3.213）	（0.102）	（1.570）	（0.036）	（0.071）
Intravol	0.000	−0.004***	−0.000	−0.001***	−0.016***	−0.000***	0.001
	（0.000）	（0.000）	（0.003）	（0.000）	（0.001）	（0.000）	（0.000）
Lagvol	0.045	−0.693***	−3.097***	0.868***	3.142***	0.248***	−0.393***
	（0.028）	（0.124）	（0.726）	（0.201）	（1.045）	（0.062）	（0.058）

续表

变量名称	（1） CAR[1,5]	（2） Reverse	（3） AT[0]	（4） Amihud[0]	（5） CAT[1,5]	（6） Amihud[1,5]	（7） Idivol[1,5]
Panel C: 间接实证证据（牛市）							
Absret			0.716 （0.923）	3.500*** （0.168）	72.142*** （2.526）	0.759*** （0.059）	1.051*** （0.278）
LagAmihud 5							0.026*** （0.007）
Size	−0.001** （0.000）	0.011*** （0.002）	0.250*** （0.020）	−0.024*** （0.001）	−0.095*** （0.026）	−0.006*** （0.000）	0.032*** （0.001）
Inst	0.000*** （0.000）	−0.004*** （0.000）	0.021*** （0.002）	−0.001*** （0.000）	−0.006*** （0.002）	−0.000*** （0.000）	−0.000*** （0.000）
Follow	0.000*** （0.000）	−0.000 （0.000）	0.001* （0.000）	−0.000*** （0.000）	−0.005*** （0.001）	−0.000*** （0.000）	−0.000*** （0.000）
MTB	−0.003 （0.002）	0.420*** （0.013）	−0.363*** （0.066）	−0.048*** （0.010）	−1.109*** （0.123）	−0.020*** （0.003）	−0.027*** （0.005）
ROA	0.019*** （0.006）	−0.823*** （0.029）	1.056*** （0.136）	0.204*** （0.040）	1.954*** （0.241）	0.048*** （0.007）	−0.080*** （0.006）
Tobin's Q	−0.001 （0.000）	0.032*** （0.002）	0.025*** （0.005）	−0.004* （0.002）	−0.111*** （0.014）	−0.002*** （0.000）	0.006*** （0.001）
Constant	0.026*** （0.009）	−0.781*** （0.035）	−6.614*** （0.504）	0.508*** （0.036）	0.284 （0.551）	0.129*** （0.010）	−0.197*** （0.014）
Observations	2032023	2032023	2032023	2032023	2032023	2032023	2032023
R^2	0.009		0.054	0.035	0.021	0.025	0.011
Pseudo R^2		0.006					
Year FE	YES	YES	YES	YES	YES	YES	YES
Industry FE	YES	YES	YES	YES	YES	YES	YES
Panel D: 间接实证证据（熊市）							
Dum_manip	−0.004*** （0.000）	0.650*** （0.024）	0.363*** （0.104）	−0.008** （0.004）	0.539** （0.268）	−0.005* （0.003）	0.007 （0.010）
Price	−0.003*** （0.000）	0.075*** （0.003）	−0.189*** （0.009）	0.016*** （0.001）	−0.405*** （0.017）	0.005*** （0.000）	0.009*** （0.001）
Lagturnover	−0.072*** （0.002）	−1.167*** （0.057）	17.959*** （0.998）	−0.864*** （0.079）	34.046*** （0.524）	−0.198*** （0.018）	0.468*** （0.043）

续表

变量名称	（1）	（2）	（3）	（4）	（5）	（6）	（7）
	CAR[1,5]	Reverse	AT[0]	Amihud[0]	CAT[1,5]	Amihud[1,5]	Idivol[1,5]
Panel D: 间接实证证据（熊市）							
Intravol	−0.000***	0.004***	0.006***	−0.001***	−0.000	−0.000***	−0.000
	（0.000）	（0.000）	（0.001）	（0.000）	（0.001）	（0.000）	（0.000）
Lagvol	0.058***	−0.352**	−1.885***	1.701***	3.215***	0.332***	−0.305***
	（0.009）	（0.142）	（0.595）	（0.480）	（0.922）	（0.102）	（0.059）
Absret			3.244***	1.120***	23.837***	0.112***	1.109
			（0.258）	（0.076）	（0.679）	（0.016）	（0.724）
LagAmihud 5							0.046***
							（0.013）
Size	0.000***	−0.070***	0.079***	−0.011***	0.159***	−0.004***	0.013***
	（0.000）	（0.002）	（0.004）	（0.001）	（0.008）	（0.000）	（0.002）
Inst	0.000***	−0.001***	0.008***	−0.001***	0.013***	−0.000***	−0.000***
	（0.000）	（0.000）	（0.000）	（0.000）	（0.001）	（0.000）	（0.000）
Follow	−0.000***	0.001***	0.001***	−0.000***	0.001***	−0.000***	−0.000***
	（0.000）	（0.000）	（0.000）	（0.000）	（0.000）	（0.000）	（0.000）
MTB	−0.012***	0.347***	−0.061***	0.004	−0.629***	0.003***	−0.006
	（0.000）	（0.015）	（0.012）	（0.004）	（0.043）	（0.001）	（0.004）
ROA	0.029***	−0.514***	0.294***	0.049***	0.675***	0.015***	−0.037***
	（0.001）	（0.033）	（0.035）	（0.009）	（0.091）	（0.002）	（0.005）
Tobin's Q	0.000*	−0.018***	0.027***	0.001	0.073***	0.000	0.004***
	（0.000）	（0.002）	（0.002）	（0.001）	（0.007）	（0.000）	（0.001）
Constant	0.010***	1.206***	−2.325***	0.166***	−4.788***	0.064***	−0.076***
	（0.001）	（0.040）	（0.090）	（0.025）	（0.184）	（0.005）	（0.011）
Observations	2902604	2902604	2902604	2902604	2902604	2902604	2902604
R^2	0.007		0.093	0.013	0.066	0.024	0.019
Pseudo R^2		0.007					
Year FE	YES	YES	YES	YES	YES	YES	YES
Industry FE	YES	YES	YES	YES	YES	YES	YES

注：括号内为标准误，*、**、*** 分别代表在10%、5%、1%的程度上显著。

此外，中国股票市场在样本期中出现了一些惊人的波动。例如，影响全球金融市场的2007—2008年金融危机和2014—2015年中国股市泡沫。此类极端金融事件对股价表现和市场流动性产生了重大影响。因此，我们分别在这两个时期检验了研究结论的稳健性。参考 Cumming 等（2020b）及 Han 和 Liang（2017）的研究设计，我们将 2007 年 8 月—2008 年 12 月以及 2015 年 6 月—9 月定义为中国股市崩盘期。此外，我们将 2007 年 1 月—7 月和 2014 年 7 月—2015 年 6 月定义为中国股市泡沫期。我们在这两个子样本时间段对研究结论进行了重新检验，检验结果列于表 7-14 中。检验结果表明我们的研究结论在这两个时期继续保持不变，证明了我们的研究结果对于操纵对错误定价、交易活动和价格波动的影响的稳健性。

表 7-14　中国股市崩盘期和泡沫期市场操纵的影响

变量名称	（1） CAR[1,5]	（2） Reverse	（3） AT[0]	（4） Amihud[0]	（5） CAT[1,5]	（6） Amihud[1,5]	（7） Idivol[1,5]
Panel A: 直接实证证据（崩盘期）							
Dum_manip	−0.018*** （0.004）	0.179*** （0.065）	1.357** （0.615）	−2.801*** （0.765）	6.604*** （1.941）	−1.421** （0.605）	0.407*** （0.021）
Price	−0.017*** （0.002）	0.055* （0.031）	−0.178*** （0.017）	6.417*** （1.674）	−0.246 （0.182）	3.682*** （0.256）	−0.065 （0.050）
Lagturnover	−0.207*** （0.034）	0.538 （0.385）	7.278*** （0.864）	−409.919*** （95.155）	−29.643*** （10.778）	−22.937*** （3.256）	3.670 （2.929）
Intravol	0.000*** （0.000）	−0.003*** （0.000）	0.004*** （0.000）	−0.113*** （0.031）	−0.002 （0.003）	0.001 （0.002）	0.002*** （0.000）
Lagvol	0.578*** （0.063）	−10.424*** （0.796）	3.119*** （1.114）	1319.975*** （388.397）	154.732*** （37.243）	13.817 （13.234）	−0.874 （2.780）
Absret			5.534*** （0.428）	463.549*** （105.251）	60.455*** （11.225）	4.561 （3.830）	5.194*** （1.039）
LagAmihud 5							1.540 （1.239）
Size	0.007*** （0.002）	−0.096*** （0.023）	0.077*** （0.017）	−7.003*** （1.135）	−0.225 （0.144）	−1.873*** （0.090）	0.155* （0.084）
Inst	0.000 （0.000）	−0.003 （0.002）	0.006*** （0.001）	−0.449*** （0.124）	−0.021** （0.011）	−0.043*** （0.009）	0.003 （0.002）
Follow	0.000*** （0.000）	−0.002* （0.001）	0.004*** （0.001）	−0.020 （0.034）	0.012*** （0.005）	−0.014*** （0.004）	−0.001 （0.001）
MTB	−0.003 （0.010）	−0.054 （0.146）	−0.403*** （0.093）	12.992*** （4.618）	−0.342 （0.807）	3.884*** （0.632）	−0.068 （0.258）
ROA	0.088*** （0.025）	−0.709** （0.346）	−0.549*** （0.164）	60.595*** （23.167）	0.005 （2.115）	1.421 （1.705）	0.020 （0.281）

变量名称	（1）	（2）	（3）	（4）	（5）	（6）	（7）
	CAR[1,5]	Reverse	AT[0]	Amihud[0]	CAT[1,5]	Amihud[1,5]	Idivol[1,5]
Panel A: 直接实证证据（崩盘期）							
Tobin's Q	−0.001	0.006	0.008	−0.097	−0.002	0.116	0.065**
	(0.001)	(0.015)	(0.009)	(0.451)	(0.072)	(0.090)	(0.025)
Constant	−0.130***	3.063***	−1.868***	100.224***	0.002	33.945***	−1.240
	(0.034)	(0.538)	(0.345)	(19.986)	(2.636)	(1.997)	(0.810)
Observations	7809	7799	7809	7809	7809	7809	7789
R^2	0.080		0.410	0.206	0.141	0.196	0.080
Pseudo R^2		0.064					
Year FE	YES	YES	YES	YES	YES	YES	YES
Industry FE	YES	YES	YES	YES	YES	YES	YES
Panel B: 直接实证证据（泡沫期）							
Dum_manip	−0.007	0.209	0.929***	−4.426	1.655	−0.622	4.884
	(0.011)	(0.273)	(0.327)	(3.444)	(1.135)	(0.569)	(4.748)
Price	−0.008***	0.410***	−0.372***	−4.542	−2.081***	1.795***	0.046
	(0.001)	(0.024)	(0.013)	(5.061)	(0.110)	(0.150)	(0.034)
Lagturnover	−0.017	−1.537***	12.863***	−853.606***	11.835**	−34.857***	−1.242
	(0.029)	(0.417)	(0.626)	(297.594)	(5.391)	(7.801)	(1.342)
Intravol	−0.000***	−0.002	0.015***	−2.849***	−0.029	−0.025	0.010
	(0.000)	(0.001)	(0.001)	(1.058)	(0.019)	(0.027)	(0.010)
Lagvol	0.019	6.657***	−0.839**	41.498*	40.400*	41.189	−2.994
	(0.038)	(1.173)	(0.398)	(13.888)	(23.473)	(29.265)	(2.961)
Absret			7.022***	86.718***	43.290***	33.024*	−0.134
			(0.551)	(15.208)	(12.716)	(17.927)	(0.673)
LagAmihud 5							0.065
							(0.047)
Size	−0.002**	0.068***	0.113***	−10.971***	0.122	−1.274***	−0.002
	(0.001)	(0.015)	(0.009)	(4.032)	(0.091)	(0.092)	(0.011)
Inst	0.000***	−0.008***	0.004***	−0.687**	−0.010	−0.025***	−0.002
	(0.000)	(0.002)	(0.001)	(0.282)	(0.006)	(0.009)	(0.001)
Follow	−0.000***	0.002***	0.001***	−0.026	−0.001	−0.009***	0.001
	(0.000)	(0.001)	(0.000)	(0.069)	(0.002)	(0.003)	(0.001)
MTB	−0.038***	0.633***	−0.087	7.665	−0.921***	3.696***	0.089
	(0.005)	(0.100)	(0.055)	(9.681)	(0.317)	(0.625)	(0.082)

续表

变量名称	（1） CAR[1,5]	（2） Reverse	（3） AT[0]	（4） Amihud[0]	（5） CAT[1,5]	（6） Amihud[1,5]	（7） Idivol[1,5]
Panel B: 直接实证证据（泡沫期）							
ROA	0.003 （0.014）	−0.239 （0.248）	0.124 （0.130）	157.373** （66.986）	2.373* （1.410）	4.946*** （1.532）	−0.063 （0.053）
Tobin's Q	−0.001 （0.001）	0.034*** （0.012）	0.009 （0.006）	−2.761 （2.100）	−0.035 （0.044）	0.177*** （0.064）	0.011 （0.008）
Constant	0.078*** （0.018）	−2.935*** （0.361）	−2.456*** （0.221）	234.867** （93.974）	2.398 （2.060）	25.908*** （2.311）	0.111 （0.148）
Observations	15329	15329	15329	15329	15329	15329	15313
R²	0.040		0.466	0.102	0.088	0.129	0.051
Pseudo R²		0.075					
Year FE	YES	YES	YES	YES	YES	YES	YES
Industry FE	YES	YES	YES	YES	YES	YES	YES
Panel C: 间接实证证据（崩盘期）							
Dum_manip	−0.020*** （0.001）	0.066*** （0.018）	1.578*** （0.394）	−0.087*** （0.024）	1.750*** （0.516）	−0.017*** （0.006）	0.206*** （0.023）
Price	−0.008*** （0.000）	0.237*** （0.003）	−0.297*** （0.032）	−0.011 （0.027）	−0.652*** （0.098）	0.001 （0.004）	0.077*** （0.008）
Lagturnover	−0.165*** （0.005）	−0.544*** （0.051）	39.563*** （5.229）	−1.705*** （0.252）	25.714*** （2.287）	−0.323*** （0.093）	1.909*** （0.306）
Intravol	−0.000 （0.000）	0.001*** （0.000）	0.002 （0.004）	−0.001*** （0.000）	−0.021*** （0.001）	−0.000** （0.000）	−0.001* （0.000）
Lagvol	−0.006* （0.003）	−0.381*** （0.069）	−2.909*** （1.059）	0.999** （0.459）	4.770** （2.399）	0.273 （0.213）	−0.813*** （0.169）
Absret			−1.555 （1.768）	2.736*** （0.397）	36.971*** （3.536）	0.530*** （0.178）	2.302* （1.247）
LagAmihud 5							0.116** （0.046）
Size	0.001*** （0.000）	−0.021*** （0.002）	0.140*** （0.025）	−0.026*** （0.006）	0.007 （0.049）	−0.005*** （0.001）	0.062*** （0.006）
Inst	0.000*** （0.000）	−0.003*** （0.000）	0.017*** （0.003）	−0.001*** （0.000）	−0.014*** （0.004）	−0.000*** （0.000）	−0.000 （0.000）
Follow	0.000*** （0.000）	−0.001*** （0.000）	0.008*** （0.002）	−0.000 （0.000）	0.004 （0.004）	0.000 （0.000）	−0.001*** （0.000）

变量名称	（1） CAR[1,5]	（2） Reverse	（3） AT[0]	（4） Amihud[0]	（5） CAT[1,5]	（6） Amihud[1,5]	（7） Idivol[1,5]
Panel C: 间接实证证据 （崩盘期）							
MTB	−0.022*** （0.001）	0.295*** （0.014）	0.037 （0.121）	0.001 （0.065）	−0.769*** （0.298）	−0.017 （0.016）	0.025 （0.023）
ROA	0.041*** （0.002）	−0.623*** （0.026）	1.711*** （0.367）	0.374 （0.237）	2.376*** （0.561）	0.069** （0.029）	−0.197*** （0.020）
Tobin's Q	−0.001*** （0.000）	0.012*** （0.002）	0.002 （0.011）	0.008 （0.016）	−0.155*** （0.045）	−0.001 （0.002）	0.028*** （0.006）
Constant	0.010*** （0.003）	−0.511*** （0.051）	−4.547*** （0.759）	0.592*** （0.134）	0.319 （1.122）	0.121*** （0.026）	−0.298*** （0.078）
Observations	637860	637860	637860	637860	637860	637860	637089
R^2	0.015		0.055	0.018	0.043	0.027	0.037
Pseudo R^2		0.022					
Year FE	YES	YES	YES	YES	YES	YES	YES
Industry FE	YES	YES	YES	YES	YES	YES	YES
Panel D: 间接实证证据 （泡沫期）							
Dum_manip	−0.003** （0.001）	0.832*** （0.071）	1.331*** （0.188）	−0.213*** （0.012）	1.118*** （0.292）	−0.302*** （0.003）	0.023** （0.010）
Price	−0.009*** （0.000）	0.231*** （0.014）	−0.281*** （0.025）	0.019*** （0.002）	−0.547*** （0.037）	0.004*** （0.000）	0.092*** （0.007）
Lagturnover	−0.127*** （0.008）	0.926*** （0.162）	29.094*** （3.013）	−0.876*** （0.062）	23.168*** （1.435）	−0.154*** （0.016）	2.022*** （0.255）
Intravol	−0.000*** （0.000）	0.002*** （0.000）	0.005** （0.002）	−0.000*** （0.000）	−0.008*** （0.001）	0.000 （0.000）	−0.000 （0.000）
Lagvol	0.026*** （0.010）	0.110 （0.420）	−1.909*** （0.686）	0.276 （0.175）	−1.438** （0.576）	0.063 （0.041）	−0.972*** （0.178）
Absret			1.339*** （0.469）	0.804*** （0.036）	21.992*** （0.977）	0.017** （0.008）	1.228*** （0.319）
LagAmihud 5							0.018** （0.009）
Size	0.003*** （0.000）	0.157*** （0.011）	0.089*** （0.013）	−0.018*** （0.001）	0.020 （0.023）	−0.005*** （0.000）	0.064*** （0.005）
Inst	−0.000 （0.000）	−0.005*** （0.001）	0.013*** （0.001）	−0.000*** （0.000）	0.018*** （0.001）	−0.000** （0.000）	−0.002*** （0.000）
Follow	−0.000*** （0.000）	0.002*** （0.001）	0.004*** （0.000）	−0.000** （0.000）	0.005*** （0.001）	−0.000 （0.000）	−0.000*** （0.000）

续表

变量名称	（1）	（2）	（3）	（4）	（5）	（6）	（7）
	CAR[1,5]	Reverse	AT[0]	Amihud[0]	CAT[1,5]	Amihud[1,5]	Idivol[1,5]
Panel D: 间接实证证据（泡沫期）							
MTB	−0.026***	0.451***	0.135***	−0.013*	−0.454***	−0.001	−0.028**
	（0.001）	（0.067）	（0.039）	（0.007）	（0.075）	（0.001）	（0.012）
ROA	0.025***	−0.540***	0.691***	−0.006	1.102***	−0.001	−0.125***
	（0.003）	（0.139）	（0.099）	（0.017）	（0.133）	（0.003）	（0.021）
Tobin's Q	0.001***	0.019***	0.028***	0.001	0.056***	0.000	−0.002
	（0.000）	（0.007）	（0.004）	（0.002）	（0.016）	（0.000）	（0.002）
Constant	−0.041***	−5.462***	−3.335***	0.370***	−2.435***	0.098***	−0.260***
	（0.004）	（0.261）	（0.353）	（0.031）	（0.520）	（0.006）	（0.041）
Observations	659673	659673	659673	659673	659673	659673	658621
R^2	0.019		0.102	0.050	0.036	0.029	0.012
Pseudo R^2		0.056					
Year FE	YES	YES	YES	YES	YES	YES	YES
Industry FE	YES	YES	YES	YES	YES	YES	YES

注：括号内为标准误，*、**、*** 分别代表在10%、5%、1% 的程度上显著。

（四）风险因子调整

为了进一步检验研究结果的稳健性，我们根据市场风险因子应用了三项风险调整来重新估计前述基准模型。风险因子包括 Fama-French 三因素模型（FF3F）、Carhart 四因素模型（Carhart）和 Fama-French 五因素模型（FF5F），估计结果见表 7-15。结果表明经过不同的风险因子调整后，被操纵股票的表现明显弱于对照组股票，这进一步验证了研究结果的稳健性。

表 7-15　不同风险因子调整对市场操纵的影响

变量名称	直接实证证据			间接实证证据		
	（1）	（2）	（3）	（4）	（5）	（6）
	FF3F	Carhart	FF5F	FF3F	Carhart	FF5F
Dum_manip	−0.050***	−0.069***	−0.044***	−0.015***	−0.014***	−0.014***
	（0.009）	（0.015）	（0.014）	（0.001）	（0.001）	（0.001）
Price	0.012***	0.008***	−0.002*	−0.004***	−0.002***	−0.006***
	（0.002）	（0.002）	（0.001）	（0.000）	（0.000）	（0.000）
Lagturnover	−0.076*	−0.112*	−0.091***	−0.054***	−0.095***	−0.056***
	（0.042）	（0.063）	（0.029）	（0.003）	（0.004）	（0.005）
Intravol	−0.001***	−0.000	−0.000	−0.000***	−0.000***	−0.000***
	（0.000）	（0.000）	（0.000）	（0.000）	（0.000）	（0.000）

变量名称	直接实证证据			间接实证证据		
	（1）	（2）	（3）	（4）	（5）	（6）
	FF3F	Carhart	FF5F	FF3F	Carhart	FF5F
Lagvol	−0.068	0.089	0.045	−0.001	−0.000	0.253***
	（0.134）	（0.152）	（0.048）	（0.005）	（0.004）	（0.015）
Size	−0.000	−0.002	−0.004***	−0.000***	−0.000***	0.002***
	（0.001）	（0.001）	（0.001）	（0.000）	（0.000）	（0.000）
Inst	0.000	0.000***	0.000***	0.000***	0.000***	0.000***
	（0.000）	（0.000）	（0.000）	（0.000）	（0.000）	（0.000）
Follow	−0.000	−0.000	−0.000	0.000***	0.000	−0.000***
	（0.000）	（0.000）	（0.000）	（0.000）	（0.000）	（0.000）
MTB	−0.036***	−0.047***	−0.021***	−0.011***	−0.020***	−0.010***
	（0.010）	（0.011）	（0.004）	（0.001）	（0.001）	（0.001）
ROA	0.028	−0.025	−0.013	0.027***	0.024***	0.009***
	（0.025）	（0.031）	（0.009）	（0.002）	（0.004）	（0.002）
Tobin's Q	−0.005**	−0.005**	−0.002***	−0.000**	−0.000	0.000**
	（0.002）	（0.002）	（0.001）	（0.000）	（0.000）	（0.000）
Constant	0.006	0.048	0.104***	0.022***	0.025***	−0.025***
	（0.035）	（0.034）	（0.013）	（0.002）	（0.003）	（0.003）
Observations	23330	23330	23330	1172987	1172987	1172987
R^2	0.152	0.193	0.068	0.010	0.016	0.014
Year FE	YES	YES	YES	YES	YES	YES
Industry FE	YES	YES	YES	YES	YES	YES

注：括号内为标准误，*、**、***分别代表在10%、5%、1%的程度上显著。

（五）不同时间窗口

为了进一步验证研究结论对时间窗口选择的稳健性，我们对不同的时间窗口进行分析。我们采用操纵后10个和20个交易日的时间窗口来考察开盘价操纵对错误定价的影响。估计结果列于表7-16中。其中，第（1）列和第（5）列报告了操纵对10个交易日累计异常收益的影响。第（2）列和第（6）列报告了操纵对操纵后10个交易日价格反转概率的影响。同样，第（3）列和第（7）列报告了操纵对20个交易日累计超额收益的影响。第（4）列和第（8）列报告了操纵对操纵后20个交易日价格反转概率的影响。总体结果证实，即使在不同的时间窗口中计算，我们的研究结论仍然是稳健的。

表7-16　不同时间窗口对错误定价的影响

变量名称	直接实证证据				间接实证证据			
	(1) CAR[1,10]	(2) Reverese 10	(3) CAR[1,20]	(4) Reverese 20	(5) CAR[1,10]	(6) Reverese 10	(7) CAR[1,20]	(8) Reverese 20
Dum_manip	-0.024** (0.009)	0.338* (0.174)	-0.023*** (0.008)	0.327** (0.159)	-0.04*** (0.000)	0.812*** (0.029)	-0.003*** (0.000)	0.394*** (0.024)
Price	-0.005*** (0.001)	0.209** (0.012)	-0.005*** (0.001)	0.206*** (0.011)	-0.005*** (0.000)	0.134*** (0.004)	-0.004*** (0.000)	0.189*** (0.004)
Lagturnover	-0.150*** (0.015)	-0.696*** (0.206)	-0.149*** (0.014)	-0.043 (0.179)	-0.093*** (0.002)	0.284*** (0.068)	-0.100*** (0.002)	-0.747*** (0.085)
Intravol	0.000*** (0.000)	0.002*** (0.000)	0.000*** (0.000)	0.002*** (0.000)	-0.000*** (0.000)	0.003*** (0.000)	-0.000*** (0.000)	-0.001*** (0.000)
Lagvol	0.192*** (0.045)	5.066*** (0.510)	0.175*** (0.037)	1.483*** (0.337)	0.008*** (0.002)	0.524*** (0.098)	0.021*** (0.003)	-0.539*** (0.133)
Size	-0.002*** (0.000)	0.059*** (0.009)	-0.002*** (0.000)	0.062*** (0.008)	0.001*** (0.000)	0.035*** (0.003)	0.000*** (0.000)	-0.007** (0.003)
Inst	0.000*** (0.000)	-0.006*** (0.001)	0.000*** (0.000)	-0.005*** (0.001)	0.000*** (0.000)	-0.004*** (0.000)	0.000*** (0.000)	-0.003*** (0.000)
Follow	0.000 (0.000)	-0.000 (0.000)	0.000 (0.000)	-0.000 (0.000)	-0.000** (0.000)	-0.001*** (0.000)	-0.000*** (0.000)	-0.001*** (0.000)

续表

变量名称	直接实证证据				间接实证证据			
	(1) CAR[1,10]	(2) Reverese 10	(3) CAR[1,20]	(4) Reverese 20	(5) CAR[1,10]	(6) Reverese 10	(7) CAR[1,20]	(8) Reverese 20
MTB	-0.022***	0.189***	-0.014***	0.070	-0.017***	0.249***	-0.017***	0.309***
	(0.003)	(0.056)	(0.002)	(0.049)	(0.000)	(0.018)	(0.000)	(0.020)
ROA	0.031***	-0.556***	0.035***	-0.599***	0.025***	-0.505***	0.026***	-0.518***
	(0.008)	(0.142)	(0.006)	(0.124)	(0.001)	(0.042)	(0.001)	(0.033)
Tobin's Q	-0.002***	0.019***	-0.001***	0.006	0.000	0.012***	-0.000	0.025***
	(0.000)	(0.007)	(0.000)	(0.006)	(0.000)	(0.002)	(0.000)	(0.004)
Constant	0.063***	-1.950***	0.051***	-1.908***	0.006***	-1.426***	0.009***	-1.426***
	(0.010)	(0.209)	(0.009)	(0.184)	(0.001)	(0.067)	(0.001)	(0.067)
Observations	23330	23330	23330	1172987	1172987	1172987	1172987	1172987
R^2	0.040		0.032	0.010	0.010		0.011	
Pseudo R^2		0.074		0.063		0.007		0.009
Year FE	YES	YES	YES	YES	YES	YES	YES	YES
Industry FE	YES	YES	YES	YES	YES	YES	YES	YES

注：括号内为标准误，*、**、*** 分别代表在10%、5%、1%的程度上显著。

（六）对照组股票筛选

为了确认研究结论的稳健性，我们根据公司规模、操纵前股票收益和行业类型进行匹配，并重新进行了主要的实证检验。表7-17汇报了不同对照组股票筛选下的估计结果，其中 Panel A 和 Panel B 中，我们通过排序形成10个投资组合大小，并将每只被操纵的股票与相同大小的十分位数投资组合中的股票相匹配。Panel C 和 Panel D 中，我们将每只被操纵的股票与在前一个交易日具有相似收益率的非操纵股票进行匹配。在 Panel E 和 Panel F 中，我们将同一行业中的每只被操纵股票与未被操纵的股票进行匹配。不同对照组股票筛选方法下的估计结果表明，开盘价操纵会降低被操纵股票收益，并增加交易活动和股票波动性，这为研究结论的稳健性提供了进一步的支持。

表7-17　不同对照组股票筛选估计结果

变量名称	（1）CAR[1,5]	（2）Reverse	（3）AT[0]	（4）Amihud[0]	（5）CAT[1,5]	（6）Amihud[1,5]	（7）Idivol[1,5]
Panel A: 直接实证证据（市值匹配）							
Dum_manip	−0.023***	0.665***	1.337**	−2.231***	3.398***	−1.330**	1.485***
	(0.008)	(0.157)	(0.640)	(0.739)	(1.024)	(0.557)	(0.535)
Price	−0.005***	0.204***	−0.232***	49.314***	−0.242	5.235***	0.019
	(0.001)	(0.011)	(0.018)	(4.465)	(0.154)	(0.390)	(0.016)
Lagturnover	−0.147***	0.007	25.916**	508.691***	5.611**	9.602	0.906
	(0.015)	(0.187)	(10.917)	(187.178)	(2.299)	(10.831)	(1.099)
Intravol	0.000***	0.002***	−0.001	0.063	−0.025***	0.042***	0.002***
	(0.000)	(0.000)	(0.002)	(0.044)	(0.004)	(0.003)	(0.000)
Lagvol	0.179***	1.265***	−9.578**	1294.049*	31.412**	99.683	−1.761*
	(0.039)	(0.342)	(4.843)	(766.095)	(12.518)	(90.833)	(1.007)
Absret			5.736***	961.687***	56.340***	11.649***	2.234***
			(1.208)	(71.894)	(10.402)	(3.371)	(0.414)
LagAmihud 5							0.019
							(0.020)
Size	−0.001***	0.059***	0.102	67.540***	0.153	0.924***	0.028*
	(0.000)	(0.008)	(0.129)	(9.923)	(0.145)	(0.338)	(0.016)
Inst	0.000***	−0.004***	0.009**	−0.625***	−0.013***	−0.013	0.000
	(0.000)	(0.001)	(0.004)	(0.128)	(0.005)	(0.010)	(0.001)
Follow	−0.000	−0.000	0.001*	−0.010	−0.003	0.013	−0.000*
	(0.000)	(0.000)	(0.000)	(0.095)	(0.002)	(0.009)	(0.000)

续表

变量名称	（1）CAR[1,5]	（2）Reverse	（3）AT[0]	（4）Amihud[0]	（5）CAT[1,5]	（6）Amihud[1,5]	（7）Idivol[1,5]
Panel A: 直接实证证据（市值匹配）							
MTB	−0.014***	0.065	−0.127	−109.420***	−1.064***	1.184**	0.018
	（0.002）	（0.051）	（0.248）	（17.385）	（0.398）	（0.563）	（0.055）
ROA	0.038***	−0.644***	0.085	−110.417***	0.471	−0.144	−0.065
	（0.006）	（0.129）	（0.475）	（14.396）	（0.522）	（0.818）	（0.058）
Tobin's Q	−0.001***	0.009	0.022**	−1.458	−0.085*	0.187*	0.016**
	（0.000）	（0.006）	（0.011）	（1.799）	（0.044）	（0.112）	（0.007）
Constant	0.047***	−1.868***	−4.159***	110.317***	−0.192	61.049***	−0.199
	（0.009）	（0.187）	（0.790）	（35.258）	（1.342）	（2.280）	（0.125）
Observations	2746	2746	2746	2746	2746	2746	2746
R^2	0.033		0.040	0.062	0.047	0.026	0.027
Pseudo R^2		0.064					
Year FE	YES	YES	YES	YES	YES	YES	YES
Industry FE	YES	YES	YES	YES	YES	YES	YES
Panel B: 间接实证证据（市值匹配）							
Dum_manip	−0.031***	0.799***	0.262***	−3.079***	0.718***	−2.894***	0.027***
	（0.001）	（0.071）	（0.020）	（0.763）	（0.071）	（0.694）	（0.006）
Price	−0.003***	0.078***	−0.377***	24.333***	−0.458***	6.913***	0.022***
	（0.000）	（0.008）	（0.003）	（4.964）	（0.017）	（1.383）	（0.001）
Lagturnover	−0.085***	0.440***	24.839***	−28.684	23.872***	−78.910	0.685***
	（0.002）	（0.155）	（0.700）	（243.057）	（0.501）	（74.096）	（0.045）
Intravol	−0.000***	−0.005***	0.006***	−0.225	−0.016***	−0.006	0.000
	（0.000）	（0.001）	（0.001）	（0.182）	（0.004）	（0.073）	（0.000）
Lagvol	0.051***	−2.777***	−3.213***	894.638	12.801***	375.339	−0.370***
	（0.004）	（0.411）	（0.289）	（698.782）	（0.947）	（281.064）	（0.044）
Absret			1.555***	626.320***	32.419***	15.753***	1.079***
			（0.366）	（107.516）	（4.418）	（5.002）	（0.325）
LagAmihud 5							0.029***
							（0.006）
Size	0.000***	0.001	0.073***	16.052**	0.327***	0.627***	0.023***
	（0.000）	（0.006）	（0.009）	（7.857）	（0.017）	（0.135）	（0.001）
Inst	0.000***	−0.000	0.010***	−0.271**	−0.006***	−0.041	−0.000***
	（0.000）	（0.001）	（0.000）	（0.105）	（0.001）	（0.030）	（0.000）

续表

变量名称	（1）CAR[1,5]	（2）Reverse	（3）AT[0]	（4）Amihud[0]	（5）CAT[1,5]	（6）Amihud[1,5]	（7）Idivol[1,5]
Panel B: 间接实证证据（市值匹配）							
Follow	0.000*** (0.000)	−0.003*** (0.000)	0.004*** (0.000)	0.131* (0.074)	−0.002*** (0.000)	0.045** (0.020)	−0.000*** (0.000)
MTB	−0.011*** (0.000)	0.131*** (0.044)	0.124*** (0.013)	−35.816 (25.527)	−1.423*** (0.039)	2.924*** (0.784)	−0.017*** (0.003)
ROA	0.030*** (0.001)	−1.147*** (0.105)	0.522*** (0.020)	−64.941 (52.614)	0.319*** (0.053)	−1.162 (0.811)	−0.059*** (0.004)
Tobin's Q	0.000*** (0.000)	−0.004 (0.007)	0.032*** (0.001)	−3.303* (1.858)	−0.070*** (0.005)	−0.100 (0.191)	0.005*** (0.001)
Constant	0.012*** (0.001)	−0.225* (0.120)	−2.177*** (0.032)	205.416*** (36.659)	−5.584*** (0.077)	73.838*** (3.651)	−0.150*** (0.009)
Observations	470111	470111	470111	470111	470111	470111	470111
R^2	0.008		0.053	0.025	0.023	0.019	0.012
Pseudo R^2		0.006					
Year FE	YES	YES	YES	YES	YES	YES	YES
Industry FE	YES	YES	YES	YES	YES	YES	YES
Panel C: 直接实证证据（收益率匹配）							
Dum_manip	−0.016* (0.009)	0.212*** (0.051)	0.469* (0.249)	−3.206*** (1.001)	3.334*** (1.170)	−1.426*** (0.362)	0.019*** (0.003)
Price	−0.003*** (0.001)	0.153*** (0.017)	−0.286*** (0.021)	15.445*** (1.086)	0.308 (0.235)	5.386*** (0.164)	0.086** (0.036)
Lagturnover	−0.163*** (0.022)	0.740*** (0.204)	13.200*** (2.206)	83.803*** (24.616)	10.332*** (2.722)	22.573*** (2.554)	1.183** (0.549)
Intravol	−0.000*** (0.000)	0.007*** (0.000)	−0.003*** (0.001)	−0.027 (0.026)	−0.049*** (0.005)	0.109*** (0.004)	−0.001*** (0.001)
Lagvol	−0.008 (0.009)	0.099 (0.125)	−0.914 (0.802)	80.831*** (25.832)	0.846 (3.038)	10.681*** (2.526)	−0.405 (0.354)
Absret			8.348*** (1.393)	572.513*** (33.697)	107.567*** (10.482)	27.387*** (3.925)	4.707*** (0.739)
LagAmihud 5							−0.004** (0.002)
Size	0.003*** (0.001)	−0.010 (0.013)	−0.026 (0.050)	8.433*** (1.416)	1.314*** (0.319)	0.923*** (0.159)	0.068*** (0.016)

续表

变量名称	（1）	（2）	（3）	（4）	（5）	（6）	（7）
	CAR[1,5]	Reverse	AT[0]	Amihud[0]	CAT[1,5]	Amihud[1,5]	Idivol[1,5]
Panel C: 直接实证证据 （收益率匹配）							
Inst	0.000	−0.002	0.006***	−0.091***	−0.039***	−0.003	−0.000
	（0.000）	（0.001）	（0.001）	（0.024）	（0.010）	（0.006）	（0.001）
Follow	−0.000***	−0.001	−0.002**	0.036***	−0.009**	0.017***	−0.000
	（0.000）	（0.001）	（0.001）	（0.009）	（0.004）	（0.003）	（0.001）
MTB	−0.022***	0.182**	0.230	−9.881***	−3.570***	2.086***	0.024
	（0.005）	（0.079）	（0.163）	（2.666）	（0.945）	（0.448）	（0.068）
ROA	0.056***	−0.650***	0.606	−21.040***	1.166	−4.033***	−0.344*
	（0.013）	（0.203）	（0.498）	（4.779）	（1.759）	（0.865）	（0.199）
Tobin's Q	−0.002**	0.004	0.042***	−0.200	−0.290***	0.145***	0.010
	（0.001）	（0.009）	（0.008）	（0.412）	（0.097）	（0.049）	（0.011）
Constant	−0.046**	−0.486	−5.572***	166.933***	5.616	68.389***	−0.473**
	（0.019）	（0.311）	（0.755）	（5.500）	（3.604）	（1.139）	（0.235）
Observations	2046	2046	2046	2046	2046	2046	2046
R^2	0.049		0.145	0.070	0.088	0.066	0.027
Pseudo R^2		0.078					
Year FE	YES	YES	YES	YES	YES	YES	YES
Industry FE	YES	YES	YES	YES	YES	YES	YES
Panel D: 间接实证证据 （收益率匹配）							
Dum_manip	0.037***	0.269***	1.037**	−1.475***	3.954***	−1.496***	0.131**
	（0.006）	（0.077）	（0.413）	（0.428）	（0.549）	（0.233）	（0.053）
Price	−0.028***	0.283***	−0.975***	13.258***	0.719**	5.013***	0.669***
	（0.001）	（0.013）	（0.190）	（0.805）	（0.331）	（0.138）	（0.102）
Lagturnover	−0.350***	−1.221***	127.437***	30.568**	19.423***	13.753***	11.145***
	（0.016）	（0.157）	（17.356）	（12.004）	（4.947）	（1.598）	（2.223）
Intravol	−0.000***	0.007***	0.017**	−0.007	0.003	0.123***	0.002***
	（0.000）	（0.000）	（0.007）	（0.033）	（0.003）	（0.006）	（0.001）
Lagvol	0.115**	−3.597***	−110.873***	32.751*	−338.707***	3.290*	−37.858***
	（0.050）	（0.341）	（14.650）	（17.593）	（24.758）	（1.906）	（3.346）
Absret			2.230	516.664***	66.615***	21.351***	7.504***
			（2.236）	（42.111）	（3.779）	（1.894）	（0.748）
LagAmihud 5							0.092*
							（0.052）

续表

变量名称	（1）CAR[1,5]	（2）Reverse	（3）AT[0]	（4）Amihud[0]	（5）CAT[1,5]	（6）Amihud[1,5]	（7）Idivol[1,5]
Panel D: 间接实证证据（收益率匹配）							
Size	0.004*** (0.001)	−0.046*** (0.010)	1.536*** (0.294)	5.212*** (1.103)	4.296*** (0.428)	0.386*** (0.056)	0.213*** (0.062)
Inst	0.000 (0.000)	−0.003*** (0.001)	0.031*** (0.008)	−0.011 (0.016)	−0.200*** (0.017)	0.002 (0.005)	−0.004** (0.002)
Follow	0.000*** (0.000)	0.000 (0.000)	0.040*** (0.006)	0.019* (0.010)	0.032*** (0.006)	0.019*** (0.002)	−0.003* (0.001)
MTB	0.004 (0.005)	0.186*** (0.063)	−2.511*** (0.670)	−4.717 (2.971)	−2.375** (1.114)	2.880*** (0.265)	0.639** (0.282)
ROA	0.149*** (0.011)	0.344*** (0.126)	0.495 (0.877)	−13.384*** (3.891)	5.819*** (2.045)	−4.023*** (0.851)	0.536 (0.373)
Tobin's Q	−0.001** (0.001)	−0.000 (0.006)	0.036 (0.027)	−0.280 (0.272)	−0.703*** (0.091)	0.072* (0.042)	0.061* (0.034)
Constant	0.001 (0.020)	0.580** (0.243)	−7.854*** (2.348)	148.846*** (2.229)	95.955*** (7.328)	65.510*** (0.833)	−1.020 (0.824)
Observations	839069	839069	839069	839069	839069	839069	839069
R^2	0.127		0.129	0.249	0.187	0.182	0.091
Pseudo R^2		0.051					
Year FE	YES	YES	YES	YES	YES	YES	YES
Industry FE	YES	YES	YES	YES	YES	YES	YES
Panel E: 直接实证证据（行业匹配）							
Dum_manip	−0.027*** (0.009)	0.437* (0.223)	0.947*** (0.202)	−1.170*** (0.376)	1.561* (0.889)	−1.888*** (0.390)	0.063*** (0.007)
Price	−0.006** (0.003)	0.168*** (0.055)	−0.243*** (0.030)	12.047*** (0.452)	−0.597*** (0.133)	4.913*** (0.228)	0.284 (0.315)
Lagturnover	−0.049 (0.066)	−0.506 (0.826)	6.084*** (1.159)	24.280*** (6.836)	5.473 (4.626)	12.332*** (1.836)	−2.622 (4.096)
Intravol	0.000*** (0.000)	0.002 (0.002)	0.002 (0.002)	−0.020 (0.031)	−0.005 (0.008)	0.119*** (0.012)	0.012 (0.010)
Lagvol	0.276** (0.123)	−0.490 (2.118)	−0.164 (2.210)	52.788*** (17.930)	3.021 (10.411)	15.874** (7.242)	−15.656 (12.975)
Absret			5.192*** (1.735)	528.239*** (29.574)	19.626*** (7.360)	34.866*** (6.748)	7.603* (3.959)

续表

变量名称	（1）	（2）	（3）	（4）	（5）	（6）	（7）
	CAR[1,5]	Reverse	AT[0]	Amihud[0]	CAT[1,5]	Amihud[1,5]	Idivol[1,5]
Panel E: 直接实证证据（行业匹配）							
LagAmihud 5							−0.125
							（0.179）
Size	−0.003	0.089**	−0.161***	5.056***	−0.494***	0.595***	−0.021
	（0.002）	（0.043）	（0.035）	（0.604）	（0.152）	（0.151）	（0.067）
Inst	0.001***	−0.011**	0.007***	−0.014	0.011	0.009	−0.008
	（0.000）	（0.004）	（0.002）	（0.018）	（0.011）	（0.007）	（0.009）
Follow	0.000	−0.001	0.000	0.011	0.000	0.016***	0.001
	（0.000）	（0.002）	（0.001）	（0.008）	（0.005）	（0.002）	（0.002）
MTB	−0.019*	−0.048	0.414**	−4.649***	0.736	2.736***	0.457
	（0.011）	（0.258）	（0.179）	（1.336）	（0.795）	（0.309）	（0.494）
ROA	0.027	−0.666	0.178	−7.227***	−1.802	−3.965***	−0.455
	（0.035）	（0.617）	（0.364）	（2.490）	（1.531）	（0.863）	（0.647）
Tobin's Q	−0.000	−0.003	0.041*	−0.353*	0.150	0.093*	0.061
	（0.001）	（0.027）	（0.024）	（0.185）	（0.094）	（0.053）	（0.054）
Constant	−0.040	−1.146	−3.272***	144.449***	−11.221***	64.326***	0.368
	（0.047）	（1.137）	（0.688）	（2.192）	（3.492）	（1.269）	（0.728）
Observations	2046	2046	2046	2046	2046	2046	2046
R^2	0.108		0.585	0.416	0.402	0.377	0.045
Pseudo R^2		0.232					
Year FE	YES	YES	YES	YES	YES	YES	YES
Industry FE	YES	YES	YES	YES	YES	YES	YES
Panel F: 间接实证证据（行业匹配）							
Dum_manip	−0.010***	0.510***	0.065*	−3.501**	0.762***	−0.998**	0.018***
	（0.002）	（0.007）	（0.036）	（1.617）	（0.190）	（0.437）	（0.005）
Price	−0.004***	0.145***	−0.422***	10.473***	−0.221***	4.789***	0.019***
	（0.000）	（0.002）	（0.011）	（0.334）	（0.032）	（0.219）	（0.002）
Lagturnover	−0.099***	0.132***	28.489***	28.431***	17.127***	15.195***	0.503***
	（0.002）	（0.029）	（1.584）	（7.492）	（0.830）	（2.089）	（0.069）
Intravol	−0.000***	0.003***	0.015***	−0.005	−0.011	0.099***	0.001***
	（0.000）	（0.000）	（0.002）	（0.023）	（0.007）	（0.013）	（0.000）
Lagvol	0.076***	−0.195***	−4.101***	30.459**	22.414***	8.445***	−0.502***
	（0.014）	（0.058）	（0.799）	（13.060）	（3.490）	（3.241）	（0.112）

续表

变量名称	（1）	（2）	（3）	（4）	（5）	（6）	（7）
	CAR[1,5]	Reverse	AT[0]	Amihud[0]	CAT[1,5]	Amihud[1,5]	Idivol[1,5]
Panel F: 间接实证证据 （行业匹配）							
Absret			2.137**	472.817***	48.472***	43.854***	0.842***
			（0.844）	（20.660）	（14.239）	（15.407）	（0.311）
LagAmihud 5							0.028**
							（0.013）
Size	0.001***	0.005***	0.194***	4.134***	0.498***	0.754***	0.021***
	（0.000）	（0.001）	（0.024）	（0.449）	（0.038）	（0.255）	（0.002）
Inst	0.000***	−0.002***	0.013***	−0.031**	−0.006***	0.011	−0.000***
	（0.000）	（0.000）	（0.001）	（0.014）	（0.002）	（0.012）	（0.000）
Follow	0.000***	−0.001***	0.002***	0.024***	−0.001***	0.012***	−0.000***
	（0.000）	（0.000）	（0.000）	（0.006）	（0.000）	（0.004）	（0.000）
MTB	−0.014***	0.243***	−0.152***	−1.917	−1.068***	2.269**	−0.006
	（0.000）	（0.009）	（0.041）	（1.603）	（0.075）	（0.987）	（0.007）
ROA	0.038***	−0.523***	0.183***	−6.911	0.066	−3.884***	−0.033***
	（0.001）	（0.019）	（0.042）	（6.220）	（0.114）	（0.882）	（0.007）
Tobin's Q	−0.000	0.005***	0.024***	0.121	−0.123***	0.179	0.003**
	（0.000）	（0.001）	（0.003）	（0.362）	（0.009）	（0.143）	（0.001）
Constant	−0.002	−0.881***	−4.568***	138.050***	−4.432***	58.162***	−0.100***
	（0.002）	（0.042）	（0.142）	（2.674）	（0.347）	（1.215）	（0.019）
Observations	796090	796090	796090	796090	796090	796090	796090
R^2	0.013		0.050	0.041	0.029	0.026	0.014
Pseudo R^2		0.015					
Year FE	YES	YES	YES	YES	YES	YES	YES
Industry FE	YES	YES	YES	YES	YES	YES	YES

注：括号内为标准误，*、**、*** 分别代表在 10%、5%、1% 的程度上显著。

八、研究结论

集合竞价被全球证券交易所普遍采用以确定开盘价，包括纽约证券交易所、纳斯达克证券交易所和伦敦证券交易所。同时，大多数采用此交易制度的证券交易所允许投资者在开市前撤单，例如澳大利亚证券交易所（Comerton-Forde and Rydge，2006b）和伦敦证券交易所（Ibikunle，2015），这很有可能有利于实施开盘价操纵。然而，学术界迄今未能调查开盘价操纵，造成了重大的研究空白。基于直接实证证据（由中国证监会披露的 87 起开盘价格操纵案件组成）和间接实证证据（通过开盘价操纵的识别模型侦测的 19003 起疑似案例），我们检验了开盘价操纵对错误定价、投资者损失、市场交易活跃性和股价波动的影响，并评估了经济后果。

我们的分析得出了四个主要结论：第一，这种交易不当行为导致被操纵的股票以高于其基本价值的价格开盘，被扭曲的股价将在操纵当日以及随后的交易日内逐步得到纠正。但是，与对照组股票相比，操纵组股票在操纵后的累计超额收益较低，价格发生反转并跌破操纵当日开盘价的概率明显较高。因此，以操纵当日开盘价或成交量加权平均价购买被操纵股票的投资者，将遭受投资损失。第二，开盘价操纵增加了被操纵股票在操纵当日和操纵后几个交易日的交易活动。第三，开盘价操纵吸引了大量小投资者涌入，从而增加了价格波动。第四，我们的研究表明，加强外部监督和内部治理的强度可以降低开盘价操纵造成的错误定价程度。外部监管强的股票，如分析师高度关注的股票，以及被四大会计师事务所审计的股票，开盘价操纵导致的错误定价程度较低。同样，公司治理强的股票，如非国有企业的股票，以及董事会中独立董事比例较高的公司，开盘价操纵造成的错误定价程度较低。

我们的研究为不断增多的有关市场不端行为的学术文献做出了贡献。近年来，市场操纵导致的定价错误和投资者损失受到学术界、市场监管机构和投资者的广泛关注。Putniņš（2012）指出，收集具体而全面的真实操纵数据对于系统分析市场操纵的影响和机制至关重要。因此，我们通过对中国证监会披露的操纵案例进行研究，构建操纵识别模型，增加了市场操纵的经验证据，并通过识别开盘价操纵的原因和影响为研究做出重要贡献。

此外，我们的研究为寻求遏制市场不当行为的监管机构提供了政策见解。在强调全球市场对此类系统性滥用的脆弱性时，我们的研究结果表明，监管机构需要着力于中小投资者保护和市场质量提升。为应对开盘价操纵对资产定价效率和投资者利益的不利影响，证券市场监管机构必须建立健全开盘价操纵监测预警体系，加强监管。同时，监管机构还应加大对股价操纵的处罚力度，以震慑潜在的违法者。尤其是加强外部监管和内部治理力度，这将有利于减少开盘价操纵造成的错误定价情况，有利于维护市场公平和效率，保护小额投资者，提高市场质量。

此外，鉴于全球证券交易所采用的集合竞价机制在功能上是相似的，我们的研究结果虽然是在中国的背景下得出的，但可以很容易地推广到其他市场。我们建议进行进一步的研究以扩展我们对开盘价操纵的理解。例如，集合拍卖匹配算法和订单平衡机制是如何减少操纵的，这是理论家需要回答的重要问题。我们承认开盘价操纵识别模型有其局限性，并建议在未来的研究中使用更复杂的设计来提高开盘价操纵识别模型的成功率。同样，鼓励对投资者行为进行更详细的探索，并使用投资者账户数据更准确地估计投资者的损失。此外，需要进行调查以确定有效的监管程序，从而减少操纵并减轻其对有效市场的影响，这是全球贸易背景下亟须关注的问题。

第四节　开盘价操纵对定价效率的影响

一、定价效率

在有效市场中，基于过去的股价表现以及当前的信息无法预测未来的股价走势，股价准确地反映了当前所有和股票价值相关的信息（Rösch et al.，2017）。金融市场相关文献开发出大量的不同方法来衡量市场定价效率的高低，如采用方差比、日内收益率可预测性等指标测试价格是否遵循随机游走假设（Fama，1970），分析股票横截面收益率的日内可预测程度（Heston et al.，2010），测量相对于有效价格的定价误差（Hasbrouck，1993），等等。我们关注的开盘价操纵发生于开盘前的集合竞价阶段，其预期影响存在于当日的股票交易中。因此，为了更加准确地度量开盘价操纵对定价效率的影响，我们参考 Boehmer 和 Kelley（2009）、Chordia 等（2005）、Rösch 等（2017）的研究，以价格是否遵循随机游走作为衡量定价效率的指标。在随机游走假设下，日内股价短期收益率的可预测性越高，投资者基于过去和现在的信息预测未来股价走势的可能性越高，定价效率越低。具体而言，我们基于一分钟收益率的可预测性构建了 $exRsqBsi$ 指标和 $exRsqRet$ 指标，用以衡量定价效率。具体计算步骤如下：

对于 $exRsqBsi$ 指标，首先，根据日内买卖五档的订单报价数据，采用如下公式构建一分钟订单不平衡 $Bsi_{i,t,j}$：

$$Bsi_{i,t,j} = \frac{B_{i,t,j} - S_{i,t,j}}{B_{i,t,j} + S_{i,t,j}} \qquad (7-26)$$

其中，$B_{i,t,j}$ 和 $S_{i,t,j}$ 分别为股票 i 在 t 交易日第 j 分钟的买方订单申报总金额和卖方订单申报总金额。然后，以当期中点价格（$Midprc$）计算得到的收益率 $Bsi_{i,t,j}$ 为被解释变量，以前一期一分钟订单不平衡为解释变量，采用如下模型进行估计：

$$Bsi_{i,t,j} = \beta_0 + \beta_1 \times Bsi_{i,t,j-1} \qquad (7-27)$$

模型（7-27）的拟合优度 $RsqBsi$ 衡量了日内定价效率，$RsqBsi$ 指标的取值越大，表明前一期一分钟订单不平衡对当期中点价格收益的解释程度越高，日内股价的可预测性越高。在此基础上，我们采用当日 *RsqBsi* 指标与前 20 个交易日均值的差，即 *exRsqBsi* 指标作为衡量定价效率的第一个指标。

对于 *exRsqRet* 指标，以当期中点价格收益率为被解释变量，以前一期中点价格收益率为解释变量，采用如下模型进行估计：

$$Ret_{i,t,j}=\beta_0+\beta_1 \times Ret_{i,t,j-1} \tag{7-28}$$

模型（7-28）的拟合优度 *RsqRet* 从另一个方面衡量了日内定价效率，*RsqRet* 指标的取值越大，表明前一期中点价格收益率对当期中点价格收益的解释程度越大，日内股价的可预测性越高。在此基础上，我们采用当日 *RsqRet* 指标与前 20 个交易日均值的差，即 *exRsqRet* 指标作为衡量定价效率的第二个指标。

我们推测开盘价操纵增加了日内股价短期收益率的可预测性，降低了定价效率。为了检验开盘价操纵是否降低了定价效率，我们建立如下面板数据回归模型：

$$Epu_{i,t}=\beta_0+\beta_1 \times OpnManip_{i,t}+\beta_c \times Control_{i,t} \tag{7-29}$$

其中，$Epu_{i,t}$ 为衡量日内定价效率的 *exRsqBsi* 指标和 *exRsqRet* 指标；$OpnManip_{i,t}$ 为开盘价操纵虚拟变量，当股票受开盘价操纵时取值为 1，否则取值为 0；$Control_{i,t}$ 为我们前述控制变量。如若模型（7-29）中 β_1 显著为正，则表明开盘价操纵降低了定价效率。

表 7-18 给出了以 *exRsqBsi* 指标和 *exRsqRet* 指标为定价效率代理指标时面板模型回归的估计结果，为了比较结果的合理性，我们同时给出了混合面板（OLS）、固定效应（FE）和随机效应（RE）的估计结果。模型中引入了开盘价操纵 *OpnManip* 这一核心解释变量，加入了描述公司基本特征的控制变量，并对年度固定效应和行业固定效应进行了控制。实证结果表明，在 1% 的显著性水平下，以 *exRsqBsi* 指标和 *exRsqRet* 指标为被解释变量时混合面板（OLS）、固定效应（FE）和随机效应（RE）估计结果中 *OpnManip* 的系数均显著为正。平均而言，相较于未受开盘价操纵的股票，受操纵股票的 *exRsqBsi* 指标高 0.49% 左右，*exRsqRet* 指标高 1.05% 左右。这一差异不仅在统计上显著，而且具有重要的经济学含义。开盘价操纵增加了当天日内股价短期收益率的可预测性，降低了定价效率。这与 Allen 和 Gale（1992）、Aggarwal 和 Wu（2004b）、Jiang 等（2005）的研究发现基本一致，操纵行为导致了短期股价收益率较强的连续性。

表 7-18　开盘价操纵与定价效率

变量名称	（1）	（2）	（3）	（4）	（5）	（6）
	exRsqBsi			exRsqRet		
	OLS	FE	RE	OLS	FE	RE
OpnManip	0.50***	0.49***	0.49***	1.10***	1.02***	1.04***
	（32.44）	（32.31）	（32.37）	（37.00）	（34.76）	（35.16）
Size	0.08***	0.18***	0.17***	0.44***	0.38***	0.44***
	（81.87）	（71.83）	（74.43）	（220.90）	（79.83）	（100.17）
Follow	−0.01***	−0.01***	−0.01***	−0.04***	−0.03***	−0.03***
	（−48.49）	（−29.42）	（−30.53）	（−74.64）	（−51.67）	（−52.02）
Inst	−0.01***	−0.00***	−0.00***	−0.00***	−0.00***	−0.00***
	（−36.58）	（−23.18）	（−22.80）	（−12.82）	（−12.03）	（−10.12）
Turn	4.53***	4.35***	4.34***	22.38***	24.97***	24.55***
	（141.79）	（127.31）	（127.71）	（360.86）	（376.69）	（372.67）
Vol	−0.85***	−2.03***	−1.98***	−4.75***	−3.95***	−4.13***
	（−9.23）	（−21.74）	（−21.22）	（−26.61）	（−21.86）	（−22.86）
Price	−0.03***	0.05***	0.04***	0.12***	0.45***	0.38***
	（−19.30）	（20.47）	（19.14）	（40.26）	（93.99）	（84.37）
Constant	0.65***	−1.88***	−1.59***	−6.08***	−6.34***	−7.47***
	（23.68）	（−28.33）	（−26.38）	（−114.49）	（−49.36）	（−63.77）
Year FE	YES	YES	YES	YES	YES	YES
Industry FE	YES	YES	YES	YES	YES	YES
Observations	5011662	5011662	5011662	5011662	5011662	5011662
R^2	0.035	0.030	0.030	0.079	0.077	0.070

注：括号内为 T 值，*、**、*** 分别代表在 10%、5%、1% 的程度上显著。

为了进一步分析上述估计结果的有效性，本书采用 Hausman 检验对固定效应和随机效应的估计结果进行对比。以 exRsqBsi 指标为被解释变量，分别使用固定效应和随机效应进行估计后，Hausman 统计量为 1867.66，在 1% 的显著性水平下不能接受原假设，因此采用固定效应模型的估计结果更为可靠；以 exRsqRet 指标为被解释变量，分别使用固定效应和随机效应进行估计后，Hausman 统计量为 5425.84，在 1% 的显著性水平下不能接受原假设，同样固定效应模型的估计结果更为可靠。因此，本书后续分析均选择固定效应模型估计结果作为参照基准。

二、散户投资者参与

前文的实证结果表明，开盘价操纵增加了日内股价短期收益率的可预测性，降低了定价效率，但影响机制并不明确。我们认为开盘价操纵通过哄抬开盘价，吸引了散户投资者流入。与发达国家证券市场不同，中国股票市场中散户投资者占比较高，其交易行为具有"听信谣言、追涨杀跌"等特征。Kumar 和 Lee（2006）发现散户投资者存在共同买入和卖出的交易模式，这种交易模式能够解释散户投资者偏爱的股票之间的收益联动。Barber 和 Odean（2008）发现个人投资者是吸引注意力股票的净买入者。在我们关注的开盘价操纵中，受操纵股票以远高于其真实价值的价格开盘，开盘价的大幅度高开被散户投资者视为股价将进一步上涨的信号，受此影响，偏好于"追涨杀跌"的散户投资者情绪高涨并竞相买入，使股价短期收益率连续性增强。因此，我们推测开盘价操纵通过吸引散户投资者参与，降低了操纵当天的定价效率，散户投资者参与程度越高，日内短期收益率可预测性更强，定价效率越低。

为了检验上述推论，即开盘价操纵通过吸引散户投资者参与，降低了定价效率，我们建立了如下面板数据回归模型：

$$Retail_{i,t}=\beta_0+\beta_1\times OpnManip_{i,t}+\beta_c\times Control_{i,t} \qquad （7-30）$$

$$Epu_{i,t}=\beta_0+\beta_1\times Retail_{i,t}+\beta_c\times Control_{i,t} \qquad （7-31）$$

$$Epu_{i,t}=\beta_0+\beta_1\times OpnManip_{i,t}+\beta_2\times Retail_{i,t}+\beta_c\times Control_{i,t} \qquad （7-32）$$

其中，$Retail_{i,t}$ 为衡量散户投资者参与程度的代理变量。若模型（7-30）中的 β_1、模型（7-31）中的 β_1、模型（7-32）中的 β_1 和 β_2 均显著为正，则证明开盘价操纵通过吸引散户投资者参与，降低了定价效率，受操纵股票的散户参与程度越高，定价效率越低。

为了对前述论断进行检验，我们采用超额小额资金净流入比例 exCniSmall（当日小额资金净流入比例 CniSmall 与前 20 个交易日均值的差）、超额百度搜索指数 exBDidx（当日百度搜索指数 BDidx 与前 20 个交易日均值的差）与超额和讯指数 exHXidx（当日和讯指数 HXidx 与前 20 个交易日均值的差）作为散户投资者参与程度的代理变量。其中，参照锐思数据库（RESSET）对股票资金流向的判断标准，小额资金净流入比例 CniSmall 的计算方法为单笔交易金额不超过 100 万元的交易买入金额与卖出金额的差除以二者的和。

表 7-19 分别给出了以超额小额资金净流入比例 exCniSmall、超额百度搜索指数 exBDidx 与超额和讯指数 exHXidx 作为被解释变量时固定效应（FE）估计结果。模型中引入了开盘价操纵 OpnManip 这一核心解释变量，加入了描述公司基本特征的控制变量，并对年度固定效应和行业固定效应进行了控制。实证结果表明，在 1% 的显著性水平下，以超额小额资金净流入比例 exCniSmall、

超额百度搜索指数 *exBDidx* 与超额和讯指数 *exHXidx* 为被解释变量时固定效应（FE）估计结果中 *OpnManip* 的系数均显著为正。平均而言，相较于未受开盘价操纵的股票，受操纵股票的超额小额资金净流入比例 *exCniSmall* 高 0.22%，超额百度搜索指数 *exBDidx* 高 2500 次，超额和讯指数 *exHXidx* 高 8670 次。这一实证结果表明，受异常跳空的开盘价吸引，受操纵股票的散户投资者参与程度增加。与 Barber 和 Odean（2008）的结论相似，我们发现操纵者通过操纵开盘价，制造吸引注意力事件，吸引了散户投资者的参与。

表 7-19　开盘价操纵与散户投资者参与影响因素分析

变量名称	（1）	（2）	（3）
	exCniSmall	*exBDidx*	*exHXidx*
OpnManip	0.22***	2.50***	8.67***
	（130.52）	（62.42）	（58.00）
Size	0.05***	0.04***	1.02***
	（200.61）	（5.75）	（35.79）
Follow	−0.00***	0.01***	0.03***
	（−28.95）	（10.30）	（8.35）
Inst	−0.00***	0.02***	0.08***
	（−35.72）	（31.32）	（35.63）
Turn	3.07***	23.41***	41.98***
	（787.97）	（235.82）	（115.04）
Vol	−0.89***	−26.06***	−129.32***
	（−86.73）	（−91.60）	（−137.56）
Price	−0.03***	−0.27***	−3.10***
	（−98.98）	（−37.18）	（−103.46）
Constant	−1.22***	−0.80***	−14.51***
	（−171.20）	（−3.94）	（−16.74）
Year FE	YES	YES	YES
Industry FE	YES	YES	YES
Observations	4611471	3112762	3354169
R^2	0.193	0.020	0.012

注：括号内为 *T* 值，*、**、*** 分别代表在 10%、5%、1% 的程度上显著。

前述实证结果表明，开盘价操纵吸引了散户投资者的参与。为了检验散户投资者参与在市场操纵对定价效率影响中的作用，表 7-20 给出了中介效应的检验结果。模型中均加入了描述公司基本特征的控制变量，并对年度固定效应和行业固定效应进行了控制。

表 7-20 散户投资者参与在在开盘价操纵中对定价效率的影响分析

变量名称	(1) exRsqBsi	(2) exRsqRet	(3) exRsqBsi	(4) exRsqRet	(5) exRsqBsi	(6) exRsqRet	(7) exRsqBsi	(8) exRsqRet	(9) exRsqBsi	(10) exRsqRet	(11) exRsqBsi	(12) exRsqRet
OpnManip	0.30*** (68.79)						0.52*** (30.63)	1.13*** (35.41)	0.42*** (26.58)	0.65*** (21.22)	0.58*** (32.23)	1.20*** (35.86)
exCniSmall		1.61*** (188.65)					0.01*** (56.89)	0.91*** (76.59)				
exBDidx			0.01*** (27.05)	0.03*** (54.85)					0.30*** (67.05)	1.60*** (187.03)		
exHXidx					0.01*** (57.88)	0.01*** (77.74)					0.01*** (25.90)	0.03*** (53.55)
Size	0.17*** (67.37)	0.33*** (66.66)	0.15*** (45.59)	0.26*** (42.07)	0.11*** (35.48)	0.21*** (35.23)	0.11*** (35.46)	0.21*** (35.20)	0.17*** (67.48)	0.33*** (66.75)	0.15*** (45.58)	0.26*** (42.07)
Follow	-0.01*** (-29.41)	-0.03*** (-50.97)	-0.01*** (-23.60)	-0.02*** (-33.15)	-0.01*** (-23.89)	-0.03*** (-37.03)	-0.01*** (-23.92)	-0.03*** (-37.06)	-0.01*** (-29.43)	-0.03*** (-50.98)	-0.01*** (-23.59)	-0.02*** (-33.14)
Inst	-0.00*** (-21.70)	-0.00*** (-9.67)	-0.00*** (-6.52)	0.01*** (20.03)	-0.00*** (-11.48)	-0.01*** (-11.32)	-0.00*** (-11.63)	-0.01*** (-11.49)	-0.00*** (-21.91)	-0.00*** (-9.84)	-0.00*** (-6.75)	0.01*** (19.78)
Turn	3.57*** (90.28)	21.75*** (284.85)	3.32*** (73.94)	22.23*** (266.03)	2.51*** (60.90)	22.25*** (285.91)	2.43*** (58.77)	22.07*** (283.03)	3.53*** (89.18)	21.69*** (283.81)	3.23*** (71.75)	22.04*** (263.26)

续表

变量名称	(1) exRsqBsi	(2) exRsqRet	(3) exRsqBsi	(4) exRsqRet	(5) exRsqBsi	(6) exRsqRet	(7) exRsqBsi	(8) exRsqRet	(9) exRsqBsi	(10) exRsqRet	(11) exRsqBsi	(12) exRsqRet
Vol	-1.48*** (-15.13)	-1.52*** (-8.06)	1.92*** (14.99)	-7.75*** (-32.53)	-5.16*** (-48.42)	-10.54*** (-52.39)	-5.09*** (-47.79)	-10.39*** (-51.67)	-1.44*** (-14.73)	-1.46*** (-7.74)	1.98*** (15.49)	-7.61*** (-31.97)
Price	0.06*** (21.59)	0.50*** (100.55)	-0.01*** (-2.68)	0.13*** (21.53)	0.09*** (25.87)	0.26*** (41.03)	0.09*** (26.27)	0.27*** (41.50)	0.06*** (21.85)	0.50*** (100.76)	-0.01** (-2.19)	0.14*** (22.08)
Constant	-1.75*** (-25.68)	-5.21*** (-39.53)	-1.28*** (-14.05)	-3.17*** (-18.64)	-1.08*** (-11.07)	-3.01*** (-16.27)	-1.09*** (-11.10)	-3.02*** (-16.32)	-1.76*** (-25.78)	-5.22*** (-39.61)	-1.28*** (-14.07)	-3.17*** (-18.66)
Year FE	YES	YES	YES	YES	YES	YES	YES	YES	YES	YES	YES	YES
Industry FE	YES	YES	YES	YES	YES	YES	YES	YES	YES	YES	YES	YES
Observations	4611471	4611471	3112762	3112762	3354169	3354169	4611471	4611471	3112762	3112762	3354169	3354169
R^2	0.032	0.087	0.024	0.045	0.030	0.080	0.032	0.087	0.024	0.046	0.030	0.081

注：括号内为 T 值，*、**、*** 分别代表在 10%、5%、1% 的程度上显著。

表 7-20 第（1）至第（6）列的结果表明，以 *exRsqBsi* 指标和 *exRsqRet* 指标为被解释变量时固定效应（FE）估计结果中，超额小额资金净流入比例 *exCniSmall*、超额百度搜索指数 *exBDidx* 与超额和讯指数 *exHXidx* 的估计系数均显著为正。以超额小额资金净流入比例 *exCniSmall* 作为散户参与程度的代理指标为例，平均而言，超额小额资金净流入比例 *exCniSmall* 每增加 1%，*exRsqBsi* 指标增加 0.30%，*exRsqRet* 指标增加 1.61%。这一结果表明，散户参与程度提高增加了当天日内股价短期收益率的可预测性，降低了定价效率。

表 7-20 第（7）至第（12）列的结果表明，以 *exRsqBsi* 指标和 *exRsqRet* 指标为被解释变量时固定效应（FE）估计结果中，开盘价操纵 *OpnManip*、超额小额资金净流入比例 *exCniSmall*、超额百度搜索指数 *exBDidx* 与超额和讯指数 *exHXidx* 的估计系数均显著为正。以超额小额资金净流入比例 *exCniSmall* 作为散户参与程度的代理指标为例，平均而言，相较于未受开盘价操纵的股票，受操纵股票的 *exRsqBsi* 指标高 0.52%，*exRsqRet* 指标高 1.13%；超额小额资金净流入比例 *exCniSmall* 每增加 1%，*exRsqBsi* 指标增加 0.01%，*exRsqRet* 指标增加 0.91%。上述实证结果表明，开盘价操纵通过吸引散户投资者的参与，增加了当天日内股价短期收益率的可预测性，降低了定价效率，受操纵股票的散户投资者参与程度越高，定价效率越低。

三、信息不对称

在开盘价操纵过程中，操纵者除通过策略性交易行为哄抬股票价格外，也会主动散布虚假信息，影响投资者对股票真实价值的判断。赵涛和郑祖玄（2002）、Comerton-Forde 和 Putniņš（2014）等文献指出操纵成功与否取决于市场信息不对称程度的高低。当信息不对称程度高时，市场中的其他投资者无法辨别操纵者的意图是抄底还是操纵时，基于交易的操纵才可能实现（Allen and Gale，1992；Glosten and Milgrom，1985；Aggarwal and Wu，2006）。现有文献就如何抑制市场操纵展开了大量讨论，发现改善信息环境、降低信息不透明度以及对信息的过度反应能够遏制市场中的违规行为。例如，Lee 等（2013）利用韩国证券交易所提供的完整日内订单和交易数据，发现在交易所修改披露规则，将买卖双边的报价披露数量从 5 个增加至 10 个，并停止披露买卖订单的总数，防止了投资者发布误导性信息，遏制了"欺骗性订单"操纵。Duong 等（2021）基于 37 个国家和地区的对比研究，发现在信息不对称程度低的国家和地区，发生操纵导致 IPO 定价过低的可能性更低。因此，我们推测信息不对称程度越低，定价效率越高，开盘价操纵对定价效率的降低程度越低。

学者普遍认为四大会计师事务所的审计师、分析师和卖空者积极参与挖掘上市公司信息、监督管理层行为，能够起到降低信息不对称程度的作用。例如，Callen 和 Fang（2017）发现出于更大诉讼风险的担忧，四大会计师事务所审计师能够更加积极监督上市公司，并阻止管理层隐瞒负面消息。Comerton-Forde 和 Putniņš（2014）认为分析师不仅能够通过挖掘上市公司相关信息以降低信息不对称程度，还能对管理层进行监督，抑制内部人的操纵行为。周春生等（2005）指出，如果无法杜绝市场中的操纵行为，则在市场中引入卖空机制能够降低股价的偏离程度。因此，为了检验不同信息不对称程度下，开盘价操纵对定价效率的影响差异，我们选取审计师是否来自四大会计师事务所（Big 4）、分析师是否高于样本中位数（DumFollow）以及是否可卖空（Short）作为信息不对称程度的代理变量，构建了如下回归模型：

$$Epu_{i,t}=\beta_0+\beta_1\times OpnManip_{i,t}+\beta_2\times InfoAsy_{i,t}+\beta_3\times InfoAsy_{i,t}\times$$
$$OpnManip_{i,t}+\beta_c\times Control_{i,t} \tag{7-33}$$

其中，$InfoAsy_{i,t}$ 为信息不对称程度的代理变量。

估计结果列于表 7-21 中，模型中引入了开盘价操纵 OpnManip 这一核心解释变量，包含信息不对称程度代理指标，以及和开盘价操纵 OpnManip 的交乘项，加入了描述公司基本特征的控制变量，并对年度固定效应和行业固定效应进行了控制。

估计结果表明，在 1% 的显著性水平下，信息不对称程度代理指标和开盘价操纵 OpnManip 的交乘项的系数均显著为负。以审计师是否来自四大会计师事务所（Big 4）为例，相较于未受操纵股票，当上市公司审计师来源于非四大会计师事务所时，受操纵股票的 exRsqBsi 指标高 0.03%，exRsqRet 指标高 0.85%；而当上市公司审计师来源于四大会计师事务所时，受操纵股票的 exRsqBsi 指标低 0.15%（-0.18%+0.03%），exRsqRet 指标高 0.40%（-0.45%+0.85%）。这一结果不但在统计上是显著的，而且有着重要的经济学含义，即信息不对称程度越低的股票定价效率越高，当此类股票受开盘价操纵时，操纵导致的定价效率下降幅度更小。

表 7-21　信息不对称在开盘价操纵中对定价效率的影响分析

变量名称	（1）	（2）	（3）	（4）	（5）	（6）
	exRsqBsi	exRsqRet	exRsqBsi	exRsqRet	exRsqBsi	exRsqRet
OpnManip×Big 4	−0.18***	−0.45*				
	（−2.69）	（−1.86）				
OpnManip×DumFollow			−0.45***	−1.14***		
			（−19.56）	（−25.55）		
OpnManip×Short					−0.29***	−0.38***
					（−7.76）	（−5.37）

变量名称	（1）	（2）	（3）	（4）	（5）	（6）
	exRsqBsi	exRsqRet	exRsqBsi	exRsqRet	exRsqBsi	exRsqRet
OpnManip	0.03	0.85***	0.02*	0.71***	0.60***	1.08***
	（1.14）	（17.59）	（1.88）	（15.02）	（34.64）	（32.94）
Big 4	0.01	−0.08***				
	（0.77）	（−4.13）				
DumFollow			−0.02***	−0.10***		
			（−7.79）	（−18.97）		
Short					−0.24***	−0.33***
					（−60.69）	（−44.29）
Size	0.18***	0.39***	0.18***	0.39***	0.16***	0.29***
	（71.88）	（79.93）	（72.10）	（80.63）	（58.49）	（56.22）
Follow	−0.01***	−0.03***	−0.01***	−0.03***	−0.01***	−0.03***
	（−29.44）	（−51.72）	（−28.20）	（−48.73）	（−28.99）	（−42.77）
Inst	−0.00***	−0.00***	−0.00***	−0.00***	−0.00***	0.00
	（−22.93）	（−11.72）	（−22.11）	（−9.89）	（−12.57）	（0.29）
Turn	4.42***	25.12***	4.39***	25.02***	3.00***	22.51***
	（129.56）	（379.59）	（128.54）	（377.86）	（80.80）	（320.76）
Vol	−2.08***	−4.04***	−2.06***	−3.97***	−3.79***	−9.51***
	（−22.30）	（−22.36）	（−22.06）	（−21.97）	（−38.17）	（−50.70）
Price	0.05***	0.45***	0.05***	0.46***	0.03***	0.23***
	（20.03）	（93.36）	（20.84）	（95.04）	（9.00）	（42.70）
Constant	−1.88***	−6.35***	−1.88***	−6.39***	−1.86***	−5.00***
	（−28.36）	（−49.47）	（−28.44）	（−49.73）	（−23.94）	（−33.99）
Year FE	YES	YES	YES	YES	YES	YES
Industry FE	YES	YES	YES	YES	YES	YES
Observations	5011662	5011662	5011662	5011662	4207709	4207709
R^2	0.030	0.077	0.030	0.077	0.025	0.071

注：中国证监会于 2010 年 3 月 19 日正式公布融资融券试点证券工作，于 2010 年 3 月 31 日正式开放融资融券交易，因此第（5）列和第（6）列中观测数为 4207709。括号内为 T 值，*、**、*** 分别代表在 10%、5%、1% 的程度上显著。

四、投资者情绪与羊群效应

金融文献表明，散户投资者表现出赌博偏好和投机倾向的特征（Hsieh et al., 2020），当股价不断上涨或者投资者情绪高涨时，投资者往往更容易表现出过度自信和乐观，并引发更加强烈的羊群效应（即经济个体跟风行为）和投机行为（Baker and Wurgler, 2006）。Shiller（2003）描绘了投资者情绪高涨中的投资者行为：当投机价格上涨后，部分投资者的成功吸引了其他投资者的关注，激发他们传播消息的积极性，最终造成了价格将进一步上涨的预期。李梦雨和李志辉（2019）的研究指出，投资者情绪是市场操纵诱发股价崩盘风险的重要原因。王燕鸣等（2015）发现涨停板具有"广告效应"，操纵者能够利用这一制度设计，引诱投资者跟风买入。因此，我们推测投资者情绪越高涨即羊群效应越严重，投资者越容易忽视与股票真实价值相关的信息，开盘价操纵对定价效率的降低程度越高。

为了对上述推论进行检验，我们构建了如下回归模型：

$$Epu_{i,t}=\beta_0+\beta_1\times OpnManip_{i,t}+\beta_2\times MktSen_{i,t}+\beta_3\times MktSen_{i,t}\times$$
$$OpnManip_{i,t}+\beta_c\times Control_{i,t} \qquad (7\text{--}34)$$

其中，$MktSen_{i,t}$ 为外部市场环境的代理变量。

具体而言，我们采用过去一个月的 CICSI 指数值衡量市场投资者情绪，采用过去 20 个交易日的 CSSD 指数均值衡量市场羊群效应强度，采用模型（7-34）考察了投资者情绪与羊群效应程度下，开盘价操纵对定价效率的影响差异。具体而言，当过去一个月的 CICSI 指数高于样本中位数时，投资者情绪高涨，$DumCICSI$ 的取值为 1，否则取值为 0；当过去 20 个交易日的 CSSD 指数均值高于样本中位数时，羊群效应严重，$DumCSSD$ 的取值为 1，否则取值为 0。

实证结果如表 7-22 所示，模型中引入了开盘价操纵 $OpnManip$ 这一核心解释变量，包含投资者情绪与羊群效应的虚拟变量（$DumCICSI$ 和 $DumCSSD$），以及和开盘价操纵 $OpnManip$ 的交乘项，加入了描述公司基本特征的控制变量，并对年度固定效应和行业固定效应进行了控制。实证结果表明，当市场中投资者情绪高涨即羊群效应严重时，相较于未受操纵股票，受操纵股票的 $exRsqBsi$ 指标高 0.29%（0.34%），$exRsqRet$ 指标高 0.97%（0.89%）；而当市场中投资者情绪低落即羊群效应轻微时，相较于未受操纵股票，受操纵股票的 $exRsqBsi$ 指标高 0.18%（0.01%），$exRsqRet$ 指标高 0.67%（0.85%）。这一结果表明，开盘价操纵对定价效率的影响受投资者情绪与羊群效应的影响，投资者情绪越高涨即羊群效应越严重，开盘价操纵导致的定价效率下降程度越高。

表 7-22　投资者情绪与羊群效应在开盘价操纵中对定价效率的影响分析

变量名称	（1）exRsqBsi	（2）exRsqRet	（3）exRsqBsi	（4）exRsqRet
$DumCICSI \times OpnManip$	0.11**	0.30***		
	（2.28）	（3.14）		
$DumCSSD \times OpnManip$			0.33*	0.04**
			（1.88）	（2.43）
$OpnManip$	0.18**	0.67***	0.01	0.85***
	（2.13）	（9.75）	（0.29）	（13.29）
$DumCICSI$	0.32***	0.53***		
	（103.15）	（89.49）		
$DumCSSD$			0.04***	0.06***
			（17.64）	（13.17）
$Size$	0.16***	0.42***	0.17***	0.44***
	（70.97）	（97.48）	（74.27）	（100.18）
$Follow$	−0.01***	−0.03***	−0.01***	−0.03***
	（−30.04）	（−51.58）	（−29.44）	（−51.13）
$Inst$	−0.00***	−0.00***	−0.00***	−0.00***
	（−19.16）	（−6.93）	（−22.67）	（−9.99）
$Turn$	4.41***	24.70***	4.44***	24.74***
	（130.31）	（376.02）	（130.74）	（375.69）
Vol	−0.39***	−1.47***	−2.38***	−4.72***
	（−4.14）	（−8.01）	（−24.99）	（−25.59）
$Price$	0.02***	0.34***	0.04***	0.38***
	（8.76）	（74.82）	（18.04）	（83.29）
$Constant$	−1.50***	−7.31***	−1.61***	−7.51***
	（−24.85）	（−62.56）	（−26.67）	（−64.09）
Year FE	YES	YES	YES	YES
Industry FE	YES	YES	YES	YES
Observations	5011662	5011662	5011662	5011662
R^2	0.036	0.072	0.033	0.071

注：括号内为 T 值，*、**、*** 分别代表在10%、5%、1% 的程度上显著。

五、稳健性检验

（一）样本选择偏差

市场操纵研究文献指出，受操纵的股票具有市值规模小、波动性大、流动性差、信息不对称程度高等特征（Aggarwal and Wu，2006；Lee et al.，

2013；Comerton-Forde and Putniņš，2014；Huang and Cheng，2015），被操纵股票和未被操纵股票的定价效率的差异可能受样本选择性偏差的影响。因此，为了降低这一影响，我们参考 Neupane 等（2017）采用倾向得分匹配挑选未被操纵股票作为对照组股票展开实证研究。

具体而言，我们以开盘价操纵 *OpnManip* 为被解释变量，以前一个交易日的市值规模（*Size*）、分析师跟踪人数（*Follow*）、机构投资者持股比例（*Inst*）、换手率（*Turn*）、波动率（*Vol*）和价格水平（*Price*）为解释变量，采用 Logit 模型估计股票的被操纵概率，选取与被操纵股票被操纵概率最接近的一只股票作为对照组股票。采用倾向得分匹配挑选对照组股票后的估计结果如表 7-23 第（1）、第（2）列所示。估计结果表明，受操纵股票的 *exRsqBsi* 指标和 *exRsqRet* 指标显著高于未受操纵股票。

表 7-23　稳健性检验：样本选择性偏差

变量名称	（1）	（2）	（3）	（4）
	PSM 一对一匹配		定价效率测量指标	
	exRsqBsi	*exRsqRet*	*exAcf*	*exVr*
OpnManip	0.55*** （25.29）	0.89*** （19.10）	0.01*** （5.21）	0.02*** （38.89）
Control	YES	YES	YES	YES
Year FE	YES	YES	YES	YES
Industry FE	YES	YES	YES	YES
Observations	32892	32892	5011662	5011662
R^2	0.048	0.084	0.007	0.037

注：括号内为 *T* 值，*、**、*** 分别代表在 10%、5%、1% 的程度上显著。

（二）定价效率的不同度量指标

为了降低"实证结论依赖于定价效率度量指标的选取"这一担忧，我们选取市场微观结构文献常用的自相关系数 *Acf* 和方差比 *Vr* 作为定价效率度量指标进行稳健性检验。具体而言：$Acf_{i,t}=|corr(Ret_{i,t,j}, Ret_{i,t,j-1})-1|$，$Vr_{i,t}=\left|\dfrac{Std\,5_{i,t}}{5\times Std\,1_{i,t}}-1\right|$。其中，$Std\,5_{i,t}$ 和 $Std\,1_{i,t}$ 分别为 5 分钟和 1 分钟收益率的标准差。与 *exRsqBsi* 指标和 *exRsqRet* 指标的处理方法一致，我们通过将当日自相关系数（方差比）减去前 20 个交易日的均值，构建超额自相关系数 *exAcf* 和超额方差比 *exVr* 以反映定价效率的变化。采用超额自相关系数 *exAcf* 和超

额方差比 $exVr$ 为定价效率的度量指标的实证结果如表 7-23 第（3）、第（4）列所示。估计结果表明，相较于未被操纵股票，被操纵股票的超额自相关系数 $exAcf$ 和超额方差比 $exVr$ 显著更高，定价效率更低。

（三）不同开盘价操纵识别模型：不同时间窗口

基于受操纵股票的异常价格走势，金融市场文献构建了市场操纵识别模型对市场中的操纵行为进行检测（Cumming et al., 2011; Aitken et al., 2015b; 李志辉 等，2018；李梦雨和李志辉，2019；Cumming et al., 2020a），但操纵识别变量在不同的阈值和权重下将产生不同的识别结果。因此，为了验证不同时间窗口下研究结论的稳健性，我们进一步以 60 个交易日、100 个交易日和 200 个交易日为比较基准，并基于不同时间窗口的开盘价操纵识别模型侦测的疑似市场操纵案例，再次检验了被操纵股票和未受操纵股票的定价效率差异。检验结果列于表 7-24 中，实证结果与研究基本一致，说明了研究结果对操纵识别模型不同时间窗口的稳健性。

表 7-24　开盘价操纵识别模型对不同时间窗口操纵行为的稳健性检验

变量名称	（1）	（2）	（3）	（4）	（5）	（6）
	60 个交易日		100 个交易日		200 个交易日	
	$exRsqBsi$	$exRsqRet$	$exRsqBsi$	$exRsqRet$	$exRsqBsi$	$exRsqRet$
$OpnManip$	0.23***	0.50***	0.24***	0.45***	0.25***	0.60***
	（24.27）	（26.55）	（24.36）	（23.67）	（25.13）	（31.12）
$Control$	YES	YES	YES	YES	YES	YES
$Year\ FE$	YES	YES	YES	YES	YES	YES
$Industry\ FE$	YES	YES	YES	YES	YES	YES
$Observations$	4877720	4877720	4760747	4760747	4463745	4463745
R^2	0.030	0.077	0.028	0.074	0.027	0.070

注：括号内为 T 值，*、**、*** 分别代表在 10%、5%、1% 的程度上显著。

第八章 "四两拨千斤"：收盘价操纵

第一节 收盘价操纵的定义

收盘价操纵是指在尾盘期间提交大量高价、非代表性订单申报，拉抬股价，将股价泡沫后的下跌风险转嫁给中小投资者以获取不正当利益的市场操纵行为。一般来说，收盘价操纵发生后的下一个交易日，随着新的订单进入市场，错误定价被市场逐步纠正，股价发生反转。由于收盘价经常被用来确定基金产品净值、金融衍生合约的基准价格、基金经理排名、管理层薪酬等，操纵收盘价具有潜在的巨大盈利空间，因此操纵者具有很强的动机通过操纵手法影响收盘价向自己有利的方向移动（Aitken et al.，2015b）。收盘价操纵不但影响金融市场定价的准确性和流动性，从长远来看，也阻碍了金融市场资源配置的有效性。一个典型的例子便是通过操纵收盘价获得更高基金业绩排名的基金经理，能够获得更多基民的青睐，更多的资金会涌向这些无法创造良好收益的投资产品当中。因此，通过科学、规范的制度，为股票市场确定一个准确的收盘价，对金融市场和投资者具有重大意义。

我们用中国证监会披露的一件案例说明收盘价操纵的典型经过。证监罚字〔2017〕27 号行政处罚决定书披露了一起典型收盘价操纵案例，图 8-1 展示了 2015 年 8 月 24 日穗富投资对"宁波富邦（600768）"进行收盘价操纵的过程。2015 年 8 月 24 日，穗富投资对"宁波富邦（600768）"进行收盘价操纵，在收盘集合竞价期间提交大量高价、非代表性订单申报，导致股价

异常上升。并且，我们观察到由于股价异常上升缺乏基本面支撑，操纵发生
的下一个交易日股价发生了显著反转。

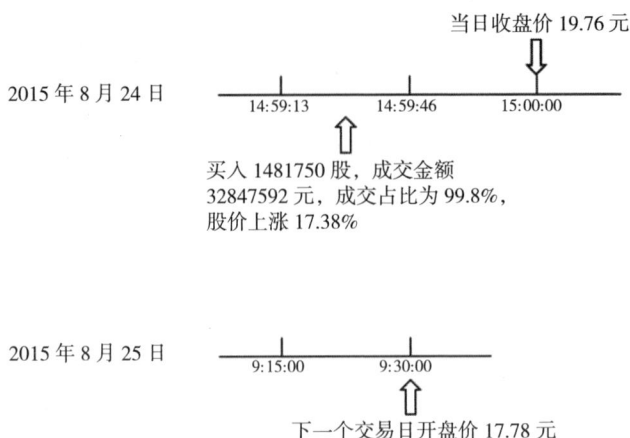

图 8-1 穗富投资对"宁波富邦"进行收盘价操纵过程的示意图

根据中国证监会行政处罚决定书中披露的细节，操纵者操纵收盘价的手
法存在以下特点。

（1）通过提交大量高价、非代表性订单申报推高股价。

2015 年 8 月 24 日 14:59:13 至 14:59:46，也就是收盘前最后 1 分钟内，
穗富投资连续进行了 4 笔买入委托申报。穗富投资的委托价格均大幅高于其
提交订单之前其他投资者达成的最新市场成交价，其提交的 2 笔委托价格高
于市场最新成交价 22%，1 笔委托价格则高出 10%。中国证监会观察到穗富
投资提交的 4 笔买入委托申报中，其中 3 笔委托价格高于申报后市场卖五档
位的挂单价格，较申报后卖五档位挂单价格的上涨幅度平均为 4.44%。除了
申报价格异常高于市场价格以外，申报数量也异常巨大，穗富投资提交的每
笔买入申报数量占申报后市场卖前 10 档位挂单总量的比例平均为 700%。从
这些细节中不难看出，穗富投资意图通过明显异常的申报价格、申报数量影
响股票市场，表现出明显的拉抬股票收盘价的意图。

（2）被操纵的股票在下一个交易日股价发生反转。

在操纵者完成收盘价操纵后，市场逐步纠正错误的定价，股价回归正
常水平。2015 年 8 月 25 日，即收盘价操纵后的下一交易日中，"宁波富邦
（600768）"股价发生反转，开盘价由操纵日收盘的 19.76 元跌至 17.78 元，
下跌幅度达 10.02%。

第二节　收盘价操纵的研究意义

学术界在收盘价操纵方面有着非常丰富的研究成果。Hillion 和 Suominen（2004）分析了收盘价操纵出现的动机和原因，认为由于收盘价往往用来评判基金经理等代理人的投资能力，决定其报酬，因此提高客户的满意度会成为他们操纵收盘价的动因，而这将会加剧股价波动，并导致买卖价差的增大。Ben-David 等（2013）通过检查基金交易数据，发现基金持仓量最高的四分之一的股票在季度末的最后一个交易日出现 0.30% 的异常收益，并在第二个交易日出现 0.25% 的收益反转，收益的很大一部分来源于交易结束前的几分钟，Ben-David 等（2013）将其归因于基金经理的操纵。Aitken 等（2015c）提出，市场操纵与市场效率有着密切的联系，他们发现基于交易的操纵提高了买卖价差。减少基于交易的市场操纵事件不仅间接有助于提高交易所在市场诚信方面的声誉，而且直接有助于提高市场流动性和定价效率。Comerton-Forde 和 Putniņš（2014）研究了股票操纵的决定因素，发现信息不对称程度高、流动性低的股票最容易被操纵，特别是共同基金持股比例相对较高的股票，在月末和季末被操纵的可能性更大。Comerton-Forde 和 Putniņš（2011）通过分析来自美国和加拿大证券交易所手工收集的 184 个收盘价操纵案例，发现收盘价格操纵显著损害了股票定价的准确性。虽然价格扭曲一般只在收盘前的短时间内存在，但由于收盘价格的广泛使用，其影响是巨大的。此外，他们建立了一个衡量收盘价操纵概率和强度的指数，从而为研究者考察大量逃避监管处罚的市场操纵行为提供了可能。李志辉等（2018）以中国股票市场的日内高频分时交易数据构架尾市价格偏离模型，并基于识别模型侦测的疑似收盘价操纵，实证检验了市场操纵对市场流动性的影响，发现收盘价操纵增加了交易成本，降低了市场流动性，同时研究还发现，投资者报价策略趋于保守化是市场操纵对流动性造成不利影响的关键。

文献就收盘价操纵对股票市场表现的影响做了大量细致研究，但分析市场操纵对上市公司行为的文献相对较少。在本章中我们不再重复此前文献已经给予广泛讨论的话题，而是专注于探讨收盘价操纵对公司创新这一重要的经营行为的影响。Cumming 等（2020b）探索了收盘价操纵与市场创新可能存在的联系，通过使用收盘价操纵的疑似案例，发现收盘价操纵损害公司长期股权价值，并且在知识产权保护能力较弱的国家，收盘价操纵会更严重地损害股权价值，减少对员工创新的激励。创新活动是保持产品市场竞争优势、驱动公司增长的重大战略投资活动，具有产出不确定性高和时间跨度长的特征（Hall，2002）。大量文献充分讨论了企业创新的影响因素，我们将相关文献划分为两类。第一类文献讨论了创新与公司个体特征之间的关系。例如，冯根福和温军（2008）基于中国上市公司的相关数据，实证检验了公司治理特征与企业技术创新之间的关系，发现股权集中度、国有股持股比例、机构投资者持股、独立董事制度等治理特征能够影响企业创新。Aghion 等（2013）、Sakaki 和 Jory（2019）发现，机构投资者通过降低管理层职业风险，激励了上市公司的创新投资。鞠晓生等（2013）采用中国非上市公司工业企业数据实证检验了融资约束、营运资本和企业创新之间的关系，研究发现营运资本对企业创新具有平滑作用，且这种作用在融资约束高的企业中更突出。He 和 Tian（2013）的研究指出，分析师施加了大量的压力给管理层，促使管理层专注短期管理活动，从而阻碍了企业对创新项目的投资。Ren 等（2021）发现 CEO（chief executive officer，即首席执行官）故乡与公司总部所在地一致的上市公司创新能力更强，这种正向关系的影响渠道为：本地 CEO 获得了董事会更多的支持，承担了更多的风险，并且倾向于专注长期目标。第二类文献分析了外部市场特征对企业创新的影响。例如，Acharya 和 Subramanian（2009）发现当破产法对债权人更有利时，过度清算会导致负债企业降低长期项目的投入，抑制创新投资；当破产法对债务人更有利时，则会引发企业更大程度的创新投资。解维敏等（2009）发现中国政府对上市公司的 R&D 资助刺激了企业的 R&D 支出，鼓励了上市公司的自主创新。Tian 和 Wang（2014）基于风险资本（venture capital，VC）投资的 IPO 企业样本数据，检验了对失败的容忍程度是否会影响企业创新，研究结果表明由更高失败容忍程度的风险投资资本支持的企业具有更大的创新能力。Fang 等（2014）以监管政策变化作为流动性外生冲击事件，发现流动性提升增加了恶意收购风险和非积极机构投资者的存在，抑制了企业创新。冯根福等（2017）以我国 A股市场中股权分置改革和印花税调整作为准自然实验的外生冲击，发现股票市场流动性提高降低了民营企业的创新水平，增强了国有企业的创新能力。Chen 等（2021）以美国对华正常贸易关系的确认作为关税政策不确定性的代理变量，发现降低中国进口产品关税的不确定性增加了创新项目投资对美国企业的吸引力，从而促使美国企业进行了更多创新。

在本章中，我们基于收盘价操纵的价格变化特征构建了收盘价操纵识别模型，并利用中国 A 股股票市场的分时高频交易数据实现了疑似收盘价操纵的监测。利用识别模型甄别的疑似收盘价操纵数据，我们实证检验了市场操纵与企业创新之间的关系。我们使用的数据主要来源于三个数据库：A 股上市公司的交易数据和财务数据来源于国泰安（CSMAR）金融数据库，主要包括市值规模、资产收益率等；股票分时高频交易数据来源于锐思金融数据库（RESSET），主要包括成交价、成交时间等信息；上市公司专利申请数据来源于中国研究数据服务平台（CNRDS），主要包括专利申请数量、申请时间等。我们选取中国A股股票市场中所有上市公司为初始研究对象,在此基础上,我们剔除了以下上市公司样本:①金融类上市公司;②样本区间存在退市风险警示的公司;③控制变量存在缺失的上市公司。最终,我们获取了25883例年度观测值数据。研究结果表明:市场操纵抑制了上市公司创新,降低了上市公司下一年度的专利申请总数量和发明专利申请数量。同时,我们发现融资成本增加和管理层短视行为是市场操纵抑制企业创新的影响渠道。

第三节　市场操纵与企业创新

为了方便读者阅读,我们在表8-1列举了本节研究中所使用的主要变量名称及定义。为了避免极端值对实证结果可能的干扰,我们将连续型变量进行了1%双向缩尾处理。其中控制变量的选择方面,我们参考Fang等(2014)、Blanco和Wehrheim(2017)、Cumming等(2020a)等人的研究,选取了Amihud非流动性指标(*Amihud*)、市值规模(*MV*)、资产收益率(*ROA*)、创新投资占比(*RDTA*)、有形资产占比(*PPETA*)、杠杆比例(*LEV*)、固定投资比例(*CAPEXTA*)、托宾Q(*Tobin's Q*)、波动率(*SIGMA*)作为本节研究使用的控制变量。

表8-1　本节主要变量名称与变量定义

变量名称	变量定义
DumEod	虚拟变量,股票当年度被操纵时取值为1,否则取值为0
INV	下一年度专利申请总数量加1,然后取自然对数
INVIA	下一年度发明专利申请数量加1,然后取自然对数
Amihud	年度Amihud非流动性指标
MV	依据年度市值规模进行从小到大划分为10组,第一组取值为1,最后一组取值为10
ROA	税后净利润占总资产的比值
RDTA	研发支出占总资产的比值
PPETA	有形资产占总资产的比值
LEV	债务价值占总资产的比值
CAPEXTA	固定资产占总资产的比值
Tobin's Q	托宾Q
SIGMA	收益率的年度标准差

表8-2提供了主要被解释变量、解释变量及控制变量的描述性统计。其中，是否被操纵 *DumEod* 的均值为 0.457，这表明样本期间存在 45.7% 的股票在特定年份至少发生了一次收盘价操纵。

表8-2 主要被解释变量、解释变量和控制变量的描述性统计

变量名称	观测数	均值	标准差	最小值	p25	p50	p75	最大值
DumEod	25883	0.457	0.498	0	0	0	1	1
INV	25883	1.154	1.531	0.000	0.000	0.000	2.197	9.192
INVIA	25883	0.781	1.215	0.000	0.000	0.000	1.386	8.612
Amihud	25883	−0.146	1.139	−5.966	−0.307	−0.002	0.181	3.355
MV	25883	5.476	2.881	1	3	5	8	10
ROA	25883	0.034	0.065	−0.292	0.012	0.034	0.063	0.199
RDTA	25883	0.013	0.017	0.000	0.000	0.006	0.021	0.083
PPETA	25883	0.928	0.089	0.512	0.915	0.958	0.981	1.000
LEV	25883	0.455	0.216	0.053	0.285	0.451	0.616	0.995
CAPEXTA	25883	0.231	0.172	0.002	0.096	0.196	0.331	0.733
Tobin's Q	25883	2.151	1.499	0.900	1.266	1.667	2.422	10.147
SIGMA	25883	6.670	4.798	1.921	3.662	5.183	7.845	30.034

一、上市公司创新

已有企业创新文献采用研发支出、专利申请数量、专利授予数量和专利引用次数等指标衡量上市公司创新活动。考虑到研发项目作为商业机密，上市公司通常并不披露相关细节，我们基于专利申请总数量和发明专利申请数量分别构建了 *INV* 指标和 *INVIA* 指标，用以衡量上市公司创新，具体而言：年度专利总申请数量衡量了上市公司研发活动的产出，能够直接衡量上市公司的创新能力，也是文献中广泛采用的创新能力代理指标之一。我们参考 Fang 等（2014）、Cumming 等（2020a）的研究，基于下一年度专利申请总数量构建了衡量上市公司创新能力的第一个指标：*INV* 指标。值得指出的是，由于专利申请总数量是右偏的，其第75百分位数为0，因此我们遵循已有文献的做法，采用如下公式对下一年度申请总数量进行了取对数处理：

$$INV_{i,T}=\ln(1+NumPat_{i,T+1}) \tag{8-1}$$

其中，$NumPat_{i,T+1}$ 为上市公司 i 在 $T+1$ 年度的专利申请总数量。

根据中国专利分类，发明专利、实用新型专利和外观设计专利在创新程度上存在较大的差异，其中发明专利主要是针对产品、方法或相应的改进提

出全新的设计，对技术要求更高，研发难度更大，更能反映企业的创新能力（权小锋 等，2020），因此我们基于下一年度发明专利申请数量构建了反映上市公司创新能力的第二个指标：$INVIA$ 指标。其计算方法如下：

$$INVIA_{i,T}=\ln(1+NumPatC_{i,T+1})\qquad\qquad（8-2）$$

其中，$NumPatC_{i,T+1}$ 为上市公司 i 在 $T+1$ 年度的发明专利申请数量。

二、收盘价操纵识别模型

在一个典型的收盘价操纵案例中，操纵者在收盘前几分钟通过提交大量非执行订单推动股价上涨，造成股价将进一步上涨的假象，以吸引投资者跟风买入，然后操纵者在第二个交易日卖出获利并退出市场（Comerton-Forde and Putniņš，2011；Hillion and Suominen，2004）。现有文献基于监管机构披露的收盘价操纵案例展开了大量实证研究，但正如 Comerton-Forde 和 Putniņš（2014）、Neupane 等（2017）、李志辉等（2018）的研究所表明的，监管机构查处披露的市场操纵案例仅占真实发生操纵行为的一小部分，采用真实操纵案例的实证研究面临样本选择性偏差的影响。因此，我们参考 Aitken 等（2015b）、Cumming 等（2020a）构建了收盘价操纵识别模型，并基于分时高频交易数据对我国 A 股股票市场中的收盘价操纵行为进行侦测。具体的收盘价操纵识别模型参见本书第十三章第二节有关内容，我们依据识别模型判定股票 i 是否发生收盘价操纵。在此基础上，我们依据股票 i 在 T 年度的被操纵情况，构建了反映收盘价操纵虚拟变量——$DumEod_{i,T}$。当股票 i 在 T 年度存在至少一次操纵时，$DumEod_{i,T}$ 的取值为 1，否则取值为 0。为了进一步验证结论的稳健性，我们将在稳健性检验中，参考李志辉等（2018）以 30 个交易日为时间窗口构建收盘价操纵识别模型，进一步检验结论的稳健性。

三、市场操纵抑制了上市公司创新吗？

市场操纵抑制了上市公司创新吗？上市公司管理层不仅依据内部财务资料、产品市场表现等信息进行管理决策，同时也将股票市场表现作为重要的参考依据（Chen et al.，2007a；Marciukaityte and Varma，2008；陈康和刘琦，2018）。创新活动作为管理决策的重要组成部分之一，同样受到股票市场表现的影响（Cumming et al.，2020a）。在市场操纵过程中，股价偏离了其基本面特征，公司股权价值的错误定价将引发代理问题，管理层为迎合相关利益方的需要，将实施不利于企业长期发展的管理活动（Marciukaityte and Varma，2008）。此外，市场操纵造成的股权价值下降，将降低员工的创新动力（Cumming et al.，2020a），并增加控股股东控制权丧失的威胁且诱发利润操纵行为（Pang and Wang，2020；南星恒和孙雪霞，2020）。因此，我们推测市场操纵将抑制上市公司创新活动，降低下一年度专利申请数量。为了对上述论断进行检验，我们构建了如下计量模型：

$$Y_{i,T}=\beta_0+\beta_1\times DumEod_{i,T}+\beta_2\times Control_{i,T}+\sum Year\ FE+\sum Firm\ FE+\varepsilon_{i,T} \qquad (8\text{-}3)$$

其中，$Y_{i,T}$ 为基于下一年度专利申请总数量和发明专利申请数量构建的 $INV_{i,T}$ 指标与 $INVIA_{i,T}$ 指标，用以衡量企业创新；$DumEod_{i,T}$ 为是否被操纵的虚拟变量，当股票 i 在 T 年度存在至少一次操纵时，$DumEod_{i,T}$ 的取值为 1，否则取值为 0；$Control_{i,T}$ 为我们前述控制变量，包括 Amihud 非流动性（$Amihud$）、市值规模（MV）、资产收益率（ROA）、创新投资占比（$RDTA$）、有形资产占比（$PPETA$）、杠杆比例（LEV）、固定投资比例（$CAPEXTA$）、托宾 Q（$Tobin's\ Q$）、波动率（$SIGMA$）；$Year\ FE$ 和 $Firm\ FE$ 分别为年份固定效应和公司固定效应；$\varepsilon_{i,t}$ 为残差项。估计结果列于表 8-3，其中第（1）列和第（3）列对年度固定效应和行业固定效应进行了控制，第（2）列和第（4）列进一步引入了描述公司特征的控制变量。

表 8-3　市场操纵对上市公司创新的影响分析

变量名称	（1）	（2）	（3）	（4）
	INV	INV	INVIA	INVIA
DumEod	−0.082***	−0.068***	−0.036***	−0.033***
	（0.011）	（0.011）	（0.009）	（0.009）
Amihud		0.017***		0.007*
		（0.005）		（0.004）
MV		0.001*		0.001
		（0.001）		（0.001）
ROA		0.749***		0.443***
		（0.103）		（0.084）
RDTA		4.962***		7.033***
		（0.545）		（0.445）
PPETA		0.507***		0.163**
		（0.088）		（0.072）
LEV		−0.041		0.081**
		（0.049）		（0.040）
CAPEXTA		0.251***		0.049
		（0.064）		（0.052）

续表

变量名称	（1）	（2）	（3）	（4）
	INV	*INV*	*INVIA*	*INVIA*
Tobin's Q		0.004 （0.005）		0.003 （0.004）
SIGMA		−0.001 （0.001）		−0.001 （0.001）
Constant	1.115*** （0.007）	0.509*** （0.087）	0.763*** （0.006）	0.451*** （0.071）
Year FE	YES	YES	YES	YES
Firm FE	YES	YES	YES	YES
Observations	25883	25883	25883	25883
R^2	0.764	0.766	0.750	0.753

注：括号内为标准误，*、**、*** 分别代表在 10%、5%、1% 的程度上显著。

估计结果表明，平均而言，相较于未被操纵股票，被操纵股票的 *INV* 指标低 6.8%，*INVIA* 指标低 3.3%。这一差异不但在统计上显著，而且有重要的经济学意义。与 Cumming 等（2020a）的研究结论一致，我们发现市场操纵抑制了上市公司的创新活动，受操纵的上市公司下一年度的专利申请总数量和发明专利申请数量更低。

第四节　融资约束

创新项目通常是充满不确定的高风险投资项目，需要长期投入大量资源进行维持，外部投资者往往很难对此类投资项目进行评估，外部投资者与管理层之间存在严重的信息不对称（Hall，2002；鞠晓生 等，2013；李春涛 等，2020）。当企业为创新项目进行融资时，此类信息不对称问题将导致企业难以公平的价格（融资成本）进行融资（Myers and Majluf，1984；Hall and Lerner，2010）。市场操纵通常会降低企业的长期股权价值和投资者对企业的信心（Cumming et al.，2020b；Agrawal and Cooper，2015；Aitken et al.，2015b，2015c），使上市公司成为不受投资者欢迎的企业。因此，我们推测，上市公司的融资约束程度越高，市场操纵对上市公司融资难易程度的影响越大，进而对创新活动产生的不利影响也越大。为了对这一论断进行检验，我们依据融资约束程度，将样本划分为低融资约束程度和高融资约束程度，分别考察在不同融资约束程度下，市场操纵对企业创新活动的影响差异。企业融资约束程度越低，越能够以公平的价格（融资成本）进行融资。当市场操纵造成长期股权价值和投资者信任程度下降时，企业面临的融资约束程度越高，其融资成本将会越高。因此，如若上述推断成立，那么我们将观测到，在高融资约束程度子样本中，市场操纵对企业创新活动的抑制程度更大。

参考王彦超（2009）、Hadlock 和 Pierce（2010）、鞠晓生等（2013）的做法，我们采用公司规模、SA 指数和樊纲指数作为企业融资约束的代理变量。其中，公司规模采用年度流动市值的自然对数衡量，公司规模越小，融资约束程度越高；SA 指数的构建方法为：$SA=0.737 \times Size+0.043 \times Size^2-0.04 \times Age$，其中 Size 为固定资产（以百万元为单位）的自然对数，Age 为成立年限，计算出的 SA 指数为负值；SA 指数的绝对值越大，表明企业受到的融资约束程度越大。樊纲等（2007）依据市场化发展程度构建了不同地域的樊纲指数，樊纲指数越小，市场化程度越低，企业面临的融资约束程度越高。相较于上市公司主要财务变量（如现金持有量、杠杆比例、投资比例等），我们使用的公司规模、SA 指数和樊纲指数等代理变量不太可能是内生的，能够降低内生性带来的影响，这使我们能更加纯粹地考察不同融资约束水平下，市场操纵对上市公司创新活动的影响差异。

一、市值规模

我们进一步依据市值规模将样本划分为低市值（高融资约束）和高市值（低融资约束）两个子样本，考察在不同市值规模下，市场操纵对上市公司创新影响的差异。具体而言，当上市公司市值规模小于同行业年度中位数时，划分为低市值子样本，否则划分为高市值子样本。我们通过模型（8-3）估计了不同市值规模下市场操纵对上市公司创新的影响差异。估计结果列于表8-4中，其中，第（1）、第（2）列汇报了低市值子样本的估计结果，第（3）、第（4）列汇报了高市值子样本的估计结果。

表 8-4　不同市值规模下市场操纵对上市公司创新的影响分析

变量名称	低市值规模（高融资约束）		高市值规模（低融资约束）	
	（1）	（2）	（3）	（4）
	INV	INVIA	INV	INVIA
DumEod	−0.054**	−0.036***	−0.001	−0.009
	（0.027）	（0.013）	（0.020）	（0.017）
Amihud	0.008	0.005	0.002	−0.006
	（0.006）	（0.005）	（0.014）	（0.012）

变量名称	低市值规模（高融资约束）		高市值规模（低融资约束）	
	（1）	（2）	（3）	（4）
	INV	*INVIA*	*INV*	*INVIA*
MV	0.002	0.001*	0.001	0.000
	（0.001）	（0.001）	（0.001）	（0.001）
ROA	0.427***	0.278***	0.818***	0.663***
	（0.119）	（0.093）	（0.201）	（0.172）
RDTA	4.072***	5.347***	5.253***	5.616***
	（0.864）	（0.672）	（0.890）	（0.763）
PPETA	0.484***	0.219***	0.196	0.121
	（0.107）	（0.083）	（0.174）	（0.150）
LEV	−0.067	0.043	−0.076	0.069
	（0.059）	（0.046）	（0.090）	（0.077）
CAPEXTA	0.300***	0.193***	0.235**	0.095
	（0.079）	（0.061）	（0.118）	（0.101）
Tobin's Q	−0.022***	−0.012**	−0.013	−0.009
	（0.007）	（0.005）	（0.009）	（0.008）
SIGMA	−0.001	−0.001	−0.001	−0.000
	（0.002）	（0.001）	（0.002）	（0.002）
Constant	0.440***	0.276***	1.070***	0.714***
	（0.105）	（0.082）	（0.171）	（0.146）
Year FE	YES	YES	YES	YES
Firm FE	YES	YES	YES	YES
Observations	12614	12614	12614	12614
R^2	0.768	0.741	0.814	0.794

注：括号内为标准误，*、**、*** 分别代表在 10%、5%、1% 的程度上显著。

估计结果表明，市场操纵对上市公司创新活动的抑制作用在低市值子样本中更显著，平均而言，相较于未被操纵股票，被操纵股票的 *INV* 指标低 5.4%，*INVIA* 指标低 3.6%；而在高市值子样本中，市场操纵对上市公司创新活动的抑制作用并不显著。

二、*SA* 指数

我们依据 *SA* 指数的绝对值将样本划分为低 *SA* 指数（低融资约束）和高 *SA* 指数（高融资约束）两个子样本，考察在不同 *SA* 指数水平下，市场操纵对上市公司创新活动影响的差异。具体而言，当 *SA* 指数的绝对值小于同行业年度中位数时，划分为低 *SA* 指数子样本，否则划分为高 *SA* 指数子样本。我们通过模型（8-3）估计了不同 *SA* 指数下市场操纵对上市公司创新活动的影响差异。估计结果列于表 8-5，其中，第（1）、第（2）列汇报了高 *SA* 指数子样本的估计结果，第（3）、第（4）列汇报了低 *SA* 指数子样本的估计结果。

表 8-5　不同 *SA* 指数下市场操纵对上市公司创新的影响分析

变量名称	高 *SA* 指数（高融资约束）		低 *SA* 指数（低融资约束）	
	（1）	（2）	（3）	（4）
	INV	*INVIA*	*INV*	*INVIA*
DumEod	−0.067***	−0.045***	−0.008	−0.013
	（0.017）	（0.013）	（0.020）	（0.017）
Amihud	0.007	0.004	0.008	0.004
	（0.006）	（0.005）	（0.015）	（0.013）
MV	0.001	0.000	0.002	0.002*
	（0.001）	（0.001）	（0.001）	（0.001）
ROA	0.379***	0.229**	0.925***	0.764***
	（0.122）	（0.096）	（0.192）	（0.165）
RDTA	3.700***	4.962***	4.247***	5.326***
	（0.826）	（0.649）	（0.921）	（0.789）
PPETA	0.529***	0.383***	0.176	0.050
	（0.123）	（0.096）	（0.163）	（0.139）
LEV	−0.126**	0.007	0.019	0.149**
	（0.062）	（0.048）	（0.088）	（0.075）
CAPEXTA	0.137*	0.111*	0.257**	0.153
	（0.082）	（0.064）	（0.112）	（0.096）
Tobin's Q	−0.028***	−0.016***	−0.011	−0.010
	（0.008）	（0.006）	（0.009）	（0.008）
SIGMA	−0.001	−0.001	−0.001	−0.000
	（0.002）	（0.001）	（0.002）	（0.001）
Constant	0.495***	0.195**	1.017***	0.702***
	（0.121）	（0.095）	（0.158）	（0.135）
Year FE	YES	YES	YES	YES
Firm FE	YES	YES	YES	YES
Observations	11464	11464	14419	14419
R^2	0.770	0.735	0.823	0.808

注：括号内为标准误，*、**、*** 分别代表在 10%、5%、1% 的程度上显著。

估计结果表明，市场操纵对上市公司创新活动的抑制作用在高 *SA* 指数子样本中更显著，平均而言，相较于未被操纵股票，被操纵股票的 *INV* 指标低 6.7%，*INVIA* 指标低 4.5%；而在低 *SA* 指数样本中，被操纵股票和未被操纵股

票的 *INV* 指标和 *INVIA* 指标并不存在显著差异。

三、樊纲指数

我们依据樊纲指数将样本划分为低樊纲指数（高融资约束）和高樊纲指数（低融资约束）两个子样本，考察在不同市场化发展水平下市场操纵对上市公司创新活动影响的差异。具体而言，当上市公司所在地樊纲指数小于同行业年度中位数时，划分为低樊纲指数子样本，否则划分为高樊纲指数子样本。我们通过模型（8-3）估计了不同市场化发展水平下市场操纵对上市公司创新的影响差异。估计结果列于表8-6中，其中，第（1）、第（2）列汇报了低樊纲指数子样本的估计结果，第（3）、第（4）列汇报了高樊纲指数子样本的估计结果。

表8-6 不同市场化发展水平下市场操纵对上市公司创新的影响分析

变量名称	低樊纲指数（高融资约束）		高樊纲指数（低融资约束）	
	（1）	（2）	（3）	（4）
	INV	*INVIA*	*INV*	*INVIA*
DumEod	−0.037**	−0.061***	0.023	0.008
	（0.018）	（0.015）	（0.018）	（0.015）
Amihud	0.007	−0.000	0.013	0.009
	（0.007）	（0.006）	（0.009）	（0.007）
MV	0.001	−0.000	0.001	0.002**
	（0.001）	（0.001）	（0.001）	（0.001）
ROA	0.517***	0.400***	0.319*	0.211
	（0.132）	（0.108）	（0.182）	（0.148）
RDTA	4.353***	4.902***	4.263***	5.366***
	（0.859）	（0.701）	（0.845）	（0.689）
PPETA	0.376***	0.148	0.402***	0.120
	（0.130）	（0.106）	（0.145）	（0.118）
LEV	0.047	0.183***	−0.030	−0.004
	（0.067）	（0.055）	（0.079）	（0.065）
CAPEXTA	0.101	0.089	0.521***	0.289***
	（0.085）	（0.069）	（0.108）	（0.088）
Tobin's Q	−0.021***	−0.011**	−0.016**	−0.007
	（0.007）	（0.006）	（0.008）	（0.006）
SIGMA	−0.001	−0.001	−0.002	−0.002
	（0.002）	（0.001）	（0.002）	（0.001）

续表

变量名称	低樊纲指数（高融资约束）		高樊纲指数（低融资约束）	
	（1）	（2）	（3）	（4）
	INV	*INVIA*	*INV*	*INVIA*
Constant	0.692***	0.466***	0.668***	0.562***
	（0.126）	（0.103）	（0.144）	（0.117）
Year FE	YES	YES	YES	YES
Firm FE	YES	YES	YES	YES
Observations	9087	9087	16796	16796
R^2	0.810	0.796	0.805	0.798

注：括号内为标准误，*、**、*** 分别代表在 10%、5%、1% 的程度上显著。

估计结果表明，市场操纵对上市公司创新的抑制作用在低樊纲指数子样本中更显著，平均而言，相较于未被操纵股票，被操纵股票的 *INV* 指标低 3.7%，*INVIA* 指标低 6.1%；而在高樊纲指数子样本中，市场操纵对上市公司创新的抑制作用并不显著。

上述实证结果表明，以市值规模、*SA* 指数和樊纲指数为融资约束程度的代理变量，融资约束程度越高，市场操纵对企业创新活动的抑制程度越高。这一结论符合 Cumming 等（2020b）的理论假设，即融资约束程度越高，市场操纵对企业创新活动的不利影响越大。

第五节　管理层短视行为

通常来说，股价在操纵过程中上涨，在操纵者退出市场后下跌，股价呈现显著的先涨后跌模式（Aggarwal and Wu，2006；Comerton-Forde and Putniņš，2011；Huang and Cheng，2015；Neupane et al.，2017；李志辉 等，2018），收盘价操纵中的股价表现亦是如此（Comerton-Forde and Putniņš，2011；李梦雨和李志辉，2019）。而正如 Cumming 等（2011）、Aitken 等（2015b）、李志辉等（2018）指出的收盘价通常用于管理层绩效考核，股价下跌将降低管理层的薪酬水平和股权激励价值，管理层存在通过管理活动在短期内提升股价的经济动机。Peng 和 Röell（2014）构建的理论模型也指出，基于短期股价的薪酬设计既能够提升管理层努力程度，也容易诱发管理层的短视行为。而 Bereskin 等（2018）的研究发现，进行盈余管理的企业具有更低的专利产出和创新效率。

因此，我们推测管理层短视行为越严重的上市公司，市场操纵越有可能促使管理层忽视长期创新投资，对企业创新造成更大的不利影响。

为了对上述论断进行检验，我们首先从管理层利益与股价相关程度这一角度进行检验，其中管理层利益与股价相关程度采用管理层持股比例进行衡量。管理层持股比例越高，其薪酬和股权激励的价值受股价影响的程度越高，管理者采取短视行为以提升短期股价水平的动机越强（权小锋 等，2010）。因此，如若上述推断成立，那么我们将观测到，管理层持股比例越高，市场操纵对创新活动的抑制程度越高。

另外，公司治理水平采用董事长和CEO是否两职合一这一标准来衡量。当两职合一时，股东和董事会对上市公司的监督能力更低，公司治理水平更低，管理层更容易出于自身利益进行短期管理以提升股价（Bhagat and Bolton，2008；饶育蕾和王建新，2010）。因此，如若上述推断成立，那么我们将观测到，当上市公司两职合一时，市场操纵对企业创新活动的抑制程度更大。

一、管理层持股比例

我们进一步依据管理层持股比例将样本划分为低管理层持股（低利益相关）和高管理层持股（高利益相关）两个子样本，考察在不同管理层持股水平下市场操纵对上市公司创新影响的差异。具体而言，当上市公司管理层持股数量少于同行业年度中位数时，划分为低管理层持股子样本，否则划分为高管理层持股子样本。我们通过模型（8-3）估计了不同管理层利益与股价相关程度下，市场操纵对上市公司创新活动的影响差异。估计结果列于表8-7中，其中，第（1）、第（2）列汇报了低管理层持股子样本的估计结果，第（3）、第（4）列汇报了高管理层持股子样本的估计结果。

表8-7　不同管理层持股水平下市场操纵对上市公司创新活动的影响分析

变量名称	低管理层持股（低利益相关）		高管理层持股（高利益相关）	
	（1）	（2）	（5）	（6）
	INV	*INVIA*	*INV*	*INVIA*
DumEod	−0.026	−0.021	−0.066***	−0.071***
	（0.016）	（0.013）	（0.020）	（0.017）
Amihud	−0.008	0.005	0.011	−0.001
	（0.010）	（0.008）	（0.007）	（0.006）
MV	0.001	0.000	0.000	0.001
	（0.001）	（0.001）	（0.001）	（0.001）
ROA	−0.071	−0.020	1.349***	0.910***
	（0.125）	（0.101）	（0.176）	（0.149）

续表

变量名称	低管理层持股（低利益相关）		高管理层持股（高利益相关）	
	（1）	（2）	（5）	（6）
	INV	*INVIA*	*INV*	*INVIA*
RDTA	3.798***	5.315***	4.559***	4.857***
	（0.837）	（0.675）	（0.862）	（0.729）
PPETA	0.513***	0.425***	0.560***	0.202*
	（0.134）	（0.108）	（0.134）	（0.113）
LEV	0.018	0.110**	0.079	0.102
	（0.061）	（0.049）	（0.088）	（0.074）
CAPEXTA	0.194***	0.121**	0.423***	0.200*
	（0.074）	（0.060）	（0.127）	（0.108）
Tobin's Q	−0.027***	−0.022***	−0.016*	−0.004
	（0.006）	（0.005）	（0.009）	（0.008）
SIGMA	−0.001	−0.000	−0.001	−0.000
	（0.002）	（0.001）	（0.002）	（0.001）
Constant	0.354***	0.109	0.709***	0.582***
	（0.133）	（0.107）	（0.131）	（0.111）
Year FE	YES	YES	YES	YES
Firm FE	YES	YES	YES	YES
Observations	13100	13100	12783	12783
R^2	0.803	0.791	0.771	0.749

注：括号内为标准误，*、**、*** 分别代表在 10%、5%、1% 的程度上显著。

实证结果表明，市场操纵对上市公司创新活动的抑制作用在高管理层持股子样本中更显著，平均而言，相较于未被操纵股票，被操纵股票的 *INV* 指标低 6.6%，*INVIA* 指标低 7.1%；而在低管理层持股子样本中，市场操纵对上市公司创新活动的抑制作用并不显著。与 Peng 和 Röell（2014）理论模型的预期一致。当管理层薪酬和股权激励价值取决于股价时，面对价格下跌的压力，管理层存在通过短视行为以提升股价的经济动机，进而对企业创新活动产生更大的负面影响。

二、董事长和 CEO 两职合一

依据上市公司董事长和 CEO 是否为同一人，我们将样本划分为两职分离（高治理水平）和两职合一（低治理水平）两个子样本，采用模型（8-3）考察不同公司治理水平下市场操纵对企业创新的影响差异。估计结果列于表8-8中，其中第（1）、第（2）列汇报了两职分离子样本的估计结果，第（3）、第（4）列汇报了两职合一子样本的估计结果。

表8-8　两职是否合一情况下市场操纵对上市公司创新活动的影响分析

变量名称	两职分离（高治理水平）		两职合一（低治理水平）	
	（1）	（2）	（3）	（4）
	INV	$INVIA$	INV	$INVIA$
$DumEod$	0.036	0.030	−0.088***	−0.065***
	（0.024）	（0.032）	（0.030）	（0.025）
$Amihud$	0.009	0.001	0.016	0.012
	（0.007）	（0.006）	（0.010）	（0.009）
MV	0.002**	0.001	−0.002	−0.001
	（0.001）	（0.001）	（0.002）	（0.002）
ROA	0.496***	0.315***	0.891***	0.616***
	（0.119）	（0.098）	（0.246）	（0.206）
$RDTA$	3.999***	4.881***	5.388***	6.039***
	（0.673）	（0.554）	（1.367）	（1.147）
$PPETA$	0.390***	0.242***	0.500**	0.094
	（0.108）	（0.089）	（0.194）	（0.163）
LEV	0.026	0.118**	−0.128	−0.022
	（0.056）	（0.046）	（0.121）	（0.102）
$CAPEXTA$	0.189***	0.103*	0.342**	0.146
	（0.072）	（0.060）	（0.170）	（0.142）
$Tobin's\ Q$	−0.016***	−0.009*	−0.013	−0.007
	（0.006）	（0.005）	（0.012）	（0.010）
$SIGMA$	−0.003*	−0.001	0.003	0.001
	（0.001）	（0.001）	（0.003）	（0.002）
$Constant$	0.681***	0.406***	0.708***	0.654***
	（0.106）	（0.087）	（0.192）	（0.161）
Year FE	YES	YES	YES	YES
Industry FE	YES	YES	YES	YES
Observations	5954	5954	19505	19505
R^2	0.792	0.775	0.806	0.785

注：括号内为标准误，*、**、*** 分别代表在10%、5%、1% 的程度上显著。

实证结果表明，市场操纵对上市公司创新活动的抑制作用在两职合一子样本中更为显著，平均而言，相较于未被操纵股票，被操纵股票的 *INV* 指标低 8.8%，*INVIA* 指标低 6.5%，而在两职分离子样本中，两组股票衡量企业创新活动的 *INV* 指标和 *INVIA* 指标并无显著差异。这一实证结果表明，当上市公司治理水平越低时，市场操纵对企业创新活动的抑制作用更强。

基于管理层利益与股价相关性和公司治理水平角度的检验结果显示，当上市公司短视行为越严重时，市场操纵对企业创新活动的不利影响越大。这一实证结果符合 Peng 和 Röell（2014）、Cumming 等（2020b）的理论假设。

第六节 稳健性检验

为了增加研究结论的可靠性，我们进行了一系列的稳健性分析：

第一，基于专利授予数量的上市公司创新衡量指标。专利申请数量衡量了企业创新活动的产出水平，专利授予数量则能够衡量创新活动的质量。因此，我们基于下一年度专利授予总数量和发明专利授予数量分别构建 *INV* 指标和 *INVIA* 指标，实证检验了市场操纵对上市公司创新活动质量的影响，检验结果列于表 8-9 第（1）、第（2）列。估计结果表明，市场操纵对下一年的专利授予产生了负向影响，降低了上市公司的创新质量。

第二，基于倾向得分匹配的双重差分法（PSM-DID）。市场操纵文献表明，操纵者倾向于选择具有一定特征的股票进行操纵，被操纵股票的上市公司和未被操纵股票的上市公司的专利申请数量差异可能是操纵的结果，也可能是自身差异造成的（Jiang et al., 2005；Comerton-Forde and Putniņš, 2011；Comerton-Forde and Putniņš, 2014；Huang and Cheng, 2015；Neupane et al., 2017；李志辉和邹谧，2018）。因此，为了更好地控制操纵者选择倾向以及时间趋势的影响，我们首先使用倾向得分匹配挑选对照组股票，然后采用双重差分法（differences in differences, DID）重复我们主要的检验，检验结果列于表 8-9 第（3）、第（4）列。实证结果表明，PSM-DID 的检验结果同样支持了我们研究结论的稳健性。

第三，样本筛选。前述收盘价操纵识别模型发现，大量股票在特定年度仅存在少数几次疑似收盘价操纵，此类股价异常走势可能是市场操纵的结果，也可能存在其他解释。因此，我们进一步剔除了年度被操纵次数少于 3 次的股票。样本筛选后的检验结果列于表 8-9 第（5）、第（6）列。实证结果与前面研究基本一致。

表 8-9 稳健性检验：PSM-DID 与样本筛选

变量名称	专利授予		双重差分法		样本筛选	
	（1）	（2）	（3）	（4）	（5）	（6）
	INV	INVIA	DiffINV	DiffINVIA	INV	INVIA
DumEod	−0.093**	−0.099***	−0.059***	−0.033**	−0.056**	−0.071***
	（0.039）	（0.036）	（0.013）	（0.015）	（0.023）	（0.019）
Amihud	−0.029	−0.048**	0.005	0.058	0.007	−0.000
	（0.021）	（0.019）	（0.020）	（0.055）	（0.007）	（0.006）
MV	0.003	0.005*	0.001	−0.005	0.002*	0.001
	（0.003）	（0.003）	（0.003）	（0.008）	（0.001）	（0.001）
ROA	1.504***	0.967***	−0.006	0.875	0.577***	0.423***
	（0.342）	（0.314）	（0.353）	（0.906）	（0.129）	（0.106）
RDTA	25.005***	20.457***	9.937***	−3.031	3.772***	4.667***
	（1.607）	（1.474）	（2.005）	（5.514）	（0.739）	（0.609）
PPETA	0.666***	0.491**	0.968***	−0.554	0.546***	0.235**
	（0.239）	（0.220）	（0.316）	（0.836）	（0.112）	（0.093）
LEV	0.201*	0.204**	0.099	0.449	−0.006	0.108**
	（0.108）	（0.099）	（0.158）	（0.406）	（0.062）	（0.051）
CAPEXTA	0.174	0.158	0.210	0.219	0.249***	0.145**
	（0.143）	（0.131）	（0.202）	（0.517）	（0.083）	（0.068）
Tobin's Q	−0.133***	−0.113***	−0.024	0.027	−0.022***	−0.012**
	（0.013）	（0.012）	（0.015）	（0.040）	（0.007）	（0.006）
SIGMA	0.008*	0.006	0.001	−0.012	−0.000	−0.001
	（0.004）	（0.004）	（0.004）	（0.011）	（0.002）	（0.001）
Constant	0.293	0.339	−0.077	0.463	0.558***	0.437***
	（0.233）	（0.214）	（0.317）	（0.839）	（0.110）	（0.091）
Year FE	YES	YES	YES	YES	YES	YES
Firm FE	YES	YES	YES	YES	YES	YES
Observations	25883	25883	12243	10535	17137	17137
R^2	0.312	0.305	0.837	0.514	0.785	0.769

注：括号内为标准误，*、**、*** 分别代表在 10%、5%、1% 的程度上显著。

第四，更换操纵识别模型时间窗口。李志辉等（2018）采用 30 个交易日为时间窗口构建了尾市价格偏离模型，通过对中国证监会披露的市场操纵案例进行对比，该模型取得了较高的识别成功率。因此，为了验证不同时间窗口下研究结论的稳健性，我们进一步以 30 个交易日、90 个交易日、150 个交易日和200个交易日为比较基准，并基于不同时间窗口的收盘价识别模型侦测的疑似市场操纵案例，重复检验了被操纵上市公司与未被操纵上市公司的创新差异。检验结果列于表8-10中，实证结果与前面研究一致，说明了研究结果对操纵识别模型不同时间窗口的稳健性。

第五，操纵方向。出于不同目的，操纵者可能推高收盘价后卖出获利，也可能打压收盘价以金融衍生合约获利，因此收盘价操纵方向同样值得重视。为此，我们基于收盘前股价变动方向将收盘价操纵划分为向上操纵（*UP*）和向下操纵（*DOWN*），分别考察不同操纵方向对上市公司创新活动的影响。实证结果表明，收盘价操纵表现为向上操纵时，市场操纵对上市公司创新的抑制作用更为显著。

表8-10 稳健性检验：更换操纵识别模型时间窗口

变量名称	30个交易日		90个交易日		150个交易日		200个交易日	
	（1）	（2）	（3）	（4）	（5）	（6）	（7）	（8）
	INV	*INVIA*	*INV*	*INVIA*	*INV*	*INVIA*	*INV*	*INVIA*
DumEod	−0.086***	−0.071***	−0.056**	−0.069***	−0.077***	−0.058***	−0.069***	−0.073***
	（0.021）	（0.017）	（0.023）	（0.019）	（0.022）	（0.018）	（0.022）	（0.018）
Amihud	0.005	0.002	0.008	0.003	0.008	0.004	0.008	0.003
	（0.006）	（0.005）	（0.005）	（0.004）	（0.005）	（0.004）	（0.005）	（0.004）
MV	0.001	0.001	0.001	0.001	0.001	0.001	0.001	0.001
	（0.001）	（0.001）	（0.001）	（0.001）	（0.001）	（0.001）	（0.001）	（0.001）
ROA	0.596***	0.433***	0.545***	0.396***	0.546***	0.397***	0.545***	0.396***
	（0.107）	（0.088）	（0.102）	（0.084）	（0.102）	（0.084）	（0.102）	（0.084）
RDTA	4.039***	5.122***	4.314***	5.227***	4.313***	5.227***	4.314***	5.227***
	（0.605）	（0.497）	（0.578）	（0.476）	（0.578）	（0.476）	（0.578）	（0.476）
PPETA	0.429***	0.229***	0.452***	0.223***	0.451***	0.222***	0.452***	0.223***
	（0.095）	（0.078）	（0.088）	（0.073）	（0.088）	（0.073）	（0.088）	（0.073）
LEV	−0.014	0.086**	−0.000	0.100**	−0.001	0.100**	−0.000	0.100**
	（0.051）	（0.042）	（0.048）	（0.039）	（0.048）	（0.039）	（0.048）	（0.039）
CAPEXTA	0.265***	0.160***	0.290***	0.160***	0.290***	0.161***	0.290***	0.160***
	（0.067）	（0.055）	（0.064）	（0.052）	（0.064）	（0.052）	（0.064）	（0.052）
Tobin's Q	−0.024***	−0.013***	−0.022***	−0.013***	−0.022***	−0.013***	−0.022***	−0.013***
	（0.005）	（0.004）	（0.005）	（0.004）	（0.005）	（0.004）	（0.005）	（0.004）
SIGMA	−0.002*	−0.001	−0.002	−0.001	−0.002	−0.001	−0.002	−0.001
	（0.001）	（0.001）	（0.001）	（0.001）	（0.001）	（0.001）	（0.001）	（0.001）

续表

变量名称	30个交易日		90个交易日		150个交易日		200个交易日	
	（1）	（2）	（3）	（4）	（5）	（6）	（7）	（8）
	INV	*INVIA*	*INV*	*INVIA*	*INV*	*INVIA*	*INV*	*INVIA*
Constant	0.687***	0.432***	0.665***	0.444***	0.648***	0.428***	0.657***	0.439***
	（0.097）	（0.079）	（0.089）	（0.074）	（0.089）	（0.073）	（0.089）	（0.073）
Year FE	YES	YES	YES	YES	YES	YES	YES	YES
Firm FE	YES	YES	YES	YES	YES	YES	YES	YES
Observations	25883	25883	25883	25883	25883	25883	25883	25883
R^2	0.766	0.753	0.777	0.760	0.777	0.760	0.777	0.760

注：括号内为标准误，*、**、*** 分别代表在 10%、5%、1% 的程度上显著。

本章小结

　　本章构建了收盘价操纵识别模型，并利用中国 A 股股票市场分时交易数据实现疑似收盘价操纵的检测，考察了市场操纵对上市公司创新活动的影响，并对融资约束和管理层短视行为的影响进行了检验。研究结果表明，被操纵股票的上市公司下一年度专利申请总数量和发明专利申请数量显著更低，即市场操纵抑制了上市公司创新，降低了创新产出。同时，我们还发现，融资约束程度越高和管理层短视行为越严重的上市公司，市场操纵对企业创新的不利影响越大。

　　大部分现有文献主要关注公司个体特征和宏观外部环境对企业创新活动的影响，本章基于收盘价操纵识别模型侦测的疑似操纵行为，从股票市场中不当交易行为的视角，分析了影响上市公司创新活动的因素。本章的研究结论对遏制市场操纵、提升上市公司治理、增强股票市场质量具有深刻的政策启示意义。鉴于市场操纵对上市公司创新活动的不利影响，监管部门应完善市场操纵识别体系，严厉打击股票市场中的违法行为。同时鉴于融资约束和管理层短视行为在市场操纵与上市公司创新活动关系之间的作用，监管部门应进一步深化市场化改革，降低上市公司融资难度，同时引导上市公司改善治理结构，避免管理层出于自身利益目的做出短视行为。

第九章 "蛊惑人心还是暗藏真相？"：信息型市场操纵

第一节 网络股票论坛中的"有影响力投资者"

一、研究意义

信息时代，互联网已经成为全球股票投资者获取信息的重要途径，对中国这样金融市场快速发展的国家而言尤其如此。每一天都有数以亿计的人花费时间在网络上对他们感兴趣的话题发表观点、散布信息、收集信息、做出决策。同样，越来越多的资本市场投资者开始重视网络信息的收集。对投资者来说，网络信息既是公司财务信息等常规金融资讯的补充，又包含小道消息、市场传闻等各种质量不一的信息。在中国股票市场中，大量的个人投资者（俗称"散户投资者"），通常不通过研究上市公司的年度财务报告等做出投资决策，而是借助其他渠道收集信息。部分原因在于他们缺乏构建复杂财务模型的能力，还有部分原因在于他们对财务报告提供的数据持怀疑态度（Healy and Palepu，2001）。而互联网因其信息传播、交流的便利性及快捷性，是散户投资者收集信息最为重要的途径之一。对机构投资者而言，随着2011年英国伦敦成立了世界上第一家利用Twitter搜集用户发言信息，并通过文本识别进行观点判断进而产生投资决策的对冲基金（Derwent capital markets），越来越多的机构投资者开始意识到互联网信息的重要性。本章我们关注的重点是中国国内最受欢迎的互联网在线股票论坛之一——东方财富股吧论坛

（guba.eastmoney.com）上的"有影响力投资者"，即民间俗称的大 V 们，是真的拥有信息优势或者过人的信息分析能力，还是试图"蛊惑人心"，实施信息型市场操纵。

不同于传统的媒介，互联网论坛在信息发布和收集方面向社会大众完全开放。股票论坛的会员大多数是个人投资者，因此他们发表言论的质量常常因人而异，差别极大。在没有对数据进行精细处理的情况下，想要利用论坛信息的研究者只能自己判断信息的来源和真实性。据我们所知，学术界至今还未对股票论坛信息的性质做出明确的判断：究竟是投资者情绪的反映、发帖人独有的信息，还是没有任何实质内容的噪声（Tumarkin and Whitelaw，2001；Antweiler and Frank，2004；Clarkson et al.，2006；Sabherwal et al.，2011）。文献中对这个议题提出了很多深刻的见解，然而不同研究得出的结论时常互相矛盾。例如，Antweiler 和 Frank（2004）发现网络论坛中流传的内容有重要的信息内涵，能够预测市场的波动率。Dewally（2003）却指出，在网络论坛中，没有实质性的信息交流。Sabherwal 等（2011）甚至观察到即便在没有基本面信息的情况下，网络论坛发帖人也能通过特殊手段影响交易结果。可能的原因也许是他们使用不同的数据收集判别途径和研究方法。我们相信不同的论坛用户群体发布的信息质量大相径庭，如果不对发帖群体进行区分，而将整个论坛的信息视作研究对象的话很可能导致结果有偏。举例来说，如果在某一时段特殊事件的发生让论坛参与者情绪集中爆发，那么这一时段论坛中可能充斥着非理性的声音，这时论坛整体反映的是投资者情绪，理性的股票分析者的声音便很容易埋没其中，难以被研究者发现。而当论坛趋于理性时，那些有独特分析能力的论坛用户再次受到广泛关注，从而能够在很大程度上代表全体论坛用户的大致观点。在上述情况下，如果采用论坛整体作为取样标本，则很容易得出结论：论坛发帖时而有效，时而仅仅是情绪的反映，大体而言近似于噪声。因此，这种可能的偏误意味着研究者对论坛信息样本的选取至关重要。

具体来说，本节聚焦于"有影响力投资者"这一特殊群体，他们活跃在论坛当中，并广受欢迎，发布的帖子拥有众多读者。现实中的"有影响力投资者"有着精准的预测能力，备受其他投资者的关注。然而，这样的"有影响力投资者"群体在现实中很难进行仔细而具体的观测，数据难以收集和界定，因此相关的实证研究较为匮乏。理论研究指出，"有影响力投资者"有能力通过操纵和影响市场从中获利（Allen and Gale，1992；Benabou and Laroque，1992；Grorud and Pontier，2005；Eyraud-Loisel，2011）。例如，Grorud 和 Pontier（2005）提出了一个包含有影响力且有信息优势投资者的金融模型，在这一模型中，"有影响力投资者"拥有常人无法获得的信息，并且能够利用他们的交易策略影响资产价格。但关于"有影响力投资者"信息的来源、操纵市场的策略等诸多细节问题仍然缺乏详细的分析。互联网股票论坛为我们研究"有影响力投资者"提供了绝佳机会。他们积极地参与论坛讨论,做出准确的预测,享受着论坛中的超高人气。在本节中,我们通过观测、分析论坛信息,定义和识别了"有影响力投资者",并通过他们的位置信息、发帖点击量、讨论的股票、对未来的预测等信息研究了这一群体的行为模式。我们发现他们的发言包含能够预测股价短期走势的信息,而非利用市场影响力散播虚假消息,操纵股价短期走势。

针对股票论坛中的"有影响力投资者"通过网络散布信息是为了引导股价,操纵市场,还是为了发布有价值的信息而开展的研究,是对现有市场操纵相关文献的有益拓展和补充。一方面,由于现实中的"有影响力投资者"难以进行界定观测,数据无法收集,本节创造性地采用了网络股票论坛用户受欢迎的程度来衡量"有影响力投资者"这一特殊群体。网络股票论坛的开放性方便投资者积极地参与讨论,为我们的研究提供了可观的信息样本。同时,网络股票论坛的 IP 地址定位功能也给予了我们研究股票论坛中"有影响力投资者"行为特征的可能性,以及解释了"有影响力投资者"预测准确性的原因是来源于他们的本地优势。另一方面,本节从市场操纵的角度讨论了"有影响力投资者"的影响。通过证实股票论坛中的"有影响力投资者"没有进行市场操纵,从而推断他们可能基于独特信息进行预测,这对激励中小投资者在注意信息辨别的基础上广泛搜寻信息、努力降低信息不对称、提升市场效率、激发市场活力具有积极的影响。

在本节中,我们利用东方财富股吧论坛中的数据,定义和识别了该论坛中存在的"有影响力投资者",并检验了他们预测的准确性、位置信息和偏好的股票类型。Sabherwal 等(2011)发现股票论坛用户通过"哄抬股价,逢高卖出"的交易策略操纵市场。在理论上,一个有很高声望的投资者及其亲近的跟随者可以事先买入某一特定资产,然后通过制造舆论气氛营造市场对这只股票的热情,从而达到推高股价的作用。最后这些先行买入的人可以通过突然抛售的方式获利,而其他不知情的局外人则承担相应的投资损失。如果"有影响力投资者"使用了这种操纵市场的方法,那么我们就应当能够观测到股价在他们预测后的特殊走势(即股价反转的模式)。与他们的发现有所不同,我们发现东方财富股吧论坛中的"有影响力投资者"做出的预测相较于其他投资者而言并非更容易遭到反转,这一证据表明这种操纵行为并不存在。

我们也考察了"有影响力投资者"是否偏爱本地股(home equity bias)。French 和 Poterba(1991)发现本地投资者持有大量本地股,即便金融理论中资产多样化的优越性已经广为人知，超量配置本地股的现象也依然长期存在。另外，这种偏好可能也有理性的成分，如果本地投资者对于本地股拥有信息优势并且能够从中获益，那么他们在自己的资产组合中超量配置本地股就是合理的，并且也将会一直持续下去。这样的配置方式对于本地投资者而言的确优于分散化投资。研究者指出，投资者与他们投资的标的上市公司之间的位置关系，即是否在同一个地理区位，能够在很大程度上影响投资者获取信息的难易程度和时效性，进而影响投资者在对应股票上的投资回报率。如果投资者居住在其投资公司所在的相同地理区域，就更有可能取得较好的收益（Coval and Moskowitz，1999，2001；Pirinsky and Wang，2006）。文献中记载了在不同方面，"家乡情结"广泛存在：①本地个人投资者及机构投资者表现优于非本地投资者（Hau，2001；Ivković and Weisbenner，2005；Baik et al.，2010）；②总部在相同地理区域的公司，其股价走势有同步性（Pirinsky and Wang，2006）。我们的研究同样表明在"有影响力投资者"这一群体中"家乡情结"显著存在：相较于一般的发帖人而言，"有影响力投资者"对本地股更感兴趣，而且他们在预测本地股方面也表现得更佳。事实上，"有影响力投资者"的出色表现很大程度上来源于在预测本地股方面的卓越发挥。

同时，我们分析了"有影响力投资者"发帖后的市场反应，我们发现在中国卖空受限的市场环境下，投资者对"有影响力投资者"的看空预测没有显著反应，而在其看多预测后短期内相应股票超额换手率显著提高。在"有影响力投资者"的看多预测后，短期小额资金的净流入显著提高，而大额资金净流入比例则没有明显变化，这也与互联网论坛的参与者以个人投资者为主的事实相一致，这说明可能存在互联网论坛中的部分个人投资者跟随"有影响力投资者"的看多预测进行交易。

最后，我们比较了样本中的所有公司与"有影响力投资者"感兴趣的子样本公司基本面信息和技术面信息的差异性。我们发现"有影响力投资者"偏爱预测规模较大且交易活跃的公司。这与现有研究发现的市场操纵者偏好规模小而不透明的公司（Kumar and Lee，2006；Sabherwal et al.，2011）不相符合，也在一定程度上说明"有影响力投资者"可能能够挖掘大公司的信息，提供自己独到的见解。

二、理论分析

（一）"有影响力投资者"操纵市场了吗？

如前所述，学术界关于股票论坛参与者意图操纵市场从中牟利还是散布自己独有的信息并未达成共识。学者们选择不同的数据来源、不同的样本区间，得出了并不一致的结论。本节的创新点之一便在于将数据样本缩小到了"有影响力投资者"这一特殊群体,而非论坛全体成员。我们将检验"有影响力投资者"发布预测是基于信息还是试图操纵市场。基于私有信息优势进行投资在文献中有一些记载,例如 Borisova 和 Yadav(2015)发现政府所有制的公司显著存在更多的基于私人信息的交易行为。Gao 和 Huang(2016)的证据显示,对冲基金经理通过与政治说客的联系获得信息优势,这些政治信息成功转化为金融市场中的信息优势和更好的投资业绩。但对于研究者而言,很难直接证明股票论坛中的"有影响力投资者"拥有信息优势,因此我们采用间接的方式,通过展示一些证据证实他们并没有进行市场操纵,而推断他们可能基于独特信息进行预测。

在 van Bommel(2003)构建的关于网络信息的理论模型中,在股票论坛中有着众多忠实追随者的投资者可以实施"哄抬股价,逢高卖出"的交易策略。首先他们率先买入一些股票,然后在论坛上发布关于这些股票的看涨预测,声称他们获得了内幕消息或者经过他们的独特分析技术推断这些股票价格将会上涨。然而事实上,这些信息的发布者并不需要真正拥有任何实质的信息,他们的目标仅仅是利用其崇高声望使他人相信其预测。接着,他们的忠实追随者开始买入这些股票,从而推高了股价。局外的投资者(定义为不在论坛中的投资者,然而这一群体并没有直接看到"有影响力投资者"发布的预测信息)观察到了价格的异动,开始买入这些股票。同时,最初的信息发布者知道这次股价上升的背后并没有实质性的利好消息,于是开始获利了结其持有的头寸。最终,其他投资者也逐渐意识到股价被过度高估了,于是纷纷开始卖出,股价出现下跌。

如果"有影响力投资者"试图通过上述的"哄抬股价,逢高卖出"交易策略操纵市场,我们应该能够观察到相关股票价格明显的涨跌模式:在"有影响力投资者"发布正面预测后迅速上涨,不久之后趋势反转,开始下跌。然而,如果"有影响力投资者"的崇高声望来自真正的信息优势而非操纵市场的行为,他们所预测的股票不会呈现出先涨后跌的价格走势。

(二)"有影响力投资者"的家乡情结

文献中早有记载,机构投资者、个人投资者往往偏向于在资产组合中过高比例地配置本地股(home bias)。对于这种现象,一种解释是投资者对于熟悉事物的非理性心理偏好所致,这种心理偏误通常会对投资者的投资表现产生负面影响。而另一种解释则是信息优势导致了这种偏好。当地投资者可以更方便地获取上市公司有价值的重要信息,因为相较于身处异地的投资者,他们可以更加便捷地参观工厂、与员工交谈、收集公司的一手消息等。除此之外,与本地公司管理层和员工的个人关系也有助于获得公司信息。

基于现有的研究，我们推测"家乡情结"在"有影响力投资者"样本中同样存在，他们倾向于在论坛中发帖预测本地股，并且在预测本地股时表现得更为出色。如果这一推测得到证实，或许会揭露"有影响力投资者"获取宝贵信息的重要渠道，表明这一群体更多的是通过私有信息渠道获得有价值的信息进行交易，而非通过市场操纵谋利。

（三）"有影响力投资者"与散户投资者

由于卖空机制的不完善，在中国股票市场上绝大多数投资者不具备通过卖空进行投资的能力。相比于卖空股票获利，做多股票是更为简单和普遍的投资方式。因此，我们推测相较于看空预测，互联网股票论坛中的信息浏览者更加关注"有影响力投资者"发布的股票看涨预测。当这一差异表现在市场行为中，我们认为，"有影响力投资者"在发布某只股票的看涨预测后能够带来股票交易活跃性的短期提升，而对于看跌预测则没有显著的影响。

在中国股票市场中，大量的个人投资者愿意使用包括互联网论坛在内的非传统渠道收集信息，而非通过研究上市公司的年度财务报告等做出投资决策，部分原因在于，个人投资者缺乏构建复杂财务模型的能力或对财务报告提供的数据持怀疑态度（Bhattachary et al.，2000；Healy and Palepu，2001）。因此我们认为，作为中国最大的互联网股票论坛之一，东方财富股吧论坛上的信息浏览者以及借此作为投资参考的投资者大多以个人投资者为主，论坛中的"有影响力投资者"受众相应地也以小额资金投资者为主，"有影响力投资者"发布某只个股的积极看涨预测后，相对机构投资者等大额投资者，以个人投资者为主的小额投资者更有可能跟随"有影响力投资者"的观点进行交易。我们推测，"有影响力投资者"发布的看涨预测会吸引小额投资者的跟风买入，而对大额投资者没有显著影响。

（四）"有影响力投资者"偏爱的股票类型

van Bommel（2003）的理论模型预测，当"有影响力投资者"试图通过散布谣言操纵市场时，他们会选择特定类型的股票。他们偏好的股票更可能是财务状况糟糕的小公司，同时机构持股比例较低，相较于那些财务状况优良、机构大量持股的大公司，这样的公司更便于他们通过网络论坛信息进行股价操纵。然而，如果"有影响力投资者"拥有内部消息，他们选择的目标公司也应该是类似的公司。因为投资者、媒体、监管部门都密切关注那些财务状况优秀、机构大量持股的大公司，大多数重大的信息是公开的，因此"有影响力投资者"如果有特殊的信息获取渠道，也更可能是那些受到较少关注公司的信息。因此，我们无法通过观察"有影响力投资者"的目标公司来判断他们的发帖目的。

Sabherwal 等（2008）的研究中发现，股票论坛发帖人更喜欢谈论小市值、成交不活跃的股票。在他们更进一步的研究中，Sabherwal 等（2011）同样发现，股票论坛发帖人喜欢跟踪小市值的股票，尤其是那些财务状况较差且机构持股比例较低的公司。基于这些分析，我们推断"有影响力投资者"的目标公司特征与 Sabherwal 等（2011）的研究结果类似，即财务状况糟糕的机构持股较少的小公司。

三、"有影响力投资者"的识别与表现

我们选择东方财富股吧论坛作为研究样本，原因在于它的访问量和影响力在中国财经门户网站中名列前茅。咨询公司 iResearch 的统计显示，东方财富股吧论坛在有效登录时间、网络流量及日均访问次数等方面均处于国际领先水平。选择东方财富股吧论坛作为取样点的另一个优势是该论坛能够为我们提供所有用户的 IP 地址，从中可以推测出发帖人的地址。这一信息在我们考察"家乡情结"时至关重要。该论坛为每只股票设置了分论坛，在每个分论坛内，发帖人发布的消息都是针对特定一只股票的预测，其他网友则可以点击阅读这些信息并进行回复。我们所编写的 Perl 程序还可以捕捉到其他诸多有价值的信息，如点击数、回复数、发帖标题、作者、最新回复时间、发帖时间等。

对研究者而言，透过复杂的信息辨别发帖人的预测观点是看涨还是看跌并非易事。一些论坛为发帖人提供了标准选项来量化他们对后市的乐观程度：看涨、看跌，以及看平。然而，东方财富股吧论坛并未提供类似的设置，因此我们需要构建自己的观点评判机制。与 Ackert 等（2015）文献发展出的较为成熟的文本分析方法相类似，我们首先从样本中随机抽取了 2000 条信息，通过仔细阅读这些被随机选取的信息，我们选择了 14 个关键词：其中的 7 个词作为看涨预测的代表，另外 7 个则作为看跌预测的代表，如表 9-1 所示。这些关键词频繁出现，且能够较为明确地表述发帖人的预测倾向。我们接着编程从海量的数据中寻找这些关键词。如果一条信息中既没有出现消极词语，也没有出现积极词语，我们就认为这条信息并不包含任何对后市的预测信息，予以剔除。另外，如果一条信息中既出现了积极词语，又出现了消极词语，我们就认为该条信息反映的观点相互矛盾，同样予以剔除。在剔除了上述两种信息后，剩下的信息可以分为两类：一类是仅包含积极词语的预测；另一类是仅包含消极词语的预测，我们将其分别视作看涨和看跌。Ackert 等（2015）使用了类似的方法检验了股票涨跌停与投资者情绪的关系。

表 9-1　表征预测方向的关键词

积极词语	消极词语
涨	跌
买	卖
高	低
利好	空
牛	出货
攻	垃圾
底部	破

　　为了避免部分股票样本量过少时研究结论可能出现的较大偏误，我们将发帖总量过小的股票或发帖人剔除在样本之外。在这一点上，我们借鉴了Tumarkin 等（2002）的做法，为了确保我们选取的股票在投资者中广受关注，我们选取了上证180指数成分股。上交所是中国大陆最有影响力的证券交易所，上市公司数量、股票市场规模、交易量等都位居中国资本市场首位。上证180指数成分股都是交易活跃、市值较大的行业代表，从而有大量的关注者，这保证了与这些股票相关的论坛信息量足够大。此外，如果论坛中的某位会员发布的总帖子数过少，我们不想让其影响到我们结论的准确性，因此我们选择了一个阈值——20，如果用户发布的针对某一只股票的总帖子数小于20，我们将其剔除。同时，由于指数成分股有进有出，因此最终包含的成分股超过了180只，我们的最终样本包含298只股票的319009条论坛信息。

　　为了方便读者阅读，我们将本节所使用的主要变量的名称及定义列于表9-2。

表 9-2　本节主要变量名称及定义

变量名称	变量定义
No.Prd	总预测数
No.pos	看涨预测数
No.neg	看跌预测数
click	帖子的点击数
reply	帖子的回复数
iidum	描述投资者是否为"有影响力投资者"的虚拟变量，若该投资者为"有影响力投资者"，则该变量取值为1，否则取值为0
true	描述预测是否正确的虚拟变量，若该预测正确，即看涨预测的第二天股价上涨，看跌预测的第二天股价下跌，则该变量取值为1，否则取值为0
true 5	描述原本正确的预测是否在5天后依然正确的虚拟变量，若原本正确的预测在5天后依然正确，则该变量取值为1，否则取值为0

变量名称	变量定义
local	描述发帖人是否是上市公司本地投资者的虚拟变量，如果发帖人与上市公司总部位于同一个省份取值为 1，否则取值为 0
CAT 13	事件后 3 个交易日的累计超额换手率
cni_small 13	事件后 3 个交易日的累计小额交易净买入比例
cni_large 13	事件后 3 个交易日的累计大额交易净买入比例
SZ 50	描述股票是否为上证 50 指数成分股的虚拟变量，若该股票属于上证 50 指数成分股，则该变量取 1，否则取 0
ST	描述股票是否为 ST 股的虚拟变量，若该股票属于 ST 股，则该变量取 1，否则取 0
stateshare	国有股比例
avg_turn	研究期间的平均换手率

表 9-3 展示了本节使用的主要变量的描述性统计结果，包括变量的观测数、均值、标准差和极值。有意思的是，*true* 和 *true* 5 两个变量的均值统计显示，论坛发帖的预测准确率近似于抛硬币猜正反面的概率。无论是预测未来 1 天还是未来 5 天的股价走势，无论是积极的还是消极的预测，其准确率都稳定在 50% 左右。

表 9-3　变量描述性统计

类别	变量名称	观测数	均值	标准差	最小值	最大值
论坛信息	*click*	319009	513.7186	2261.288	1	1018619
	reply	319009	3.623418	14.42917	0	3283
	iidum	4009	0.0997755	0.2997378	0	1
	local	6183	0.09138	0.288172	0	1
	true	304679	0.501672	0.499998	0	1
	true 5	317835	0.50592	0.499966	0	1
市场反应	*CAT* 13	312351	0.688228	3.274505	-2.72759	20.18468
	cni_small 13	291581	-0.02776	0.273836	-3	3
	cni_large 13	45029	0.014088	1.067796	-3	3
控制变量	*SZ* 50	298	0.493289	0.500796	0	1
	ST	298	0.053691	0.225787	0	1
	stateshare	298	17.28301	20.66942	0	90.70274
	avg_turn	298	438.8426	223.7023	8.8465	1221.114

在本小节中，首先，我们识别"有影响力投资者"在股票论坛中的存在性，类似于 Antweiler 和 Frank（2004）对股票论坛发帖的信息含量分析，我们检验了"有影响力投资者"的发帖能否预测股价未来走势。其次，我们探究了"有影响力投资者"的行为特征，包括他们是否有操纵市场的嫌疑，是否对本地股表现出更浓厚的兴趣，愿意更多地预测本地股走势以及在预测本地股方面表现如何。再次，我们检验了"有影响力投资者"发帖后的市场反应，即其看涨或看跌的预测如何影响接下来的市场活跃度和资金流向。最后，我们分析了"有影响力投资者"偏爱的股票类型。

我们将股票论坛中的"有影响力投资者"定义为活跃在论坛当中、广受关注的发帖人群体。我们将论坛参与者发布的至少含有一个积极单词的帖子视为看涨的预测，如果股价在帖子发布后的第二天出现了上涨，我们认为看涨的预测是正确的。看跌的帖子与此类似。我们已经剔除了发帖总数小于 20 的发帖人的所有帖子。接下来我们要做的便是找到"有影响力投资者"这一群体。

为了识别论坛中的"有影响力投资者"，首先，我们计算了对每一只股票的预测信息的预期点击量。我们的计算方法是将点击量对股票的特征进行回归，求出的预期值作为个股的期望点击量。其次，我们通过将每位投资者发帖的平均点击量除以对应个股的期望点击量，构造该投资者在该股票分论坛中的受欢迎程度指标。最后，我们对投资者按照受欢迎程度进行排序。在超过 4000 位论坛注册用户中，选取最受欢迎的 10%，即受欢迎程度指标排名前 400 位的投资者视作"受欢迎投资者"。然而，这并不意味着我们找到的这 400 人就是"有影响力投资者"，除非我们能够证明他们的准确率显著高于常人。直觉上来说，只有预测准确率高的人才能持续地获得大量人群的关注。但为了更加准确地证实这一点，我们进行了如下回归：

$$p_{rob}(true=1)=\beta_0+\beta_1\times iidum+\beta_2\times control \qquad (9-1)$$

结果如表 9-4 所示，在第（1）列中只引入了预测发布者是否为"有影响力投资者"，第（2）至第（4）列分别引入了行业固定效应和公司特征作为控制变量。"有影响力投资者"做出的预测比普通投资者预测准确的可能性高 1.04%，这一差距在统计上是显著的，但经济学意义并不明显。

表 9-4　"有影响力投资者"与预测准确性

变量名称	（1）	（2）	（3）	（4）
	true	true	true	true
iidum	0.0260***	0.0261***	0.0262***	0.0262***
	（0.00817）	（0.00818）	（0.00817）	（0.00819）
SZ 50			−0.00814	−0.00591
			（0.00514）	（0.00552）
ST			0.0170	0.0149
			（0.0110）	（0.0113）
stateshare			0.000147	0.0000302
			（0.000118）	（0.000136）
avg_turn			−0.00000667	−0.00000032
			（0.00000989）	（0.0000116）
Constant	0.00200	−0.00809	0.00475	−0.00716
	（0.00237）	（0.00955）	（0.00476）	（0.0106）
Industry FE	NO	YES	NO	YES
Observations	304679	304679	304679	304679

注：括号内为标准误，*、**、*** 分别代表在 10%、5%、1% 的程度上显著。

四、"有影响力投资者"的行为特征

我们对"有影响力投资者"的行为模式深感兴趣：他们是否在操纵市场？他们对本地股是否存在特殊的偏好？在预测本地股方面表现如何？

（一）"有影响力投资者"的预测会发生反转吗？

关于"有影响力投资者"的一个重要议题是，他们究竟是在散布有价值的重要信息，还是成功地操纵了市场？为了解决这一难题，我们检验了他们原本正确的预测是否会在预测后的数天内发生反转。我们使用股价是否反转的虚拟变量作为"有影响力投资者"是否操纵市场的度量。如果"有影响力投资者"试图通过"哄抬股价，逢高卖出"交易策略操纵市场，我们应该能够观察到相关股票价格明显的涨跌模式：在"有影响力投资者"发布看涨（看跌）预测后迅速上涨（下跌），不久之后趋势反转（van Bommel，2003）。因此我们通过比对短期和长期的股价表现，判断股价是否在长期发生反转，作为股价是否受到短期操纵的度量。我们选择了 1 天、5 天两个时间维度的对比，*true* 是描述预测是否正确的虚拟变量，若该预测正确，即看涨预测的第二天股价上涨，看跌预测的第二天股价下跌，则该变量取 1，否则取 0；*true* 5 则是描述原本正确的预测是否在 5 天后依然正确的虚拟变量。

当 *true* 取值为 1 时，我们观察 *true* 5 的取值情况，即当发帖人的正确预测是否在 5 天这个稍长的时间维度上依然正确。在全体样本中，34% 的正确预测会在 5 天后发生反转。而对于"有影响力投资者"而言，只有 30% 的正确预测会在 5 天后发生反转。为了得到更为准确的结论，我们进行了如下回归来检验发生反转的概率是否会因为其发帖人是"有影响力投资者"而显著降低。在回归模型中，我们控制了常用的股票特征作为控制变量，包括对应股票是否属于上证 50 指数成分股、对应股票是否属于被特殊对待的股票（即 ST 股）、国有股比例、股票的平均换手率。有关行业的分类，我们在行业固定效应中采取了中国证监会公布的分类方法，具体如下：

$$1-p_{rob}(NOT\ reversed)=p_{rob}(true\ 5=1|true=1)$$
$$=\beta_0+\beta_1\times iidum+\beta_2\times control \tag{9-2}$$

结果如表 9-5 所示，相较于一般发帖人的预测，"有影响力投资者"的正确预测更少发生反转，虽然这一差距在统计意义上并不显著。我们难以直接证实他们能够获得信息优势，但是实证证据表明"有影响力投资者"这一群体的行为模式不同于 Sabherwal 等（2011）的发现，"有影响力投资者"的出色表现并非利用其论坛声望而进行市场操纵所得，更有可能是源自于其独特的信息优势。

表 9-5　　"有影响力投资者"与预测反转

变量名称	（1）	（2）	（3）	（4）
	true 5	*true* 5	*true* 5	*true* 5
iidum	0.00161	0.00468	0.00155	0.00497
	（0.0118）	（0.0119）	（0.0118）	（0.0119）
SZ 50			0.0318***	0.0294***
			（0.00750）	（0.00807）
ST			0.0507***	0.0573***
			（0.0161）	（0.0166）
stateshare			0.000215	0.000321
			（0.000173）	（0.000200）
avg_turn			−0.0000189	−0.000073***
			（−0.0000145）	（−0.000017）
Constant	0.426***	0.438***	0.414***	0.445***
	（0.00347）	（0.0140）	（0.00694）	（0.0156）
Industry FE	NO	YES	NO	YES
Observations	152740	152740	152740	152740

注：括号内为标准误，*、**、*** 分别代表在 10%、5%、1% 的程度上显著。

（二）"有影响力投资者"更倾向于预测本地股吗？

因为我们的数据中包含所有论坛发帖人的 IP 地址，所以我们能够推算出其大概地址。再根据上市公司总部所在地这一公开信息进行匹配，我们能够得知发帖人是否在所预测公司总部的同一个省份。我们使用论坛发帖人与上市公司是否在同一省份这一虚拟变量作为发帖人是否属于本地投资者的度量。我们将在同一个省份进行的预测视为"本地预测"。这样，我们就能检验"有影响力投资者"是否有对本地股进行预测的倾向。

$$p_{rob}(local=1)=\beta_0+\beta_1 \times iidum+\beta_2 \times control \qquad (9-3)$$

结果如表 9-6 所示。控制了股票特征及行业效应后，我们发现"有影响力投资者"所进行的预测是本地预测的可能性比一般人显著较高。这一证据表明，相较于一般投资者，"有影响力投资者"更倾向于预测本地股票。这一发现符合 Ivković 和 Weisbenner（2005）的发现，即在线股票论坛中的"有影响力投资者"显现出强烈的对本地股的偏好。为了更进一步了解这种偏好是基于信息优势还是心理因素驱动的，我们分析本地投资对"有影响力投资者"表现的影响。

表 9-6　"有影响力投资者"与家乡情结

变量名称	（1）	（2）	（3）	（4）
	local	local	local	local
iidum	0.115***	0.0947***	0.116***	0.102***
	（0.0109）	（0.0110）	（0.0110）	（0.0111）
SZ 50			−0.0197***	−0.0272***
			（0.00733）	（0.00796）
ST			−0.147***	−0.291
			（0.0176）	（0.0182）
stateshare			0.000487***	0.00373***
			（0.000161）	（0.000185）
avg_turn			−0.000556***	−0.000537***
			（0.0000157）	（0.0000181）
Constant	−1.384***	−1.142***	−1.160***	−0.888***
	（0.00334）	（0.0119）	（0.00683）	（0.0139）
Industry FE	NO	YES	NO	YES
Observations	319009	319009	319009	319009

注：括号内为标准误，*、**、***分别代表在 10%、5%、1% 的程度上显著。

（三）"有影响力投资者"更加善于预测本地股吗？

为了考察"有影响力投资者"在预测本地股时是否有更好的表现，我们进行了如下回归：

$$p_{rob}(true=1)=\beta_0+\beta_1\times iidum+\beta_2\times local+\beta_3\times iidum\times local+\beta_4\times control \qquad （9-4）$$

非本地"有影响力投资者"的预测准确率为$\beta_0+\beta_1$，同时本地"有影响力投资者"的预测准确率为$\beta_0+\beta_1+\beta_2+\beta_3$。二者之差（$\beta_2+\beta_3$）即本地位置优势为"有影响力投资者"带来的额外收益。另外，非本地的一般投资者准确率为β_0，本地一般投资者的准确率为$\beta_0+\beta_2$，二者之差（β_2）即本地位置优势为一般投资者带来的额外收益。$\beta_2+\beta_3$与β_2的差（β_3）便可以理解为位置优势为"有影响力投资者"带来的独有额外收益。

结果如表9-7所示。本地优势并没有帮助到一般的论坛参与者提升预测准确率，然而对于"有影响力投资者"而言却意义非凡。β_3显著为正说明"有影响力投资者"从预测本地股中受益。另外，β_1显著地小于我们在表9-4中的发现，这说明"有影响力投资者"的出色表现中的很大一部分可以被位置优势揭示。因此，我们可以得出结论，"有影响力投资者"的出色表现来自其能够很好地利用本地优势。"有影响力投资者"对本地股的强烈偏好更可能是因为他们很熟悉本地股，能够从对本地股的高准确率预测中获利，而非简单的心埋偏好。

表9-7　"有影响力投资者"预测本地股的表现

变量名称	（1）true	（2）true	（3）true	（4）true
iidum	0.0190** （0.00862）	0.0190** （0.00862）	0.0193** （0.00862）	0.0191** （0.00863）
local	−0.0181** （0.00857）	−0.0180** （0.00861）	−0.0186** （0.00859）	−0.0179** （0.00863）
ii_local	0.0721*** （0.0273）	0.0732*** （0.0273）	0.0716*** （0.0273）	0.0728*** （0.0274）
SZ 50			−0.00815 （0.00514）	−0.00593 （0.00552）
ST			0.0167 （0.0110）	0.0143 （0.0113）
stateshare			0.000150 （0.000118）	0.0000345 （0.000136）

续表

变量名称	（1）	（2）	（3）	（4）
	true	*true*	*true*	*true*
avg_turn			−0.00000709	−0.000000325
			（0.00000991）	（0.0000117）
Constant	0.00351	−0.00601	0.00643	−0.00502
	（0.00248）	（0.00961）	（0.00485）	（0.0107）
Industry FE	NO	YES	NO	YES
Observations	304679	304679	304679	304679

注：括号内为标准误，*、**、*** 分别代表在 10%、5%、1% 的程度上显著。

五、"有影响力投资者"与投资者反应

"有影响力投资者"的发帖在论坛中享有更高的关注度（点击浏览数），而是否能影响投资者在真实市场中的投资决策是我们在本节中试图探索的问题。由于中国市场卖空受限，相比于卖空股票获利，做多股票是更为简单和普遍的投资方式，我们推测"有影响力投资者"在发布某只股票的看涨预测后能够带来短期股票交易活跃度的提升，而对于看跌预测则没有显著的影响。我们用发帖后 1~3 天累计超额换手率（CAT 13）表征短期内市场热度，利用 OLS 回归模型检验"有影响力投资者"与市场热度的关系。其中，超额换手率的计算方法为当天的换手率除以此前第 125 个交易日到此前第 21 个交易日换手率的平均值，然后减去 1 所得数值。

实证结果如表 9-8 所示，我们分别在第（1）至第（3）列和第（4）至第（6）列检验"有影响力投资者"看涨和看跌预测后的市场活跃度差异，其中第（1）列、第（4）列只引入了发帖人是否是"有影响力投资者"这一主要解释变量，第（2）列、第（5）列加入了描述公司特征的控制变量，第（3）列、第（6）列进一步加入了行业固定效应。我们发现"有影响力投资者"发布看涨预测后相应个股活跃性显著提升，而看跌预测则没有显著效果。平均而言，"有影响力投资者"发布看涨预测后股票短期内每天的超额换手率相对于一般发帖人高约 5.5%（16.4%/3），这一差距不但在统计上是显著的，而且有着重要的经济学意义。而"有影响力投资者"发布看跌预测后超额换手率的提升在统计上并不显著。这说明在卖空受限的交易机制下，市场更加重视"有影响力投资者"的看涨预测。

表9-8　"有影响力投资者"与股票活跃度

变量名称	（1）	（2）	（3）	（4）	（5）	（6）
	看涨预测			看跌预测		
	CAT 13	CAT 13	CAT 13	CAT 13	CAT 13	CAT 13
iidum	0.146***	0.139***	0.164***	0.0445	0.00795	0.0386
	（0.0302）	（0.0300）	（0.0299）	（0.0297）	（0.0295）	（0.0293）
SZ 50		−0.190***	−0.0829***		0.0387**	0.140***
		（0.0207）	（0.0225）		（0.0169）	（0.0180）
ST		0.695***	0.865***		0.124***	0.237***
		（0.0445）	（0.0457）		（0.0357）	（0.0367）
stateshare		−0.0130***	−0.0126***		−0.0151***	−0.0130***
		（0.000475）	（0.000551）		（0.000392）	（0.000447）
avg_turn		0.00150***	0.000896***		0.00135***	0.000914***
		（0.0000399）	（0.0000471）		（0.0000328）	（0.0000382）
Constant	0.805***	0.466***	0.0288	0.589***	0.276***	1.047***
	（0.00989）	（0.0195）	（0.100）	（0.00776）	（0.0155）	（0.0995）
Industry FE	NO	NO	YES	NO	NO	YES
Observations	131554	131554	131554	180797	180797	180797
R^2	0.000	0.019	0.029	0.000	0.017	0.027

注：括号内为标准误，*、**、***分别代表在10%、5%、1%的程度上显著。

如前文所述，作为中国最大的互联网股票论坛之一，东方财富股吧论坛上的信息浏览者以及借此作为投资参考的投资者大多以个人投资者为主。论坛中的"有影响力投资者"受众相应也以小额资金投资者为主，"有影响力投资者"发布某只个股的积极看涨预测后，相对机构投资者等大额投资者，以个人投资者为主的小额投资者更有可能跟随"有影响力投资者"的观点进行交易。我们推测"有影响力投资者"发布的看涨预测会吸引小额投资者的跟风买入，而对大额投资者没有显著影响。我们用发帖后1~3天累计小额资金净买入比例和大额资金净买入比例（cumulative net inflow ratio）表征小额资金和大额资金的流向，利用OLS回归模型检验"有影响力投资者"与资金流向的关系。

实证结果如表9-9所示，我们分别在第（1）至第（3）列和第（4）至第（6）列检验"有影响力投资者"看涨预测后小额资金和大额资金的流向，其中第（1）列、第（4）列只引入了发帖人是否是"有影响力投资者"这一主要解释变量，第（2）列、第（5）列加入了描述公司特征的控制变量，第（3）列、第（6）列进一步加入了行业固定效应。我们发现"有影响力投资者"发布看涨预测后，相应个股小额资金净流入显著增多，而大额资金则没有显著效果。这说明参考互联网论坛信息进行交易的投资者以小额投资者为主。

表9-9　"有影响力投资者"与资金流向

变量名称	（1）	（2）	（3）	（4）	（5）	（6）
	小额资金			大额资金		
	CNI_small 13	*CNI_small* 13	*CNI_small* 13	*CNI_large* 13	*CNI_large* 13	*CNI_large* 13
iidum	0.0204***	0.0205***	0.0191***	0.0152	0.0187	0.0259
	（0.00248）	（0.00247）	（0.00247）	（0.0218）	（0.0217）	（0.0217）
SZ 50		−0.0160***	−0.0234***		−0.0926***	−0.147***
		（0.00170）	（0.00185）		（0.0209）	（0.0232）
ST		0.00989***	0.0205***		0.813***	0.536***
		（0.00367）	（0.00378）		（0.0740）	（0.0800）
stateshare		−0.000337***	−0.000418***		−0.00126***	−0.00285***
		（0.0000382）	（0.0000442）		（0.000384）	（0.000439）
avg_turn		0.0000751***	0.000088***		0.000279***	0.000250***
		（0.00000327）	（0.00000388）		（0.00003）	（0.0000388）
Constant	−0.0301***	−0.0489***	−0.159***	−0.00119	−0.0677***	−0.129
	（0.000809）	（0.00162）	（0.0124）	（0.00788）	（0.0135）	（0.128）
Industry FE	NO	NO	YES	NO	NO	YES
Observations	124123	124123	124123	21093	21093	21093
R^2	0.001	0.006	0.015	0.000	0.011	0.027

注：括号内为标准误，*、**、*** 分别代表在10%、5%、1% 的程度上显著。

六、"有影响力投资者"偏爱的股票类型

为了找出"有影响力投资者"偏爱的股票类型，我们将样本中的股票分为两组：一组为"有影响力投资者"的目标股，另一组为其他股票。借鉴Wysocki（1998）、Sabherwal等（2011）的做法，我们考察这两组股票在基本面和技术面上的差别。具体而言，我们比较了公司账面价值的自然对数、权益回报率、利润率、债务权益比、经营现金流、市盈率、季度利润增长率、机构持股比例、每股平均价格的自然对数、交易量的自然对数、流通股数的自然对数，结果如表9-10所示。

表9-10按照各个特征变量逐一汇报了"有影响力投资者"的目标组（target = 1）及其他组（target = 0）均值差异。Panel A展示的是基本面上两组股票的差异，其中 *Size* 是公司账面价值的自然对数，*ROE* 是权益回报率，*PRM* 是利润率，*DTE* 是债务权益比，*OCF* 是经营现金流，*PE* 是市盈率，*QRG* 是季度利润增长

率。我们发现"有影响力投资者"的目标公司规模较大，但差距并不显著，这与此前文献的发现不相符。同时"有影响力投资者"的目标公司财务状况较差：利润率较低，债务权益比较高，经营现金流较少，季度利润增长率也较低，但这些差异中只有经营现金流在统计意义上是显著的。

Panel B 展示的是技术面上两组股票的差异，其中 INS 是机构持股比例，AVP 是每股平均价格的自然对数，TRV 是交易量的自然对数，FLS 是流通股数的自然对数。"有影响力投资者"偏爱的股票是那些交易活跃的大公司股票。

表 9-10　"有影响力投资者"偏爱的股票类型

变量名称	分组	回归系数	标准误	t	P 值
		Panel A: 基本面			
Size	target=0	108314.2	59564.51	1.82	0.211
	target=1	448529.4	158976.7	2.82	0.106
	Difference	340215.2	147860.3	2.3	0.148
ROE	target=0	7.61866	2.232948	3.41	0.076
	target=1	9.771989	0.737245	13.25	0.006
	Difference	2.153329	2.834186	0.76	0.527
PRM	target=0	13.6672	1.607661	8.5	0.014
	target=1	12.50013	1.320866	9.46	0.011
	Difference	−1.16707	2.261186	−0.52	0.657
DTE	target=0	243.7798	30.68368	7.94	0.015
	target=1	334.8012	43.64229	7.67	0.017
	Difference	91.02144	51.8259	1.76	0.221
OCF	target=0	3422.541	1594.613	2.15	0.165
	target=1	18670.24	5071.265	3.68	0.067
	Difference	15247.7	4539.013	3.36	0.078
PE	target=0	45.45976	9.961147	4.56	0.045
	target=1	19.01588	13.25638	1.43	0.288
	Difference	−26.4439	16.34225	−1.62	0.247
QRG	target=0	0.28745	0.069474	4.14	0.054
	target=1	0.139114	0.027163	5.12	0.036
	Difference	−0.14834	0.088956	−1.67	0.237

续表

变量名称	分组	回归系数	标准误	t	P 值
	Panel B: 技术面				
INS	target=0	0.210493	0.012771	16.48	0.004
	target=1	0.212854	0.017698	12.03	0.007
	Difference	0.002362	0.021317	0.11	0.922
AVP	target=0	3.851318	0.098458	39.12	0.001
	target=1	3.507468	0.124852	28.09	0.001
	Difference	−0.34385	0.158342	−2.17	0.162
TRV	target=0	21.71108	0.052714	411.87	0
	target=1	22.359	0.073503	304.19	0
	Difference	0.647917	0.088259	7.34	0.018
FLS	target=0	20.94257	0.06326	331.06	0
	target=1	21.7388	0.136514	159.24	0
	Difference	0.796237	0.134991	5.9	0.028
stateshare	target=0	0.394473	0.019183	20.56	0.002
	target=1	0.423402	0.025065	16.89	0.003
	Difference	0.02893	0.03101	0.93	0.449

七、稳健性检验

　　股价在短期内的快速上涨通常伴随着公司发生能够显著影响股价的重大基本面事件。"有影响力投资者"可能仅仅是事件驱动型交易者，他们在观察到公司发生重大利好于股价的事件后，及时发布看涨预测。这一现象将会影响到我们的研究结果，例如"有影响力投资者"较高预测准确率可能只是其根据基本面事件进行预测的结果，发布看涨预测后，小额投资者的涌入可能只是小额投资者追随基本面重要事件进行交易的结果。为了防止此类事件对结论可能的干扰，本小节选取了若干基本面事件进行控制。具体而言，我们参考了锐思数据库（RESSET）中提供的公司重大事项数据表，在此前的回归中加入了公司是否涉及股份回购、资产出售与转让、重大经营合同等33项可能影响股价的重大事项作为控制变量。在表9-11中，我们检验了"有影响力投资者"的预测准确性、预测反转可能性，以及其"家乡情结"。结果表明，排除基本面事件的可能干扰后，论坛中"有影响力投资者"的预测准确性依然高于常人，且预测不会遭到反转，同时他们更偏爱预测本地股，在预测本地股时表现优异，与前文的研究结论一致。

表9-11 稳健性检验："有影响力投资者"与重要基本面事件（一）

变量名称	（1） true	（2） true 5	（3） local	（4） true
iidum	0.0261***	0.00478	0.101***	0.0190**
	（0.00819）	（0.0119）	（0.0111）	（0.00863）
local				−0.0179**
				（0.00863）
ii_local				0.0729***
				（0.0274）
SZ 50	−0.00596	0.0293***	−0.0272***	−0.00598
	（0.00552）	（0.00807）	（0.00796）	（0.00552）
ST	0.0147	0.0566***	−0.291***	0.0141
	（0.0113）	（0.0166）	（0.0182）	（0.0113）
stateshare	0.0000307	0.000322	0.00373***	0.0000351
	（0.000136）	（0.000200）	（0.000185）	（0.000136）
avg_turn	−0.0000000171	−0.0000724***	−0.000537***	−0.0000000183
	（0.0000117）	（0.000017）	（0.0000181）	（0.0000117）
newsdum	0.00837	0.0213*	0.0119	0.00848
	（0.00751）	（0.0110）	（0.0106）	（0.00751）
Constant	−0.00781	0.443***	−0.888***	−0.00568
	（0.0107）	（0.0156）	（0.0139）	（0.0107）
Industry FE	YES	YES	YES	YES
Observations	304679	152740	319009	304679

注：括号内为标准误，*、**、*** 分别代表在10%、5%、1% 的程度上显著。

在表9-12 中，我们检验了"有影响力投资者"发布看涨或看跌预测后的市场活跃度以及资金流向。实证结果显示，"有影响力投资者"发布看涨预测后相应股票的超额换手率明显上升，而发布看跌预测后未产生显著影响。看涨预测发布后，小额资金的净流入比例显著提升，而未对大额资金产生显著影响。这一结果表明，排除基本面事件的可能干扰后，论坛中存在小额投资者跟随"有影响力投资者"的看涨预测进行交易的情况，证实了研究的稳健性。

表 9-12　稳健性检验："有影响力投资者"与重要基本面事件（二）

变量名称	（1） CAT 13_pos	（2） CAT 13_neg	（3） CNI_small 13	（4） CNI_large 13
iidum	0.158*** （0.0299）	0.0321 （0.0293）	0.0190*** （0.00247）	0.0277 （0.0217）
SZ 50	−0.0843*** （0.0225）	0.134*** （0.0180）	−0.0235*** （0.00185）	−0.146*** （0.0231）
ST	0.848*** （0.0457）	0.229*** （0.0367）	0.0203*** （0.00378）	0.542*** （0.0800）
stateshare	−0.0127*** （0.000550）	−0.0128*** （0.000447）	−0.000420*** （0.0000442）	−0.00283*** （0.000439）
avg_turn	0.000922*** （0.0000471）	0.000930*** （0.0000382）	0.0000885*** （0.00000388）	0.000242*** （0.0000388）
newsdum	0.471*** （0.0301）	0.574*** （0.0245）	0.00992*** （0.00249）	−0.0707*** （0.0226）
Constant	−0.0320 （0.100）	0.978*** （0.0993）	−0.160*** （0.0124）	−0.111 （0.128）
Industry FE	YES	YES	YES	YES
Observations	131554	180797	124123	21093
R^2	0.031	0.030	0.015	0.027

注：括号内为标准误，*、**、*** 分别代表在 10%、5%、1% 的程度上显著。

八、研究结论

本节研究了中国国内最受欢迎、规模最大的股票论坛之一——东方财富股吧论坛中的"有影响力投资者"。这类投资者在论坛中享有崇高的声望，备受关注，他们发布的帖子有着较高的点击阅读量，同时他们在预测个股短期股价走势上有着显著超出常人的准确率。不同于 Sabherwal 等（2011）的研究，我们发现"有影响力投资者"并非在使用"哄抬股价，逢高卖出"的交易策略进行市场操纵。事实上，"有影响力投资者"做出的短期正确预测在长期发生反转的可能性甚至比其他人更低，这点与"哄抬股价，逢高卖出"交易策略所预言的迹象相违背，表明他们可能是基于真实的信息进行有效的预测。

我们还检验了"有影响力投资者"可能拥有的独特信息是否与其位置有关，即当"有影响力投资者"与预测标的公司总部所在地位于同一省份时，他们的预测准确率是否有显著提升。与此前文献中广泛记载的"家乡情结"类似，我们发现，"有影响力投资者"对本地股表现出浓厚的兴趣，相较于其他发帖人，他们在论坛上发布的更多的是针对本地股的预测。同时，"有影响力投资者"针对本地股的预测准确率更高，其相对其他发帖人更高的预测准确率很大程度上能够被其对本地股票的准确预测所解释。这种现象表明，他们对本地股的偏好不是因为简单的心理现象（即家乡情结），而可能是由地理位置优势带来的信息优势驱动的。

另外，我们发现"有影响力投资者"的发帖行为会引起显著的市场反应，当他们对股票发出看涨预测时，未来短期超额换手率显著偏高；而当他们发出看跌预测时，则没有显著的影响。同时当"有影响力投资者"发布看涨预测时，小额资金的净流入比例显著升高，而大额资金净流入比例则没有显著变化。这说明在国内卖空受限的市场条件下，投资者更为关注"有影响力投资者"的看涨预测，同时跟随其进行交易的大多以小额资金的投资者为主。

最后，我们分析对比了"有影响力投资者"的目标公司与其他公司在基本面和技术面上的差异。我们的研究样本显示"有影响力投资者"的目标是那些规模较大的公司。

市场监管层担心部分操纵者通过网络散布煽动性消息，对股价进行引导和操纵。van Bommel（2003）通过模型描绘了操纵者通过散布消息影响投资者行为的操纵方法和由此带来的市场影响。我们的结果指出，股票论坛中的确存在"有影响力投资者"，但并没有发现其使用"哄抬股价，逢高卖出"交易策略来操纵市场的迹象。我们的发现事实上支持了"有影响力投资者"可能在散布有价值的信息，尤其是有关本地股的有价值信息。

上述研究结果对中小投资者和证券市场监管部门具有深刻的政策启示意义。中小投资者通过网络搜寻信息时应注意信息辨别，尤其是对于受关注较少的小市值规模的公司的消息应注意识别消息的真伪，多关注本地预测的信息。从研究结果看，网络股票论坛在一定程度上对提升证券市场的定价效率具有积极影响，市场监管层应在严格监管的基础上引导其健康发展，激发资本市场活力。

第二节　股市"黑嘴"

一、研究背景

在电视节目、网络媒体上，存在这样一群"专家"（俗称股市"黑嘴"），他们利用媒体上积累的粉丝群体，提前建仓买入相关股票，并通过隐晦或公开的方式向投资者推荐股票信息，在粉丝买入抬高股价后，实现高位出货，以粉丝的风险换取个人的稳定收益。更有甚者，同庄家勾结，令粉丝去承接庄家高位抛售的筹码，导致粉丝损失惨重。这类隐蔽且复杂的操纵方式，不仅损害了投资者的合法权益，也严重扰乱了资本市场信息传播秩序，不利于市场的健康发展。对于股市"黑嘴"的违法行为，中国证监会明确将其界定为：编造、传播虚假信息或误导性信息，影响股票价格，甚至操纵市场等牟取非法利益的机构和个人。具体的操纵行为包括编造传播证券虚假信息、蛊惑交易、"抢帽子"交易、利用信息优势操纵等。根据 2020 年 3 月 1 日起实施的《中华人民共和国证券法》（2019 年修订）中关于操纵市场的行为界定上，公开评价预测市场的"黑嘴"操纵首次被列入操纵市场行为模式中，对该行为的惩罚力度和监管强度也显著提升。

在现代信息传播的快速发展下，监管部门更加重视股市"黑嘴"操纵行为对市场的影响，不仅先后颁布了相关法规以约束和打击股市"黑嘴"操纵行为，同时也处罚了多起与股市"黑嘴"相关的违法违规案件。通过对中国证监会公开披露的行政处罚文书的资料收集，截至 2021 年，筛选出与股市"黑嘴"相关的处罚文书共 22 篇，其中包括北京首放汪××、武汉新兰德朱××、禧达丰投资白××，以及知名证券节目主持人廖××，等等。涉及处罚文书具体年份分布情况如表 9-13 所示。

表 9-13　股市"黑嘴"相关处罚文书具体年份分布情况

年份	文书数量/篇	文号
2008	3	〔2008〕16 号；〔2008〕42 号；〔2008〕44 号
2009	4	〔2009〕20 号；〔2009〕56 号；〔2009〕57 号；〔2009〕58 号
2010	1	〔2010〕25 号
2011	2	〔2011〕4 号；〔2011〕42 号
2012	1	〔2012〕2 号
2014	5	〔2014〕15 号；〔2014〕16 号；〔2014〕17 号；〔2014〕18 号；〔2014〕61 号
2015	1	〔2015〕20 号
2016	1	〔2016〕87 号
2017	1	〔2017〕100 号
2018	1	〔2018〕2 号
2019	2	〔2019〕95 号；〔2019〕103 号

根据《中华人民共和国证券法》第五十五条第一款第八项"操纵证券市场的其他手段"的规定以及中国证监会处罚文书披露的股市"黑嘴"行为，可以将股市"黑嘴"的一般性操纵行为归纳为：以获利为动机，利用电视媒体或网络平台，发布具有误导性、蛊惑性的信息吸引投资者，使其持有的股

票价格上涨，后高位卖出，赚取短期超额收益。其中，根据中国证监会披露文书的内容归纳，股市"黑嘴"的获利方式主要有两种："先买入，后卖出"赚取超额收益；通过"与庄家合谋，利用自身机构分析师的独特身份公开荐股赚取"佣金"。

为了让读者对股市"黑嘴"的操纵手段有更深刻的理解，我们以中国证监会《2018年证监稽查20起典型违法案例》"廖英强操纵市场案——股市'黑嘴'借助自媒体荐股实施操纵市场"和中国证监会〔2015〕20号文书为例，对股市"黑嘴"的一般性操纵手段进行详细说明。

（1）知名财经媒体主持人廖英强操纵案。

当事人廖英强是知名财经媒体的嘉宾主持，同时也是"爱股轩"App的大股东。在2012年2月—2016年4月，廖英强在上海广播电视台第一财经频道《谈股论金》和周播节目《谈股论金之英强开讲》中担任嘉宾主持，在节目中通过幽默的评股方式，积累了大量人气。同期，廖英强还通过个人投资的"爱股轩"网站App的解盘视频《金钱风暴》《股动钱潮》等节目以及新浪微博、博客、土豆网等互联网平台进行多方位的推广和宣传。随着知名度的提高，廖英强积累了一定的粉丝基础，有了一定影响力。在意识到自身所存在的影响力可为在资本市场获利提供便利后，廖英强在不具备证券投资咨询职业资格的情况下，在2015年3月—11月，利用其知名证券节目主持人的影响力，在其微博、博客《午间解盘》栏目视频中公开评价、推荐"佳士科技""兴发集团""大连国际"等39只股票共46次，发布了含有荐股信息的博客60篇（平均点击次数为110399次），在推荐前使用其控制的13个证券账户买入相关股票，并在公开荐股后的午后开盘或次日集中卖出相关股票，违法所得共计4310.4万元。

廖英强多次上演的"抢帽子"交易操纵行为，使得个股在短期内股价大幅波动。如图9-1所示，2015年3月20日，廖英强在午间休市期间，在其新浪微博和博客《午间解盘》栏目视频中推荐了"兴发集团"，在当天下午开盘时，兴发集团的股价由上午11:30每股17.36元上涨至17.80元，在13:30达到当日最高价18.78元，最后以每股17.97元收盘，当日涨幅3.1%。作为股市"黑嘴"的廖英强在本次操纵中，仅通过其控制的账户在荐股前以平均每股16.82元的价格买入"兴发国际"1268233股，后公开荐股，再以荐股后平均每股17.8元的价格卖出1224734股，获利1045573.40元（扣除交易税费后）。在廖英强操纵期间，总共46次操纵中仅有3次在相同操作的情况下亏损，可见股市"黑嘴"操纵成本之低，收益之高。

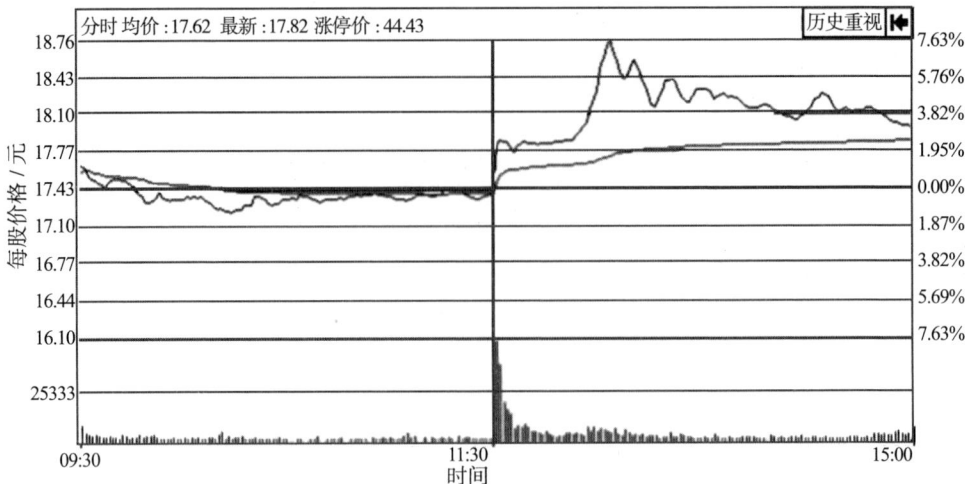

分时 均价:17.62 最新:17.82 涨停价:44.43　　　　历史重视

图 9-1　2015 年 3 月 20 日兴发集团股价波动情况

最终，在 2018 年 4 月 3 日中国证监会对廖英强操纵市场行为做出行政处罚决定，对于廖英强的违法行为没收违法所得 4310.4 万元，并处以 8620.9 万元罚款。对于廖英强的上诉，中国证监会强调对其的处罚不仅是基于非法荐股行为，而更多的是追究廖英强"先行建仓、公开荐股、反向卖出"的系列操纵行为。因此，该案的查处再次对股市"黑嘴"通过"抢帽子"交易方式操纵市场敲响了警钟。

（2）王之所编造、传播虚假信息操纵案。

当事人王之所因涉嫌编造并传播虚假信息行为被监管部门立案调查。2015 年 4 月 22 日 21 点 35 分，王之所利用其在东方财富股吧论坛的账号"云像一片云"，在"湖南发展"股吧以所谓"内部人员秘传"的消息源，发帖编造并传播"湖南发展（000722）收购财富证券"的虚假信息。虽然截至 2015 年 6 月 8 日，该帖累计点击量仅 13481 次，跟帖量 32 次，点赞量 9 次，但是湖南发展股票在王之所发帖后的 3 个交易日，股价涨幅已经达到约 26.3%，大大超过同期深证成指涨幅（仅为 0.4%），"湖南发展"走势明显偏离同期大盘走势及同行指数。在编造并传播虚假信息前，当事人王之所使用实际掌握的"王某"账户买入 6 万股"湖南发展"（买入金额 84.65 万元），而后分别在 2015 年 5 月 11 日、19 日，王之所使用"王某"账户将其持有的 6 万股"湖南发展"以均价 16.31 元全部卖出，卖出金额共计 97.77 万元，获利 13.11 万元（已扣税费）。

相比廖英强操纵案，王之所的个人影响力及涉案金额相对更小，但对个股的波动的影响并不小。根据"湖南发展"在虚假信息发布后的交易日股价波动情况，尽管在 4 月 24 日"湖南发展"已公开辟谣，但依旧在 4 月 27 日再次涨停。这在一定程度上表明，股市"黑嘴"对市场的影响并不局限于所积累的个人影响力基础，同样受到信息本身、平台传播力等因素的影响。因此，监管部门不仅要警惕拥有庞大粉丝量和知名度的"专家"，同时也要关注那些在各个股吧和财经评论区出没、随意散布虚假消息的操纵者。

二、股市"黑嘴"操纵目标股票特征

基于上述所收集到的 22 篇中国证监会行政处罚决定书中所提到的受操纵股票名称以及操纵时段，我们对案件所涉及的操纵事件进行了进一步信息挖掘。最终，获取了 144 个操纵案例，并分别对受操纵股票特征、推荐当日股票交易活动变化以及资金流入情况进行了实证研究。操纵案例的具体年份分布情况如图 9-2 所示。

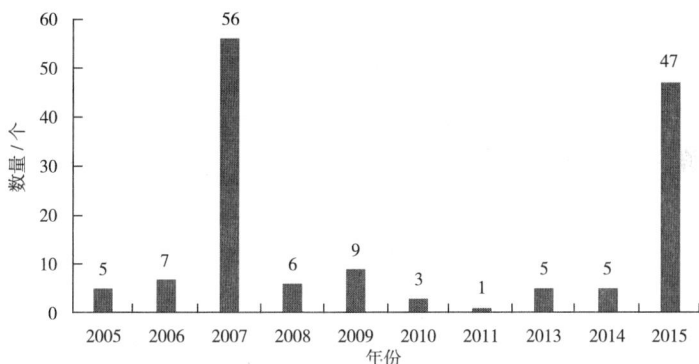

图 9-2　2005—2015 年操纵案例具体年份分布情况

基于案例数据，为了考察股市"黑嘴"的股票选择偏好，采用 T 检验对比了被操纵股票与未被操纵股票在公司特征上的差异，包括市值规模（Size）、波动率（Std）、换手率（Turn）、价格水平（Price）、托宾 Q（Tobin's Q）、账面市值比（MTB）、分析师跟踪人数（Follow）、机构投资者持股比例（Inst）。T 检验结果如表 9-14 所示。

表 9-14　被操纵股票与未被操纵股票 T 检验

变量名称	未被操纵股票	被操纵股票	差值	T 统计量
Size	15.053	15.258	−0.205**	−1.99
Std	0.554	0.676	−0.122***	−5.234
Turn	49.791	102.522	−52.731***	−13.243
Price	2.644	2.54	0.104*	1.653
Tobin's Q	2.451	1.965	0.486	1.431
MTB	0.552	0.602	−0.050**	−2.497
Follow	3.707	3.375	0.332	0.821
Inst	6.061	5.463	0.598	0.936

注：*、**、*** 分别代表组间差异在 10%、5%、1% 的程度上显著。

T 检验结果表明，相较于未受操纵股票，受操纵股票的市值规模（*Size*）、波动率（*Std*）、换手率（*Turn*）、账面市值比（*MTB*）显著更高，而价格水平（*Price*）显著更低。基于 T 检验的结果，发现股市"黑嘴"倾向于选择波动率更大、换手率高、价格水平较低的公司。此外，被操纵股票相比未被操纵股票在分析师跟踪人数（*Follow*）和机构投资者持股比例（*Inst*）方面更低。这可能是因为较少分析师跟踪和较低的机构投资者持股比例的公司信息透明度更低。在股市"黑嘴"发布误导性、蛊惑性的荐股信息后，投资者对信息透明度较低的公司信息不能及时证伪，在信息不对称的情况下，中小投资者为及时抓住股价上涨机会，可能存在跟风买入的倾向。因此，在一定程度上为股市"黑嘴"的操纵提供了便利条件。

三、股市"黑嘴"与股价表现

股市"黑嘴"以获利为动机，配合庄家或个人持仓推荐股票，并在信息发布后的当天或隔天进行反向交易。现有研究表明，受操纵股票在操纵期内及操纵期后，股价走势将会实现反转，其原因可能是操纵行为使股价偏离基本面、流动性紧张得到缓解等。针对股市"黑嘴"的操纵手段以及媒介的传播速度和投资者的响应情况，我们发现股市"黑嘴"会使股价在短期内实现反转，并且显著影响信息发布当日的股票交易量和收益波动率。

为了更直观地观察股市"黑嘴"发布信息对股价的影响，图 9-3 展示了信息发布当日（*T*-0）及后 5 个交易日（*T*+5）的股价走势。图 9-3 横坐标为时间窗口，纵坐标为累计超额收益率，*T*-0 为信息发布当日。图 9-3 表明在信息发布当天，被操纵股票累计超额收益率为 2.39%，第二天达到 2.79%，至信息发布后 5 个交易日（*T*+5），受操纵股票累计超额收益率下降至 0.707%。这表明股市"黑嘴"信息发布对股票价格的影响得到了逐步纠正。

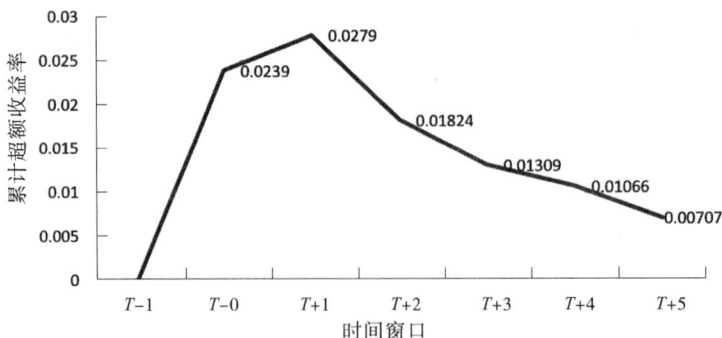

图 9-3　操纵组股票短期累计超额收益率表现

进一步通过计量模型验证股市"黑嘴"对股价的影响，我们选用 3 个指标度量股价表现。

（1）超额收益率（AR）。采用个股的考虑现金红利再投资收益率减去同期市场收益率，即超额收益率（AR）衡量个股在操纵当日股价表现的相对强弱程度。

$$AR_{i,t}=Dretwd_{i,t}-Mktret_t \tag{9-5}$$

其中，$Dretwd_{i,t}$ 为股票 i 在操纵当日考虑现金红利再投资的收益率；$Mktret_t$ 为操纵当日的市场收益率。相较于对照组股票，操纵组股票的超额收益率（AR）越高，表明操纵行为导致当日股价上涨幅度越大。

（2）累计超额收益率（CAR）。采用股票 i 受到操纵后 m 个交易日的累计超额收益率来表示个股股价表现的相对强弱程度，计算公式如下：

$$CAR_{i,t}=\sum_{m=1}^{m} AR_{i,t+m} \tag{9-6}$$

（3）股价反转（Rev）。通过构建虚拟变量的方式来判断股价是否在一周内发生反转，当操纵后超额收益率（AR）大于 0 且累计超额收益率（CAR_5）小于 0 时，取值为 1，反之取值为 0。

$$Rev=\begin{cases} AR>0 \text{ 且 } CAR_5<0, & Rev=1 \\ \text{其他、} & Rev=0 \end{cases} \tag{9-7}$$

如表 9-15 所示，第（1）、第（2）列展示了 OLS 估计结果，被操纵股票在推荐信息发布当天超额收益率（AR）显著高于未被操纵股票，在信息发布后 5 个交易日的累计超额收益率（CAR[1, 5]）显著低于未被操纵股票。此外，通过构建虚拟变量的方式判断股价是否在一周内发生反转，当操纵后超额收益率（AR）大于 0 且累计超额收益率（CAR_5）小于 0 时，取值为 1，反之取值为 0。第（3）列展示了 Probit 模型估计结果，被操纵股票一周内反转概率（Rev）显著更高，即股市"黑嘴"的荐股行为更有可能使股价在一周内累计超额收益率变为负值。

表 9-15　股市"黑嘴"对股价影响

变量名称	（1）	（2）	（3）
	AR	CAR[1, 5]	Rev
dum_manip	0.0267***	−0.0121**	0.5721***
	（7.46）	（−2.02）	（5.14）
Price	−0.0010***	−0.0195***	0.0794***
	（−5.26）	（−53.35）	（13.87）
Size	0.0002*	−0.0030***	0.0358***
	（1.94）	（−15.36）	（10.33）

变量名称	（1）	（2）	（3）
	AR	CAR[1，5]	Rev
Lev	0.0024***	0.0066***	–0.0327*
	（3.96）	（6.07）	（–1.76）
MTB	–0.0040***	–0.0363***	0.1598***
	（–6.55）	（–30.82）	（7.78）
Growth	0.0000	0.0000	–0.0000
	（1.45）	（1.00）	（–0.03）
Tobin's Q	0.0001*	0.0001	–0.0019
	（1.80）	（1.22）	（–1.47）
Constant	0.0020	0.0933***	–1.2719***
	（1.17）	（28.07）	（–19.93）
Observations	193030	193030	193030
R^2	0.004	0.036	
Year FE	YES	YES	YES
Industry FE	YES	YES	YES

注：括号内为 T 值，*、**、*** 分别代表在 10%、5%、1% 的程度上显著。

四、股市"黑嘴"与交易活跃度和股价波动性

市场上存在噪声交易者，此类交易者的投资决定很大程度上受各种所谓"消息"的影响。他们在进行投资决策时，对投资依据"消息"的真伪性缺乏了解，更倾向于相信"消息"是真实的从而进行交易。股市"黑嘴"有一定市场号召力，他们通常利用公共平台（如电视台栏目和财经网站）或者证券咨询机构分析师身份为支撑，吸引那些曾经从荐股信息中尝到甜头或者盲目跟风的投资者。在这样的情况下，投资者相信了"专家"的推荐，并按此进行交易，产生了较大的买方压力，被推荐股票的交易量迅速上升，出现显著的异常交易量。

我们采用超额换手率（ExTurn），即当日的换手率减去操纵前 20 个交易日换手率的均值，衡量信息发布当日股票的流动性。同时我们采用收益波动性（ExStd），即当日个股收益率的标准差减去操纵前 20 个交易日内个股收益率的标准差的均值，衡量股价波动性。如表 9-16 所示，第（1）、第（2）列的估计结果表明，在信息发布当日，被操纵股票的超额换手率显著更高；第（3）、第（4）列的估计结果表明信息发布当日被推荐股票的收益波动率显著更高。

表9-16　股市"黑嘴"对交易活动的影响

变量名称	（1）	（2）	（3）	（4）
	ExTurn	*ExTurn*	*ExStd*	*ExStd*
dum_manip	49.7996***	50.2440***	0.1403***	0.1483***
	（11.68）	（11.83）	（6.45）	（6.91）
Price		0.9278***		0.0129***
		（6.77）		（11.22）
Size		−1.0337***		−0.0167***
		（−12.98）		（−25.80）
Lev		0.3448		0.0214***
		（0.83）		（5.96）
MTB		−1.7240***		−0.0328***
		（−4.03）		（−8.20）
Growth		0.0006		0.0000
		（1.01）		（0.35）
Tobin's Q		−0.0106		0.0009***
		（−0.45）		（2.93）
Constant	−2.3143***	11.1739***	−0.1091***	0.1070***
	（−2.94）	（8.72）	（−15.10）	（9.21）
Observations	182939	182939	182935	182935
R^2	0.007	0.009	0.043	0.047
Year FE	YES	YES	YES	YES
Industry FE	YES	YES	YES	YES

注：括号内为 *T* 值，*、**、*** 分别代表在 10%、5%、1% 的程度上显著。

五、股市"黑嘴"与散户投资者

个人投资者是吸引注意力股票的净买入者，大多数个人投资者没有办法在研究所有的股票之后再做购买股票的决定，而只是从高度吸引其注意力的股票中进行选择。股市"黑嘴"通常是短线操作，超额收益需要由中小投资者组成的强大买盘作为支撑，以接住他们及"幕后庄家"的巨大卖盘，并在股价下跌幅度较小的情况下顺利出货。为衡量信息发布当日的中小投资者参与情况，以小额资金净流入比例（*CniSmall*）和百度搜索指数（*BDidx*）作为衡量指标。

（1）超额小额资金净流入比例（*ExCniSmall*）。市场中的个人投资者财富有限，因此交易金额相对较小。《上海证券交易所统计年鉴（2020卷）》的统计结果表明投资者类型中，自然人投资者持股市值占市场的20.9%，但持股账户数达到99.76%，其中100万元以下的持股账户达到92.83%。因此，将100万元作为买入金额和卖出金额的临界值。小额资金净流入比例（*CniSmall*）计算公式如下：

$$CniSmall_{i,t} = \frac{CniInflow_{i,t} - CniOutflow_{i,t}}{CniInflow_{i,t} + CniOutflow_{i,t}} \qquad (9-8)$$

其中，$CniInflow_{i,t}$ 和 $CniOutflow_{i,t}$ 分别为股票 i 在 t 交易日单笔交易金额不超过100万元的交易买入金额与卖出金额。在此基础上，超额小额资金净流入比例（*ExCniSmall*）为当日小额资金净流入比例与前20个交易日均值的差值。超额小额资金净流入比例（*ExCniSmall*）越高，表明散户投资者流入程度越高。

（2）超额百度指数变化率（*ExBDidx*）。百度指数变化率为股票 i 在 t 日百度指数与 $t-1$ 日百度指数的差额除以 t 日百度指数，计算公式如下：

$$BDidx_{i,t} = \frac{BDidx_{i,t} - BDidx_{i,t-1}}{BDidx_{i,t}} \qquad (9-9)$$

在式（9-9）的基础上，超额百度指数变化率为当日百度搜索指数与前20个交易日均值的差。超额百度指数变率越高，表示散户投资者对个股的关注度越高。

表9-17第（1）至第（3）列为中介效应检验结果，第（1）、第（2）列的估计结果表明，股市"黑嘴"的操纵行为会显著增加小额资金净流入和百度搜索指数，平均而言，操纵行为每增加1%，小额资金净流入（*CniSmall*）增加7.68%，百度搜索指数（*BDidx*）增加29.41%。第（3）列的估计结果表明，当小额资金净流入比例（*CniSmall*）和百度搜索指数（*BDidx*）同时加入模型中时，股市"黑嘴"操纵行为和中小投资者参与度同样显著。上述结果表明，股市"黑嘴"的操纵行为能够通过吸引投资者关注的方式增加中小投资者参与。

表 9-17　股市"黑嘴"对中小投资者参与度的影响

变量名称	（1）	（2）	（3）
	ExCniSmall	ExBDidx	ExCniSmall
ExBDidx			0.0412***
			（19.64）
dum_manip	0.0768***	0.2941***	0.0647***
	（4.16）	（6.68）	（3.64）
Price	0.0003***	0.0014***	0.0002***
	（8.20）	（11.91）	（6.65）
Size	0.0053***	0.1318***	−0.0002
	（10.38）	（26.60）	（−0.32）
Lev	0.0013	0.1540***	−0.0050*
	（0.48）	（14.95）	（−1.89）
MTB	−0.0220***	−0.4632***	−0.0029
	（−8.10）	（−34.56）	（−1.03）
Growth	0.0000***	0.0000	0.0000
	（2.70）	（1.34）	（1.35）
Tobin's Q	−0.0001	−0.0018***	−0.0001
	（−1.00）	（−3.48）	（−0.52）
Constant	−0.0815***	−1.7419***	−0.0097
	（−9.18）	（−22.43）	（−1.08）
Observations	118598	118598	118598
R^2	0.020	0.058	0.052
Year FE	YES	YES	YES
Industry FE	YES	YES	YES

注：括号内为 T 值，*、**、*** 分别代表在 10%、5%、1% 的程度上显著。

基于上述实证结果，我们参考 Gao 等（2016）进一步计算如果投资者在推荐日以当日购入股票的平均成本买入股票，持有一周后再以当日股票的平均持有成本卖出最后的损失情况。其中，我们采用操纵当日成交额与成交量的比值，即成交量加权平均价（VWAP），来衡量投资者在操纵当日购入股票的平均持有成本。

$$RetailLost_{i,t}=Dnvaltrd_{i,t+5} \times (VWAP_{i,t}-VWAP_{i,t+5}) \qquad （9\text{-}10）$$

其中，$Dnvaltrd_{i,t+5}$ 为股票 i 在操纵后第五个交易日的全天成交额；$VWAP_{i,t}=$

$Dnvaltrd_{i,t}/Dnshrtrd_{i,t}$，即操纵当日成交额与成交量的比值。

结果如表9-18所示，市场投资者在持有推荐股票一周以后，平均损失853万元。

表9-18　市场投资者持有推荐股票一周后的投资损失

变量名称	观测数	均值	标准差	最小值	最大值
VWAP	132	14.993	9.567	3.339	52.834
VWAP 5	132	15.214	10.248	3.413	58.572
Lost 5/ 万元	132	−853.11	2920	−9800	5600

六、股市"黑嘴"的警示

股市"黑嘴"是以编造、传播虚假信息或误导性信息影响股票价格，甚至操纵市场等牟取非法利益的机构和个人。一般性的操纵行为以"先行建仓、公开荐股、反向卖出"的"抢帽子"交易操纵为主。目前，中国证监会披露的处罚案例仅是市场中实际存在的"黑嘴"现象的一小部分，减少股市"黑嘴"操纵需要社会多方群体的配合。针对资本市场上存在的股市"黑嘴"群体，监管部门要重点关注市场上与信息相关的市场异动，建立有效监测机制；公共媒体也要加强对证券投资咨询信息的筛选力度，特别是针对网络平台上具有一定粉丝基础的财经类用户，要减少误导性信息的传播途径；投资者则要提高辨别信息真伪的能力，不轻信"专家"的信息，掌握基本的证券投资知识，提高投资能力。只有社会各方共同配合，才能真正减少股市"黑嘴"的存在。

第十章 "哄抬股价，逢高卖出"：
龙虎榜操纵

第一节 研究背景

证券交易公开信息，俗称"股票龙虎榜"，是由交易所每天收盘后，对外发布的当天存在特定情形的股票交易信息。坊间流传着诸如"炒股不跟解放南，便是神仙也枉然"此类的口头禅，其中的"解放南"是指活跃在银河证券宁波解放南路营业部的"宁波涨停板敢死队"，他们操作的股票屡屡触及涨停，并且登上股票龙虎榜。当投资者发现龙虎榜上的买方席位是诸如"解放南"这样的知名炒家时，便会怀揣着"分一杯羹"的美好期望，跟随其买入。由此可见，股票龙虎榜，尤其是那些频繁上榜、出手不凡的知名交易席位，对投资者交易行为能够产生巨大的影响。伴随着"股票龙虎榜"的大名，不断有传言声称，部分不法分子利用投资者热衷于跟随龙虎榜的心理，通过手中的资金优势和信息优势，拉抬股价，人为将股票冲上龙虎榜，吸引投资者跟风，从而实现操纵市场的目的。本章的研究就是在这样的背景下提出的，我们试图考察股票龙虎榜上的"有影响力交易席位"的行为是否涉嫌市场操纵。

沿用至今的交易公开信息制度起始于 2006 年。《深圳证券交易所交易规则》于 2006 年 5 月进行了第一次修订，《上海证券交易所交易规则》自 2006 年 7 月起实施。虽然在此之前两大交易所已经开始进行类似的交易信息公开，但披露的内容与沿用至今的交易公开信息有显著的差距。因此在本章中，我们选择 2007 年作为研究样本的起始点。具体而言，目前交易所对有价格涨跌幅限制的股票、封闭式基金竞价交易出现下列情形之一的，在交易时间结束后的当天公布当日买入、卖出金额最大的 5 家会员营业部的名称及其买入、卖出金额：①日收盘价格涨跌幅偏离值达到 ±7% 的各前 3 只股票（基金）；②日价格振幅达到 15% 的前 3 只股票（基金）；③日换手率达到 20% 的前 3 只股票（基金）。

其中，收盘价格涨跌幅偏离值的计算公式为：收盘价格涨跌幅偏离值 = 单只股票（基金）涨跌幅 – 对应分类指数涨跌幅。价格振幅的计算公式为：价格振幅 =（当日最高价格 – 当日最低价格）/ 当日最低价格 × 100%。换手率的计算公式为：换手率 = 成交股数（份额）/ 流通股数（份额）× 100%。此外，我们需要指出的是，深交所从 2011 年开始将披露的股票由 3 只增加到 5 只，上榜的条件没有发生改变。

我们利用的主要信息是 A 股中日收盘价格涨幅偏离值达到 7% 以上的前 3（5）只股票，这些股票因为其较大的涨幅而受到市场投资者的广泛关注。我们利用交易所披露的这些个股买入、卖出金额最大的 5 家会员营业部的名称及其买入、卖出金额定义交易公开信息中的"有影响力交易席位"。具体而言，"有影响力交易席位"是指在个股因涨幅偏离值超过 7% 而被交易所披露的龙虎榜事件中，买入金额超过当日该股总成交额 50% 以上的营业部席位。该类投资者因为在当天的巨额买入，而对当天的价格波动产生了显著影响，因此他们的存在是否会蕴含未来股价变动的信息，他们是否在操纵市场以及偏好什么类型的公司是我们感兴趣的核心问题。

为了能够在真实市场中识别和观察"有影响力交易席位"，我们借助上交所和深交所披露的交易公开信息，寻找对市场有巨大影响力的交易席位。具体而言，我们将买入金额占总成交额 50% 以上的单个营业部视为"有影响力交易席位"。这样设定出于两方面的原因：一方面，买入金额占比超过 50% 说明该营业部投资者在当天市场行情中起到了绝对主导作用，其巨额买入的行为能够显著地影响股价波动；另一方面，投资者相信营业部买入金额占比越高，越能代表对股价走势的乐观态度（李苗，2015），因此占比超过 50% 的投资者受到高度关注。

本章的研究结论对现有文献有如下三方面的贡献。其一，我们聚焦"有影响力交易席位"，作为"有影响力投资者"这一特殊群体的一类。这一群体能够显著影响市场走势，同时受到其他投资者的追捧和关注。然而，其在现实中很难进行具体观测，相关数据难以收集和界定。因此大部分有关"有影响力交易席位"的研究局限于理论层面（Grorud and Pontier，2005；Eyraud-Loisel，2011）。Ackert 等（2016）则通过股票论坛发帖点击数和预测准确率定义了"有影响力交易席位"，借此考察了这一群体的行为模式。在所能查阅的范围内，鲜有相关文献能够在真实市场中直接找到"有影响力交易席位"。而大量的坊间传闻直指"有影响力交易席位"这一特殊群体有操纵市场之嫌，因此更加凸显了考察其交易行为特征的必要性。本章的研究结论为分析这一特殊群体提供了有价值的参考。

其二，本章内容是传统文献中对交易量尤其是大额交易与股价表现关系探讨的有益补充。Easley 和 O'Hara（1987）、何诚颖等（2009）引入了逆向选择（adverse selection）问题考察了交易规模对价格行为的影响，他们的研究结果表明，知情交易者偏好在固定价格下进行大额交易，这使其他市场参与者的定价策略会受到交易对手方交易规模的影响，从而对价格波动产生持续影响。Foster 和 Viswanathan（1993）指出知情交易的信息含量越高，市场交易量越大。我们发现"有影响力交易席位"的巨额买入的确对短期股价走势产生了重大影响，是对相关研究的有益补充和扩展。

其三，交易公开信息制度是我国证券市场信息公开制度的重要组成部分，然而学术界对其研究明显不足。李苗（2015）发现龙虎榜中买入方和卖出方的交易集中度包含能够预测未来股价变动的信息。潘军昌和陶钧（2015）利用龙虎榜数据分析了中国股票市场投机资本的营业部分布、规模大小及偏好股票类型。利用交易公开信息识别"有影响力交易席位"，探讨其交易特征及对市场的影响是非常必要的。我们的发现为学术界研究"有影响力交易席位"的交易行为及其对资产价格的影响提供了新的证据，实证结果揭示了"有影响力交易席位"的交易行为能够引起市场的热烈追捧，使相应股票在短期内换手率上升，股价升高，大单净买入比例上升。我们没有发现"有影响力交易席位"操纵市场的证据，侧面印证了他们可能具有一定的信息优势。同时，我们还指出了"有影响力交易席位"偏好那些财务状况较差的小公司。本章的研究结论为资产管理从业者和证券市场监管层重新审视"有影响力交易席位"大额买入后的资产价格走势提供了参考。

第二节 理论分析

一、"有影响力交易席位"参与的龙虎榜股票在短期内受到市场追捧

"有影响力交易席位"的参与对市场的影响可以分为两个方面。一方面，"有影响力交易席位"的巨额买入可能包含对股价预测的信息。Easley 和 O'Hara（1987）、何诚颖等（2009）的研究结果表明，知情交易者的大额交易对价格有持续性影响。王春峰和王燕（2004）提出，不对称信息引发的交易对价格的影响是持久的，同时大额交易通常来说蕴含更多的信息。李苗（2015）发现，龙虎榜中买入方和卖出方的交易集中度包含能够预测未来股价变动的信息。因此，如果"有影响力交易席位"作为知情交易者采用激进的手法大额买入，则预示着股价将在未来继续上涨。另一方面，交易所在每个交易日结束后发布的交易公开信息因其时效性、权威性及其独特的交易价值，都会吸引大量机构及个人投资者的关注。而"有影响力交易席位"更因其巨额买入的交易手法而受到格外的关注。Barber 和 Odean（2008）指出，个人交易者缺乏足够的能力和精力在投资的过程中挑选股票，因此他们更倾向于购买那些能够吸引其注意力的股票。这会使标的股票的交易变得更为活跃，成交量提升，流动性改善（Kyle，1985）。投资者的追捧会在短期内推升股价上涨（Grinblatt and Keloharju，2001b；Barber and Odean，2008；Barber et al.，2009a，2009b）。de Bondt 和 Thaler（1985）更是指出投资者会对此类信息反应过度，导致股价短期内过度上涨。由此，我们推测"有影响力交易席位"参与的股票受到市场追捧，短期内有较高的超额换手率，同时短期内拥有较高的超额收益率。

二、"有影响力交易席位"利用市场影响力操纵市场

"有影响力交易席位"斥巨资进入市场，买入额高达成交量的 50% 以上，这样激进的投资是"有影响力交易席位"试图利用市场影响力操纵市场，还是基于信息优势进行的投资判断是我们关注的第二个议题。van Bommel（2003），Sabherwal 等（2011）描绘了一种称为"哄抬股价，逢高卖出"的市场操纵策略，拥有市场影响力的投资者通过散布信息或制造舆论等方式吸引噪声投资者的关注，这些投资者被吸引买入从而在短期内推高股价，而市

场操纵者开始获利出局，最终股价因为没有实质利好的支持而在此后下跌。如果交易公开信息中的"有影响力交易席位"利用该交易策略进行市场操纵，则他们通过资金优势迅速拉升股价进入"股票龙虎榜"吸引市场关注，并在随后噪声交易者入场时获利出局。Allen 和 Gale（1992）、Allen 等（2006）分析了历史上操纵股价的事例，认为大额资金有能力通过自己的交易行为显著地影响市场，使资产被错误定价。Chan（2003）指出，在没有基本面支持下，股价的大幅移动之后会更容易发生股价反转。Seasholes 和 Wu（2007）利用上交所的涨停板制度，研究发现涨停板能够吸引投资者的关注，导致短期的股价上升和长期的股价反转。Barber 和 Odean （2008）的研究表明，更高的关注度意味着在短期内的股价上涨和在长期的股价反转更容易发生。彭叠峰等（2015）借助理论模型刻画了市场中投资者注意力传染的机制，他们的研究指出，缺乏经验的投资者容易被注意力传染机制诱导进入正反馈交易中，这样的非理性交易行为最终会导致收益反转。但如果"有影响力交易席位"的巨额买入并非试图操纵市场，而是因为信息优势或出色的信息分析能力，成功预测股票价格将会出现上升而买入，则股价的上涨有实质利好的支持，不会出现股价在上升后迅速反转的模式（Ackert et al.，2016）。

由此，我们从理论上提出两个竞争性的可能情形：①"有影响力交易席位"利用市场影响力操纵市场，股价的上升没有实质利好的支撑。他们参与买入的股票价格在短期内上升，但在长期会发生反转。②"有影响力交易席位"拥有信息优势，股价的上升有实质利好的支持。他们参与买入的股票价格在短期内上升，在长期不容易发生反转。接下来，我们将通过实证研究考察上述两个竞争性的假说。

三、"有影响力交易席位"偏好特定类型的股票

"有影响力交易席位"是否偏好特定类型的股票是我们关注的第三个议题。一方面，van Bommel （2003）的理论模型预测当"有影响力交易席位"试图操纵市场时，他们会选择特定类型的股票。他们所偏好的股票更可能是财务状况糟糕的小公司，同时机构持股比例较低。相较于那些财务状况优良、机构大量持股的大公司，这样的公司更便于他们通过资金优势进行股价操纵。另一方面，如果"有影响力交易席位"通过独特渠道获取了公司的内部消息，即存在信息泄露问题，那么他们选择的目标公司也应该是类似的公司（Sarkar and Zhang，2008，2011；Ackert et al.，2016）。因为投资者、媒体、监管部门都密切关注着那些财务状况优秀、机构大量持股的大公司，大多数重大的信息是公开的，因此"有影响力交易席位"如果有特殊的信息获取渠道，

也更可能是那些受关注度较低公司的信息。因此，我们认为无法通过观察"有影响力交易席位"的目标公司来判断是否操纵了公司股价，无论是哪种情形应该都能观察到"有影响力交易席位"偏好财务状况较差的小公司。

第三节 "有影响力交易席位"受到市场追捧

一、市场追捧的度量

在本节，我们选取在上交所及深交所交易公开信息中因收盘价格涨幅偏离值达到 7% 以上的前 3（5）只股票披露的所有 A 股上市公司作为研究对象。经过筛选后的最终样本包含共计 2486 家上市公司的 32247 条观测数据。我们本节使用的数据有两部分：第一部分为证券交易公开信息，包括上榜股票的上榜原因、价格涨跌幅偏离值、振幅、换手率，以及当日买入、卖出金额最大的 5 家会员营业部的名称及其买入、卖出金额。该部分数据经由上海恒生聚源数据服务有限公司根据交易所披露的相关信息整理而成。第二部分为股票交易数据及公司财务数据，主要来自国泰安（CSMAR）金融数据库及锐思数据库（RESSET）。

我们在衡量"有影响力交易席位"是否受到市场追捧时，使用了个股的 3 个指标，即超额换手率（*abnormal turnover*）、超额收益率（*abnormal return*）和大单净买入比例（*net inflow ratio of big deals*）。

（1）超额换手率的计算方法为当天的换手率除以此前第 125 个交易日到此前第 21 个交易日换手率的平均值，然后减去 1 所得数值。超额换手率用来表征投资者关注程度。

（2）超额收益率的计算方法为当天个股的收益率减去对应大盘指数的收益率，用来表征股价的相对表现强弱。

（3）大单净买入比例的计算方法为当天大单买入额与大单卖出额的差除以二者的和，其中大单的界定借鉴了国泰安（CSMAR）金融数据库对大笔交易的判断标准。

我们在表 10-1 中给出了被解释变量、关键解释变量及控制变量的描述性统计。描述性统计信息包括变量的观测数、平均数、标准差及最值大小，其中 *CAR* 13、*CAR* 120、*CAR* 1250 分别是股票被交易公开信息披露后 3 天、20

天、250 天的累计超额收益率；reverse_3_250、reverse_20_250 分别度量了股价是否会在 3 天、20 天上涨后的 250 个交易日内发生反转；dum_ii 是度量该股票当天是否有"有影响力交易席位"参与的虚拟变量。我们借鉴了 Ackert 等（2016）选用的经典控制变量，包括杠杆率（leverage）、市盈率（P/E）、净资产收益率（ROA）、托宾 Q（Tobin's Q）、国有股比例（stateperc）。

表 10-1　被解释变量、关键解释变量及控制变量的描述性统计

变量名称	观测数	均值	标准差	最小值	最大值
CAR 13	32247	0.02	0.09	−0.17	0.30
CAR 120	32247	0.01	0.18	−0.38	0.64
CAR 1250	32247	0.11	0.39	−0.70	1.27
reverse_3_250	32247	0.19	0.39	0.00	1.00
reverse_20_250	32247	0.14	0.35	0.00	1.00
dum_ii	32247	0.04	0.19	0.00	1.00
leverage	27964	1.63	1.35	0.25	6.10
P/E	23833	91.63	87.13	0.72	298.95
ROA	28024	0.03	0.05	−0.08	0.13
Tobin's Q	27214	2.40	1.60	0.36	5.45
stateperc	28053	0.08	0.17	0.00	0.92

二、短期内吸引投资者关注，交易活跃度提升

交易公开信息因其时效性、权威性及独特的交易价值，会吸引大量的机构及个人投资者关注。而"有影响力交易席位"更因其巨额买入的交易手法而受到格外的关注。我们使用超额换手率度量个股的交易活跃度，通过观察"有影响力交易席位"买入后个股超额换手率表现判断市场的广泛关注是否提升了个股的交易活跃度。

表 10-2 分析了"有影响力交易席位"的参与对 3 天和 20 天累计超额换手率的影响。第（1）、第（4）列中仅引入了是否存在"有影响力交易席位"这一虚拟变量，在第（2）、第（5）列及第（3）、第（6）列中分别加入了公司特征控制变量及行业固定效应。实证结果显示，同样被交易公开信息披露，"有影响力交易席位"参与的股票在此后发生 3 天及 20 天的时间范围内比对照组交易更为活跃，事件后 3 天的日均换手率为正常状态下的 1.22 倍，

事件后 20 天的日均换手率为正常状态下的 1.6 倍。这一差异不但在统计上是显著的，而且有着重要的经济学意义。

表 10-2　"有影响力交易席位"与交易活跃度

变量名称	（1）CAT 13	（2）CAT 13	（3）CAT 13	（4）CAT 120	（5）CAT 120	（6）CAT 120
dum_ii	1.21***	0.66***	0.67***	11.73***	11.96***	11.91***
	（0.18）	（0.20）	（0.20）	（0.88）	（1.00）	（1.00）
leverage		−0.05*	−0.06**		−0.40***	−0.39***
		（0.03）	（0.03）		（0.15）	（0.15）
P/E		0.00	0.00		0.00	0.00
		（0.00）	（0.00）		（0.00）	（0.00）
ROA		−0.13	−0.32		−9.91***	−10.79***
		（0.77）	（0.77）		（3.83）	（3.84）
Tobin's Q		−0.71***	−0.74***		−1.94***	−2.02***
		（0.03*）	（0.03）		（0.13）	（0.13）
stateperc		−3.67***	−3.70***		−14.91***	−15.11***
		（0.21）	（0.21）		（1.03）	（1.03）
Constant	6.69***	9.09***	9.80***	24.63***	32.05***	39.14***
	（0.03）	（0.09）	（0.37）	（0.17）	（0.44）	（1.83）
Industry FE	NO	NO	YES	NO	NO	YES
Observations	33128	27979	27979	33116	27979	27979
R^2	0.00	0.04	0.04	0.01	0.02	0.02

注：括号内为标准误，*、**、*** 分别代表在 10%、5%、1% 的程度上显著。

三、短期内股价获得较高超额收益

同样作为被交易公开信息披露的股票，"有影响力交易席位"参与的那些股票获得了更多投资者的关注，交易变得更加活跃。而 Barber 和 Odean（2008）指出，这可能会导致股价在短期内获得更高的回报率。为了验证这一点，图 10-1 展示了实验组和对照组的股价走势对比，可以看出在被披露后实验组取得了显著较高的回报率。

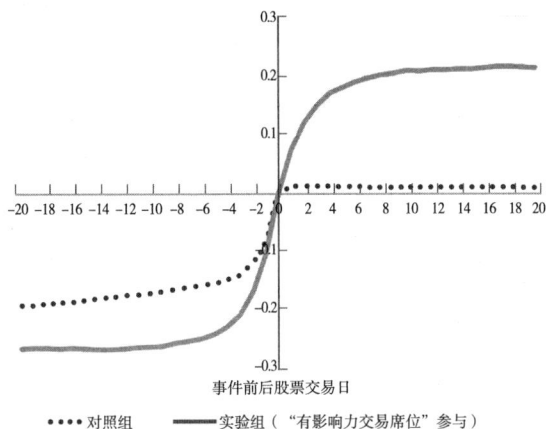

事件前后股票交易日

●●●● 对照组　　　——实验组（"有影响力交易席位"参与）

图 10-1　"有影响力交易席位"参与对股价交易席位走势的影响

　　表 10-3 按照时间序列展示了两组股票的超额回报率。第 2 列及第 3 列分别展示了"有影响力交易席位"参与和没有参与的股票在被交易公开信息披露后的超额回报率。第 4、第 5 列展示了两组股票超额回报率的差值和标准误差，并在最后一列中汇报了差值的 t 统计量。在被披露当天及披露后的 1~10 个交易日内，"有影响力交易席位"参与股票的超额收益率高于对照组，在披露后 10 个交易日后差距逐渐变得不再显著。

表 10-3　股票超额回报率时间序列分析

交易日	treatment	control	difference	std	t stat
−20	−0.00	0.00	−0.00	0.00	−2.12
−19	0.00	0.00	−0.00	0.00	−0.25
−18	−0.00	0.00	−0.00	0.00	−2.52
−17	−0.00	0.00	−0.00	0.00	−2.58
−16	0.00	0.00	−0.00	0.00	−1.58
−15	−0.00	0.00	−0.00	0.00	−3.17
−14	−0.00	0.00	−0.00	0.00	−4.28
−13	−0.00	0.00	−0.00	0.00	−2.13
−12	0.00	0.00	−0.00	0.00	−1.24
−11	0.00	0.00	0.00	0.00	0.14
−10	0.00	0.00	−0.00	0.00	−0.97
−9	0.00	0.00	−0.00	0.00	−2.42
−8	0.00	0.00	0.00	0.00	1.63
−7	0.00	0.00	−0.00	0.00	−0.53
−6	0.00	0.00	0.00	0.00	1.19
−5	0.00	0.00	0.00	0.00	3.56

交易日	treatment	control	difference	std	t stat
−4	0.01	0.01	0.00	0.00	5.74
−3	0.02	0.01	0.01	0.00	10.95
−2	0.04	0.02	0.02	0.00	13.43
−1	0.06	0.03	0.03	0.00	22.12
0	0.10	0.09	0.02	0.00	14.46
1	0.08	0.01	0.06	0.00	41.89
2	0.04	0.00	0.04	0.00	32.21
3	0.03	0.00	0.03	0.00	22.78
4	0.02	−0.00	0.02	0.00	17.85
5	0.01	−0.00	0.01	0.00	10.14
6	0.01	−0.00	0.01	0.00	7.85
7	0.01	−0.00	0.01	0.00	6.35
8	0.01	−0.00	0.01	0.00	5.09
9	0.00	−0.00	0.00	0.00	3.58
10	0.00	−0.00	0.00	0.00	3.94
11	−0.00	0.00	−0.00	0.00	−1.79
12	0.00	0.00	0.00	0.00	1.96
13	0.00	0.00	0.00	0.00	0.06
14	0.00	−0.00	0.00	0.00	1.31
15	0.00	−0.00	0.00	0.00	0.97
16	0.00	−0.00	0.00	0.00	1.78
17	0.00	−0.00	0.00	0.00	1.76
18	0.00	−0.00	0.00	0.00	0.18
19	−0.00	−0.00	0.00	0.00	0.02
20	−0.00	−0.00	−0.00	0.00	−0.16

为了更为准确地度量"有影响力交易席位"的参与对股价的影响，我们采用回归的方式进行进一步的分析。表10-4分析了"有影响力交易席位"的参与对3天和20天累计超额回报率的影响。第（1）、第（4）列中仅引入了是否存在"有影响力交易席位"这一虚拟变量，在第（2）、第（5）列及第（3）、第（6）列中分别加入了公司特征控制变量及行业固定效应。实证结果显示同样被交易公开信息披露，"有影响力交易席位"参与的股票在此后发生3天（20天）的时间范围内相比对照组取得了12.4%（16.9%）的超额回报率，这一差异不但在统计上是显著的，而且有着重要的经济学意义。

表 10-4 "有影响力交易席位"的参与对股价短期累计超额回报率的影响

变量名称	（1）	（2）	（3）	（4）	（5）	（6）
	CAR 13	CAR 13	CAR 13	CAR 120	CAR 120	CAR 120
dum_ii	0.14***	0.12***	0.12***	0.21***	0.17***	0.17***
	（0.00）	（0.00）	（0.00）	（0.01）	（0.01）	（0.01）
leverage		−0.00	−0.00		−0.00	0.00
		（0.00）	（0.00）		（0.00）	（0.00）
P/E		0.00***	0.00***		0.00***	0.00***
		（0.00）	（0.00）		（0.00）	（0.00）
ROA		−0.01	−0.01		−0.05**	−0.04**
		（0.01）	（0.01）		（0.02）	（0.02）
Tobin's Q		0.00***	0.00***		0.01***	0.01***
		（0.00）	（0.00）		（0.00）	（0.00）
stateperc		0.00**	0.00**		0.00	0.00
		（0.00）	（0.00）		（0.00）	（0.00）
Constant	0.01***	0.00	0.02***	0.01***	−0.03***	0.01
	（0.00）	（0.00）	（0.01）	（0.00）	（0.00）	（0.01）
Industry FE	NO	NO	YES	NO	NO	YES
Observations	32196	27072	27072	32133	27045	27045
R^2	0.07	0.07	0.07	0.04	0.05	0.05

注：括号内为标准误，*、**、*** 分别代表在 10%、5%、1% 的程度上显著。

四、短期内受到大额资金追捧

"有影响力交易席位"的参与为相应公司带来了短期内来自投资者的广泛关注和超额收益率，在投资决策上更为理性的大额资金在其中扮演了怎样的角色是本小节我们关注的问题。我们通过观察大单净买入比例考察大额资金看待"有影响力交易席位"交易行为的态度。表 10-5 分析了"有影响力交易席位"的参与对 3 天和 20 天累计大单净买入比例的影响。第（1）、第（4）列中仅引入了是否存在"有影响力交易席位"这一虚拟变量，在第（2）、第（5）列及第（3）、第（6）列中分别加入了公司特征控制变量及行业固定效应。实证结果显示，相比其他被交易公开信息披露的股票，"有影响力交易席位"参与的股票在此后 3 天及 20 天的时间范围内比对照组获得了更多大额资金的追捧。

表10-5　"有影响力交易席位"参与对3天和20天累计大单净买入比例的影响

变量名称	（1）cum13_netbuy	（2）cum13_netbuy	（3）cum13_netbuy	（4）cum120_netbuy	（5）cum120_netbuy	（6）cum120_netbuy
dum_ii	0.05*** (0.01)	0.04** (0.02)	0.04** (0.02)	0.17*** (0.03)	0.16*** (0.03)	0.16*** (0.03)
leverage		0.01*** (0.00)	0.01*** (0.00)		0.01* (0.01)	0.01* (0.01)
P/E		0.00 (0.00)	0.00 (0.00)		0.00*** (0.00)	0.00*** (0.00)
ROA		−0.30*** (0.06)	−0.30*** (0.06)		−0.63*** (0.13)	−0.63*** (0.13)
Tobin's Q		0.01*** (0.00)	0.01*** (0.00)		0.04*** (0.00)	0.04*** (0.00)
stateperc		0.17*** (0.2)	0.17*** (0.02)		0.26*** (0.04)	0.27*** (0.04)
Constant	0.03*** (0.00)	−0.01 (0.01)	0.02 (0.03)	0.16*** (0.01)	0.03* (0.02)	0.11* (0.06)
Industry FE	NO	NO	YES	NO	NO	YES
Observations	32247	27116	27116	32247	27116	27116
R^2	0.00	0.01	0.01	0.0	0.01	0.01

注：括号内为标准误，*、**、*** 分别代表在10%、5%、1% 的程度上显著。

第四节　"有影响力交易席位"没有操纵市场

一、操纵市场的度量

想要完全准确地了解"有影响力交易席位"是否意图操纵市场是很困难的，我们无法得知每一个交易席位背后是哪些投资者，也无法获知这些投资者的真实意图。因此，我们只能通过股价表现来推断"有影响力交易席位"的交易行为是否留下了市场操纵的痕迹，即本书第三章提到的"间接实证证据"。必须承认的是，这一推断是基于研究者的假设和判断，势必与真实情况有一定误差。

在本节中，我们认为如果"有影响力交易席位"试图通过"哄抬股价，逢高卖出"交易策略操纵市场，应该能够观察到相关股票价格明显的涨跌模式：在"有影响力交易席位"大举买入后迅速上涨，不久之后趋势反转，开始下跌（van Bommel，2003）。因此，我们通过比对短期和长期的股价表现，判断股价是否在短期发生反转，作为股价是否受到短期操纵的度量。

我们选择了 3 天—250 天和 20 天—250 天两个时间维度的对比，*reverse_3_250* 是刻画被披露后 3 天累计超额回报率为正，而披露后 250 天累计超额回报率为负的虚拟变量，度量了股价是否会在 3 天上涨后的 250 个交易日内发生反转。与之类似，*reverse_20_250* 度量了股价是否会在 20 天上涨后的 250 个交易日内发生反转。

二、"有影响力交易席位"操纵市场了吗?

"有影响力交易席位"的交易是基于有价值的重要信息还是成功地操纵了市场，这是我们关注的核心问题之一。如果操纵者利用市场影响力来操纵市场，市场将表现为在短期内推高股价，长期内股价回归正常水平。因此，为了解决这一问题，我们检验了"有影响力交易席位"参与的龙虎榜股票是否会在短期上涨之后遭到反转。我们选择了两个时间维度进行观察，*reverse_3_250* 是刻画被披露后 3 天累计超额回报率为正，而披露后 250 天累计超额回报率为负的虚拟变量，度量了股价是否会在披露后 3 天上涨后的 250 个交易日内发生反转。与之类似，*reverse_20_250* 度量了股价是否会在披露后 20 天上涨后的 250 个交易日内发生反转。简单的描述性统计结果表明，对于"有影响力交易席位"参与的股票，被披露后 3（20）天内上涨而在 250 个交易日内反转的概率为 15.5%（11.3%），而其他被交易公开信息披露的股票在长期发生反转的可能性为 19.2%（14.1%）。为了得到更为准确的结论，我们使用 Probit 模型来检验反转的概率与"有影响力交易席位"的参与是否存在显著的相关关系，具体如下：

$$Prob(reversed)=Prob(CAR\_short>0 \text{ 且 } CAR\_long<0)$$

$$=\beta_0+\beta_1 \times dum\_lhb+\beta_2 \times control$$

（10-1）

Probit 模型估计结果如表 10-6 所示。表 10-6 分析了"有影响力交易席位"的参与对于 3 天—250 天反转和 20 天—250 天反转概率的影响。第（1）、第（4）列中仅引入了是否存在"有影响力交易席位"这一虚拟变量，在第（2）、第（5）列及第（3）、第（6）列中分别加入了公司特征控制变量及行业固定效应。实证结果显示，同样被交易公开信息披露，"有影响力交易席位"参与的股票在此后发生 3 天—250 天反转（20 天—250 天反转）的概率比对照组低

3.05%（2.19%），这一差异不但在统计上是显著的，而且有着较为重要的经济学意义。

表 10-6   "有影响力交易席位"的参与对股价反转概率的影响

变量名称	（1） reverse_3_250	（2） reverse_3_250	（3） reverse_3_250	（4） reverse_20_250	（5） reverse_20_250	（6） reverse_20_250
dum_ii	-0.14^{***}	-0.11^{**}	-0.11^{**}	-0.13^{***}	-0.10^{*}	-0.10^{*}
	（0.04）	（0.06）	（0.06）	（0.05）	（0.06）	（0.06）
leverage		-0.00	-0.01		-0.01	-0.01
		（0.01）	（0.01）		（0.01）	（0.01）
P/E		-0.00	-0.00		-0.00	-0.00
		（0.00）	（0.00）		（0.00）	（0.00）
ROA		0.78^{***}	0.73^{**}		0.17	0.16
		（0.30）	（0.30）		（0.32）	（0.32）
Tobin's Q		-0.05^{***}	-0.04^{***}		-0.01^{*}	-0.01
		（0.01）	（0.01）		（0.01）	（0.01）
stateperc		-0.15^{***}	-0.14^{**}		-0.03	-0.03
		（0.05）	（0.06）		（0.06）	（0.06）
Constant	-0.87^{***}	-0.76^{***}	-0.51^{***}	-1.08^{***}	-1.02^{***}	-0.71^{***}
	（0.01）	（0.03）	（0.09）	（0.01）	（0.03）	（0.09）
Industry FE	NO	NO	YES	NO	NO	YES
Observations	32247	23741	23741	32247	23741	23741

注：括号内为标准误，*、**、*** 分别代表在 10%、5%、1% 的程度上显著。

由此可以看出，"有影响力交易席位"参与的股票更难在长期发生股价反转，我们发现的证据并不支持"有影响力交易席位"试图利用市场影响力操纵股价的假设。相反，"有影响力交易席位"的大额买入更可能反映其基于自身信息对股价的乐观判断，其买入行为预示股票存在超额收益机会。"有影响力交易席位"大额买入的股票，不但在短期内存在超额收益，在长期发生股价反转的可能性也较低。也就是说，"有影响力交易席位"的买入行为更可能是基于信息优势或出色的信息分析能力发生的，"有影响力交易席位"推动的股价上涨存在坚实的基本面支持。我们无法直接检验"有影响力交易席位"是否拥有信息优势，但上述发现从侧面的确支持了这一猜测，即"有影响力交易席位"拥有信息优势，股价的上升有实质利好的支撑。他们参与买入的股票价格在短期内上升，在长期不容易发生反转。

第五节　"有影响力交易席位"偏好特定类型的股票

我们考察了"有影响力交易席位"偏好的公司类型，具体而言比较了"有影响力交易席位"参与的股票及其他龙虎榜股票的收盘价（closeprice）、市值（marketvalue）、市盈率（P/E）、股本回报率（ROE）、机构持股比例（instperc）、利润收入比（pro_inc）、经营活动产生的现金收入比（cash_inc）、资产负债率（ass_debt）、利润总额同比增长率（pro_grow）。

我们将被交易公开信息披露过的股票分为两组，其中一组是"有影响力交易席位"参与的股票，即最大买入额的营业部的买入金额占当日总成交额的一半以上，另一组为其他龙虎榜股票。表10-7比较了两组股票的收盘价、市值、市盈率、股本回报率、机构持股比例、利润收入比、现金收入比、资产负债率、利润增长率。第1列展示了对比的变量，第2、第3列分别为"有影响力交易席位"参与股票和对照组相应变量的均值，第4、第5列展示了两组股票相应变量的差值和标准误差，第6、第7列则展示了差值是否显著异于零的 t 检验结果：t 值和 p 值。结果显示"有影响力交易席位"偏好低股价、小市值、高估值的股票。同时他们的目标公司盈利能力较差（ROE 显著较低）、利润率（pro_inc）较低、现金流占收入比例（cash_inc）较低、利润增长（pro_grow）较慢。而在机构持股比例（instperc）和资产负债率（ass_debt）上没有显著差距。总的来说，"有影响力交易席位"偏好的是经营状况和发展能力较弱的高估值小公司。

表10-7　"有影响力交易席位"偏好股票类型

变量名称	treatment	control	difference	std	t-stat	p-stat
closeprice	16.54	18.00	−1.46	0.51	−2.83	0.00
marketvalue	4977091	5451913	−474822	176552.60	−2.69	0.00
P/E	97.57	82.82	14.75	2.93	5.04	0.00
ROE	6.77	7.62	−0.85	0.28	−3.10	0.00
instperc	32.90	33.15	−0.25	0.67	−0.38	0.35
pro_inc	6.90	8.09	−1.19	0.30	−3.86	0.00
cash_inc	7.37	8.17	−0.80	0.48	−1.69	0.05
ass_debt	45.54	46.09	−0.55	0.64	−0.85	0.20
pro_grow	10.55	15.25	−4.69	3.04	−1.54	0.06

第六节　稳健性分析

股价在短期内的快速上涨通常伴随着公司发生能够显著影响股价的重大基本面事件。"有影响力交易席位"可能仅仅是事件驱动型交易者，他们在观察到公司发生重大利好于股价的事件后，及时买入相应股票。如果事实如此，其买入后股价的表现可能是基本面事件的影响结果。为了防止此类事件对结论可能的干扰，我们选取了若干基本面事件进行控制。具体而言，我们参考了锐思数据库（RESSET）中提供的公司重大事项数据表，在此前的回归中加入了公司是否涉及股份回购、资产出售与转让、重大经营合同等33项可能影响股价的重大事项作为控制变量，实证结果如表10-8所示。在第（1）列使用Probit模型检验了"有影响力交易席位"的参与与重大基本面事件发生概率的关系，结果表明"有影响力交易席位"参与的股票当天存在重大基本面事件的概率更高，他们的确在追逐利好信息进行交易。在第（2）至第（5）列控制了是否有重大基本面事件发生这一虚拟变量，分别重复了此前的实证分析。结果显示，排除了基本面事件的影响后，"有影响力交易席位"买入的股票相比其他被交易公开信息披露的股票短期内仍然获得了更大的涨幅，同时受到市场更多的关注和大额资金更多的追捧，也没有发现其利用"哄抬股价，逢高卖出"交易策略进行市场操纵的证据。

表10-8　"有影响力交易席位"的参与与重大基本面事件发生概率的关系

变量名称	（1） found_event	（2） CAT 13	（3） CAR 13	（4） cum 13_netbuy	（5） reverse_3_250
dum_ii	0.23**	0.96***	0.12***	0.04**	−0.11**
	(0.11)	(0.32)	(0.00)	(0.02)	(0.06)
leverage	−0.02	−0.10**	−0.00	0.01***	−0.01
	(0.02)	(0.05)	(0.00)	(0.00)	(0.01)
P/E	−0.00	0.00	0.00***	0.00	−0.00
	(0.00)	(0.00)	(0.00)	(0.00)	(0.00)
ROA	2.33***	−1.11	−0.01	−0.30***	0.72**
	(0.52)	(1.25)	(0.01)	(0.06)	(0.30)
Tobin's Q	−0.05***	−1.04***	0.00***	0.01***	−0.04***
	(0.02)	(0.04)	(0.00)	(0.00)	(0.01)
stateperc	−0.33**	−5.48***	0.00	0.17***	−0.13**
	(0.15)	(0.34)	(0.00)	(0.02)	(0.06)

续表

变量名称	（1）	（2）	（3）	（4）	（5）
	found_event	*CAT* 13	*CAR* 13	*cum* 13_*netbuy*	*reverse_3_250*
found_event		0.35	0.01[**]	−0.02	0.12
		（0.59）	（0.01）	（0.03）	（0.09）
Constant	−2.20[***]	14.80[***]	0.02[***]	0.02	−0.52[***]
	（0.22）	（0.59）	（0.06）	（0.03）	（0.09）
Industry FE	YES	YES	YES	YES	YES
Observations	27116	27116	27072	27116	23741

注：括号内为标准误，*、**、*** 分别代表在 10%、5%、1% 的程度上显著。

本章小结

综上所述，本章将交易公开信息中"有影响力交易席位"参与的股票作为实验组，将其他被交易公开信息披露的股票作为对照组。通过对比实验组与对照组未来的股价变动差异，观察"有影响力交易席位"对股价的影响作用。实证结果显示：①交易公开信息中的"有影响力交易席位"买入后，相比其他被交易公开信息披露的股票短期内获得了更大的涨幅，同时受到市场更多的关注和大额资金更多的追捧；②"有影响力交易席位"并没有试图使用"哄抬股价，逢高卖出"交易策略进行市场操纵，实验组中个股股价在长期发生反转的可能性甚至显著低于对照组；③通过比较被"有影响力交易席位"选中的个股和其他被交易公开信息披露的个股，发现"有影响力交易席位"偏爱那些股价较低、市值较小、公司运营和发展能力较差的公司。

股票龙虎榜作为投资者广泛关注的交易信息，其中高比例买入的"有影响力交易席位"尤其受到市场追捧。他们的交易行为会对资产价格产生显著的影响。学术界、业界及市场监管层应当充分意识到这些投资者的重要影响力，通过规范适度的信息披露制度和健全的投资者教育制度降低市场的信息不对称程度，减少非理性的市场波动，提高市场定价效率。

第十一章 "良币驱逐劣币"：
机构投资者抑制市场操纵

第一节 研究背景

市场操纵不仅扭曲市场价格、降低市场效率（Comerton-Forde and Putniņš，2011，2014；Lee et al.，2013；Khwaja and Mian，2005；Neupane et al.，2017；Jiang et al.，2005），还对上市公司的资源配置和长期发展造成负面影响（Cumming et al.，2020b）。操纵市场不仅遭到社会公众的谴责，也是监管部门为整顿市场秩序、提高市场质量而着力打击的违法行为。因此，如何遏制市场中的操纵行为，提升股票市场公正和效率，受到了监管部门和学术研究者的高度重视。

最近的几十年里，中国股票市场中的机构投资者迅速发展，在市场中起到了举足轻重的作用。他们在股票市场中是否起到了积极外部监督作用，受到了监管部门、投资者和社会各界的广泛关注。

本章旨在通过研究机构投资者对市场操纵的影响，以揭示中国股票市场中的机构投资者在市场治理方面的作用。我们关注这一议题的主要原因有以下两点：第一，中国股票市场在规模增长方面取得了巨大成就，目前是全球第二大证券市场，但中国股票市场存在散户交易占比大、政府干预程度高、信息披露机制不完善、创始人团体大量持股等特征；第二，不同于其他发达国家的证券市场，中国股票市场中的机构投资者发展历程短、交易抱团现象突出、交易风格趋于一致。在这样的市场环境下，机构投资者究竟起到了何种作用值得研究者关注。

我们利用中国 A 股上市公司的样本数据，实证检验了机构投资者持股比例与市场操纵发生频率之间的联系。在实证上衡量市场操纵发生频率是极其困难的，一方面，如果采用异常股价变动作为市场操纵的衡量方式，可能被诸多干扰因素影响，例如信息发布前的异常股价波动很可能是市场预期造成的，而不是市场操纵导致的后果。另一方面，如果采用监管部门披露的案件作为市场操纵的衡量方式，考虑到市场中存在大量的操纵行为逃避了监管处罚，采用监管机构查处的操纵案例数据进行实证研究面临潜在的样本选择偏差影响。因此，我们在本章中参考 Aitken 等（2015a）、Cumming 等（2020a）的研究设计构建了收盘价操纵识别模型来克服这些问题。在该识别模型下，如果某只股票的尾盘收益率与历史平均尾盘收益率偏差达到 3 倍标准差，价格在下一个交易日反转幅度超过 50%，且前后 5 个交易日上市公司并未发生基本面特征变动，则被定义为存在收盘价操纵行为。这一市场操纵识别模型被文献广泛使用，并在多个国家和地区取得了优秀的识别结果（Aitken et al.，2015a；Cumming et al.，2020a）。该识别模型定义的操纵行为不仅能够避免执法时滞的影响，也不会因为监管机构对不同行业和公司存在执法差异而产生偏差。

基于识别模型侦测的疑似操纵行为，本章实证检验了机构投资者对市场操纵的影响程度和影响机制。实证结果支持了监督效应的观点，即机构投资者起到了积极的外部监督作用，机构投资者持股比例越高，上市公司被操纵概率越低、被操纵次数越少。同时，我们还进行了一些额外测试，以确保我们发现的稳健性。首先，现有证据表明部分机构投资者出于共同基金价值、管理层期权激励、衍生品合约价格等的考虑，在季度末对收盘价进行操纵（Carhart et al.，2002；Comerton-Forde and Putniņš，2011，2014；Aitken et al.，2015a；Cumming et al.，2020b）。但本章的实证结果表明，中国股票市场中的机构投资者仍然对发生在月度末的操纵行为起到了遏制作用。其次，我们使用上市公司被剔除和被纳入为沪深 300 指数成分股为工具变量，尽可能降低内生性问题带来的影响。两阶段回归结果依然支持了我们的研究发现。最后，我们基于不同的比较基准构建识别模型，重复检验了机构投资者持股比例和市场操纵之间的关系，得到的结论与本章的基准回归结果一致。

现有文献研究表明，信息不对称是实施操纵的重要前提，只有在投资者无法区分操纵者的交易是否基于股价真实信息时，基于交易的操纵才能得以实施（Allen and Gale，1992；Glosten and Milgrom，1985；Aggarwal and Wu，2006）。为此，我们通过采用股价同步性和分析师盈余预测离散程度作为信息不对称程度的代理变量，对机构投资者遏制市场操纵的中介效应进行了检验，研究发现，机构投资者降低了上市公司的信息不对称程度，信息不对称程度越低，上市公司被操纵概率越低、被操纵次数越少。

机构投资者表现出很强的异质性，不同类型的机构投资者在持股目的、交易策略和市场影响上存在很大区别。现有研究充分证明了具有不同投资视野（Yan ang Zhang，2009；Cremers and Pareek，2015）和投资组合集中度（Cremers and Petajisto，2009；van Nieuwerburgh and Veldkamp，2010）的机构投资者的影响存在差异。本章依据投资视野将机构投资者划分为短期机构投资者和长期机构投资者，依据投资组合集中度将机构投资者划分为集中持股的机构投资者和分散持股的机构投资者，分别考察了不同类型机构投资者对市场操纵的影响差异。实证结果显示，长期机构投资者和集中持股的机构投资者起到了更强的外部监督作用，对市场操纵的遏制程度更大。

我们还进一步关注了上市公司其他特征的重要性，包括是否为国有上市公司、管理层持股比例和审计师来源。通过依据上市公司特征对样本进行划分，本章考察了不同公司特征下机构投资者持股比例对市场操纵的遏制程度差异。实证结果表明，当上市公司为国有上市公司、管理层持股比例较低和审计师来源非四大会计师事务所时，机构投资者对市场操纵的遏制程度更大。

本章可能的贡献主要体现在以下两方面：第一，本章丰富了机构投资者监督效应的研究。鉴于市场操纵的不利影响，越来越多的研究开始探讨如何遏制市场中的操纵行为（Cumming et al.，2011；Duong et al.，2021；Kemme et al.，2022）。持有监督效应观点的文献研究了机构投资者在公司经营决策、创新活动、融资成本等方面的作用（Chen et al.，2007b；Aghion et al.，2013；Elyasiani et al.，2010；McCahery et al.，2016），本章首次利用实证证据证实了机构投资者在遏制市场操纵上所起到的积极作用。第二，本章发现具有不同投资视野和不同投资组合集中度的机构投资者对市场操纵起到的作用不一致，这为监管机构制定监管政策以遏制市场中的违规行为提供了参考。

第二节　理论分析

一、监督效应与短期主义

现有金融市场文献对收盘价操纵、IPO 操纵、金融机构操纵、幌骗交易、洗售交易操纵、"集合资产池"、股票分割操纵等多种操纵策略展开了大量讨论，发现市场操纵不仅扭曲市场价格、降低市场效率（Jiang et al.，2005；Khwaja and Mian，2005；Comerton-Forde and Putniņš，2011，2014；Lee et al.，2013；Neupane et al.，2017；Titman et al.，2021），还对上市公司的资源配置和长期发展造成负面影响（Cumming et al.，2020b；Duong et al.，2021）。鉴于市场操纵的危害，世界各个国家的证券市场监管部门都将打击市场操纵作为市场治理的重要组成部分，并制定了一系列交易制度和法律规则（Cumming et al.，2011；Duong et al.，2021），如 Comerton-Forde 和 Rydge（2006a）的研究发现，在集合竞价阶段采用特定的匹配算法，如波动率扩展（volatility extensions）能够减少收盘价操纵。Lee 等（2013）发现，韩国交易所修改披露规则以防止投资者发布误导性信息后，遏制了"欺骗性订单"操纵。Huang 和 Cheng（2015）的研究则表明，中国台湾地区股票市场中的洗售交易条款取消后，操纵者的隐形被处罚成本降低，致使越来越多的交易者参与了洗售交易，恶化了市场效率。Cao 等（2021）认为投资者可以从卖空交易中推断负面信息，从而不利于操纵者推高价格。Kemme 等（2022）研究表明，在东京证券交易所实施的名为 Arrowhead Renewal improvements 的新制度引入了新的风险管理功能，减少了市场中疑似收盘价操纵行为的发生。

　　研究者也认识到，打击市场操纵不仅需要监管机构的不懈努力，市场中其他参与者的作用也同样值得重视。机构投资者作为市场中的专业投资者，拥有雄厚的资金和专业的分析团队，被社会各界赋予了遏制市场违规行为、提升市场质量的社会期望。但学术界对于机构投资者是否充分发挥了监督功能的看法并不一致。遵循 Callen 和 Fang（2013）的描述，本章将对机构投资者两种相反的观点称为监督效应和短期主义（monitoring and short-termism）。持有监督效应观点的文献认为，机构投资者凭借其持有的大量上市公司股份，存在经济动机收集相关信息以监督管理层，确保企业经营决策符合企业价值最大化这一长期目标（Shleifer and Vishny，1986；Gillan and Starks，2000）。此外，机构投资者还积极介入上市公司的研发创新、融资决策、管理决策干预等方面，提升上市公司企业价值（Chen et al.，2007b；Aghion et al.，2013；Elyasiani et al.，2010；McCahery et al.，2016）。然而持有短期主义观点的文献认为，存在多个解释表明机构投资者并未起到积极的外部监督作用。首先，如果监控成本十分高昂，机构投资者可能通过出售股票以应对不良风险（Manconi et al.，2012）。其次，众多机构投资者通过投资大量不同股票，以分散风险并保持流动性，因此机构投资者并不关注个别公司的治理结构。最后，机构投资者面对业绩压力，可能过分强调短期业绩，这导致上市公司管理层为迎合机构投资者业绩需求，采取不利于企业长期发展的经营策略（Yan and Zhang，2009；Cella et al.，2013）。

　　综上所述，我们提出两个互相排斥的推论，即监督效应与短期主义理论。如果前者占据上风，则表现为机构投资者持股比例越高，上市公司被操纵概率越低、被操纵次数越少；相反，如果后者占据上风，则表现为机构投资者持股比例越高，上市公司被操纵概率越高、被操纵次数越多。

二、信息不对称

现有研究指出，信息是否不对称是操纵能否成功实施的关键。Allen 和 Gorton（1992）认为投资者提供和消耗流动性的不对称性使买单和卖单包含的信息含量存在差异，这一差异让交易型操纵成为可能。Glosten 和 Milgrom（1985）、Allen 和 Gale（1992）进一步指出这种不对称性允许没有信息优势的操纵者也能通过先买后卖的方式操纵股价盈利。类似地，Comerton-Forde 和 Putniņš（2011，2014）关于收盘价操纵的研究表明，信息不对称程度高的上市公司更有可能受到操纵。Lee 等（2013）发现韩国证券市场中低信息透明度的上市公司更容易受到基于订单的操纵。Akter 等（2021）发现在自然灾害时期，市场中的信息不确定性增加了连续操纵发生的可能。

机构投资者作为市场中的专业投资者，拥有独特的信息渠道和专业的分析团队，能够起到降低信息不对称的作用。首先，机构投资者更了解上市公司的实际经营情况，他们通过交易将其掌握的信息纳入股价中（Chakravarty，2001；Sias et al.，2006）。其次，机构投资者能够给上市公司带来更多的分析师关注和市场流动性，促进其他投资者将其掌握的私人信息反映至股价当中。最后，机构投资者积极参与上市公司治理，促使管理层披露更多的信息（Wang and Zhang，2009；An and Zhang，2013；Garel et al.，2021）。因此，我们推测，机构投资者通过降低信息不对称程度，抑制了市场操纵的发生。

三、投资期限与投资集中度

Shleifer 和 Vishny（1986）、Kahn 和 Winton（1988）、Maug（1988）等通过构建理论模型，研究了机构投资者在积极监督上市公司所获得收益和支出成本之间的权衡。这些研究发现，不同的机构投资者拥有不同的投资目的。一些机构投资者选择积极监督上市公司，获取长期收益，而另一些机构投资者则专注于信息收益和短期交易利润。现有金融市场文献从投资视野和投资组合集中度方面讨论了不同类型机构投资者对市场的影响差异。文献发现，短期机构投资者专注于追求短期利润，其交易行为与剧烈的价格冲击和错误定价程度相关，并未起到积极监督的作用（Cella et al.，2013；Cremers and Pareek，2015），而长期机构投资者则积极参与上市公司治理，确保企业经营策略与长期价值最大化目标一致，并能够降低信息不对称程度，起到遏制市场违规的积极作用（Bushee，1998，2001；Fu et al.，2020）。由此我们推测，相较于短期机构投资者，长期机构投资者对市场操纵的抑制作用更强。

此外，获取与上市公司真实价值相关信息的成本往往十分高昂，试图积极参与上市公司治理的机构投资者需要持有较多的股份，即较高的投资组合集中度（Bushee, 1998）。这一现象不难理解，相对于分散投资的机构投资者，那些持股集中的机构投资者更加重视公司的发展状况。一旦手中持有的股票出现重大风险事件，集中持股的机构投资者受到的损失更大，因此有更强的激励去监督上市公司规范运营。由此，我们推测相较于分散投资的机构投资者，集中持股的机构投资者对市场操纵的抑制作用更强。

第三节　机构投资者能够抑制市场操纵吗？

为方便读者阅读，我们将本章所使用的主要变量名称及定义在表 11-1 中进行展示。为了避免极端值对实证结果可能的干扰，我们将连续型变量进行了 1% 双向缩尾处理。本章使用的数据为季度数据，数据来源主要有两个：A 股上市公司的交易数据和财务数据来源于国泰安（CSMAR）金融数据库，主要包括机构投资者持股比例、分析师跟踪人数、市值规模、账面市值比等信息；用于构建收盘价操纵识别模型的股票分时交易数据来源于锐思数据库（RESSET），主要包括买卖五档订单信息、成交价、成交量等信息。

表 11-1　本章主要变量名称与定义

变量类型	变量名称	变量定义
主要变量	DumManip	虚拟变量，当股票被操纵，该变量取值为 1，否则取值为 0
	NumManip	上市公司季度被操纵次数
	IO	机构投资者持股比例，其中机构投资者包括共同基金、合格境外投资者、券商、保险公司、社保基金、信托、财务公司、银行、非金融类上市公司
	IO_Short	短期机构投资者持股比例，其中短期机构投资者为投资换手率高于样本中位数的机构投资者
	IO_Long	长期机构投资者持股比例，其中长期机构投资者为投资换手率低于样本中位数的机构投资者
	IO_Conc	集中持股的机构投资者持股比例，其中集中持股的机构投资者为 HHI（Herfindahl-Hirschman index，即赫芬达尔—赫希曼指数）高于样本中位数的机构投资者
	IO_Dive	分散持股的机构投资者持股比例，其中分散持股的机构投资者为 HHI 低于样本中位数的机构投资者
	syn	股价同步性。计算方法为：$syn_{i,d}=\ln\left(\dfrac{R^2}{1-R^2}\right)$，其中 R^2 为市场模型的拟合优度
	Dispersion	分析师盈余预测离散程度。分析师每股盈余预测的季度标准差，再除以分析师盈余预测均值的绝对值（剔除了盈余预测均值为 0 的观测值）

变量类型	变量名称	变量定义
控制变量	*Size*	公司流通市值的自然对数
	MTB	账面市值比，账面价值与市值规模的比值
	Growth	营业收入增长率
	Lev	杠杆比例，债务价值与总资产的比值
	ROA	资产收益率，税后净利润与总资产的比值
	Analyst	分析师跟踪人数
	Spread	买卖价差
	Volatility	考虑现金红利再投资收益率的季度标准差
	Turnover	季度平均换手率
	Value	季度成交数量的自然对数
	Amihud	Amihud 非流动性指标
分组变量	*SOE*	虚拟变量，如果公司是国有企业，该变量取值为1，否则取值为0
	HighManO	虚拟变量，如果公司管理层持股比例高于行业中位数，该变量取值为1，否则取值为0
	Big N	虚拟变量，如果公司审计师来自四大会计师事务所或海外会计师事务所，该变量取值为1，否则取值为0

表 11-2 的 Panel A 汇报了本章主要变量的描述性统计结果，包括变量观测数、均值、标准差、最小值、25% 分位数、50% 分位数、75% 分位数以及最大值。度量市场操纵的变量 *DumManip*、*NumManip* 的均值分别是 0.09 和 0.99。这表明样本期间存在 9% 的股票在特定季度至少发生了一次收盘价操纵，并且每只股票在样本期间被操纵的平均次数为 0.99 次。*IO* 的均值为 0.41，*IO_Short* 和 *IO_Long* 的均值分别为 0.07 和 0.35，这表明长期机构投资者倾向于持有更多的上市公司股份。*IO_Conc* 和 *IO_Dive* 的均值分别为 0.40 和 0.01，这表明集中持股的机构投资者持有更多上市公司的股份，这与本章对集中持股的机构投资者和分散持股的机构投资者的划分依据一致。Panel B 展示了变量的相关性矩阵。本章的两个市场操纵指标 *DumManip* 和 *NumManip* 在 1% 的水平上显著相关（相关系数为 0.68）。此外，机构投资者持股比例 *IO* 与这两个市场操纵指标呈负相关关系（相关系数都为 −0.01）。

表 11-2　描述性统计与相关性分析

Panel A: 描述性统计

变量名称	观测数	均值	标准差	最小值	p25	p50	p75	最大值
DumManip	119451	0.09	0.28	0.	0	0	0	1
NumManip	119451	0.99	4.69	0	0	0	0	29
IO	119451	0.41	0.25	0.00	0.19	0.43	0.61	0.91
IO_Short	119451	0.07	0.13	0.00	0.00	0.02	0.07	0.68
IO_Long	119451	0.35	0.25	0.00	0.10	0.35	0.54	0.88
IO_Conc	119451	0.40	0.25	0.00	0.18	0.42	0.60	0.89
IO_Dive	119451	0.01	0.02	0.00	0.00	0.00	0.01	0.62
syn	119451	-0.53	1.30	-4.59	-1.09	-0.40	-0.21	1.70
Dispersion	119451	0.15	0.21	0	0.04	0.09	0.19	0.87
SOE	119451	0.04	0.20	0	0	0	0	1
Size	119451	15.57	1.06	10.43	14.86	15.44	16.13	21.75
MTB	119451	0.62	0.25	0.10	0.43	0.62	0.81	1.13
Growth	119451	0.45	1.41	-0.80	-0.04	0.13	0.43	10.70
Lev	119451	0.45	0.22	0.05	0.28	0.44	0.62	0.99
ROA	119451	0.03	0.36	-64.82	0.01	0.04	0.07	20.79
Analyst	119451	7.46	9.90	0	0	3	11	80
Spread	119451	0.20	0.09	0.02	0.14	0.18	0.23	2.19
Volatility	119451	0.03	0.03	0.00	0.02	0.03	0.03	4.87
Turnover	119451	0.03	0.03	0.00	0.01	0.02	0.04	0.37
Value	119451	22.13	1.19	13.88	21.37	22.12	22.90	27.59
Amihud	119451	-0.34	1.81	-11.25	-0.54	-0.05	0.23	5.81

Panel B: 相关矩阵

变量名称	DumManip	NumManip	IO	syn	Dispersion	Size	MTB	Growth	Lev	ROA	Anaattention	Volatility	Value	Amihud
DumManip	1.00													
NumManip	0.68***	1.00												
IO	-0.01**	-0.01**	1.00											
syn	0.04***	0.01***	-0.09***	1.00										
Dispersion	0.00**	0.00**	-0.03***	-0.03***	1.00									
Size	-0.07***	-0.05***	0.38***	-0.16***	0.14***	1.00								
MTB	0.01***	0.03***	0.14***	0.15***	-0.13***	0.08***	1.00							
Growth	-0.01**	0.00	0.00	-0.04***	0.00	-0.04***	-0.01**	1.00						
Lev	0.01**	0.06***	0.19***	-0.04***	-0.04***	0.12***	0.32***	0.07***	1.00					
ROA	-0.01***	-0.02***	0.02***	0.00	0.07***	0.05***	-0.01***	0.01***	-0.10***	1.00				
Anaattention	-0.04***	-0.04***	0.19***	-0.09***	0.08***	0.57***	-0.01***	-0.06***	0.00	0.07***	1.00			
Volatility	-0.01***	-0.01***	-0.05***	0.01***	0.10***	-0.03***	-0.10***	0.01***	-0.01***	-0.01***	-0.04***	1.00		
Value	-0.07***	-0.08***	0.11***	-0.14***	0.17***	0.70***	-0.16***	-0.02***	0.07***	0.02***	0.35***	0.14*	1.00	
Amihud	-0.00***	-0.04***	0.05***	-0.15***	-0.02**	0.15***	-0.10***	0.02***	0.06***	-0.00	0.03	0.00***	0.23***	1.00

注: *、**、*** 分别代表在 10%、5%、1% 的程度上显著。

一、市场操纵的度量

在收盘价操纵过程中，操纵者通过在收盘前短时间内提交大量的无代表性订单，哄抬收盘价，吸引不知情交易者参与交易。在操纵后的下一个交易日，随着操纵者退出市场和信息逐渐扩散，操纵造成的错误定价逐渐恢复，被操纵股票的股价呈现显著的"先涨后跌"模式（Carhart et al.，2002；Hillion and Suominen，2004；Comerton-Forde and Putniņš，2011，2014）。基于收盘价的上述特征，本章参考 Aitken 等（2015a）、Cumming 等（2020a）的研究设计构建了收盘价操纵识别模型，侦测市场中存在的疑似收盘价操纵行为。具体而言，若股票 i 在 d 交易日符合以下三个条件，则判定为发生收盘价操纵：

第一，收盘前 15 分钟股价出现异常变化，即

$$\Delta EOD_{i,d} > \overline{EOD_{i,d}} + 3 \times \sigma_{i,d} \quad or \quad \Delta EOD_{i,d} < \overline{EOD_{i,d}} - 3 \times \sigma_{i,d} \tag{11-1}$$

其中，$\Delta EOD_{i,d} = \dfrac{P_{i,d,EOD} - P_{i,d,EOD-15min}}{P_{i,d,EOD-15min}}$，为收盘前 15 分钟的股价变化，其中 $P_{i,d,EOD}$ 为股票 i 在 d 交易日的收盘价，$P_{i,d,EOD-15min}$ 为股票 i 在 d 交易日收盘前 15 分钟的成交价；$\overline{EOD_{i,d}}$ 为前 30 个交易日的均值；$\sigma_{i,d}$ 为前 30 个交易日 ΔEOD 的标准差。

第二，下一个交易日股价反转幅度达到 50%，即

$$\frac{P_{i,d,EOD} \quad P_{i,d+1,OPN}}{P_{i,d,EOD} - P_{i,d,EOD-15min}} \times 100\% \geqslant 50\% \tag{11-2}$$

其中，$P_{i,d,OPN}$ 为股票 i 在 d 交易日的开盘价。

第三，股票 i 在 d 交易日前后 5 个交易日不存在基本面事件。

当股票 i 在 d 交易日同时满足上述三个条件，则将股票判定为发生收盘价操纵。基于收盘价操纵识别模型的检测结果，本章构建了虚拟变量 $DumManip_{i,q}$ 以衡量股票 i 在 q 季度是否被操纵，当股票 i 在 q 季度被检测出至少一次操纵时，$DumManip_{i,q}$ 的取值为 1，否则取值为 0。本章还构建了 $NumManip_{i,q}$ 以衡量股票 i 在 q 季度的被操纵次数。

本章使用的机构投资者持股比例数据来源于国泰安（CSMAR）金融数据库。上市公司机构投资者持股比例为所有机构投资者在季度报告中披露的持股比例，其中机构投资者包括共同基金、合格境外投资者、券商、保险公司、社保基金、信托、财务公司、银行、非金融类上市公司。

同时，本章采用如下模型分别检验了机构投资者持股比例对上市公司被操纵概率的影响，以及机构投资者持股比例对上市公司被操纵次数的影响：

$$DumManip_{i,q} = \Phi\left(\beta_0 + \beta_1 \times IO_{i,q} + \sum \beta_c \times Control_{i,q} + \sum Year + \sum Industry + \varepsilon_{i,q}\right) \tag{11-3}$$

$$NumManip_{i,q}=\beta_0+\beta_1\times IO_{i,q}+\sum \beta_c\times Control_{i,q}+\sum Year+\sum Industry+\varepsilon_{i,q} \qquad （11-4）$$

其中，因变量 $DumManip_{i,q}$ 为衡量是否操纵的虚拟变量，当上市公司 i 在 q 季度被检测出存在至少一次收盘价操纵时取值为 1，否则取值为 0；$NumManip_{i,q}$ 为上市公司 i 在 q 季度被检测出的被操纵次数；$Control_{i,q}$ 为一系列控制变量，包括市值规模（$Size$）、账面市值比（MTB）、收入增长率（$Growth$）、杠杆比例（Lev）、资产收益率（ROA）、分析师跟踪人数（$Follow$）、日收益波动率（$Volatility$）、成交规模（$Value$）和非流动性指标（$Amihud$）Amihud（2002）；$\sum Year$ 为年份固定效应，用于控制时间的变化；$\sum Industry$ 为行业固定效应，其中行业划分依据参考中国证监会发布的《上市公司行业分类指引》（2012年修订），用以控制行业的变化；$\varepsilon_{i,q}$ 为残差项。

二、基准分析

我们首先对比了不同机构投资者持股比例下，上市公司被操纵的概率和被操纵的次数。具体而言，首先我们按照机构投资者持股比例高低将整个样本划分为五等分；其次分组计算市场操纵指标 $DumManip$ 和 $NumManip$ 的均值；最后将各组的均值大小进行对比。图 11-1 显示，随着机构投资者持股比例的增加，两个市场操纵指标均值呈下降趋势，并且这两个指标在机构投资者持股比例最高和最低的组的均值差异在统计上是显著的（T 统计量分别是 6.96 和 5.47）。

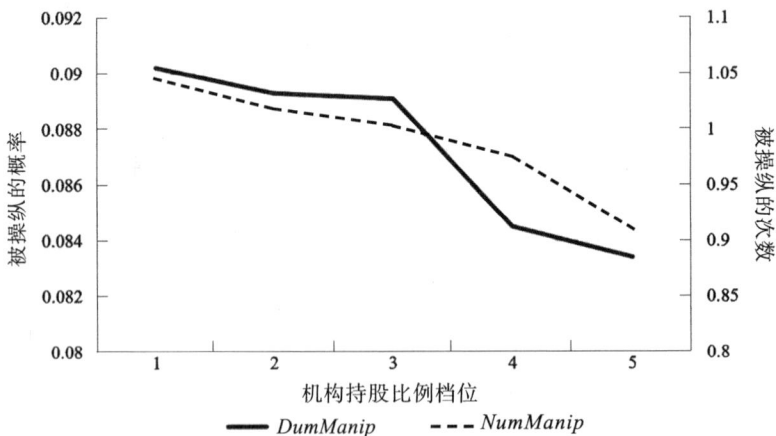

图 11-1　机构持股比例与市场操纵

图 11-1 的结果表明，机构投资者持股比例越高，上市公司被操纵概率越低、被操纵次数越少。更正式地，为了准确地检验机构投资者是否起到了监督效应，即遏制市场操纵的发生，还是起到了短期主义效应，即增加了市场

操纵发生的概率和次数，本章采用模型（11-3）和模型（11-4）估计了机构投资者持股比例（*IO*）与被操纵概率*DumManip*和被操纵次数*NumManip*的关系，估计结果列于表11-3中。其中，第（1）列和第（4）列引入了核心被解释变量机构投资者持股比例（*IO*），并控制了年份固定效应和行业固定效率。第（2）、第（3）列和第（5）、第（6）列则进一步描述了上市公司特征和股票市场表现的控制变量，包括市值规模（*Size*）、账面市值比（*MTB*）、收入增长率（*Growth*）、杠杆比例（*Lev*）、资产收益率（*ROA*）、分析师跟踪人数（*Analyst*）、日收益波动率（*Volatility*）、成交规模（*Value*）和非流动性指标（*Amihud*）。第（1）至第（3）列估计结果表明，机构投资者持股比例（*IO*）的系数均显著为负，即机构投资者持股比例越高，上市公司股票的被操纵概率越低。利用Probit模型的边际效应分析显示，机构投资者持股比例每增加1%，上市公司股票被操纵概率下降4.10%。第（4）至第（6）列的估计结果表明，机构投资者持股比例（*IO*）的系数均显著为负，即机构投资者持股比例越高，上市公司股票的被操纵次数越低。这表明平均而言，机构投资者持股比例每增加1%，上市公司股票被操纵次数下降0.2542次。

表11-3　机构投资者与市场操纵

变量名称	（1） DumManip	（2） DumManip	（3） DumManip	（4） NumManip	（5） NumManip	（6） NumManip
IO	−0.4993*** （−14.01）	−0.2188*** （−5.77）	−0.2666*** （−6.89）	−0.3423*** （−6.02）	−0.2101*** （−5.63）	−0.2542*** （−4.34）
Size		−0.2525*** （−22.12）	−0.2338*** （−15.07）		−0.2297*** （−11.02）	−0.1782*** （−7.21）
MTB		0.1311*** （3.59）	0.0826** （2.13）		−0.0919 （−1.48）	−0.1413** （−2.26）
Growth		−0.0238*** （−4.40）	−0.0248*** （−4.55）		−0.0306*** （−4.35）	−0.0305*** （−4.33）
Lev		−0.2190*** （−4.36）	−0.2126*** （−4.21）		0.2172*** （2.99）	0.2527*** （3.47）
ROA		0.0204 （0.56）	0.0191 （0.53）		−0.0451* （−1.95）	−0.0442* （−1.92）
Analyst		0.0044*** （4.02）	−0.0043*** （−3.92）		−0.0011 （−0.71）	−0.0018*** （−3.11）
Volatility			−3.6200*** （−7.42）			−1.3681*** （−4.65）
Value			−0.0255** （−2.44）			−0.0276** （−2.06）

变量名称	（1）	（2）	（3）	（4）	（5）	（6）
	DumManip	DumManip	DumManip	NumManip	NumManip	NumManip
Amihud			0.0101***			−0.0350***
			（2.85）			（−7.27）
Constant	−1.6291***	−2.1469***	2.5729***	1.7032***	5.0753***	4.9627***
	（−70.68）	（−12.15）	（13.22）	（5.44）	（11.51）	（10.92）
Year FE	YES	YES	YES	YES	YES	YES
Industry FE	YES	YES	YES	YES	YES	YES
Observations	119451	119451	119451	119451	119451	119451
R^2				0.0106	0.0157	0.0480
Pseudo R^2	0.0546	0.0576	0.0679			

注：括号内为 T 值，*、**、*** 分别代表在 10%、5%、1% 的程度上显著。

上述实证结果与 Miller 等（2021）、Chen 等（2007b）的发现一致，即机构投资者起到了监督效应，遏制了市场操纵的发生。这一发现与 Carhart 等（2002）、Aggarwal 和 Wu（2006）、Comerton-Forde 和 Putniņš（2014）、Khwaja 和 Mian（2005）、Neupane 等（2017）并不一致，他们基于美国、加拿大、巴基斯坦和印度等市场的研究发现，市场操纵与机构投资者相关。我们认为，一方面，中国股票市场监管部门积极引导机构投资者规范发展，中国股票市场中的机构投资者逐渐专业化、理性化，能够起到积极的市场监督作用。另一方面，以中国证监会为代表的市场监管部门进行了强力监管，机构投资者出于潜在被查处可能的考虑，并不愿意进行操纵。因此，这导致中国股票市场中的机构投资者起到了积极的外部监督作用，遏制了市场操纵的发生。

控制变量的估计结果为本章提供了一些其他发现。Lee 等（2013）、Comerton-Forde 和 Putniņš（2014）、Huang 和 Cheng（2015）等发现，操纵者倾向于选择具有市值规模小、内部治理水平低、增长能力差、信息不对称程度高等特征的股票进行操纵。本章发现市值规模越大、营业收入增长越快以及分析师覆盖率越高的公司，被操纵概率越低、被操纵次数越少，这一发现与他们的研究结论基本一致。同时，估计结果表明波动率越高，公司被操纵概率越低、被操纵次数越少。这一结果与 Comerton-Forde 和 Putniņš（2014）的发现一致，他们认为高波动性增加了触发监管机构实时警报和事后侦测的可能性，因此操纵者尽可能避免选择高波动性股票进行操纵。

三、月末股价操纵

大量的共同基金基准价值、管理层期权激励、衍生品价值等合约普遍采用月末收盘价为基准价格，因此每个月的最后一个交易日，收盘价操纵更有可能发生（Carhart et al.，2002；Comerton-Forde and Putniņš，2011，2014；Aitken et al.，2015a；Cumming et al.，2020a）。我们进一步考察了机构投资者持股比例与月末最后 3 个交易日的收盘价操纵之间的关系。估计结果列于表 11-4 中，其中在第（1）列中，被解释变量 DumManip 为衡量上市公司在月末是否被操纵的虚拟变量，当上市公司在当季度的 3 个月内，任意一个月的最后 3 个交易日存在至少 1 次操纵时，DumManip 的取值为 1，否则取值为 0。在第（2）列中，被解释变量 NumManip 为上市公司在月末的被操纵次数。估计结果表明，机构投资者持股比例（IO）的系数均显著为负。平均而言，机构投资者持股比例每增加 1%，上市公司股票被操纵概率下降 5.16%，上市公司股票被操纵次数下降 0.4542 次。这表明机构投资者能够显著抑制发生在月度末的收盘价操纵。

表 11-4　月末股价操纵

变量名称	（1）	（2）
	DumManip	NumManip
IO	−0.2666***	−0.4542***
	（−6.89）	（−4.34）
Size	−0.2338***	−0.1782***
	（−15.07）	（−7.21）
MTB	0.0826**	−0.1413**
	（2.13）	（−2.26）
Growth	−0.0248***	−0.0305***
	（−4.55）	（−4.33）
Lev	−0.2126***	0.2527***
	（−4.21）	（3.47）
ROA	0.0191	−0.0442*
	（0.53）	（−1.92）
Analyst	0.0043***	−0.0018
	（3.92）	（−1.11）
Volatility	−3.6200***	−1.3681***
	（−7.42）	（−4.65）
Value	−0.0255**	−0.0276**
	（−2.44）	（−2.06）
Amihud	0.0101***	−0.0350***
	（2.85）	（−7.27）
Constant	2.5729***	4.9627***
	（13.22）	（10.92）

续表

变量名称	（1） *DumManip*	（2） *NumManip*
Year FE	YES	YES
Industry FE	YES	YES
Observations	119451	119451
R^2	0.3188	
Pseudo R^2		0.0605

注：括号内为 *T* 值，*、**、*** 分别代表在 10%、5%、1% 的程度上显著。

四、稳健性检验

（一）工具变量法

机构投资者在构建投资组合时，往往倾向于选择具有一定特征的上市公司。机构投资者持股比例与市场操纵的负向关系，可能是机构投资者积极发挥外部监督作用的结果，也可能是上市公司基本面特征差异导致的。因此，本章采取工具变量的方法尽可能地降低内生性问题带来的影响。Pruitt 和 Wei（1989）、Aghion 等（2013）发现上市公司被纳入标准普尔 500 指数后，机构投资者持股比例外源性增加，该事件是机构投资者持股比例的良好工具变量。类似地，沪深 300 指数是中国股票市场中的一个重要市场指数，上市公司成为沪深 300 指数成分后，会导致大量投资于沪深 300 指数的被动型股票基金购入该上市公司的股票，导致机构投资者持股比例外源性增加。因此，本章分别采用被剔除 *ExCluHF* 300 和被纳入 *InCluHF* 300 两个工具变量进行了两阶段估计。*ExCluHF* 300 是一个虚拟变量，当上市公司当季度被剔除出沪深 300 指数时，取值为 1，否则取值为 0。*InCluHF* 300 是一个虚拟变量，当上市公司当季度被纳入沪深 300 指数时，取值为 1，否则取值为 0。

值得指出的是，基于沪深 300 指数成分股变化构建工具变量依然面临一个问题，即沪深 300 指数成分股的选取并不是随机的。沪深 300 指数的制定者希望这一指数具有一定的代表性，并且随着时间的推移相对稳定。它将避免选择面临破产风险的公司，更倾向于选择过去业绩良好的大公司。因此，被纳入沪深 300 指数的公司需要过去是小公司（这也是该公司过去未被纳入沪深 300 指数的原因），而现在是大公司。被剔除 *ExCluHF* 300 和被纳入 *In-CluHF* 300 作为工具变量而得到的实证结果很可能是虚假的，因为公司过去到现在的表现很可能预测了未来市场操纵发生的可能。为了降低这一问题带来的影响，本部分参考 Aghion 等（2013）的研究设计，在回归估计中添加了前三年的累计收益率 *LagRet* 作为附加变量进行估计，估计结果列于表 11-5 中。其中，第（1）至第（3）列汇报了以 *ExCluHF* 300 为工具变量的两阶段估计结果，第（4）至第（6）列汇报了以 $InCluHF\,300$ 为工具变量的两阶段估计结果。

表 11-5　稳健性检验：工具变量法

变量名称	（1） IO	（2） DumManip	（3） NumManip	（4） IO	（5） DumManip	（6） NumManip
ExCluHF 300	−0.0650*** （−9.63）					
InCluHF 300				0.1473*** （65.74）		
IO		−0.4465*** （−4.65）	−0.7562*** （−5.22）		−0.1741*** （−6.30）	−0.0371*** （−3.23）
LagRet	−0.0227*** （−44.92）	−0.0885*** （−3.28）	−0.2669*** （−5.54）	0.0187*** （37.48）	−0.0085 （1.20）	−0.0426*** （−3.07）
Size	0.1181*** （123.45）	0.5628*** （4.07）	1.0805*** （4.42）	0.1131*** （119.97）	0.0559** （2.42）	−0.0738* （−1.72）
MTB	−0.0401*** （−14.42）	−0.1834*** （−3.46）	−0.5973*** （−5.70）	−0.0179*** （−6.51）	−0.0019 （−0.08）	−0.1916*** （−2.98）
Growth	0.0013*** （3.77）	−0.0067 （−1.64）	−0.0157** （−2.07）	0.0010*** （2.80）	−0.0124*** （−3.31）	−0.0290*** （−4.11）
Lev	0.0099*** （2.74）	0.1427*** （5.27）	0.3574*** （4.74）	−0.0062* （−1.74）	0.0932*** （3.80）	0.2674*** （3.67）
ROA	0.0008 （0.73）	−0.0055 （−0.46）	−0.0336 （−1.45）	0.0002 （0.19）	−0.0094 （−0.79）	−0.0422* （−1.82）
Analyst	−0.0000 （−0.14）	−0.0001 （−0.19）	−0.0020 （−1.26）	0.0002*** （3.01）	−0.0000 （−0.03）	−0.0018 （−1.11）
Volatility	−0.0240* （−1.65）	−2.5421*** （−6.22）	−1.6796*** （−5.62）	0.0590*** （4.12）	−2.6234*** （−6.41）	−1.4051*** （−4.76）
Value	−0.0336*** （−53.31）	−0.2430*** （−6.09）	−0.3789*** （−5.38）	−0.0307*** （−49.52）	−0.0973*** （−10.62）	−0.0530*** （−3.09）
Amihud	−0.0028*** （−11.67）	−0.0017 （−0.40）	−0.0653*** （−8.70）	−0.0034*** （−14.37）	0.0105*** （3.58）	−0.0387*** （−7.80）
Constant	−0.6537*** （−48.74）	−2.3544*** （−3.06）	−2.1132 （−1.49）	−0.6459*** （−48.95）	0.4342*** （2.65）	4.3028*** （8.74）
Year FE	YES	YES	YES	YES	YES	YES
Industry FE	YES	YES	YES	YES	YES	YES
Observations	119451	119451	119451	119451	119451	119451
R^2	0.1868		0.0138	0.1879		0.0143
Pseudo R^2		0.0112			0.0114	

注：括号内为 T 值，*、**、*** 分别代表在 10%、5%、1% 的程度上显著。

第（1）列的估计结果中，前三年的累计收益率 *LagRet* 的估计系数显著为负，即过去表现越好的公司越不可能被剔除出沪深300指数成分股。*ExCluHF*300 的估计系数显著为负，表明当上市公司被剔除出沪深300指数成分股后，机构投资者持股比例显著降低。第（2）、第（3）列的结果则表明，在以 *ExCluHF*300 为工具变量降低内生性问题的影响后，机构投资者持股比例 *IO* 的系数依然显著为负，即机构投资者对市场操作起到了抑制作用。

第（4）列的估计结果中，前三年的累计收益率 *LagRet* 的估计系数显著为正，即过去表现越好的公司越可能纳入沪深300指数成分股。*InCluHF*300 的估计系数显著为正，表明当上市公司被纳入沪深300指数成分股后，机构投资者持股比例显著增加。第（5）、第（6）列的结果则表明，在以 *InCluHF*300 为工具变量降低内生性问题的影响后，机构投资者持股比例 *IO* 的系数依然显著为负，即机构投资者降低了上市公司被操纵的可能性。

（二）操纵识别模型的不同阈值

在本章前述检验过程中，以尾盘收益率与前30个交易日尾盘收益率均值的偏离值是否达到3倍标准差作为操纵识别条件之一。本部分进一步验证了实证结果在不同阈值收盘价操纵识别模型下的稳健性，检验结果列于表11-6中。其中，第（1）、第（2）列将尾盘收益率异常定义为尾盘收益率与前60个交易日尾盘收益率均值的偏离值达到3倍标准差，第（3）、第（4）列将尾盘收益率异常定义为尾盘收益率与前90个交易日尾盘收益率均值的偏离值达到3倍标准差，第（5）、第（6）列尾盘收益率异常定义为尾盘收益率与前100个交易日尾盘收益率均值的偏离值达到4倍标准差。实证结果表明，基于不同阈值的识别模型侦测的操纵行为，实证结果与本章主体检验结果基本一致。

表11-6 稳健性检验：不同阈值的识别模型

变量名称	（1）Manip	（2）NumManip	（3）Manip	（4）NumManip	（5）Manip	（6）NumManip
IO	−0.1418*** (3.37)	−0.1198*** (4.14)	−0.1061*** (3.47)	−0.1707*** (3.60)	−0.4629*** (−3.62)	−0.4244*** (−6.68)
Size	−0.0893 (−1.48)	0.0372 (0.28)	−0.2847*** (−3.27)	−0.1083 (−1.19)	−0.0741 (−1.25)	−0.0800*** (−2.87)
MTB	−0.3569** (−2.24)	−0.4459 (−0.90)	−0.7797*** (−3.56)	0.0950 (0.26)	−0.2339 (−1.60)	0.0989 (1.45)
Growth	−0.0448* (−1.84)	−0.1237* (−1.70)	0.0302 (0.83)	0.0833 (1.41)	0.0058 (0.37)	−0.0355*** (−4.65)

续表

变量名称	（1）	（2）	（3）	（4）	（5）	（6）
	Manip	NumManip	Manip	NumManip	Manip	NumManip
Lev	−0.2190	0.2770	−0.3759	0.7961**	−0.0039	−0.0650
	（−1.33）	（0.55）	（−1.51）	（1.97）	（−0.03）	（−0.82）
ROA	0.3154	−0.5368	−1.8354***	−4.9028***	−0.0209	−0.0305
	（0.72）	（−0.38）	（−3.54）	（−5.16）	（−0.16）	（−1.22）
Analyst	−0.0141***	−0.0134	−0.0058	−0.0096	−0.0114***	0.0001
	（−3.36）	（−1.11）	（−1.03）	（−1.16）	（−3.15）	（0.05）
Volatility	0.1358	−2.0162	−52.3258***	−34.1195***	−38.2077***	−2.2085***
	（0.13）	（−1.58）	（−8.16）	（−9.80）	（−6.52）	（−6.84）
Value	0.0881*	0.1201*	0.3185***	0.2908***	0.0978*	0.1629***
	（1.77）	（1.68）	（4.77）	（6.88）	（1.70）	（9.06）
Amihud	0.0236*	0.0119	0.0212	0.0082	−0.0788***	−0.0098*
	（1.89）	（0.90）	（1.02）	（0.72）	（−4.45）	（−1.88）
Constant	−1.5902	−2.3461***	−5.2886***	−5.4164***	−0.7154	−2.1702***
	（−1.58）	（−4.78）	（−3.54）	（−3.30）	（−0.70）	（−3.93）
Year FE	YES	YES	YES	YES	YES	YES
Industry FE	YES	YES	YES	YES	YES	YES
Observations	119451	119451	119451	119451	119451	119451
R^2		0.0387		0.0894		0.0562
Pseudo R^2	0.0464		0.0558		0.0490	

注：括号内为 T 值，*、**、*** 分别代表在 10%、5%、1% 的程度上显著。

第四节　信息不对称

　　机构投资者拥有更多的信息渠道和更强的专业分析能力，他们依据自己所掌握的信息进行交易，并将信息纳入股价中，客观上起到提高股价信息含量的作用（Chakravarty，2001）。同时，机构投资者持股也能够吸引分析师关注，促使分析师对上市公司进行信息解读和发掘，降低外部投资者和上市公司管理层之间的信息不对称。现有金融市场文献指出，信息不对称程度越低，操纵者越难以实施操纵（Allen and Gale，1992；Glosten and Milgrom，1985；Aggarwal and Wu，2006）。因此，本章推测机构投资者通过降低上市公司信息不对称，抑制了市场操纵。为了对这一论断进行检验，本章采用股价同步性和分析师盈余预测离散程度衡量信息不对称程度。

第一个指标为股价同步性（*syn*），参考 Morck 等（2000）的研究设计，采用如下模型来计算 R^2：

$$Dretwd_{i,d}=\beta_0+\beta_1\times Mkt_d+\varepsilon_{i,q} \tag{11-5}$$

其中，$Dretwd_{i,d}$ 为股票 i 在 d 交易日的收益率，Mkt_d 为 d 交易日的市场收益率。我们对每个季度的个股日度收益率和市场收益率进行回归，得到反映当季度个股收益率和市场收益率的同步性指标 R^2，即市场模型（11-5）的拟合优度。考虑到 R^2 的取值为 0 到 1，对其进行如下取对数处理：

$$syn_{i,d}=\ln\left(\frac{R^2}{1-R^2}\right) \tag{11-6}$$

其中，*syn* 为反映股价波动与市场波动的同步性。*syn* 的取值越大，表明上市公司股价与市场同步性越高，股价中的特有信息含量越低。

第二个指标为分析师盈余预测离散程度（*Dispersion*），分析师对上市公司盈余预测越一致，表明上市公司信息不对称程度越低。参考 Sadka 和 Scherbina（2007）的做法，本章将分析师盈余预测离散程度定义为分析师每股盈余预测的季度标准差，再除以分析师盈余预测均值的绝对值（剔除了盈余预测均值为 0 的观测值）。

表 11-7 第（1）和第（4）列分别汇报了以股价同步性（*syn*）和分析师盈余预测离散程度（*Dispersion*）为被解释变量时的估计结果，第（2）列和第（5）列汇报了以是否被操纵 $DumManip_{i,q}$ 为被解释变量时的估计结果，第（3）列和第（6）列汇报了以被操纵次数 $MumManip_{i,q}$ 为被解释变量时的估计结果。第（1）和第（4）列估计结果表明，机构投资者起到了降低信息不对称的作用。平均而言，机构投资者持股比例每增加 1%，股价同步性降低 28.60%，分析师盈余预测离散程度降低 0.35%。第（2）、第（3）列和第（5）、第（6）列的估计结果表明，在同时考虑信息不对称和机构投资者持股比例的情况下，股价同步性、分析师盈余预测离散程度与市场操纵正相关，机构投资者依然起到了抑制市场操纵的作用。上述结果表明，机构投资者能够通过降低信息不对称程度，起到抑制市场操纵的作用。这一结果与 Allen 和 Gale（1992）、Glosten 和 Milgrom（1985）、Aggarwal 和 Wu（2006）等人的推测基本一致。

表 11-7 机构投资者和信息不对称

变量名称	（1）	（2）	（3）	（4）	（5）	（6）
	syn	DumManip	NumManip	Dispersion	DumManip	NumManip
IO	−0.2860***	−0.1183***	−0.2516***	−0.0035***	−0.8031***	−0.2542***
	（−14.06）	（7.47）	（−4.29）	（−2.67）	（−6.44）	（−4.34）
syn		0.0192***	0.0055***			
		（3.13）	（2.79）			
Dispersion					0.3158***	0.0149**
					（5.10）	（2.13）
Spread						
Size	−0.1715***	−0.0125	−0.1766***	0.0057***	−0.1776***	−0.1782***
	（−20.40）	（−0.70）	（−7.13）	（10.55）	（−4.05）	（−7.21）
MTB	1.1110***	−0.3975***	−0.1467**	0.0107***	−0.2068**	−0.1415**
	（49.52）	（−9.09）	（−2.33）	（7.41）	（−2.05）	（−2.26）
Growth	−0.0276***	−0.0124*	−0.0304***	−0.0003	−0.0054	−0.0305***
	（−9.78）	（−1.82）	（−4.32）	（−1.59）	（−0.37）	（−4.33）
Lev	−0.3299***	−0.0779	0.2548***	−0.0044***	−0.4569***	0.2527***
	（−13.39）	（−1.61）	（3.50）	（−2.77）	（−3.41）	（3.47）
ROA	0.0034	−0.5343***	−0.0442*	−0.0002	−0.7333***	−0.0442*
	（0.36）	（−6.80）	（−1.92）	（−0.37）	（−4.05）	（−1.92）
Analyst	0.0055***	−0.0072***	−0.0018	0.0003***	−0.0050*	−0.0018
	（9.44）	（−5.66）	（−1.14）	（7.77）	（−1.75）	（−1.11）
Volatility	−1.0449***	−15.6571***	−1.3635***	−0.0151*	−21.6246***	−1.3679***
	（−8.53）	（−15.05）	（−4.63）	（−1.95）	（−8.90）	（−4.65）
Value	−0.1327***	0.0625***	−0.0268**	0.0003	0.1126***	−0.0276**
	（−25.06）	（4.16）	（−1.99）	（0.79）	（3.79）	（−2.06）
Amihud	−0.0683***	0.0129**	−0.0346***	−0.0012***	0.0253***	−0.0350***
	（−34.08）	（2.16）	（−7.16）	（−9.25）	（2.64）	（−7.27）
Constant	5.1081***	−2.6433***	4.9223***	−0.0966***	−1.5334***	4.9640***
	（36.90）	（−8.64）	（10.77）	（−10.68）	（−2.93）	（10.92）
Year FE	YES	YES	YES	YES	YES	YES
Industry FE	YES	YES	YES	YES	YES	YES
Observations	119451	119451	119451	119451	119451	119451
R^2	0.3188		0.0481	0.2135		0.0111
Pseudo R^2		0.0605			0.0268	

注：括号内为 T 值，*、**、*** 分别代表在 10%、5%、1% 的程度上显著。

第五节　异质性分析

一、机构投资者的异质性

长期机构投资者专注于价值投资，他们通过参与上市公司治理，确保企业经营策略与长期价值最大化目标一致，比短期机构投资者起到更强的监督作用（Bushee，1998，2001；Fu et al.，2020）。因此我们推测相较于短期机构投资者，长期机构投资者能够对市场操纵起到更大程度的抑制作用。为了对这一论断进行检验，本节考察了具有不同投资期限结构的机构投资者对市场操纵的抑制差异，依据 Yan 和 Zhang（2009）的划分方法，本章通过构建投资换手率（IT）将机构投资者划分为短期机构投资者和长期机构投资者。首先，基于机构投资者季度持仓数据，本节构建流失率（CR）以衡量机构投资者轮换其股票的频率：

$$CR_{inst,q} = \frac{\min(CR_{inst,q}^{buy}, CR_{inst,q}^{sell})}{\sum_{i=1}^{I_i} \dfrac{N_{inst,i,q} \times P_{i,q} + N_{inst,i,q-1} \times P_{i,q-1}}{2}} \tag{11-7}$$

$$CR_{inst,q}^{buy} = \sum_{i=1}^{I_i} |N_{inst,i,q} \times P_{i,q} - N_{inst,i,q-1} \times P_{i,q-1} - N_{inst,i,q-1} \times \Delta P_{i,q}|, \quad N_{inst,i,q} > N_{inst,i,q-1} \tag{11-8}$$

$$CR_{inst,q}^{sell} = \sum_{i=1}^{I_i} |N_{inst,i,q} \times P_{i,q} - N_{inst,i,q-1} \times P_{i,q-1} - N_{inst,i,q-1} \times \Delta P_{i,q}|, \quad N_{inst,i,q} \leqslant N_{inst,i,q-1} \tag{11-9}$$

其中，$N_{inst,i,q}$ 是机构投资者 inst 在 q 季度持有的股票 i 的数量；$P_{i,q}$ 是在 q 季度末股票 i 的价格。其次，通过计算过去 4 个季度流失率（CR）的均值，得到投资换手率（IT）。最后，本节将投资换手率高于样本中位数的机构投资者划分为短期机构投资者，其余划分为长期投资者。在每个季度末，我们汇总不同类型的机构投资者持股比例，并使用 IO_Short 和 IO_Long 分别表示短期机构投资者持股比例和长期机构投资者持股比例。

估计结果列于表 11-8 第（1）至第（4）列，其中第（1）、第（2）列汇报了短期机构投资者对市场操纵影响的估计结果，第（3）、第（4）列汇报了长期机构投资者对市场操纵影响的估计结果。第（1）、第（2）列的估计结果表明，短期机构投资者持股与上市公司是否被操纵正相关，平均而言，短期机构投资者持股比例每增加 1%，上市公司股票被操纵概率增加 6.81%。但短期机构投资者持股对上市公司被操纵次数的影响则并不显著，这表明市场中的短期机构投资者很可能参与了市场操纵行为。第（3）、第（4）列的估计结果则表明，长期机构投资者起到了抑制市场操纵的作用。平均而言，长期机构投资者持股比例每增加1%，上市公司股票被操纵概率降低7.61%，上市公司被操纵次数减少0.7169次。这一结果表明长期机构投资者起到了积极的外部监督作用，抑制了市场操纵。

获取信息的成本十分高昂，且机构投资者参与上市公司治理需要一定的投票权。因此，我们推测相较于分散持股的机构投资者，集中持股的机构投资者能够对市场操纵起到更强的抑制作用。类似地，为了对这一问题进行检验，本节依据投资组合集中度将机构投资者划分为集中持股的机构投资者和分散持股的机构投资者，考察了不同投资组合集中度的机构投资者对市场操纵的影响差异。其中投资组合集中度的划分依据为基于季度末持仓数据构建的 HHI。在每个季度末，机构投资者的 HHI 的构建方法如下：

$$HHI_{inst,q} = \sum_{i=1}^{l_i} \left(\frac{N_{inst,i,q} \times P_{i,q}}{\sum_{i=1}^{l_i} N_{inst,i,q} \times P_{i,q}} \right)^2 \qquad (11\text{--}10)$$

当机构投资者的 HHI 高于样本中位数时，划分为集中持股的机构投资者，否则划分为分散持股的机构投资者。在每个季度末，我们对不同类型的机构投资者持股比例进行汇总，并采用 IO_Conc 和 IO_Dive 分别表示集中持股的机构投资者持股比例和分散持股的机构投资者持股比例。估计结果列于表11-8第（5）至第（8）列，其中第（5）、第（6）列汇报了集中持股的机构投资者对市场操纵影响的估计结果，第（7）、第（8）列汇报了分散持股的机构投资者对市场操纵影响的估计结果。第（5）至第（8）列的估计结果则表明，集中持股的机构投资者起到了抑制市场操纵的作用。平均而言，集中持股的机构投资者持股比例每增加1%，上市公司股票被操纵概率降低3.78%，上市公司被操纵次数减少1.4099次。第（7）、第（8）列的估计结果则表明，在经济学意义和统计学含义上，分散持股的机构投资者对市场操纵的抑制作用均小于集中持股的机构投资者的影响。

表 11-8 机构投资者异质性

变量名称	(1) DumManip	(2) NumManip	(3) DumManip	(4) NumManip	(5) DumManip	(6) NumManip	(7) DumManip	(8) NumManip
IO_Short	0.7500*** (6.13)	0.0941 (1.58)						
IO_Long			-1.2414*** (-3.43)	-0.7169*** (-9.96)				
IO_Conc					-0.6101*** (-4.83)	-1.4099*** (-3.09)		
IO_Dive							-0.7567 (-1.05)	-0.9854** (-2.16)
Size	-0.0616 (-1.42)	-0.0428* (-1.69)	-0.1646*** (-3.60)	-0.0744*** (-2.94)	-0.1508*** (-3.28)	-0.0380 (-1.49)	-0.0130 (-0.37)	-0.1958*** (-8.07)
MTB	-0.3330*** (-2.89)	-0.0216 (-0.35)	-0.3435*** (-2.99)	-0.0329 (-0.52)	-0.3276*** (-2.86)	-0.0310 (-0.50)	-0.2460*** (-2.88)	-0.1492** (-2.38)
Growth	-0.0030 (-0.20)	-0.0316*** (-4.51)	-0.0025 (-0.17)	-0.0331*** (-4.71)	-0.0029 (-0.20)	-0.0334*** (-4.76)	-0.0127 (-1.01)	-0.0304*** (-4.33)
Lev	-0.4036*** (-2.87)	-0.0199 (-0.27)	-0.4678*** (-3.33)	0.0036 (0.05)	-0.4592*** (-3.27)	0.0030 (0.04)	-0.3445*** (-2.83)	0.2541*** (3.49)
ROA	-0.6320*** (-3.44)	-0.0374 (-1.63)	-0.6649*** (-3.62)	-0.0366 (-1.59)	-0.6629*** (-3.62)	-0.0367 (-1.60)	-0.4051** (-2.41)	-0.0440* (-1.90)
Analyst	-0.0030 (-1.00)	0.0001 (0.09)	-0.0036 (-1.21)	-0.0011 (-0.73)	-0.0043 (-1.46)	-0.0010 (-0.61)	-0.0090*** (-3.57)	-0.0016 (-1.00)

续表

变量名称	(1)	(2)	(3)	(4)	(5)	(6)	(7)	(8)
	DumManip	NumManip	DumManip	NumManip	DumManip	NumManip	DumManip	NumManip
Volatility	-22.9420***	-2.0616***	-24.8730***	-2.0986***	-24.6741***	-2.0796***	-9.6089***	-1.3877***
	(-7.79)	(-6.94)	(-8.39)	(-7.07)	(-8.32)	(-7.00)	(-5.77)	(-4.72)
Value	0.1250***	0.1416***	0.1642***	0.1529***	0.1587***	0.1422***	0.0268	-0.0195
	(3.64)	(8.59)	(4.68)	(9.27)	(4.52)	(8.60)	(1.13)	(-1.47)
Amihud	0.0316***	-0.0291**	0.0326***	-0.0271***	0.0322***	-0.0281***	0.0204**	-0.0343***
	(3.19)	(-6.07)	(3.28)	(-5.63)	(3.24)	(-5.85)	(2.30)	(-7.13)
Constant	-3.5578***	-1.9902***	-3.0602***	-1.8610***	-3.1176***	-2.0949***	-2.1760***	4.9964***
	(-4.50)	(-3.92)	(-3.88)	(-3.66)	(-3.95)	(-4.12)	(-4.58)	(10.99)
Year FE	YES	YES	YES	YES	YES	YES	YES	YES
Industry FE	YES	YES	YES	YES	YES	YES	YES	YES
Observations	119451	119451	119451	119451	119451	119451	119451	119451
R^2		0.0229		0.0440		0.0378		0.0124
Pseudo R^2	0.0568		0.0304		0.0296		0.0272	

注：括号内为 T 值，*、**、*** 分别代表在 10%、5%、1% 的程度上显著。

二、上市公司的异质性

国有企业的管理层往往是政府任命的政府官员，其制定的经营决策以实现财政目标、社会目标和政治目标为导向，这很可能偏离长期价值最大化的目标。因此，国有上市公司往往具有投资效率低下、内部治理水平低、信息不对称程度高等特征（Opie et al., 2019）。表 11-9 第（1）至第（4）列考察了最终控制权是否国有对机构投资者持股比例和市场操纵之间关系的影响，其中 SOEs 为最终所有权为政府的上市公司，即国有上市公司。Non-SOEs 为非国有上市公司。第（1）、第（2）列汇报了国有上市公司中的估计结果，第（3）、第（4）列汇报了非国有上市公司中的估计结果。估计结果表明，在国有上市公司中，平均而言，集中持股的机构投资者持股比例每增加 1%，上市公司股票被操纵概率降低 5.86%，上市公司被操纵次数减少 0.2766 次。而在非国有上市公司中，机构投资者的影响并不显著。这表明机构投资者对市场操纵的抑制作用在国有上市公司中更强。

管理层适当持股可以缓和管理层和股东之间的利益冲突，能够激励管理层做出更加符合股东利益的投资决策，提升内部治理质量。依据上市公司管理层持股比例是否高于当季度同行业中位数，本小节将样本划分为低管理层持股和高管理层持股两个子样本，其中当上市公司处于高管理层持股子样本时，*HighManO* 的取值为 1，否则取值为 0。表 11-9 第（5）、第（6）列汇报了低管理层持股子样本中的估计结果，第（7）、第（8）列汇报了高管理层持股子样本中的估计结果。估计结果表明，机构投资者对市场操纵的抑制作用在低管理层持股子样本中的结果更显著。平均而言，机构投资者持股比例每增加 1%，上市公司股票被操纵概率降低 6.39%，上市公司被操纵次数减少 0.3733 次。在高管理层持股子样本中，机构投资者对市场操纵的影响在经济学含义和统计学含义上，均弱于低管理层持股子样本中的影响。

当审计师来源于四大会计师事务所或者海外会计师事务所时，其提供审计服务的财务报告能够反映更准确且更丰富的信息内容（Chen et al., 2011）。我们推测，对财务报告中提供更准确丰富信息的上市公司，投资者对股票真实价值的了解程度更高，机构投资者对其市场操纵的抑制程度更低。为了对这一论断进行检验，参考 Chen 等（2011）、Ge 等（2021）的研究，本小节依据公司前一个季度的财务报告审计师来源，将样本划分为 *BigN* 和 *Non-BigN* 两个子样本，考察了在不同审计师来源下，机构投资者对市场操纵的影响差异。具体而言，当公司前一个季度的财务报告审计师来源为四大会计师事务所或者海外会计师事务所时，划分为 *BigN* 子样本，否则划分为 *Non-BigN* 子样本。估计结果列于表 11-9 中，其中第（9）、第（10）列汇报了 *Non-BigN* 子样本的估计结果，第（11）、第（12）列汇报了 *BigN* 子样本的估计结果。估计结果表明，机构投资者对市场操纵的抑制作用在 *Non-BigN* 子样本更显著。平均而言，机构投资者持股比例每增加 1%，上市公司股票被操纵概率降低 5.82%，上市公司被操纵次数减少 0.2435 次。而在 *BigN* 子样本中，在经济学含义和统计学意义上，机构投资者对市场操纵的影响程度相对更低。

表11-9　上市公司的异质性

变量名称	(1) SOEs	(2) SOEs	(3) Non-SOEs	(4) Non-SOEs	(5) HighManO=0	(6) HighManO=0	(7) HighManO=1	(8) HighManO=1	(9) Non-BigN	(10) Non-BigN	(11) BigN	(12) BigN
	DumManip	NumManip	DumManip	NumManip	DumManip	NumManip	DumManip	NumManip	DumManip	NumManip	DumManip	NumManip
IO	-0.3303*** (-8.29)	-0.2766*** (-4.67)	0.0028 (0.01)	1.1437 (1.49)	-0.4756*** (-10.49)	-0.3733*** (-4.41)	-0.0980 (-1.28)	-0.2562*** (-3.49)	-0.7917*** (-6.10)	-0.2435*** (-3.93)	0.3790 (0.86)	-0.1426*** (-4.11)
Size	-0.2173*** (-13.53)	-0.1696*** (-6.83)	-0.2590*** (-4.81)	-0.0769 (-0.43)	-0.1946*** (-10.54)	-0.2206*** (-5.81)	-0.2779*** (-8.96)	-0.0491* (-1.67)	-0.1813*** (-3.77)	-0.2006*** (-7.64)	-0.1333 (-1.10)	-0.1853*** (-7.43)
MTB	0.0663* (1.66)	-0.1298** (-2.07)	0.3920** (2.37)	0.4637 (0.94)	0.0788 (1.72)	-0.1118 (-1.17)	0.1557** (2.02)	-0.0780 (-1.02)	-0.1795* (-1.69)	-0.1079* (-1.65)	-0.0780 (-0.22)	-0.1178* (-1.87)
Growth	-0.0248*** (-4.45)	-0.0316*** (-4.44)	-0.0489* (-1.95)	-0.0358 (-0.79)	-0.0230*** (-3.75)	-0.0331*** (-3.37)	-0.0376*** (-3.06)	-0.0213** (-2.28)	-0.0094 (-0.62)	-0.0320*** (-4.44)	0.0401 (0.61)	-0.0311*** (-4.41)
Lev	-0.1925*** (-3.72)	0.2766*** (3.80)	-0.7919*** (-4.17)	-0.2250 (-0.41)	-0.3165*** (-5.29)	0.1614 (1.43)	-0.2425** (-2.38)	0.2059** (2.21)	-0.3575** (-2.55)	0.2630*** (3.48)	-1.5313*** (-3.18)	0.2324*** (3.16)
ROA	0.0238 (0.63)	-0.0427* (-1.88)	-0.5098 (-0.98)	-1.6189 (-1.46)	0.0106 (0.40)	-0.0293 (-0.95)	0.2747 (1.63)	-0.6917*** (-6.23)	-0.7767*** (-4.15)	-0.0432* (-1.86)	2.1570 (1.39)	-0.0442* (-1.91)
Anaattention	0.0034*** (2.97)	-0.0020 (-1.27)	0.0153*** (3.73)	0.0115 (1.02)	0.0036*** (2.63)	0.0006 (0.24)	0.0063*** (3.27)	-0.0041** (-2.43)	-0.0064** (-2.05)	-0.0024 (-1.37)	-0.0006 (-0.09)	-0.0013 (-0.84)
Volatility	-4.0083*** (-7.98)	-1.5009*** (-5.00)	0.4230 (0.61)	0.6779 (0.42)	-2.8902*** (-5.45)	-1.3784*** (-3.40)	-8.8468*** (-6.49)	-1.1031*** (-2.85)	-9.5662*** (-8.89)	-1.3668*** (-4.56)	-15.9268 (-1.42)	-1.3583*** (-4.61)

续表

变量名称	(1) SOEs DumManip	(2) SOEs NumManip	(3) Non-SOEs DumManip	(4) Non-SOEs NumManip	(5) HighManO=0 DumManip	(6) HighManO=0 NumManip	(7) HighManO=1 DumManip	(8) HighManO=1 NumManip	(9) Non-BigN DumManip	(10) Non-BigN NumManip	(11) BigN DumManip	(12) BigN NumManip
Value	-0.0289*** (-2.69)	-0.0283** (-2.10)	-0.0008 (-0.02)	-0.2323** (-1.99)	-0.0330*** (-2.70)	-0.0671*** (-3.28)	0.0037 (0.17)	0.0314* (2.13)	0.1232*** (3.95)	-0.0296** (-2.11)	0.0320 (0.33)	-0.0290** (-2.14)
Amihud	0.0104*** (2.86)	-0.0256*** (-5.32)	-0.0307* (-1.75)	-0.5370*** (-11.45)	0.0031 (0.69)	-0.0996*** (-11.79)	0.0199*** (3.30)	0.0141*** (3.23)	0.0247** (2.52)	-0.0282*** (-5.72)	0.0216 (0.52)	-0.0344*** (-7.12)
Constant	2.4202*** (12.06)	4.8196*** (10.44)	2.6287*** (3.95)	7.1197*** (2.75)	2.4909*** (10.70)	6.8809*** (9.62)	2.2911*** (6.06)	1.1361** (2.05)	-1.7466*** (-3.02)	5.3092*** (11.29)	0.2010 (0.14)	5.0799*** (11.11)
Year FE	YES	YES	YES	YES	YES	YES	YES	YES	YES	YES	YES	YES
Industry FE	YES	YES	YES	YES	YES	YES	YES	YES	YES	YES	YES	YES
Observations	114645	114645	4806	4806	70285	70285	49166	49166	110058	110058	9393	9393
R^2		0.0123		0.0845		0.0123		0.0845		0.0351		0.0341
Pseudo R^2	0.0407		0.0304		0.0407		0.0304		0.0290		0.0779	

注：括号内为T值，*、**、***分别代表在10%、5%、1%的程度上显著。

本章小结

综上所述，市场操纵不仅扭曲市场价格、降低市场效率，还会对上市公司的资源配置和长期发展造成负面影响，世界各个国家和地区的证券监管部门都投入了大量的资源来遏制市场操纵的发生。机构投资者作为市场中拥有雄厚资金实力和专业分析能力的投资者，承担着遏制市场违规行为、提升市场质量的社会期望。本章利用中国 A 股上市公司的样本数据，实证检验了机构投资者持股比例与市场操纵之间的联系。实证结果表明：①中国股票市场中的机构投资者起到了监督效应，遏制了市场操纵的发生，机构投资者持股比例越高，上市公司被操纵概率越低、被操纵次数越少；②中介效应检验结果表明，机构投资者通过降低信息不对称程度，抑制了市场操纵的发生；③长期机构投资者和集中持股的机构投资者起到了更强的外部监督作用，对市场操纵的遏制程度更大；④当上市公司为国有上市公司、管理层持股比例较低和审计师来源非四大会计师事务所时，机构投资者对市场操纵的遏制程度更大。

第十二章　市场操纵的监管现状

第一节　监管界定

随着中国金融市场的快速发展，股票市场的市值体量与交易规模不断扩大，监管部门通过逐步建立法律法规来规范市场交易，打击市场操纵。为了更及时有效地进行监管，这些法律法规明确了市场操纵的认定依据和处罚措施，并随着市场操纵手段的多样化不断完善。在本节中，我们系统地梳理了中外各国关于市场操纵的界定方式。

一、中国监管部门对市场操纵的界定

于 2006 年 6 月 29 日公布施行的《中华人民共和国刑法修正案（六）》根据不同的操作手法对连续交易操纵、约定交易操纵、洗售操纵三类交易型市场操纵行为进行了定义。根据其规定，连续交易操纵是指"单独或者合谋，集中资金优势、持股或者持仓优势或者利用信息优势联合或者连续买卖，操纵证券、期货交易价格或者证券、期货交易量的"行为。约定交易操纵是指"与他人串通，以事先约定的时间、价格和方式相互进行证券、期货交易，影响证券、期货交易价格或者证券、期货交易量的"行为。洗售操纵是指"在自己实际控制的账户之间进行证券交易，或者以自己为交易对象，自买自卖期货合约，影响证券、期货交易价格或者证券、期货交易量的"行为。

在此之后，《最高人民法院　最高人民检察院关于办理操纵证券、期货市场刑事案件适用法律若干问题的解释》（自 2019 年 7 月 1 日起施行）对《中华人民共和国刑法》中提到的操纵市场行为进行了补充说明，在已有的交易

型市场操纵行为定义中新增了幌骗交易操纵，即"不以成交为目的，频繁申报、撤单或者大额申报、撤单，误导投资者作出投资决策，影响证券、期货交易价格或者证券、期货交易量，并进行与申报相反的交易或者谋取相关利益的"行为。同时，也将四类信息型市场操纵手段纳入监管范围，分别是"（一）利用虚假或者不确定的重大信息，诱导投资者作出投资决策，影响证券、期货交易价格或者证券、期货交易量，并进行相关交易或者谋取相关利益的；（二）通过对证券及其发行人、上市公司、期货交易标的公开作出评价、预测或者投资建议，误导投资者作出投资决策，影响证券、期货交易价格或者证券、期货交易量，并进行与其评价、预测、投资建议方向相反的证券交易或者相关期货交易的；（三）通过策划、实施资产收购或者重组、投资新业务、股权转让、上市公司收购等虚假重大事项，误导投资者作出投资决策，影响证券交易价格或者证券交易量，并进行相关交易或者谋取相关利益的；（四）通过控制发行人、上市公司信息的生成或者控制信息披露的内容、时点、节奏，误导投资者作出投资决策，影响证券交易价格或者证券交易量，并进行相关交易或者谋取相关利益的"行为。

　　自 2020 年 3 月 1 日起施行的《中华人民共和国证券法》（2019 修订）明确将以下行为列为操纵市场，包含以上法律法规中出现的所有市场操纵行为类别，分别为："（一）单独或者通过合谋，集中资金优势、持股优势或者利用信息优势联合或者连续头卖；（二）与他人串通，以事先约定的时间、价格和方式相互进行证券交易；（三）在自己实际控制的账户之间进行证券交易；（四）不以成交为目的，频繁或者大量申报并撤销申报；（五）利用虚假或者不确定的重大信息，诱导投资者进行证券交易；（六）对证券、发行人公开作出评价、预测或者投资建议，并进行反向证券交易；（七）利用在其他相关市场的活动操纵证券市场；（八）操纵证券市场的其他手段。"

　　此外，考虑到期货等衍生品交易与股票交易的相似性与差异，国务院颁布的《期货交易管理条例》（2017 修订）和各期货交易所制定的期货交易所异常交易管理办法也为识别各类期货交易的操纵行为提供了专门的依据。《期货交易管理条例》（2017 修订）中列举的期货市场操纵典型行为包括："（一）单独或者合谋，集中资金优势、持仓优势或者利用信息优势联合或者连续买卖合约，操纵期货交易价格的；（二）蓄意串通，按事先约定的时间、价格和方式相互进行期货交易，影响期货交易价格或者期货交易量的；（三）以自己为交易对象，自买自卖，影响期货交易价格或者期货交易量的；（四）为影响期货市场行情囤积现货的；（五）国务院期货监督管理机构规定的其他操纵期货交易价格的行为。"

　　这些监管规定让执法机构和投资者得以明确哪些行为属于市场操纵，为反操纵提供了法律支持。为了方便读者梳理各项法律界定的异同，我们在表12-1中详细列举了中国市场操纵的法律定义。

表 12-1　中国市场操纵的法律定义

法律来源	操纵定义
《中华人民共和国刑法修正案（六）》（2006年6月29日）	（一）单独或者合谋，集中资金优势、持股或者持仓优势或者利用信息优势联合或者连续买卖，操纵证券、期货交易价格或者证券、期货交易量的； （二）与他人串通，以事先约定的时间、价格和方式相互进行证券、期货交易，影响证券、期货交易价格或者证券、期货交易量的； （三）在自己实际控制的账户之间进行证券交易，或者以自己为交易对象，自买自卖期货合约，影响证券、期货交易价格或者证券、期货交易量的； （四）以其他方法操纵证券、期货市场的
《最高人民法院最高人民检察院关于办理操纵证券、期货市场刑事案件适用法律若干问题的解释》	（一）利用虚假或者不确定的重大信息，诱导投资者作出投资决策，影响证券、期货交易价格或者证券、期货交易量，并进行相关交易或者谋取相关利益的； （二）通过对证券及其发行人、上市公司、期货交易标的公开作出评价、预测或者投资建议，误导投资者作出投资决策，影响证券、期货交易价格或者证券、期货交易量，并进行与其评价、预测、投资建议方向相反的证券交易或者相关期货交易的； （三）通过策划、实施资产收购或者重组、投资新业务、股权转让、上市公司收购等虚假重大事项，误导投资者作出投资决策，影响证券交易价格或者证券交易量，并进行相关交易或者谋取相关利益的； （四）通过控制发行人、上市公司信息的生成或者控制信息披露的内容、时点、节奏，误导投资者作出投资决策，影响证券交易价格或者证券交易量，并进行相关交易或者谋取相关利益的； （五）不以成交为目的，频繁申报、撤单或者大额申报、撤单，误导投资者作出投资决策，影响证券、期货交易价格或者证券、期货交易量，并进行与申报相反的交易或者谋取相关利益的； （六）通过囤积现货，影响特定期货品种市场行情，并进行相关期货交易的； （七）以其他方法操纵证券、期货市场的
《中华人民共和国证券法》（2019修订）	（一）单独或者通过合谋，集中资金优势、持股优势或者利用信息优势联合或者连续买卖； （二）与他人串通，以事先约定的时间、价格和方式相互进行证券交易； （三）在自己实际控制的账户之间进行证券交易； （四）不以成交为目的，频繁或者大量申报并撤销申报； （五）利用虚假或者不确定的重大信息，诱导投资者进行证券交易； （六）对证券、发行人公开作出评价、预测或者投资建议，并进行反向证券交易； （七）利用在其他相关市场的活动操纵证券市场； （八）操纵证券市场的其他手段

法律来源	操纵定义
《期货交易管理条例》（2017修订）	（一）单独或者合谋，集中资金优势、持仓优势或者利用信息优势联合或者连续买卖合约，操纵期货交易价格的； （二）蓄意串通，按事先约定的时间、价格和方式相互进行期货交易，影响期货交易价格或者期货交易量的； （三）以自己为交易对象，自买自卖，影响期货交易价格或者期货交易量的； （四）为影响期货市场行情囤积现货的； （五）国务院期货监督管理机构规定的其他操纵期货交易价格的行为

二、外国监管部门对市场操纵的界定

欧美等发达金融市场的监管体系建立时间更早，处置市场操纵有着相对更为丰富的经验。我们总结了美国、英国、法国、德国和日本五个发达金融市场对市场操纵的认定标准，从中不难看出，各国监管部门对于市场操纵的定义大体是相似的，同时在细节之处存在一定的差异。

SEC 将市场操纵定义为行为人人为地影响证券的供求关系，其涉及如下策略：①传播有关公司的虚假或者误导信息；②从事一系列交易，使证券交易看起来更活跃；③操纵报价、价格或者交易，使该证券的需求量看起来比实际情况更多或者更少。SEC 还在其官方网站上特别提及，微型股（由小市值公司发行的低价股票）更容易受到操纵，因为操纵者更容易传递相关的虚假信息，更容易以较低的成本操纵价格。当发生操纵时，被操纵股票往往具有具体信号，因此美国监管部门提醒投资者特别关注如下情形：①未经投资者主动请求，股票在各种新闻媒体上被积极推荐；②公司没有坚实可靠的实际运营业务；③不明原因的股价上涨或者交易量放大；④ SEC 对该公司发布了异常警告；⑤公司名称或者业务范围经常变更；⑥股票在场外交易市场（over the counter market, OTC）交易。现有文献，例如殷晓峰和牛广济（2014）、王近（2018）等，经过对比指出 SEC 的认定标准不仅包含直接故意的违法犯罪行为，还包含未遂和间接故意的操纵行为认定标准。

英国金融市场行为监管局（Financial Conduct Authority, FCA）将以下活动定义为市场操纵行为：①单独或者通过合谋，直接或间接维持金融产品买入或卖出价格，造成不公平的交易条件；②在市场开盘或收盘时买入或卖出金融工具，影响投资者根据特定价格（包括开盘或收盘价格）进行证券交易；③通过任何可用的交易手段，包括电子手段，如算法和高频交易策略，向交易场所发出订单，包括取消或修改订单；④利用偶尔或定期对证券等金融产品（或间接对其发行人）发表评价与意见，同时对该金融产品进行反向交易；⑤在正式举行拍卖活动之前，在二级市场上购买或出售配额或相关衍生品，将拍卖产品的拍卖结算价格定在非正常水平，或扰乱投标人行为。

在法国，股票市场操纵是从非法投机中继承下来的一个古老概念。正如法国经济学家米拉波将操纵定义为："使用最微妙的手段来产生股票价格的意外变化，以从受骗者的不幸中获利。"法国证监会将以下行为列为股票市场操纵行为：①故意散播虚假信息，使其他投资者冲动投机；②利用资金或持股优势，在股票市场上进行连续买卖，从而给其他市场参与者价格上升或下降的印象，达到有意识涨价或降价的目的；③与他人事先合谋串通，以约定的时间、价格和方式相互进行证券交易；④频繁且大量地进行虚假申报，申报但不成交；⑤在自己名下实际可控账户下进行证券交易，进行不转移所有权的买卖行为；⑥公开对相关证券作出评估、预测或者投资建议，通过预期的市场波动获取不正当利益。

德国联邦金融监管局将下列行为视为市场操纵：①单独或者合谋通过直接或间接的方式将购买或销售价格固定在某个对其有利的位置，或创造其他不公平的交易条件；②在市场开盘或收盘时买卖金融工具，误导根据开盘价或收盘价行事的投资者；③通过任何交易方式向交易场取消或修改订单，从而扰乱或延迟交易场所的交易系统的运作，包括通过输入导致订单簿过载或不稳定的订单以及制造关于金融工具的供应、需求或价格的虚假或误导性信号，特别是通过输入订单来启动或加剧趋势；④通过对金融工具、相关现货商品合约或拍卖产品发表的意见的影响中获利，但未同时以有效的方式披露与公众的利益冲突；⑤在二级市场将拍卖产品的拍卖清算价格固定在异常水平或误导投标人在拍卖中的出价。

《日本证券交易法》借鉴了美国的立法经验，认为市场操纵的本质是欺诈，其第一百五十九条规定，任何人不得针对上市的有价证券或柜台买卖的有价证券，有以下所揭示的行为。第一，以使他人误解某有价证券交易活跃或误解其他交易状况为目的而进行以下行为：①不以转移所有权为目的，假装对有价证券进行买卖交易；②事先与他人通谋，约定在自己出售有价证券时由他人以约定价格购买该有价证券的行为；③事先与他人通谋，约定在自己购买有价证券时由他人以约定价格卖出该有价证券的行为；④前列各款行为的委托或受托。第二，以引诱交易为目的而进行以下行为：①单独或者通过合谋，进行使他人误解有价证券买卖繁荣，或行情将产生变动的买卖交易，以及该行为的委托或受托；②单独或者通过合谋，散布有价证券行情将产生变动的流言；③买卖交易有价证券时，故意就主要事项作出虚假的或会产生误解的表示。第三，任何人不得单独或者通过合谋，违反行政规定，以影响有价证券价格及成交量为目的，进行一连串有价证券的连续交易，以及该行为的委托或受托。

表 12-2 中详细列举了外国市场操纵的法律定义。

表 12-2　外国市场操纵的法律定义

国别	操纵定义
美国	（一）传播有关公司的虚假或者误导信息； （二）从事一系列交易，使证券交易看起来更活跃； （三）操纵报价、价格或者交易，使该证券的需求量看起来比实际情况更多或者更少
英国	（一）单独或者通过合谋，直接或间接维持金融产品买入或卖出价格，造成不公平的交易条件； （二）在市场开盘或收盘时买入或卖出金融工具，影响投资者根据特定价格（包括开盘或收盘价格）进行证券交易； （三）通过任何可用的交易手段，包括电子手段，如算法和高频交易策略，向交易场所发出订单，包括取消或修改订单； （四）利用偶尔或定期对证券等金融产品（或间接对其发行人）发表评价与意见，同时对该金融产品进行反向交易； （五）在正式举行拍卖活动之前，在二级市场上购买或出售配额或相关衍生品，将拍卖产品的拍卖结算价格定在非正常水平，或扰乱投标人行为
法国	（一）故意散播虚假信息，使其他投资者冲动投机； （二）利用资金或持股优势，在股票市场上进行连续买卖，从而给其他市场参与者价格上升或下降的印象，达到有意识涨价或降价的目的； （三）与他人事先合谋串通，以约定的时间、价格和方式相互进行证券交易； （四）频繁且大量地进行虚假申报，申报但不成交； （五）在自己名下实际可控账户下进行证券交易，进行不转移所有权的买卖行为； （六）公开对相关证券作出评估、预测或者投资建议，通过预期的市场波动获取不正当利益
德国	（一）单独或者合谋通过直接或间接的方式将购买或销售价格固定在某个对其有利的位置，或创造其他不公平的交易条件； （二）在市场开盘或收盘时买卖金融工具，误导根据开盘价或收盘价行事的投资者； （三）通过任何交易方式向交易场取消或修改订单，从而扰乱或延迟交易场所的交易系统的运作，包括通过输入导致订单簿过载或不稳定的订单以及制造关于金融工具的供应、需求或价格的虚假或误导性信号，特别是通过输入订单来启动或加剧趋势； （四）通过对金融工具、相关现货商品合约或拍卖产品发表的意见的影响中获利，但未同时以有效的方式披露与公众的利益冲突； （五）在二级市场将拍卖产品的拍卖清算价格固定在异常水平或误导投标人在拍卖中的出价
日本	（一）以使他人误解某有价证券交易活跃或误解其他交易状况为目的而进行以下行为： 　（1）不以转移所有权为目的，假装对有价证券进行买卖交易； 　（2）事先与他人通谋，约定在自己出售有价证券时由他人以约定价格购买该有价证券的行为； 　（3）事先与他人通谋，约定在自己购买有价证券时由他人以约定价格卖出该有价证券的行为； 　（4）前列各款行为的委托或受托。

续表

国别	操纵定义
日本	（二）以引诱交易为目的而进行以下行为： （1）单独或者通过合谋，进行使他人误解有价证券买卖繁荣，或行情将产生变动的买卖交易，以及该行为的委托或受托； （2）单独或者通过合谋，散布有价证券行情将产生变动的流言； （3）买卖交易有价证券时，故意就主要事项作出虚假的或会产生误解的表示。 （三）任何人不得单独或者通过合谋，违反行政规定，以影响有价证券价格及成交量为目的，进行一连串有价证券的连续交易，以及该行为的委托或受托

　　欧美国家反操纵监管中的市场操纵定义立法为我国提供了有益的借鉴和启发。首先，可以考虑从误导和欺诈的本质上界定操纵行为。我国现行法律法规从影响价格和交易量的角度将产生不良结果的若干种具体操纵类别认定为市场操纵，同时为了监管可能遗漏的操纵手法设置了兜底条款，即所谓的"操纵证券市场的其他手段"。欧美监管机构面临类似问题时，采取的做法是从本质上界定操纵行为，将操纵的本质定义为误导和欺诈具有很强的操作性，很好地概括了操纵者的行为特点。唐洪敏（2004）指出我国缺乏从其他角度对定义进行补充说明，容易造成市场操纵行为的漏判、误判。而借鉴欧美市场监管部门的做法可以包含更多法律条款列举以外的操纵行为类型，同样也满足了有效适用兜底条款的要求。

　　此外，正如唐洪敏（2005）等所指出的，监管部门应该考虑对市场操纵的定义做出更加细致的补充和说明，使定义更加明确。类比欧盟，通过例子对定义进行补充，并列举市场操纵征兆以及一些能够合理解释异常交易的情况，可以帮助监管部门更有效地识别操纵行为，还有效解决了过度监管的问题。具体而言，对市场操纵征兆的提出是欧盟在市场操纵定义立法中的一项创新。市场操纵征兆描述了操纵行为的表现形式，如相关交易或委托在日交易量中所占的比重、具有显著头寸的个人所进行的交易或委托对价格的影响、在某个特定时间或某个特定时间附近，交易或委托导致价格变化的程度等。这些征兆的提出不仅可以帮助市场参与者与监管部门发现可能存在的操纵行为，还有助于投资者规范自身的交易行为。此外，欧盟相关法规实施细则中"被许可市场行为"概念的提出，为投资者无意中造成的符合市场操纵定义的行为提供抗辩，如果行为人可以证明其动机和行为的合法性即可不被认定为操纵，从而避免了过度监管的问题。

第二节　监管措施

对市场操纵行为进行明确的定义有利于我们更好地监管市场，保护中小投资者的利益。本节我们将对中外各国市场操纵行为的监管措施进行讨论。监管措施可以分为事前预防措施、事中制止措施、事后惩罚措施，前两者在技术层面的难度远大于后者。目前来看，我国监管主要依靠事后的惩罚来减少未来操纵市场行为的发生，从中国证监会发布的市场操纵处罚文书可以看出，对于操纵行为的识别往往需要较长的一段时间，无法及时地制止操纵行为的发生和停止对市场的损害，这是当前中国市场操纵监管亟待完善之处。

一、事前预防措施

我国对市场操纵的事前预防措施主要包括以下三个方面：一是对市场参与者的规定。例如，《中华人民共和国证券法》（2019修订）第三章第三节第六十一条规定："证券交易场所、证券公司、证券登记结算机构、证券服务机构及其从业人员对证券交易中发现的禁止的交易行为，应当及时向证券监督管理机构报告。"二是交易所对交易信息的披露制度。例如，对于价格异常波动的股票，交易所有责任及时公布相关交易信息，《上海、深圳证券交易所交易规则》第二章第六节第二十八条规定："交易所对A股和基金每日涨跌幅比例超过7%（含7%）的前5只证券，公布其成交金额最大的5家会员营业部或席位的名称及成交金额；涨幅或跌幅相同的，依次按成交金额和成交量选取证券。"三是对上市公司普通股股东持股情况的披露要求。例如，2021年6月，中国证监会发布修订的《公开发行证券的公司信息披露内容与格式准则第2号—年度报告的内容与格式（2021年修订）》第二章第七节第五十九条，要求上市公司披露"前10名无限售流通股股东的名称全称、年末持有无限售流通股的数量和种类（A、B、H股或其他）……如前10名无限售流通股股东之间，以及前10名无限售流通股股东和前10名股东之间存在关联关系或属于《上市公司收购管理办法》规定的一致行动人，应当予以说明"。上述措施有些直接针对市场操纵，有些则是更广泛意义上的强制信息披露制度，都在一定程度上对操纵者起到了震慑和遏制其行为的作用。

欧盟针对市场操纵的预防建立了相应机制。第一，与我国类似，欧盟也规定了市场参与者通报可疑交易的义务，同时其对可疑交易的判断依据和通报方式做出了明确的规定，相对而言具有更强的操作性。第二，在严格的信息披露基础上对例外情况设置"安全港"。例如，为避免首次公开发行股票流动性不足而进行的"稳定操作"、公司为改变资本结构而回购发行在外的股份等行为由于具有合法合理的经济原因，监管部门不认为该行为构成市场操纵，在一定程度上避免了过度监管的问题。第三，对在公开场合做出投资建议的行为进行了规定。为监管在事前散布虚假或误导性信息的市场操纵行为，要求投资推荐人和利益冲突披露者在公开场合做出投资建议时表明其身份，并对二者的推荐或披露行为制定对应的行为准则，有利于促进投资推荐人和利益冲突披露者的行为规范化。

二、事中制止措施

为了避免操纵者针对市场操纵认定条件的细则设计反监管的操纵策略，我国证券市场监管机构并不公布识别市场操纵的识别条件，因此涉及我国市场操纵事中制止措施的研究较少。当然，防止操纵者的刻意反操纵的担忧在各国都广泛存在，监管部门只能选择性地披露部分市场操纵认定条件，而无法详细解释。从我们搜集到的资料来看，在世界范围内美国市场对于事中制止的监管手段较为有力。其中以全美证券业者协会使用的两个系统最具代表性，分别为证券监察、新闻分析和市场监管系统（SONAR）以及法规高级检测系统（ADS）。

SONAR 主要用于监管信息型操纵，即内幕交易和虚假陈述欺诈等。SONAR 通过使用 NLP 文本挖掘、统计回归、基于规则的推理、不确定性和模糊匹配等人工智能技术，从新闻报道、美国证监会文件等市场公开信息中获取公司的重大事件，检查重大事件敏感期内的市场交易数据，如发现可疑行为，则产生中断，将可疑行为移交分析师人工审查（Goldberg et al.，2003）。如果确实属于非法违规行为，则全美证券业者协会将对违规的公司和人员进行纪律处分，情节较严重的，则将调查结果提交给另一个监管机构（如 SEC）或执法机构（如美国司法部）采取行动。

ADS 主要用于监管交易型操纵。自动化系统从市场交易的价量数据中发现可疑行为，产生中断，将可疑行为移交分析师人工审查，分析师将交易的价量数据代入市场信息的背景中，核验该可疑行为是否为市场操纵。ADS 用到的人工智能技术主要有可视化、模式识别和数据挖掘，支持法规分析、警报和模式检测以及知识发现等（Kirkland et al.，1999）。

我们相信中国证监会也已经建立具有一定规模的事中制止系统，如对可疑交易的警告等。然而，必须承认的是，我国目前的事中制止机制缺乏足够的透明度，因而使社会对其缺乏充分了解。

三、事后惩罚措施

我国法律对市场操纵的惩罚有着较为清晰的认定，《中华人民共和国证券法》（2019 修订）是国务院证券监督管理机构对市场操纵行为进行行政处罚的依据。《中华人民共和国证券法》（2019 修订）第十三章第一百九十二条规定："违反本法第五十五条的规定，操纵证券市场的，责令依法处理其非法持有的证券，没收违法所得，并处以违法所得一倍以上十倍以下的罚款；没有违法所得或者违法所得不足一百万元的，处以一百万元以上一千万元以下的罚款。单位操纵证券市场的，还应当对直接负责的主管人员和其他直接责任人员给予警告，并处以五十万元以上五百万元以下的罚款。"《中华人民共和国证券法》（2019 修订）第十三章第二百二十条规定，民事赔偿责任先行。《中华人民共和国证券法》（2019 修订）第十三章第二百二十一条规定，对情节严重的有关责任人员采取证券市场禁入的措施。《中华人民共和国刑法修正案(十一)》是法院对构成犯罪的市场操纵行为进行刑事判决的依据。《中华人民共和国刑法修正案（十一）》规定，操纵证券、期货市场，影响证券、期货交易价格或者证券、期货交易量，情节严重的，处五年以下有期徒刑或者拘役，并处或者单处罚金；情节特别严重的，处五年以上十年以下有期徒刑，并处罚金。由上述可知，我国市场操纵行为的事后惩罚在行政手段和刑事责任的制裁手段方面较为充足，但在民事赔偿方面尚存在一定的制度缺位。虽早在 2003 年 1 月 9 日最高人民法院已发布了《关于审理证券市场因虚假陈述引发的民事赔偿案件的若干规定》，但直至 2011 年 3 月，"股市黑嘴"汪××才成为因市场操纵案做出民事赔偿的第一个被告人。

此外，在我国的市场操纵行政调查中也存在一些有待完善之处。从调查职权来看，当涉嫌犯罪时，中国证监会的调查实践需联合公安机关共同完成。但由于公安机关对证券市场的了解程度有限，因此可能会导致执法过程效率不高的问题。从调查程序来看，在英美法等国家，调查程序分为正式程序和非正式程序。其中，正式程序具有高度强制性，而非正式程序强制性相对较弱。这种强弱结合的程序安排对调查对象的配合形成了激励和约束，减少了强制手段的实施。

四、小结

总的来说，我国已经初步建立了反操纵监管体系，但仍然存在巨大的改进空间，完善相关措施能更好地从事前预防、事中制止、事后惩罚三方面打击市场操纵等违法违规行为。

在事前预防措施方面，首先，应在规定市场参与者通报可疑交易的同时，明确规定判断可疑交易的依据和通报的方式，提升该法规的可操作性。其次，在严格的信息披露基础上，我们建议针对例外情况设立"安全港"以适应不断发展的市场环境。例如，为避免首次公开发行股票流动性不足而进行的"稳定操作"、公司为改变资本结构而回购发行在外的股份等交易方式可以酌情考虑被列入监管许可的白名单操作范围。最后，我国目前对信息型市场操纵的事前监管仍存在较大的提升空间，为更好地监管散布虚假或误导性信息的市场操纵行为，应为在公开场合做出投资建议的投资推荐人和利益冲突披露者制定具体的行为准则。

在事中制止措施方面，可以借鉴美国的信息技术手段实时侦测市场交易行为，及时中断可疑的交易行为。这需要学术界与监管部门的协作，利用先进的侦测技术手段处理巨量的实时数据，对研究水平提出了更高的要求。

在事后惩罚措施方面，首先，应建立健全行政手段、刑事责任制裁手段与民事赔偿制度有机结合的处罚体系。民事赔偿制度的实施可以增加操纵者的违规成本，并为操纵案中蒙受损失的投资者提供赔偿，从经济上保护投资者的利益。其次，应完善中国证监会与公安机关的合作机制或者给予中国证监会刑事调查权，提高监管效率。最后，调查程序设置上可以分为非正式程序和正式程序，一方面可以让受调查者配合调查工作，另一方面可以适当减少强制手段的使用，提高调查效率，缩短案件审查周期。

第十三章　市场操纵识别的研究现状

　　研究者和监管层在认识到市场操纵对市场质量的显著不利影响后，开始着手构建市场操纵的识别体系，希望无论是在事前、事中还是事后都能及时有效地查处市场操纵等违规行为。当然我们必须承认，市场操纵的手法往往复杂而隐蔽，很难依靠单一的识别模型对各种不同类型的市场操纵行为开展普适性的识别和监测。同时，市场操纵识别模型的识别成功率受到多种客观因素的制约，难以令人完全满意。不过也正是因为市场操纵的识别对金融市场治理有着极为重要的价值，而研究条件严重受限、研究难度高，使得该领域的研究成为时下最具挑战的焦点话题之一。无数金融研究者倾注大量心血于其中，新的技术也不断被引入这一领域。笔者在本章中讨论了若干经典的市场操纵识别方法和最新的机器学习在该领域的引用，希望能为读者提供一些参考和借鉴。

第一节　市场操纵识别的经典方法

　　研究者发现特定类型的市场操纵行为会在市场中留下明显的痕迹，如果能顺着这些痕迹追溯其源头，或许能为市场操纵的识别提供一些指引。研究者试图通过利用价格、换手率、订单的提交与执行等的异常，或者检查投资者的交易记录检测可能存在的操纵行为。经典的市场操纵识别主要通过多元线性回归、Logit 模型、Probit 模型等统计分析技术对市场异常表现进行操纵行为检测。例如 Felixson 和 Pelli（1999）、Hillion 和 Suominen（2004）以及李志辉等（2018）基于收盘前的价格异常变化，评估了芬兰、法国和中国股票市场中的收盘价操纵情况。Carhart 等（2002）和 Gallagher 等（2009）通过检查共同基金的持仓记录，发现基金经理在季度末存在操纵行为。Khwaja

和 Mian（2005）检查了巴基斯坦股票市场中经纪商的交易记录，发现经纪商的自营交易比基准交易高 8%，认为这部分收益率无法用时机选择和提供流动性解释，更倾向于将其归结于通过操纵市场获取的收益。徐龙炳（2005）通过从交易数据中分离出机构投资者的交易记录，发现多账户交易的机构投资者具有操纵股价的特征。Comerton-Forde 和 Putniņš（2011）基于加拿大和美国证券市场中的直接实证证据分析了收盘价操纵对收益率、价格反转、交易频率、买卖价差、交易规模的影响，并据此利用 Logit 模型构建了收盘价操纵强度指数，取得了较高的操纵识别率。Lee 等（2013）使用一份投资者详细交易数据，利用投资者的库存、订单大小、订单方向等信息，识别出了韩国证券市场中的幌骗交易操纵。Comerton-Forde 和 Putniņš（2014）使用检测控制估计对美国和加拿大证券市场中的收盘价操纵进行了检测，发现市场中仅有 0.4% 的操纵行为被监管机构起诉。Golez 和 Marin（2015）检验了银行附属基金的持仓数据，发现银行附属基金在母银行股权再融资（seasoned equity offering, SEO）期间、预期价格下跌以前和非预期价格下跌后，存在股价支持行为。刘莉亚等（2020）通过检验个人投资者资金账户的交易数据，发现中国股票市场中存在资金优势账户炒作股票并在次日抛售的"一日游"操纵行为。表 13-1 列举了采用传统统计分析技术的市场操纵识别模型。

表 13-1　采用传统统计分析技术的市场操纵识别模型

文献	操纵识别模型	识别变量
Felixson 和 Pelli（1999）	多元线性回归分析	大买单 / 大卖单、股价
Carhart 等（2002）	多元线性回归分析	基金持仓数据、股价
Khwaja 和 Mian（2005）	多元线性回归分析	股价、持仓量
徐龙炳（2005）	多元线性回归分析	资金账户数量、持股集中度、交易次数、交易频度
Gallagher 等（2009）	多元线性回归分析	基金持仓数据、股价
Golez 和 Marin（2015）	多元线性回归分析	基金持仓数据、股价
刘莉亚等（2020）	多元线性回归分析	逐笔成交数据、持仓量
Hillion 和 Suominen（2004）	基于代理的收盘价操纵模型	股价、买卖价差、波动性
Comerton-Forde 和 Putniņš（2011）	Logit 模型	收益率、价格反转、交易频率、买卖价差、交易规模
Lee 等（2013）	判别分析	订单特征、持仓量
Comerton-Forde 和 Putniņš（2014）	检测控制估计	收益率、流动性、波动性、分析师关注、市值规模、基金持股比例、SEO、衍生工具到期、是否月 / 季度末
李志辉等（2018）	尾市价格偏离模型	股价、波动性

　　这些利用传统统计分析技术的操纵识别模型，反映出各种操纵类型的鲜明特征，识别条件明确且并不依赖复杂的计算，能够为监管机构和投资者识别市场中的操纵行为提供明确的依据。通过对历史数据的回溯，这类模型总体而言也取得了较好的识别效果。

　　随着计算机技术的运用以及操纵者操纵方法的日益复杂，依靠传统的统计分析技术进行市场操纵识别的局限性逐渐显现。在依靠传统统计分析技术的市场操纵模型中，研究者依据主观判断或统计分析确定各个变量的阈值和权重，如李志辉等（2018）将收盘价价格异常变化大于3个单位标准差和价格出现反转的情况视为识别尾盘价格操纵的重要条件。Lee等（2013）将大小超出前一交易日订单平均大小的2倍，且价格高于市场价格6个最小变动单位认定为欺骗性订单（spoofing order）的一项重要特征。Liu等（2022a）在开盘价操纵的识别中纳入了"异常隔夜跳空"这一条件，"异常隔夜跳空"是指隔夜跳空幅度与其历史平均值的差值达到3倍标准差。这些参数的选择或多或少受到研究者主观判断的影响，操纵识别变量在不同的阈值和权重下将产生不同的识别结果，从而影响识别模型的客观性和准确性。研究者不得不承认的一点是，当上述参数的选择哪怕发生极微小的变动，也会使模型对很多处于临界状态的案件的判断发生重要变化。监管部门在执法过程中如何使用学术界提出的此类模型成了一大挑战。这是模型微妙的不稳定性导致的。此外，许多操纵策略往往太复杂，传统统计分析技术进行识别检测对现实情况的判定过于简化和理想化，从而导致模型具有失真的可能性。

第二节　市场操纵识别的经典案例

　　在本节中，我们向读者介绍两种经典的市场操纵识别案例，分别是开盘价操纵识别模型和收盘价操纵识别模型。这两个模型依赖研究者对开盘价和收盘价操纵表现出的特征的细微观察，从价格走势中提取重要信息，从而凝练成操纵识别模型的主要要素。

一、开盘价操纵识别模型

　　上交所和深交所在上午9点30分开盘之前，有一个15分钟的开盘集合竞价阶段，该阶段的制度设计如图13-1所示。9点15分至9点20分，投资者可以申报买卖订单，也可以撤销申报；9点20分至9点25分，投资者仅可申报而不能撤销，交易所再根据此前有效委托情况确定当日开盘价；9 点 25 分至 9 点 30 分，交易所只接受申报，但不对买卖申报和撤销申报作处理；9 点 30 分后正式开盘交易。

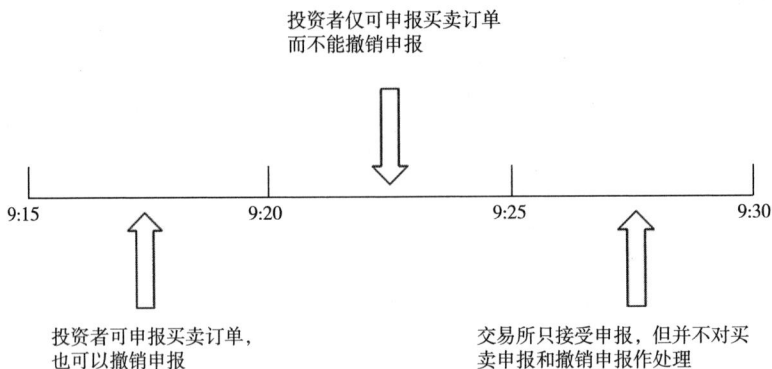

投资者仅可申报买卖订单
而不能撤销申报

9:15　　　　9:20　　　　9:25　　　　9:30

投资者可申报买卖订单，
也可以撤销申报

交易所只接受申报，但并不对买
卖申报和撤销申报作处理

图 13-1　开盘前集合竞价制度设计

在开盘价操纵中，操纵者在集合竞价阶段以高于前日收盘价和市场申买均价的申报价格，提交不以成交为目的的大量买入委托，在市场中其他投资者跟风买入使股价得以维持之后，操纵者在成交前立刻将买入委托撤销，造成股票以高于其真实价值的价格开盘。操纵者在完成拉高开盘价后将手中持有的股票陆续卖出。

参考 Liu 等（2022a）的研究成果，我们结合我国 A 股股票市场中开盘集合竞价制度设计和开盘价操纵特征，采用隔夜异常跳空、股价反转、异常撤单、无信息披露共 4 个识别条件构建开盘价操纵识别模型。具体而言，开盘集合竞价期间疑似市场操纵行为满足以下 4 个条件：

（1）隔夜异常跳空。当日开盘价较上一交易日收盘价发生异常变化，即

$$RetOvernight_{i,t} > \overline{RetOvernight_{i,t}} + 3 \times \sigma_{i,t} \qquad (13-1)$$

其中，$RetOvernight_{i,t} = \dfrac{(Opnprc_{i,t} - Clsprc_{i,t-1})}{Clsprc_{i,t-1}}$，为个股 i 在 t 交易日的隔夜跳空幅度；$\overline{RetOvernight_{i,t}}$ 为前 30 个交易日隔夜跳空的均值；$\sigma_{i,t}$ 为相同时间窗口隔夜跳空幅度的标准差。

（2）股价反转。参考 Hauser 等（2022）的研究，我们定义"股价反转"为当日内收益率与开盘跳空方向相反，且日内收益率的绝对值占开盘跳空幅度超过 50%。

$$IntraReverse_{i,t} = \frac{Clsprc_{i,t} - Opnprc_{i,t}}{Opnprc_{i,t} - Clsprc_{i,t-1}} \leqslant -50\% \qquad (13-2)$$

（3）异常撤单。9点15分至9点20分，投资者能够撤销申报，我们对异常撤单的定义类似前文的隔夜异常跳空，即当日撤单比例大于前30个交易日3倍标准差。鉴于该阶段投资者可申报买卖订单，也可以撤销申报，我们采用的撤单数量估计方法如下：当该快照数据的买单申报数量低于上一快照数据申报数量，视为存在撤单，二者之间的差值为撤单数量；否则，视为不存在撤单。

（4）无信息披露。前后5个交易日不存在与股票 i 相关的信息披露和重大基本面事件。

运用上述识别方法，我们共识别出16540次股价异动，同期中国证监会披露了286只股票涉及开盘价操纵案件，运用开盘价操纵识别模型，共在195只股票检测出疑似开盘价操纵行为，识别成功率为68.18%，这表明该识别模型在监测操纵行为方面具有较高的准确性。

例如，在2014年9月29日，"海立美达（002537）"股票价格出现异常走势：①前一个交易日收盘价为4.08元/股，当日开盘价为4.40元/股，隔夜跳空幅度达到7.84%，对应前30个交易日隔夜跳空幅度的均值和标准差分别为 –0.12% 和 0.44%，满足开盘价操纵识别的第一个条件——隔夜异常跳空。②当日收盘价为4.18元/股，相较于前一个交易日的收盘价，反转幅度达到68.75%[具体计算公式为（4.40–4.18）/（4.40–4.08）×100%=68.75%]。③通过对集合竞价阶段的撤单数量进行估计，发现当日集合竞价期间撤单数量153.93万股，对应前30个交易日的撤单数量均值和标准差分别为0.11万股和0.40万股。上述结果表明"海立美达（002537）"股票当日出现股价反转和大额撤单。④前后5个交易日，"海立美达（002537）"并未出现信息披露和重大基本面事件。

基于上述异常走势，我们的开盘价操纵识别模型检测出2014年9月29日，"海立美达（002537）"股票疑似出现开盘价操纵。为了进一步验证模型识别结果的准确性，我们对中国证监会披露的市场操纵案例数据进行比对，结果表明证监罚字〔2017〕30号行政处罚决定书披露的"海立美达（002537）"操纵案中，操纵者在2014年9月29日9:15:57至9:18:56申报买入6笔共计1786400股，占该期间申报量的84.62%，除其中1笔37900股以20.40元申报买入外，其余均为以涨停价格20.42元申报买入，账户组在涨停价格的申买量占该时段市场涨停价格申买量的95.64%。9:19:00，操纵者将上述申报全部撤销。9:24:56后，操纵者将账户中持有的"海立美达（002537）"全部售出。操纵者交易记录如图13-2所示。比对结果表明，我们构建的开盘价操纵识别模型在检测操纵行为方面具有一定的准确性。

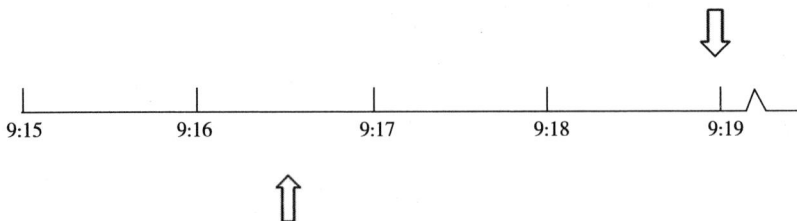

图 13-2　"海立美达（002537）"股票操纵者交易记录

二、收盘价操纵识别模型

收盘价操纵是指在尾盘期间提交大量高价、非代表性订单申报，拉抬股价，以获取不正当利益或者转嫁风险的市场操纵行为。一般来说，收盘价操纵发生后的下一个交易日，随着新的订单进入市场，股价会发生反转。由于收盘价经常被用来确定基金产品净值、金融衍生合约的基准价格、基金经理排名、管理层薪酬等，这成了操纵收盘价的巨大动机（Aitken et al.，2015b）。

参考 Felixson 和 Pelli（1999）、Hillion 和 Suominen（2004）、Comerton-Forde 和 Putniņš（2011）以及李志辉等（2018）的研究成果，我们基于分时高频交易数据对我国 A 股股票市场中的收盘价操纵行为进行检测。具体而言，在 t 交易日，我们将符合以下三个条件的股票判定为发生收盘价操纵：

（1）收盘前 15 分钟股价出现异常变化，即

$$\Delta EOD_{i,t} > \overline{EOD_{i,t}} + 4 \times \sigma_{i,t} \quad \text{或} \quad \Delta EOD_{i,t} < \overline{EOD_{i,t}} - 4 \times \sigma_{i,t} \qquad (13-3)$$

其中，$\Delta EOD_{i,t} = \dfrac{P_{i,t,EOD} - P_{i,t,EOD-15min}}{P_{i,t,EOD-15min}}$，为收盘前 15 分钟的股价变化，且 $P_{i,t,EOD}$ 为股票 i 在 t 交易日的收盘价，$P_{i,t,EOD-15min}$ 为股票 i 在 t 交易日收盘前 15 分钟的成交价；$\overline{EOD_{i,t}}$ 为前 100 个交易日 ΔEOD 的均值；$\sigma_{i,t}$ 为前 100 个交易日 ΔEOD 的标准差。

（2）下一个交易日股价反转幅度达到 50%，即

$$\frac{P_{i,t,EOD} - P_{i,t+1,OPN}}{P_{i,t,EOD} - P_{i,t,EOD-15min}} \times 100\% \geqslant 50\% \qquad (13-4)$$

其中，$P_{i,t,OPN}$ 为股票 i 在 t 交易日的开盘价。

（3）股票 i 在 t 交易日前后 5 个交易日不存在基本面事件。

当股票 i 在 t 交易日同时满足上述三个条件，我们将股票 i 判定为发生收盘价操纵。上述收盘价操纵识别模型共识别出 75331 次股价异动，为进一步验证识别模型的有效性，我们对比了识别模型侦测的疑似操纵行为和中国证监会查处的操纵案例。同期，中国证监会披露了 402 起收盘价操纵案件，其中共有 245 只股票被成功监测到，这表明该识别模型在检测操纵行为方面具有一定的准确性。

例如，在 2017 年 2 月 28 日，"江阴银行（002807）"股票尾盘期间价格出现异常波动：①14 时 45 分，"江阴银行（002807）"成交价为 20.71 元/股，收盘价为 21.40 元/股，尾盘期间涨幅为 3.33%，对应前 100 个交易日尾盘期间涨幅均值和标准差为 1.07% 和 0.12%，满足收盘价操纵识别模型第一个条件——收盘前 15 分钟股价出现异常变化。②下一个交易日，"江阴银行（002807）"股票开盘价为 20.99 元/股，股价反转幅度为 59.42%[（21.40-20.99）/（21.40-20.71）×100]，即满足收盘价操纵识别模型第二个条件——下一个交易日股价反转幅度达到 50%。③前后 5 个交易日不存在基本面事件。

基于上述异常走势，我们的收盘价操纵识别模型检测出 2017 年 2 月 28 日，"江阴银行（002807）"疑似出现收盘价操纵。我们将该识别结果与证监会披露的市场操纵案例进行对比，发现证监罚字〔2018〕29 号行政处罚决定书披露的"江阴银行（002807）"操纵案中，操纵者当日 14 时 45 分 28 秒至 14 时 51 分 12 秒，账户组连续申买 21 笔共计 1721000 股，其中 13 笔的委托价高于委托前最新市场成交价，成交 1051300 股，占同期市场成交量的比例为 65.48%，期间股价涨幅 4.03%。操纵者交易记录如图 13-3 所示。这表明，我们构建的收盘价操纵识别模型在检测操纵行为方面具有一定的准确性。

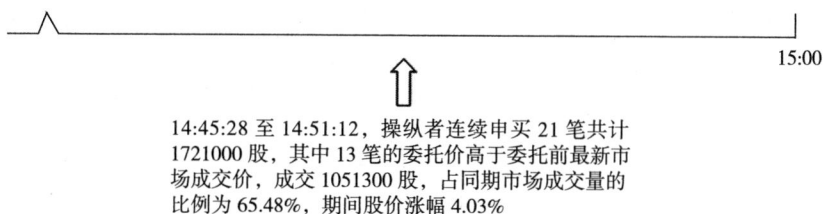

14:45:28 至 14:51:12，操纵者连续申买 21 笔共计 1721000 股，其中 13 笔的委托价高于委托前最新市场成交价，成交 1051300 股，占同期市场成交量的比例为 65.48%，期间股价涨幅 4.03%

图 13-3　"江阴银行（002807）"股票操纵者交易记录

第三节　机器学习在市场操纵识别中的运用

随着计算机技术的运用以及操纵者操纵方法的日益复杂，传统统计分析技术在进行市场操纵识别方面越来越表现出其局限性。而且随着人工智能和大数据分析的发展，机器学习技术的预测和检测模型逐步广泛运用于金融领域，并取得了巨大成功。因此，一些最新的研究开始探索将机器学习技术运用于市场操纵检测，发现机器学习比传统的统计分析获得了更好的检测结果。

例如，Öğüt 等（2009）基于伊斯坦布尔证券交易所（Istanbul Stock Exchange）中 222 个交易型操纵案例，采用人工神经网络和支持向量机两种机器学习算法对市场操纵进行识别，发现机器学习技术（人工神经网络和支持向量机）比多元统计分析技术（Logit 回归和判别分析）更适合检测市场中的操纵行为。Mongkolnavin 和 Tirapat（2009）采用关联规则，以交易时间、交易者 ID 和交易债券标的为识别依据，对泰国债券市场中的收盘价操纵进行了识别，被标记的疑似操纵案例中，操纵者违反 ThaiBMA 法规、操纵债券收盘价的意图明显。Diaz 等（2011）以 SEC 披露的 8 起股票和基金操纵案例，使用数据挖掘和决策树模型，分析收盘价和盘中价格模式，加强了先前基于传统统计分析和计量经济学方法的市场操纵研究结果。Kim 和 Sohn（2012）展示了如何利用同组分析技术（peer group analysis）来检测韩国第二证券交易市场中的股价操纵行为。Leangarun 等（2016）分别使用向市场公开的 Level 1 级交易数据和仅能由市场监管机构获取的 Level 2 级交易数据，构建了检测使用"哄抬股价，逢高卖出"交易策略的操纵和幌骗交易操纵的神经网络检测模型，结果发现使用 Level 2 级交易数据能够取得更好的检测结果。Zhai 等（2017）采用支持向量机、高斯混合模型和隐马尔可夫模型构建了一个复合机器学习模型，该模型对破坏性交易行为的检测效果优于传统的机器学习模型。Li 等（2017）基于中国证监会披露的 64 只被操纵股票，将 K- 近邻、支持向量机、决策树、线性判别分析、二次判别分析和人工神经网络等不同机器学习方法用于市场操纵识别，结果发现 K- 近邻和决策树的检测效果最佳。Wang 等（2019）利用中国证监会披露的 64 只股票共 257 例操纵案例，设计了一个基于 RNN 的集成学习框架（RNN-EL），研究发现该方法优于传统通用的机器学习方法，更适合从股票交易数据中检测股价操纵。Roodposhti 等（2011）利用游程检验、偏态检验、峰度检验和持续时间相关性分析等方法，将股票划分为操纵股票和非操纵股票，进一步评价了 Logit 模型、人工神经网络和多重判别分析对市场操纵的检测能力，结果发现三种模型均具有较高的预测能力。表 13-2 汇报了机器学可在市场操纵识别中的运用研究情况。

表 13-2　机器学习在市场操纵识别中的运用情况

文献	操纵案例来源	案例数量 / 例	机器学习模型
Öğüt 等（2009）	伊斯坦布尔证券交易所	222	人工神经网络、支持向量机
Wang 等（2019）	中国证监会	257	特征工程、人工神经网络
Diaz 等（2011）	SEC	8	决策树、数据挖掘
Zhai 等（2017）	纳斯达克证券交易所	2	支持向量机、高斯混合模型、隐马尔可夫模型
Mongkolnavin 和 Tirapat（2009）	泰国证券市场协会	902	关联规则
Li 等（2017）	中国证监会	64	K-近邻、支持向量机、决策树、线性判别分析、二次判别分析、人工神经网络
Kim 和 Sohn（2012）	韩国第二证券交易所	20	同组分析
Roodposhti 等（2011）	德黑兰证券交易所	95	人工神经网络、多重判别分析
Leangarun 等（2016）	纳斯达克证券交易所	3	人工神经网络

通过上述研究发现，机器学习的优势不仅在于具有很强的学习能力，不需要人为设定具体的模型形式，而且能够更好地适应数据空间的变化，并且对线性问题和非线性问题也具有更好的分析性质，能够适应各种复杂的数据关系。在市场操纵识别领域，相较于传统统计分析技术，机器学习并不需要事先给定各个操纵识别变量的阈值和权重，不同的机器学习模型依据不同的方法，利用历史数据对机器进行"训练"，进而"学习"到某种模式或规律，并建立预测未来结果的模型。因此，面对交易中日益复杂的操纵方法，机器学习相较于传统统计分析技术或许更加适用。我们也期待在中外学术界和监管层的共同努力下，更加智能、更加准确的市场操纵识别模型能够应用在监管实践中，为维护资本市场的稳定和繁荣贡献一份力量。

参考文献

[1] 鲍晓晔. 幌骗的"罪"与"罚"：美国行政监管与司法实践的借鉴 [J]. 证券市场导报，2017（10）：71-78.

[2] 蔡庆丰，杨侃. 是谁在"捕风捉影"：机构投资者 VS 证券分析师：基于 A 股信息交易者信息偏好的实证研究 [J]. 金融研究，2013（6）：193-206.

[3] 陈康，刘琦. 股价信息含量与投资 – 股价敏感性：基于融资融券的准自然实验 [J]. 金融研究，2018，459（9）：126-142.

[4] 陈强，龚玉婷，林小强. 信息公开程度，预期精度与金融市场动态机理 [J]. 管理科学学报，2016，19（4）：88-103.

[5] 陈小林，孔东民. 机构投资者信息搜寻，公开信息透明度与私有信息套利 [J]. 南开管理评论，2012（1）：113-122.

[6] 樊纲，王小鲁，朱恒鹏. 中国市场化指数：各地区市场化相对进程 2006 年报告 [M]. 北京：经济科学出版社，2007.

[7] 方军雄. 信息公开、治理环境与媒体异化 [J]. 管理世界，2014，11：95-104.

[8] 冯根福，温军. 中国上市公司治理与企业技术创新关系的实证分析 [J]. 中国工业经济，2008（7）：91-101.

[9] 冯根福，刘虹，冯照桢，等. 股票流动性会促进我国企业技术创新吗 ?[J]. 金融研究，2017，441（3）：192-206.

[10] 高鸿桢，林嘉永. 信息不对称资本市场的实验研究 [J]. 经济研究，2005(2)：63-71.

[11] 何诚颖，卢宗辉，何兴强，等. 中国股票市场逆向选择成本研究 [J]. 经济研究，2009，44（2）：68-80.

[12] 扈文秀，刘小龙. 操纵者与内幕交易者合谋条件下有打压过程的市场操纵行为研究 [J]. 系统管理学报，2013，22（2）：232-238.

[13] 黄俊，郭照蕊. 新闻媒体报道与资本市场定价效率：基于股价同步性的分析 [J]. 管理世界，2014（5）：121-130.

[14] 鞠晓生，卢获，虞义华. 融资约束，营运资本管理与企业创新可持续性 [J].

经济研究，2013（1）：4-16.

[15] 孔东民.噪声交易、认知偏误与市场波动：基于一个状态可变经济 [J].管理科学，2006（1）：91-96.

[16] 孔东民，冯曦.股利政策与公司过度投资行为研究 [J].投资研究，2012，31（6）：29-44.

[17] 李春涛，宋敏，张璇.分析师跟踪与企业盈余管理：来自中国上市公司的证据 [J].金融研究，2014，409（7）：124-139.

[18] 李春涛，闫续文，宋敏，等.金融科技与企业创新：新三板上市公司的证据 [J].中国工业经济，2020（1）：81-98.

[19] 李梦雨，李志辉.市场操纵与股价崩盘风险：基于投资者情绪的路径分析 [J].国际金融研究，2019（4）：87-96.

[20] 李兴绪.证券市场中的机构操纵行为研究：基于中国股市中机构与散户的博弈分析 [J].数量经济技术经济研究，2003（8）：136-139.

[21] 李悦雷，张维，熊熊，等.基于极值相关分析方法的股指期货操纵防范研究 [J].管理科学学报，2010，13（11）：104-111.

[22] 李志辉，邹谧.中国股票市场操纵行为测度与影响因素研究：基于上市公司特征角度 [J].中央财经大学学报，2018（12）：25-36.

[23] 李志辉，杜阳，胡心怡.机构投资者对市场操纵行为是否起到抑制作用 [J].国际金融研究，2021（7）：66-75.

[24] 李志辉，王近，李梦雨.中国股票市场操纵对市场流动性的影响研究：基于收盘价操纵行为的识别与监测 [J].金融研究，2018（2）：135-152.

[25] 李苗.证交所交易信息披露的信息含量研究：基于龙虎榜数据的实证 [J].上海金融，2015（11）：73-77.

[26] 刘若宙，冯芸.报价操纵与 LIBOR 计算方法研究 [J].管理科学学报，2018，21（5）：65-80.

[27] 刘杰，陈佳，刘力.投资者关注与市场反应：来自中国证券交易所交易公开信息的自然实验 [J].金融研究，2019（11）：189-206.

[28] 刘杰，吴偎立，吴崇林，等.李逵PK李鬼：涨停板操纵后的股价表现研究 [J].金融学季刊，2022（1）：164-191.

[29] 刘莉亚，金正轩，陈瑞华.资金优势账户可以利用投资者注意力获利吗？：基于"龙虎榜"上榜股票的券商营业部账户成交数据 [J].财经研究，2020，46（6）：94-109.

[30] 罗进辉.媒体报道的公司治理作用：双重代理成本视角 [J].金融研究，2012（10）：153-166.

[31] 南星恒，孙雪霞.控股股东股权质押、企业社会责任与真实盈余管理 [J].投资研究，2020（1）：60-76.

[32] 潘军昌，陶钧.股票市场投机资本运作现状探析 [J].西安财经学院学报，

2015，28（2）：19-22.

[33] 彭叠峰，饶育蕾，雷湘媛. 基于注意力传染机制的股市动量与反转模型研究 [J]. 中国管理科学，2015，23（5）：32-40.

[34] 权小锋，刘佳伟，孙雅倩. 设立企业博士后工作站促进技术创新吗：基于中国上市公司的经验证据 [J]. 中国工业经济，2020（9）：175-192.

[35] 权小锋，吴世农，文芳. 管理层权力、私有收益与薪酬操纵 [J]. 经济研究，2010（11）：73-87.

[36] 饶育蕾，王建新. CEO 过度自信、董事会结构与公司业绩的实证研究 [J]. 管理科学，2010（5）：2-13.

[37] 施荣盛，陈工孟. 个人投资者能够解读公开信息吗：基于盈余公告附近信息需求行为的研究 [J]. 证券市场导报，2012（9）：16-21.

[38] 史永东，蒋贤锋. 内幕交易、股价波动与信息不对称：基于中国股票市场的经验研究 [J]. 世界经济，2004（12）：54-64.

[39] 孙广宇，李志辉，杜阳，等. 市场操纵降低了中国股票市场的信息效率吗：来自沪市 A 股高频交易数据的经验证据 [J]. 金融研究，2021（9）：151-169.

[40] 唐洪敏. 欧盟对市场操纵的监管及启示 [J]. 证券市场导报，2004（11）：56-60.

[41] 唐洪敏. 欧盟关于市场操纵的定义及其特点 [J]. 证券市场导报，2005（8）：72-77.

[42] 王春峰，王燕. 测量股票交易中的信息含量 [J]. 管理工程学报，2004，18（3）：42-46.

[43] 王近. 中国股票市场操纵对市场流动性的影响研究 [D]. 天津：南开大学，2018.

[44] 王彦超. 融资约束、现金持有与过度投资 [J]. 金融研究，2009（7）：121-133.

[45] 王燕. 中国股票市场公开信息与私有信息的互补效应 [J]. 金融研究，2006（6）：41-52.

[46] 王燕鸣，吴晶，王钰婷. 涨停板的广告效应与交易型股票操纵 [J]. 金融学季刊，2015，9（2）：93-125.

[47] 吴崇林，张小芹，刘杰，等. 洗售交易、机构投资者异质性与股票流动性 [J]. 中央财经大学学报，2022a（2）：41-53.

[48] 吴崇林，林芳宇，刘杰. 分析师关注能够抑制市场操纵吗：基于高频数据的收盘价操纵识别模型 [J]. 南方金融，2022b（5）：47-58.

[49] 吴崇林，刘杰，黄鑫铭. 市场操纵与企业创新：基于高频数据的收盘价操纵识别模型 [J]. 投资研究，2021a，40（9）：46-66.

[50] 吴崇林，刘杰，李志冰. 市场操纵、投资者情绪与股价崩盘风险：来自中国股票市场的实证证据分析 [J]. 投资研究，2021b，40（5）：99-123.

[51] 吴崇林，刘杰，李志冰，等. 开盘价操纵与定价效率：基于高频数据的开盘价操纵识别模型 [J]. 经济学报，2021c，8（4）：27–56.

[52] 吴风云，赵静梅，干胜道. 股票上市初期的价格支持制度：美国的实践与借鉴 [J]. 世界经济，2001（1）：75–78.

[53] 解维敏，唐清泉，陆姗姗. 政府 R&D 资助，企业 R&D 支出与自主创新：来自中国上市公司的经验证据 [J]. 金融研究，2009（6）：86–99.

[54] 徐龙炳. 中国股市机构投资者多账户交易行为研究 [J]. 经济研究，2005（2）：72–80.

[55] 杨墨竹. 证券市场机构投资者投资行为分析 [J]. 金融研究，2008（8）：133–144.

[56] 殷晓峰，牛广济. 中美资本市场反操纵监管比较及启示 [J]. 证券市场导报，2014（4）：65–70.

[57] 张保华，李晓斌. 欧盟关于市场操纵行为的监管与立法实践 [J]. 证券市场导报，2005（1）：36–42.

[58] 张维，韦立坚，熊熊，等. 从波动性和流动性判别股指期货跨市场价格操纵行为 [J]. 管理评论，2011，23（7）：163–170+176.

[59] 张屹山，方毅. 中国股市庄家交易操纵的模型与政策分析 [J]. 管理世界，2007（5）：40–48.

[60] 张宗新. 内幕交易行为预测：理论模型与实证分析 [J]. 管理世界，2008（4）：24–35.

[61] 张宗新，潘志坚，季雷. 内幕信息操纵的股价冲击效应：理论与中国股市证据 [J]. 金融研究，2005（4）：144–154.

[62] 赵涛，郑祖玄. 信息不对称与机构操纵：中国股市机构与散户的博弈分析 [J]. 经济研究，2002（7）：41–48+91.

[63] 周春生，梅建平. 行为型操纵 [J]. 金融研究，2010（1）：131–152.

[64] 周春生，杨云红，王亚平. 中国股票市场交易型的价格操纵研究 [J]. 经济研究，2005（10）：70–78.

[65] 朱伟骅. 上市公司信息披露违规"公开谴责"效果的实证研究 [J]. 经济管理，2003（16）：92–96.

[66] Acharya V V, Subramanian K V. Bankruptcy codes and innovation[J]. The Review of Financial Studies, 2009, 22(12): 4949-4988.

[67] Ackert L F, Huang Y, Jiang L. Investor sentiment and price limit rules[J]. Journal of Behavioral and Experimental Finance, 2015, 5: 15-26.

[68] Ackert L F, Jiang L, Lee H S, et al. Influential investors in online stock forums[J]. International Review of Financial Analysis, 2016, 45: 39-46.

[69] Aggarwal R K, Wu G. Stock market manipulations[J]. The Journal of Business, 2006, 79(4): 1915-1953.

[70] Aghion P, van Reenen J, Zingales L. Innovation and institutional ownership[J]. American Economic Review, 2013, 103(1): 277-304.

[71] Agrawal A, Cooper T. Insider trading before accounting scandals[J]. Journal of Corporate Finance, 2015, 34: 169-190.

[72] Aitken M, Cumming D, Zhan F. Exchange trading rules, surveillance and suspected insider trading[J]. Journal of Corporate Finance, 2015a, 34: 311-330.

[73] Aitken M, Cumming D, Zhan F. High frequency trading and end-of-day price dislocation[J]. Journal of Banking & Finance, 2015b, 59: 330-349.

[74] Aitken M , Harris F H B, Ji S. A worldwide examination of exchange market quality: greater integrity increases market efficiency[J]. Journal of Business Ethics, 2015c, 132(1): 147-170.

[75] Akbas F, Boehmer E, Jiang C, et al. Overnight returns, daytime reversals, and future stock returns[J]. Journal of Financial Economics, 2022, 145(3): 850-875.

[76] Akter M, Cumming D J, Ji S. Death, destruction, and manipulation[J].SSRN Electronic Journal, 2021.

[77] Allen F, Gale D. Stock-price manipulation[J]. The Review of Financial Studies, 1992, 5(3): 503-529.

[78] Allen F, Gorton G B. Stock price manipulation, market microstructure and asymmetric information[J]. European Economic Review, 1992, 36(2/3): 624-630.

[79] Allen F, Litov L, Mei J. Large investors, price manipulation, and limits to arbitrage: an anatomy of market corners[J]. Review of Finance, 2006, 10(4): 645-693.

[80] Amihud Y. Illiquidity and stock returns: cross-section and time-series effects[J]. Journal of Financial Markets, 2002, 5(1): 31-56.

[81] Amihud Y, Mendelson H. Liquidity and asset prices: financial management implications[J]. Financial Management, 1988,17(1): 5-15.

[82] An H, Zhang T. Stock price synchronicity, crash risk, and institutional investors[J]. Journal of Corporate Finance, 2013, 21: 1-15.

[83] An Z, Chen C, Naiker V, et al. Does media coverage deter firms from withholding bad news? Evidence from stock price crash risk[J]. Journal of Corporate Finance, 2020, 64: 101664.

[84] Antweiler W, Frank M Z. Is all that talk just noise? The information content of Internet stock message boards[J]. The Journal of Finance, 2004, 59(3): 1259-1294.

[85] Bagnoli M, Lipman B L. Stock price manipulation through takeover bids[J]. The RAND Journal of Economics, 1996: 124-147.

[86] Baik B, Kang J-K, Kim J-M. Local institutional investors, information asymmetries, and equity returns[J]. Journal of Financial Economics, 2010, 97(1): 81-106.

[87] Baker M, Wurgler J. Investor sentiment and the cross-section of stock returns[J]. The Journal of Finance, 2006, 61(4): 1645-1680.

[88] Banerjee S, Green B. Signal or noise? Uncertainty and learning about whether other traders are informed[J]. Journal of Financial Economics, 2015, 117(2): 398-423.

[89] Barber B M, Odean T. All that glitters: the effect of attention and news on the buying behavior of individual and institutional investors[J]. Review of Financial Studies, 2008, 21(2): 785-818.

[90] Barber B M, Odean T, Zhu N. Do retail trades move markets?[J]. Review of Financial Studies, 2009a, 22(1): 151-186.

[91] Barber B M, Odean T, Zhu N. Systematic noise[J]. Journal of Financial Markets, 2009b, 12(4): 547-569.

[92] Barclay M J, Hendershott T. A comparison of trading and non-trading mechanisms for price discovery[J]. Journal of Empirical Finance, 2008, 15(5): 839-849.

[93] Benabou R, Laroque G. Using privileged information to manipulate markets: insiders, gurus, and credibility[J]. Quarterly Journal of Economics, 1992, 107(3): 921-958.

[94] Ben-David I, Franzoni F, Landier A, et al. Do hedge funds manipulate stock prices?[J]. The Journal of Finance, 2013, 68(6): 2383-2434.

[95] Bereskin F L, Hsu P H, Rotenberg W. The real effects of real earnings management: evidence from innovation[J]. Contemporary Accounting Research, 2018, 35(1): 525-557.

[96] Bernhardt D, Davies R J. Smart fund managers? Stupid money?[J]. Canadian Journal of Economics/Revue Canadienne d'économique, 2009, 42(2): 719-748.

[97] Bhagat S, Bolton B. Corporate governance and firm performance[J]. Journal of Corporate Finance, 2008, 14(3): 257-273.

[98] Biais B, Bisière C, Pouget S. Equilibrium discovery and preopening mechanisms in an experimental market[J]. Management Science, 2014, 60(3): 753-769.

[99] Blanco I, Wehrheim D. The bright side of financial derivatives: options trading and firm innovation[J]. Journal of Financial Economics, 2017, 125(1): 99-119.

[100] Boehmer E, Kelley E K. Institutional investors and the informational efficiency of prices[J]. Review of Financial Studies, 2009, 22(9): 3563-3594.

[101] Boone A L, White J T. The effect of institutional ownership on firm transparency and information production[J]. Journal of Financial Economics, 2015, 117(3): 508-533.

[102] Borisova G, Brockman P, Salas J M, et al. Government ownership and corporate governance: evidence from the EU[J]. Journal of Banking & Finance, 2012, 36(11): 2917-2934.

[103] Borisova G, Yadav P K. Government ownership, informed trading, and private information[J]. Journal of Corporate Finance, 2015, 33: 196-211.

[104] Brandt M W, Brav A, Graham J R, et al. The idiosyncratic volatility puzzle: time trend or speculative episodes?[J]. Review of Financial Studies, 2010, 23(2): 863-899.

[105] Brunnermeier M K, Sockin M, Xiong W. China's gradualistic economic approach and financial markets[J]. American Economic Review, 2017, 107(5): 608-613.

[106] Bushee B J. Do institutional investors prefer near-term earnings over long-run value?[J]. Contemporary Accounting Research, 2001, 18(2): 207-246.

[107] Bushee B J. The influence of institutional investors on myopic R&D investment behavior[J]. Accounting Review, 1998, 73(3): 305-333.

[108] Bushee B J, Core J E, Guay W, et al. The role of the business press as an information intermediary[J]. Journal of Accounting Research, 2010, 48(1): 1-19.

[109] Callen J L, Fang X. Institutional investor stability and crash risk: monitoring versus short-termism?[J]. Journal of Banking & Finance, 2013, 37(8): 3047-3063.

[110] Callen J L, Fang X H. Crash risk and the auditor-client relationship[J]. Contemporary Accounting Research, 2017, 34(3): 1715-1750.

[111] Camerer C F. Can asset markets be manipulated? A field experiment with racetrack betting[J]. Journal of Political Economy, 1998, 106(3): 457-482.

[112] Cao C, Ghysels E, Hatheway F. Price discovery without trading: evidence from the NASDAQ preopening[J]. The Journal of Finance, 2000, 55(3): 1339-1365.

[113] Cao Z Q, Lv D Y, Sun Z Z. Stock price manipulation, short-sale constraints, and breadth-return relationship[J]. Pacific-Basin Finance Journal, 2021, 67: 101556.

[114] Carhart M M, Kaniel R, Musto D K, et al. Leaning for the tape: evidence of gaming behavior in equity mutual funds[J]. Journal of Finance, 2002, 57(2): 661-693.

[115] Carpenter J N, Lu F Z, Whitelaw R F. The real value of China's stock market[J]. Journal of Financial Economics, 2021, 139(3): 679-696.

[116] Cella C, Ellul A, Giannetti M. Investors' horizons and the amplification of market shocks[J]. Review of Financial Studies, 2013, 26(7): 1607-1648.

[117] Chakraborty A, Yilmaz B. Informed manipulation[J]. Journal of Economic Theory, 2004a, 114(1): 132-152.

[118] Chakraborty A, Yilmaz B. Manipulation in market order models[J]. Journal of Financial Markets, 2004b, 7(2): 187-206.

[119] Chakravarty S. Stealth-trading: which traders' trades move stock prices?[J]. Journal of Financial Economics, 2001, 61(2): 289-307.

[120] Chamberlain T W, Cheung C S, Kwan C C Y. Expiration-day effects of index futures and options: some Canadian evidence[J]. Financial Analysts Journal, 1989, 45(5): 67-71.

[121] Chan K, Fong W M. Trade size, order imbalance, and the volatility-volume relation[J]. Journal of Financial Economics, 2000, 57(2): 247-273.

[122] Chan W S. Stock price reaction to news and no-news: drift and reversal after headlines[J]. Journal of Financial Economics, 2003, 70(2): 223-260.

[123] Charitou A, Karamanou I, Lambertides N. Analysts to the rescue?[J]. Journal of Corporate Finance, 2019, 56: 108-128.

[124] Chelley-Steeley P L. Market quality changes in the London stock market[J]. Journal of Banking & Finance, 2008, 32(10): 2248-2253.

[125] Chen H W, Chen Z Y, Lobo G J, et al. Effects of audit quality on earnings management and cost of equity capital: evidence from China[J]. Contemporary Accounting Research, 2011, 28(3): 892-925.

[126] Chen J D, Cumming D, Hou W X, et al. Does the external monitoring effect of financial analysts deter corporate fraud in China?[J]. Journal of Business Ethics, 2016, 134(4): 727-742.

[127] Chen Q, Goldstein I, Jiang W. Price informativeness and investment sensitivity to stock price[J]. Review of Financial Studies, 2007a, 20(3): 619-650.

[128] Chen S S. Predicting the bear stock market: macroeconomic variables as leading indicators[J]. Journal of Banking & Finance, 2009, 33(2): 211-223.

[129] Chen T, Gao H S, Wang Y X. Tariff uncertainty and firm innovation: evidence from the US-China permanent normal trade relation[J]. Journal of Empirical Finance, 2021, 62: 12-27.

[130] Chen T, Gao Z Y, He J, et al. Daily price limits and destructive market behavior[J]. Journal of Econometrics, 2019, 208(1): 249-264.

[131] Chen T, Harford J, Lin C. Do analysts matter for governance? Evidence from natural experiments[J]. Journal of Financial Economics, 2015, 115(2): 383-410.

[132] Chen X, Harford J, Li K. Monitoring: which institutions matter?[J]. Journal of Financial Economics, 2007b, 86(2): 279-305.

[133] Cherian J A, Jarrow R A. Market manipulation[J]. Handbooks in Operations Research and Management Science, 1995(9): 611-630.

[134] Choi P M S, Choi J H. Is individual trading priced in stocks?[J]. Journal of International Money and Finance, 2018(85): 76-92.

[135] Chordia T, Roll R, Subrahmanyam A. Evidence on the speed of convergence to market efficiency[J]. Journal of Financial Economics, 2005, 76(2): 271-292.

[136] Chordia T, Roll R, Subrahmanyam A. Liquidity and market efficiency[J]. Journal

of Financial Economics, 2008, 87(2): 249-268.

[137] Chung D, Hrazdil K. Liquidity and market efficiency: a large sample study[J]. Journal of Banking & Finance, 2010, 34(10): 2346-2357.

[138] Chung K H, Elder J, Kim J C. Corporate governance and liquidity[J]. Journal of Financial and Quantitative Analysis, 2010, 45(2): 265-291.

[139] Clarkson P M, Joyce D, Tutticci I. Market reaction to takeover rumour in Internet discussion sites[J]. Accounting & Finance, 2006, 46(1): 31-52.

[140] Collin-Dufresne P, Fos V. Insider trading, stochastic liquidity, and equilibrium prices[J]. Econometrica, 2016, 84(4): 1441-1475.

[141] Comerton-Forde C, Putniņš T J. Measuring closing price manipulation[J]. Journal of Financial Intermediation, 2011, 20(2): 135-158.

[142] Comerton-Forde C, Putniņš T J. Stock price manipulation: prevalence and determinants[J]. Review of Finance, 2014, 18(1): 23-66.

[143] Comerton-Forde C, Rydge J. Call auction algorithm design and market manipulation[J]. Journal of Multinational Financial Management, 2006a, 16(2): 184-198.

[144] Comerton-Forde C, Rydge J. Market integrity and surveillance effort[J]. Journal of Financial Services Research, 2006b, 29(2): 149-172.

[145] Cong L W, Li X, Tang K, et al. Crypto wash trading[R]. 2020, Available at SSRN 3530220.

[146] Coval J, Moskowitz T J. Home bias at home: local equity preference in domestic portfolios[J]. The Journal of Finance, 1999, 54(6): 2045-2073.

[147] Coval J, Moskowitz T J. The geography of investment: informed trading and asset prices[J]. Journal of Political Economy, 2001, 109(4): 811-841.

[148] Coval J, Stafford E. Asset fire sales (and purchases) in equity markets[J]. Journal of Financial Economics, 2007, 86(2): 479-512.

[149] Cremers K J M, Petajisto A. How active is your fund manager? A new measure that predicts performance[J]. The Review of Financial Studies, 2009, 22(9): 3329-3365.

[150] Cremers M, Pareek A. Short-term trading and stock return anomalies: momentum, reversal, and share issuance[J]. Review of Finance, 2015, 19(4): 1649-1701.

[151] Cumming D, Ji S, Johan S, et al. End-of-day price manipulation and M&As[J]. British Journal of Management, 2020a, 31(1): 184-205.

[152] Cumming D, Ji S, Peter R, et al. Market manipulation and innovation[J]. Journal of Banking & Finance, 2020b, 120: 105957.

[153] Cumming D, Johan S, Li D. Exchange trading rules and stock market liquidity[J]. Journal of Financial Economics, 2011, 99(3): 651-671.

[154] de Bondt W F M, Thaler R. Does the stock market overreact?[J]. The Journal of finance, 1985, 40(3): 793-805.

[155] DeFond M, Erkens D H, Zhang J. Do client characteristics really drive the Big N audit quality effect? New evidence from propensity score matching[J]. Management Science, 2017, 63(11): 3628-3649.

[156] Demirer R, Kutan A M. Does herding behavior exist in Chinese stock markets?[J]. Journal of International Financial Markets, Institutions and Money, 2006, 16(2): 123-142.

[157] Devos E, Hao W, Prevost A K, et al. Stock return synchronicity and the market response to analyst recommendation revisions[J]. Journal of Banking & Finance, 2015, 58: 376-389.

[158] Dewally M. Internet investment advice: investing with a rock of salt[J]. Financial Analysts Journal, 2003, 59(4): 65-77.

[159] Diaz D, Theodoulidis B, Sampaio P. Analysis of stock market manipulations using knowledge discovery techniques applied to intraday trade prices[J]. Expert Systems with Applications, 2011, 38(10): 12757-12771.

[160] Duong H N, Goyal A, Kallinterakis V, et al. Market manipulation rules and IPO underpricing[J]. Journal of Corporate Finance, 2021, 67: 101846.

[161] Easley D, O'Hara M. Price, trade size, and information in securities markets[J]. Journal of Financial Economics, 1987, 19(1): 69-90.

[162] Elyasiani E, Jia J, Mao C X. Institutional ownership stability and the cost of debt[J]. Journal of Financial Markets, 2010, 13(4): 475-500.

[163] Eren N, Ozsoylev H N. Hype and dump manipulation[C]. EFA 2007 Ljubljana Meetings Paper, AFA 2008 New Orleans Meetings Paper, 2008.

[164] Eyraud-Loisel A. Option hedging by an influential informed investor[J]. Applied Stochastic Models in Business and Industry, 2011, 27(6): 707-722.

[165] Fama E F. Efficient capital markets: a review of theory and empirical work[J]. Journal of Finance, 1970, 25(2): 383-417.

[166] Fang L, Peress J. Media coverage and the cross-section of stock returns[J]. The Journal of Finance, 2009, 64(5): 2023-2052.

[167] Fang V W, Tian X, Tice S. Does stock liquidity enhance or impede firm innovation?[J]. The Journal of Finance, 2014, 69(5): 2085-2125.

[168] Felixson K, Pelli A. Day end returns-stock price manipulation[J]. Journal of Multinational Financial Management, 1999, 9(2): 95-127.

[169] Fischel D R, Ross D J. Should the law prohibit "manipulation" in financial markets?[J]. Harvard Law Review, 1991, 105(2): 503-553.

[170] Fishman M J, Hagerty K M. The mandatory disclosure of trades and market

liquidity[J]. The Review of Financial Studies, 1995, 8(3): 637-676.

[171] Foster F D, Viswanathan S. The effect of public information and competition on trading volume and price volatility[J]. The Review of Financial Studies, 1993, 6(1): 23-56.

[172] Foucault T. Order flow composition and trading costs in a dynamic limit order market[J]. Journal of Financial Markets, 1999, 2(2): 99-134.

[173] Foucault T, Sraer D, Thesmar D J. Individual investors and volatility[J]. The Journal of Finance, 2011, 66(4): 1369-1406.

[174] Francis J R, Michas P N, Yu M D. Office size of Big 4 auditors and client restatements[J]. Contemporary Accounting Research, 2013, 30(4): 1626-1661.

[175] French K R, Poterba J M. Investor diversification and international equity markets[J]. The American Economic Review, 1991, 81(2): 222-226.

[176] Fu X D, Kong L, Tang T, et al. Insider trading and shareholder investment horizons[J]. Journal of Corporate Finance, 2020, 62: 101508.

[177] Gallagher D R, Gardner P, Swan P L. Portfolio pumping: an examination of investment manager quarter-end trading and impact on performance[J]. Pacific-Basin Finance Journal, 2009, 17(1): 1-27.

[178] Gao M, Huang J. Capitalizing on capitol hill: informed trading by hedge fund managers[J]. Journal of Financial Economics, 2016, 121(3): 521-545.

[179] Gao M, Liu Y J, Wu W. Fat-finger trade and market quality: the first evidence from China[J]. Journal of Futures Markets, 2016, 36(10): 1014-1025.

[180] Garel A, Martin-Flores J M, Petit-Romec A, et al. Institutional investor distraction and earnings management[J]. Journal of Corporate Finance, 2021, 66: 101801.

[181] Ge W X, Ouyang C Y, Shi Z Y, et al. Can a not-for-profit minority institutional shareholder make a big difference in corporate governance? A quasi-natural experiment[J]. Journal of Corporate Finance, 2021,72: 102125.

[182] Gerard B, Nanda V. Trading and manipulation around seasoned equity offerings[J]. The Journal of Finance, 1993, 48(1): 213-245.

[183] Gillan S L, Starks L T. Corporate governance proposals and shareholder activism: the role of institutional investors[J]. Journal of Financial Economics, 2000, 57(2): 275-305.

[184] Glosten L R, Milgrom P R. Bid, ask and transaction prices in a specialist market with heterogeneously informed traders[J]. Journal of Financial Economics, 1985, 14(1): 71-100.

[185] Goldberg H G, Kirkland J D, Lee D, et al. The NASD Securities Observation, New Analysis and Regulation System (SONAR)[C].Acapulco: IAAI, 2003: 11-18.

[186] Goldstein I, Guembel A. Manipulation and the allocational role of prices[J]. The

Review of Economic Studies, 2008, 75(1): 133-164.

[187] Golez B, Marin J M. Price support by bank-affiliated mutual funds[J]. Journal of Financial Economics, 2015, 115(3): 614-638.

[188] Gong R, Marsden A. The impact of the 2007 reforms on the level of information disclosure by the Chinese A-share market[J]. China Economic Review, 2014, 30: 221-234.

[189] Grinblatt M, Keloharju M. How distance, language, and culture influence stockholdings and trades[J]. The Journal of Finance, 2001a, 56(3): 1053-1073.

[190] Grinblatt M, Keloharju M. What makes investors trade?[J]. The Journal of Finance, 2001b, 56(2): 589-616.

[191] Gromb D, Vayanos D. Equilibrium and welfare in markets with financially constrained arbitrageurs[J]. Journal of Financial Economics, 2002, 66(2-3): 361-407.

[192] Grorud A, Pontier M. Financial market model with influential informed investors[J]. International Journal of Theoretical and Applied Finance, 2005, 8(6): 693-716.

[193] Gu M, Jiang G J, Xu B. The role of analysts: an examination of the idiosyncratic volatility anomaly in the Chinese stock market[J]. Journal of Empirical Finance, 2019, 52: 237-254.

[194] Gul F A, Kim J B, Qiu A A. Ownership concentration, foreign shareholding, audit quality, and stock price synchronicity: evidence from China[J]. Journal of Financial Economics, 2010, 95(3): 425-442.

[195] Hadlock C J, Pierce J R. New evidence on measuring financial constraints: moving beyond the KZ index[J]. The Review of Financial Studies, 2010, 23(5): 1909-1940.

[196] Hall B H. The financing of research and development[J]. Oxford Review of Economic Policy, 2002, 18(1): 35-51.

[197] Hall B H, Lerner J. The financing of R&D and innovation[M]//Handbook of the Economics of Innovation. North-Holland, 2010, 1: 609-639.

[198] Han Q, Liang J F. Index futures trading restrictions and spot market quality: evidence from the recent Chinese stock market crash[J]. The Journal of Futures Markets, 2017, 37(4): 411-428.

[199] Hanson R, Oprea R. Manipulators increase information market accuracy[D]. George Mason University, 2004.

[200] Hasbrouck J. Assessing the quality of a security market: a new approach to transaction-cost measurement[J]. The Review of Financial Studies, 1993, 6(1): 191-212.

[201] Hau H. Location matters: an examination of trading profits[J]. The Journal of

Finance, 2001, 56(5): 1959-1983.

[202] Hauser S, Kedar-Levy H, Milo O. Price discovery during parallel stocks and options preopening: information distortion and hints of manipulation[J]. Journal of Financial Markets, 2022, 59: 100705.

[203] He J, Tian X. The dark side of analyst coverage: the case of innovation[J]. Journal of Financial Economics, 2013, 109(3): 856-878.

[204] Healy P M, Palepu K G. Information asymmetry, corporate disclosure, and the capital markets: a review of the empirical disclosure literature[J]. Journal of Accounting and Economics, 2001, 31(1/3): 405-440.

[205] Henderson B J, Pearson N D, Wang L. Pre-trade hedging: evidence from the issuance of retail structured products[J]. Journal of Financial Economics, 2020, 137(1): 108-128.

[206] Hermalin B E, Weisbach M S. Information disclosure and corporate governance[J]. Journal of Finance, 2012, 67(1): 195-233.

[207] Heston S L, Korajczyk R A, Sadka R. Intraday patterns in the cross-section of stock returns[J]. Journal of Finance, 2010, 65(4): 1369-1407.

[208] Hillion P, Suominen M. The manipulation of closing prices[J]. Journal of Financial Markets, 2004, 7(4): 351-375.

[209] Hsieh S F, Chan C Y, Wang M C. Retail investor attention and herding behavior[J]. Journal of Empirical Finance, 2020, 59: 109-132.

[210] Huang R D, Stoll H R. Dealer versus auction markets: a paired comparison of execution costs on NASDAQ and the NYSE[J]. Journal of Financial Economics, 1996, 41(3): 313-357.

[211] Huang Y C, Cheng Y J. Stock manipulation and its effects: pump and dump versus stabilization[J]. Review of Quantitative Finance and Accounting, 2015, 44(4): 791-815.

[212] Huddart S, Hughes J S, Levine C B. Public disclosure and dissimulation of insider trades[J]. Econometrica, 2001, 69(3): 665-681.

[213] Ibikunle G. Opening and closing price efficiency: do financial markets need the call auction?[J]. Journal of International Financial Markets, Institutions and Money, 2015, 34: 208-227.

[214] Irani A J. The effect of regulation fair disclosure on the relevance of conference calls to financial analysts[J]. Review of Quantitative Finance and Accounting, 2004, 22(1): 15-28.

[215] Ivković Z, Weisbenner S. Local does as local is: information content of the geography of individual investors' common stock investments[J]. The Journal of Finance, 2005, 60(1): 267-306.

[216] Jiang F, Kim K A. Corporate governance in China: a survey[J]. Review of Finance, 2020, 24(4): 733-772.

[217] Jiang G L, Mahoney P G, Mei J P. Market manipulation: a comprehensive study of stock pools[J]. Journal of Financial Economics, 2005, 77(1): 147-170.

[218] Jiang G J, Zhu K X. Information shocks and short-term market underreaction[J]. Journal of Financial Economics, 2017, 124(1): 43-64.

[219] Jiang W, Wan H, Zhao S. Reputation concerns of independent directors: evidence from individual director voting[J]. The Review of Financial Studies, 2016, 29(3): 655-696.

[220] Jin L, Myers S C. R^2 around the world: new theory and new tests[J]. Journal of Financial Economics, 2006, 79(2): 257-292.

[221] Kahn C, Winton A. Ownership structure, speculation, and shareholder intervention[J]. The Journal of Finance, 1998, 53(1): 99-129.

[222] Kemme D M, McInish T H, Zhang J. Market fairness and efficiency: evidence from the Tokyo stock exchange[J]. Journal of Banking & Finance, 2022, 134: 106309.

[223] Khanna N, Sonti R. Value creating stock manipulation: feedback effect of stock prices on firm value[J]. Journal of Financial Markets, 2004, 7(3): 237-270.

[224] Khomyn M, Putniņš T. Algos gone wild: what drives the extreme order cancellation rates in modern markets?[J]. Journal of Banking & Finance, 2021, 129: 106170.

[225] Khwaja A I, Mian A. Unchecked intermediaries: price manipulation in an emerging stock market[J]. Journal of Financial Economics, 2005, 78(1): 203-241.

[226] Kim Y, Sohn S Y. Stock fraud detection using peer group analysis[J]. Expert Systems with Applications, 2012, 39(10): 8986-8992.

[227] Kim J B, Zhang H, Li L, et al. Press freedom, externally-generated transparency, and stock price informativeness: international evidence[J]. Journal of Banking & Finance, 2014, 46: 299-310.

[228] Kirkland J D, Senator T E, Hayden J J, et al. The NASD regulation advanced-detection system (ads)[J]. AI Magazine, 1999, 20(1): 55.

[229] Kong D, Wang M. The manipulator's poker: order-based manipulation in the Chinese stock market[J]. Emerging Markets Finance and Trade, 2014, 50(2): 73-98.

[230] Kose J, Narayanan R. Market manipulation and the role of insider trading regulations[J]. The Journal of Business, 1997, 70(2): 217-247.

[231] Koski J L, Michaely R. Prices, liquidity, and the information content of trades[J]. The Review of Financial Studies, 2000, 13(3): 659-696.

[232] Kumar A, Lee C M C. Retail investor sentiment and return comovements[J]. The Journal of Finance, 2006, 61(5): 2451-2486.

[233] Kumar P, Seppi D J. Futures manipulation with "cash settlement"[J]. The Journal of Finance, 1992, 47(4): 1485-1502.

[234] Kyle A S. Continuous auctions and insider trading[J]. Econometrica: Journal of the Econometric Society, 1985, 53(6): 1315-1335.

[235] Kyle A S, Viswanathan S. Price manipulation in financial markets: how to define illegal price manipulation[J]. American Economic Review, 2008, 98(2): 274-279.

[236] Leangarun T, Tangamchit P, Thajchayapong S. Stock price manipulation detection based on mathematical models[J]. International Journal of Trade, Economics and Finance, 2016, 7(3): 81-88.

[237] Lee C M C, Ready M J. Inferring trade direction from intraday data[J]. The Journal of Finance, 1991, 46(2): 733-746.

[238] Lee E J, Eom K S, Park K S. Microstructure-based manipulation: strategic behavior and performance of spoofing traders[J]. Journal of Financial Markets, 2013, 16(2): 227-252.

[239] Li A, Wu J, Liu Z. Market manipulation detection based on classification methods[J]. Procedia Computer Science, 2017(122): 788-795.

[240] Li T, Shin D, Wang B. Cryptocurrency pump-and-dump schemes[R]. 2020, Available at SSRN 3267041.

[241] Liu J, Wu C, Yuan L, et al. Opening price manipulation and its value influences[J]. International Review of Financial Analysis, 2022a, 83: 102256.

[242] Liu J, Wu C L, Zhu Y L. Spoofing, characteristics of order flow, and bid-ask spread: empirical evidence from China[Z]. 2022b, Working Paper.

[243] Lin J C, Sanger G C, Booth G G. Trade size and components of the bid-ask spread[J]. The Review of Financial Studies, 1995, 8(4): 1153-1183.

[244] Liu Q, Wang C, Zhang P, et al. Detecting stock market manipulation via machine learning: evidence from China Securities Regulatory Commission punishment cases[J]. International Review of Financial Analysis, 2021(78): 101887.

[245] Liu Y, Miletkov M K, Wei Z, et al. Board independence and firm performance in China[J]. Journal of Corporate Finance, 2015(30): 223-244.

[246] Llorente G, Michaely R, Saar G, et al. Dynamic volume-return relation of individual stocks[J]. The Review of Financial Studies, 2002, 15(4): 1005-1047.

[247] Mahoney P G. The stock pools and the securities exchange act[J]. Journal of Financial Economics, 1999, 51(3): 343-369.

[248] Manahov V. Front-running scalping strategies and market manipulation: why does high-frequency trading need stricter regulation?[J]. Financial Review, 2016, 51(3): 363-402.

[249] Manconi A, Massa M, Yasuda A. The role of institutional investors in propagating

the crisis of 2007–2008[J]. Journal of Financial Economics, 2012, 104(3): 491-518.

[250] Marciukaityte D, Varma R. Consequences of overvalued equity: evidence from earnings manipulation[J]. Journal of Corporate Finance, 2008, 14(4): 418-430.

[251] Maug E. Large shareholders as monitors: is there a trade-off between liquidity and control?[J]. The Journal of Finance, 1998, 53(1): 65-98.

[252] McCahery J A, Sautner Z, Starks L T. Behind the scenes: the corporate governance preferences of institutional investors[J]. The Journal of Finance, 2016, 71(6): 2905-2932.

[253] Medrano L A, Vives X. Strategic behavior and price discovery[J]. Rand Journal of Economics, 2001: 221-248.

[254] Meoli M, Vismara S. Information manipulation in equity crowdfunding markets[J]. Journal of Corporate Finance, 2021(67): 101866.

[255] Miller S M, Moussawi R, Wang B, et al. Institutional investors and bank governance: an international analysis of bank earnings management[J]. Journal of Corporate Finance, 2021, 70: 102055.

[256] Mongkolnavin J, Tirapat S. Marking the close analysis in Thai bond market surveillance using association rules[J]. Expert Systems with Applications, 2009, 36(4): 8523-8527.

[257] Morck R, Yeung B, Yu W. The information content of stock markets: why do emerging markets have synchronous stock price movements?[J]. Journal of Financial Economics, 2000, 58(1/2): 215-260.

[258] Moshirian F, Nguyen H G L, Pham P K. Overnight public information, order placement, and price discovery during the pre-opening period[J]. Journal of Banking & Finance, 2012, 36(10): 2837-2851.

[259] Myers S C, Majluf N S. Corporate financing and investment decisions when firms have information that investors do not have[J]. Journal of Financial Economics, 1984, 13(2): 187-221.

[260] Nawn S, Banerjee A. Do the limit orders of proprietary and agency algorithmic traders discover or obscure security prices?[J]. Journal of Empirical Finance, 2019(53): 109-125.

[261] Neupane S, Rhee S G, Vithanage K, et al. Trade-based manipulation: beyond the prosecuted cases[J]. Journal of Corporate Finance, 2017, 42: 115-130.

[262] Ni S X, Pearson N D, Poteshman A M. Stock price clustering on option expiration dates[J]. Journal of Financial Economics, 2005, 78(1): 49-87.

[263] Öğüt H, Doğanay M M, Aktaş R. Detecting stock-price manipulation in an emerging market: the case of Turkey[J]. Expert Systems with Applications, 2009, 36(9): 11944-11949.

[264] O'Hara M. What is a quote?[J]. The Journal of Trading, 2010, 5(2): 10-16.

[265] Opie W, Tian G G, Zhang H F. Corporate pyramids, geographical distance, and investment efficiency of Chinese state-owned enterprises[J]. Journal of Banking & Finance, 2019, 99: 95-120.

[266] Pagano M S, Peng L, Schwartz R A. A call auction's impact on price formation and order routing: evidence from the NASDAQ stock market[J]. Journal of Financial Markets, 2013, 16(2): 331-361.

[267] Pagano M S, Schwartz R A. A closing call's impact on market quality at Euronext Paris[J]. Journal of Financial Economics, 2003, 68(3): 439-484.

[268] Pang C, Wang Y. Stock pledge, risk of losing control and corporate innovation[J]. Journal of Corporate Finance, 2020, 60: 101534.

[269] Peng L, Röell A. Managerial incentives and stock price manipulation[J]. The Journal of Finance, 2014, 69(2): 487-526.

[270] Peress J, Schmidt D. Glued to the TV: distracted noise traders and stock market liquidity[J]. The Journal of Finance, 2020, 75(2): 1083-1133.

[271] Peress J, Schmidt D. Noise traders incarnate: describing a realistic noise trading process[J]. Journal of Financial Markets, 2021(54): 100618.

[272] Pirinsky C, Wang Q. Does corporate headquarters location matter for stock returns?[J]. The Journal of Finance, 2006, 61(4): 1991-2015.

[273] Pruitt S W, Wei K C J. Institutional ownership and changes in the S&P 500[J]. The Journal of Finance, 1989, 44(2): 509-514.

[274] Putniņš T J. Market manipulation: a survey[J]. Journal of Economic Surveys, 2012, 26(5): 952-967.

[275] Qiao K, Dam L. The overnight return puzzle and the "T+1" trading rule in Chinese stock markets[J]. Journal of Financial Markets, 2020, 50: 100534.

[276] Ren S, Cheng Y, Hu Y, et al. Feeling right at home: hometown CEOs and firm innovation[J]. Journal of Corporate Finance, 2021, 66: 101815.

[277] Roberts M R, Whited T M. Endogeneity in empirical corporate finance[M]. Handbook of the Economics of Finance, 2013(2): 493-572.

[278] Roodposhti F R, Shams M F, Kordlouie H. Forecasting stock price manipulation in capital market[J]. International Journal of Economics and Management Engineering, 2011, 5(8): 957-967.

[279] Rösch D M, Subrahmanyam A, van Dijk M A. The dynamics of market efficiency[J]. The Review of Financial Studies, 2017, 30(4): 1151-1187.

[280] Sabherwal S, Sarkar S K, Zhang Y. Do Internet stock message boards influence trading? Evidence from heavily discussed stocks with no fundamental news[J]. Journal of Business Finance & Accounting, 2011, 38(9/10): 1209-1237.

[281] Sabherwal S, Sarkar S K, Zhang Y. Online talk: does it matter?[J]. Managerial Finance, 2008, 34(6): 423-436.

[282] Sadka R, Scherbina A. Analyst disagreement, mispricing, and liquidity[J]. The Journal of Finance, 2007, 62(5): 2367-2403.

[283] Sakaki H, Jory S R. Institutional investors' ownership stability and firms' innovation[J]. Journal of Business Research, 2019, 103: 10-22.

[284] Seasholes M S, Wu G. Predictable behavior, profits, and attention[J]. Journal of Empirical Finance, 2007, 14(5): 590-610.

[285] Shiller R J. From efficient markets theory to behavioral finance[J]. Journal of Economic Perspectives, 2003, 17(1): 83-104.

[286] Shleifer A, Vishny R W. Large shareholders and corporate control[J]. Journal of Political Economy, 1986, 94(3, Part 1): 461-488.

[287] Sias R W, Starks L T, Titman S. Changes in institutional ownership and stock returns: assessment and methodology[J]. The Journal of Business, 2006, 79(6): 2869-2910.

[288] Stambaugh R F. Presidential address: investment noise and trends[J]. The Journal of Finance, 2014, 69(4): 1415-1453.

[289] Stoll H R, Whaley R E. Expiration-day effects: what has changed?[J]. Financial Analysts Journal, 1991, 47(1): 58-72.

[290] Stoll H R, Whaley R E. Program trading and expiration-day effects[J]. Financial Analysts Journal, 1987, 43(2): 16-28.

[291] Suen W, Wan K M. Call auction design and closing price manipulation: evidence from the Hong Kong stock exchange[J]. Journal of Financial Markets, 2022, 58: 100700.

[292] Thel S. $850, 000 in six minutes-the mechanics of securities manipulation[J]. Cornell L. Rev. , 1993, 79: 219.

[293] Tian X, Wang T Y. Tolerance for failure and corporate innovation[J]. The Review of Financial Studies, 2014, 27(1): 211-255.

[294] Titman S, Wei C, Zhao B. Corporate actions and the manipulation of retail investors in China: an analysis of stock splits[J]. Journal of Financial Economics, 2022, 145(3): 762-787.

[295] Tsiakas I. Overnight information and stochastic volatility: a study of European and US stock exchanges[J]. Journal of Banking & Finance, 2008, 32(2): 251-268.

[296] Tumarkin R, From A, Whitelaw R. Internet message board activity and market efficiency: a case study of the Internet service sector using RagingBull. com[J]. Financial Markets Institutions & Instruments, 2002, 11(4): 313-335.

[297] Tumarkin R, Whitelaw R F. News or noise? Internet postings and stock prices[J].

Financial Analysts Journal, 2001, 57(3): 41-51.

[298] van Bommel J. Rumors[J]. The Journal of Finance, 2003, 58(4): 1499-1520.

[299] van Nieuwerburgh S, Veldkamp L. Information acquisition and under-diversification[J]. The Review of Economic Studies, 2010, 77(2): 779-805.

[300] Vila J L. The role of information in the manipulation of futures markets[M]. University of Pennsylvania, Center for Analytic Research in Economics and the Social Sciences, 1987.

[301] Wang A W, Zhang G. Institutional ownership and credit spreads: an information asymmetry perspective[J]. Journal of Empirical Finance, 2009, 16(4): 597-612.

[302] Wang Q L, Xu W, Huang X T, et al. Enhancing intraday stock price manipulation detection by leveraging recurrent neural networks with ensemble learning[J]. Neurocomputing, 2019(347): 46-58.

[303] Wysocki P D. Cheap talk on the web: the determinants of postings on stock message boards[R]. Ann Arbor: University of Michigan Business School, 1998.

[304] Xu S X, Zhang X Q. Impact of Wikipedia on market information environment: evidence on management disclosure and investor reaction[J]. Mis Quarterly, 2013, 37(4): 1043-1068.

[305] Yan X M, Zhang Z. Institutional investors and equity returns: are short-term institutions better informed?[J]. The Review of Financial Studies, 2009, 22(2): 893-924.

[306] Yang L, Zhu H. Back-running: seeking and hiding fundamental information in order flows[J]. The Review of Financial Studies, 2020, 33(4): 1484-1533.

[307] Yuan R L, Xiao J Z, Zou H. Mutual funds' ownership and firm performance: evidence from China[J]. Journal of Banking & Finance, 2008, 32(8): 1552-1565.

[308] Zdorovtsov V M, Tang O, Onayev Z M. Predatory trading around russell reconstitution[J]. Available at SSRN 3021022, 2017.

[309] Zhai J, Cao Y, Yao Y, et al. Computational intelligent hybrid model for detecting disruptive trading activity[J]. Decision Support Systems, 2017(93): 26-41.

[310] Zhang A L. Competition and manipulation in derivative contract markets[J]. Journal of Financial Economics, 2022, 144(2): 396-413.

[311] Zhang X F. Information uncertainty and stock returns[J]. The Journal of Finance, 2006, 61(1): 105-137.

附录A 市场质量度量指标

常见的市场质量指标可以分为市场流动性、价格波动性、市场有效性、信息不对称、投资者行为等5个方面，这些指标的具体定义说明见附表 A-1。同时，为了方便读者理解这些常见变量的计算方法，我们对每个变量的计算公式进行了详细说明。

附表 A-1　市场质量度量指标

变量类别	变量名称	变量定义
市场流动性	*Amihud*	Amihud 非流动性比率，即绝对涨跌额与成交额的比值
	Excess Turnover	超额换手率，即超出历史平均水平的换手率
	Order Depth	买卖五档的申报订单金额总量
	QSP	相对买卖价差，即时间加权的相对报价价差
	ESP	相对有效价差，采用成交量加权
	SpreadStd	买卖价差的标准差
	VolumeStd	成交量的标准差
	PercOpn	开盘集合竞价阶段交易量占全天总交易量的比值
	PercCls	收盘集合竞价阶段成交量占比，即收盘前集合竞价阶段交易量占全天总交易量的比值
	Perc 15	开盘后 15 分钟交易占比，即开盘后 15 分钟内的交易量占全天总交易量的比值
价格波动性	*Vol*	收益率标准差，即 1 分钟收益率的标准差
	Idivol	特质收益率标准差，即 CAPM 模型残差项的标准差
	PriceDif	日内百分位价差，即日内价差序列的百分位数差异

变量类别	变量名称	变量定义
市场有效性	Acf	1分钟收益率的自相关系数取绝对值，然后减1
	Vr	5分钟收益率标准差与1分钟收益率标准差的比值减1，然后取绝对值
	RsqBsi	滞后期订单不平衡对当期收益率的解释程度
	RsqRet	滞后期收益率对当期收益率的解释程度
信息不对称	R^2	股价同步性，即CAPM模型中的决定系数 R^2
	VPIN	知情交易概率
	HSAdverse	参照Huang和Stoll将价差分解为逆向选择成分和做市商已实现成本，其中逆向选择成本AdvCho即为信息不对称的代理指标
	GHShock	参考Glosten和Harris将价差分解为暂时性成分和长久性成分，其中长久性成分LongShock即为信息不对称的代理指标
	HbShock	参考Hasbrouck计算得到的未预期价格冲击
投资者行为	Nbqr	五档报价深度中除最优买卖报价深度以外其他部分的占比
	Bsi	买单与卖单的差额，除以买卖订单总金额
	Imb	买方成交量与卖方成交量的差异，除以买卖订单总金额，其中成交量买卖方向参考Lee和Ready（1991）的方法进行判定
	Cancel	撤销订单金额占总订单申报金额的比例
	ProBig	日内巨额订单申报的概率
	Herd	参照朱菲菲等对经典的检验羊群效应的LSV方法进行改进，反映个股日内羊群效应强度的指标

1. 市场流动性

（1）Amihud指标（*Amihud*），即涨跌幅额度的绝对值除以成交额，衡量市场深度。

$$Amihud_{i,t}=\frac{|Price\ Change_{i,t}|}{Trading\ Amount_{i,t}} \quad (A-1)$$

（2）超额换手率（*Excess Turnover*），即换手率与对照期换手率平均值的差异，衡量市场宽度。

$$Excess\ Turnover_{i,t}=\frac{Turnover_{i,t}}{Turnover_{i,control}}-1 \quad (A-2)$$

（3）订单簿深度（*Order Depth*），即买卖五档的订单金额总量，衡量市场宽度。

$$Order\ Depth_{i,t}=\sum Weight_{i,t,j}\times(Bidprice_{i,t,j}\times Bidvol_{i,t,j}+Askprice_{i,t,j}\times Askvol_{i,t,j}) \quad (A-3)$$

（4）相对买卖价差（QSP），即时间加权的相对报价价差，衡量市场紧度。

$$QSP_{i,t}=\sum Weight\ Time_{i,t,j}\times\frac{Askprc1_{i,t,j}-Bidprc1_{i,t,j}}{Mprc_{i,t,j}}\qquad（A-4）$$

（5）相对有效价差（ESP），即成交量加权的相对有效价差，衡量市场紧度。

$$ESP_{i,t}=\sum Weight\ Value_{i,t,j}\times\frac{2\times|Tprc_{i,t,j}-Mprc_{i,t,j}|}{Mprc_{i,t,j}}\qquad（A-5）$$

（6）买卖价差的波动（SpreadStd），即买卖价差的标准差，衡量流动性的稳定性。

$$SpreadStd_{i,t}=Std(Spread_{i,t,j})\qquad（A-6）$$

（7）成交量标准差（VolumeStd），即 1 分钟成交量的标准差，衡量流动性的稳定性。

$$VolumeStd_{i,t}=Std(Volume_{i,t,k})\qquad（A-7）$$

（8）开盘集合竞价阶段成交量占比（PercOpn），衡量开盘集合竞价阶段的交易集中度。

$$PercOpn_{i,t}=\frac{Trading\ Volume\ Opn_{i,t}}{rading\ Volume_{i,t}}\qquad（A-8）$$

（9）收盘集合竞价阶段成交量占比（PercCls），衡量收盘集合竞价阶段的交易集中度。

$$PercCls_{i,t}=\frac{Trading\ Volume\ Cls_{i,t}}{Trading\ Volume_{i,t}}\qquad（A-9）$$

（10）开盘后前 15 分钟交易占比（Perc 15），衡量早间的交易集中度。

$$Perc\ 15_{i,t}=\frac{Trading\ Volume\ 15_{i,t}}{Trading\ Volume_{i,t}}\qquad（A-10）$$

2. 价格波动性

（1）收益率标准差（Vol），即 1 分钟收益率的标准差。

$$Vol_{i,t}=Std(Dretwd_{i,t,k})\qquad（A-11）$$

（2）特质收益率标准差（Idivol），即 CAPM 模型中残差的标准差。

$$Idivol_{i,t}=Std(\varepsilon_{i,t,k})\qquad（A-12）$$

（3）日内百分位价差（PriceDif），即资产价格 99% 分位数与 1% 分位数的差值。

$$PriceDif_{i,t}=Percentile\ 99(Price_{i,t,j})-Percentile\ 1(Price_{i,t,j})\qquad（A-13）$$

3.市场有效性

（1）自相关系数（*Acf*），即分钟收益率的自相关系数绝对值减去 1。收益率的自相关性越大说明收益率的可预测性越强，即市场有效性越差。

$$Acf_{i,t}=|corr(Ret_{i,t,k},Ret_{i,t,k-1})|-1 \qquad （A-14）$$

（2）方差比（*Vr*），即 5 分钟收益率标准差与 1 分钟收益率标准差的差异的绝对值。如果价格走势遵循随机游走，则方差比为 0。方差比越大，说明收益率的可预测性越强，即市场有效性越差。

$$Vr_{i,t}=\left|\frac{Std\,5_{i,t}}{5\times Std\,1_{i,t}}-1\right| \qquad （A-15）$$

其中，$Std\,5_{i,t}$ 和 $Std\,1_{i,t}$ 分别为 5 分钟和 1 分钟收益率的标准差。

（3）订单不平衡对收益率的预测能力（*RsqBsi*）。如果价格走势遵循随机游走，则订单不平衡将没有预测未来收益率的能力。我们用 $B_{i,t,j}$ 和 $S_{i,t,j}$ 分别代表股票 i 在交易日 t 第 k 分钟的买方订单申报总金额和卖方订单申报总金额，采用如下公式构建订单不平衡指标 $Bsi_{i,t,j}$。

$$Bsi_{i,t,j}=\frac{B_{i,t,j}-S_{i,t,j}}{B_{i,t,j}+S_{i,t,j}} \qquad （A-16）$$

订单不平衡对收益率的预测能力越强，即式（A-17）的拟合优度（$RsqBsi_{i,t}$）越大，表明前 1 分钟订单不平衡对当期收益的预测能力越强，即日内股价的可预测性越高，从而说明市场有效性越差。

$$Ret_{i,t,k}=\beta_0+\beta_1\times Bsi_{i,t,k-1} \qquad （A-17）$$

（4）滞后收益率对当期收益率的预测能力（*RsqRet*）。滞后收益率对当期收益率的预测能力越强，即式（A-18）的拟合优度（$RsqRet_{i,t}$）越大，表明滞后期收益率的预测能力越强，即日内股价的可预测性越高，从而说明市场有效性越差。

$$Ret_{i,t,k}=\beta_0+\beta_1\times Ret_{i,t,k-1} \qquad （A-18）$$

4.信息不对称

（1）股价同步性（R^2）。我们用 CAPM 模型中的拟合优度 R^2 来刻画股价走势与市场走势的同步程度。同步性越强，说明该个股走势的信息含量越低。

$$Ret_{i,t}-rf_t=\alpha+\beta\times(Ret_{i,t}-rf_t) \qquad （A-19）$$

（2）知情交易概率（*VPIN*）。本项目将日内划分的交易量篮子中买卖成交量的差异度量市场知情交易概率。知情交易概率越高，代表市场信息不对称程度越高。

$$VPIN_{i,t}=\frac{\sum_{\tau=1}^{k}|V_\tau^B-V_\tau^s|}{nV} \qquad （A-20）$$

其中，V_τ^B 和 V_τ^s 分别为每个等交易量篮子 τ 中买、卖交易量；V 为每个等交易量篮子 τ 包含的交易量。知情交易概率越高，表明交易中存在越多的知情交易，信息不对称程度越高。

（3）Huang–Stoll 价差分解（$HSAdverse$）。我们将价差分为逆向信息成分和做市商已实现成分，并将有效价差中做市商没有实现的利润作为逆向选择成本的估计值。其中已实现价差的一半定义为上一次交易价格为买价时的成交价变化值或上一次交易价格为卖价时的成交价变化负值。逆向选择成本计算方法如下：

$$HSAdverse_{i,t}=\sum weight_{i,t,j}\times(SpreadE_{i,t,j}-SpreadA_{i,t,j}) \quad （A\text{--}21）$$

其中，$SpreadE_{i,t,j}$ 和 $SpreadA_{i,t,j}$ 分别为有效价差的一半和已实现价差的一半。逆向选择成本越高，表明市场中信息不对称程度越高。

（4）Glosten–Harris 长久价格冲击指标（$GHShock$）。Golsten 和 Harris 将价差分解为暂时性成分和长久性成分，其中暂时性成分反映了订单处理成本、存货成本等，而长久成分则反映了做市商和知情交易者之间的信息不对称程度。Glosten–Harris 长久价格冲击指标即式（A–22）中 z_1 的估计值。

$$\Delta P_{i,t,k}=c_0\times\Delta Q_{i,t,k}+z_1\times x_{i,t,k}+U_{i,t,k} \quad （A\text{--}22）$$

其中，$\Delta P_{i,t,k}$ 为交易价格 $P_{i,t,k}$ 变化；$\Delta Q_{i,t,k}$ 为买卖方向指示变量 $Q_{i,t,k}$ 的变化；$x_{i,t,k}-V_{i,t,k}\times Q_{i,t,k}$，$V_{i,t,k}$ 为成交量。长久价格冲击越大，表明信息不对称程度越高。

（5）Hasbrouck 未预期价格冲击指标（$HbShock$），将价格变化分解为与交易相关和不相关两部分，其中前一部分即未预期价格冲击指标，能够衡量交易中的信息不对称程度：

$$\begin{cases} r_t=\sum_{i=1}^5 a_i\times r_{t-i}+\sum_{i=0}^5 b_i\times X_{t-i}+e_{1,t} \\ X_t=\sum_{i=1}^5 a_i\times r_{t-i}+\sum_{i=1}^5 d_i\times X_{t-i}+e_{2,t} \end{cases} \quad （A\text{--}23）$$

其中，r_t 是对数价差中点的变化；X_t 可以是买卖方向示性变量 Q_t，也可以是 Q_t 和交易量 V_t 的向量组合 $\{Q_t,Q_t\times V_t\}$。对上述模型进行 OLS 估计后，可将模型转化为 VMA 模型的表达形式，然后计算得到未预期价格冲击指标 $HbShock$。

5. 投资者行为

（1）投资者报价策略保守程度（$Nbqr$）。本项目拟采用五档报价深度中除最优买卖报价深度以外其他部分的占比，即非最优报价占比衡量投资者报价策略的保守程度。

$$Nbqr_{i,t}=\sum Weight\times\frac{Depth\,5_{i,t,j}-Depth\,1_{i,t,j}}{Depth\,5_{i,t,j}} \quad （A\text{--}24）$$

（2）订单簿不平衡（Bsi），即订单簿中买卖订单申报量的差异。

$$Bsi_{i,t}=\sum Weight\times\frac{B_{i,t,j} - S_{i,t,j}}{B_{i,t,j}+ S_{i,t,j}} \qquad （A-25）$$

其中，$B_{i,t,j}$ 和 $S_{i,t,j}$ 分别为股票 i 在 t 交易日第 j 个快照数据的买方订单申报总金额和卖方订单申报总金额。

（3）成交量不平衡（Imb），即买方、卖方发起的成交量的差异。本项目采用 Lee 和 Ready 的判定方法，将日内已执行订单划分为买方发起和卖方发起，并将买方发起的成交金额减去卖方发起的成交金额，再除以二者的和，作为成交量不平衡 Imb 的估计方法。

$$Imb_{i,t}=\sum Weight\times\frac{Buy_{i,t} - Sell_{i,t}}{Buy_{i,t}+ Sell_{i,t}} \qquad （A-26）$$

（4）撤单比例（$Cancel$），即撤单数量占申报数量的比例。本项目通过估计日内每个快照数据的撤单比例，对在日内进行取均值处理，得到反映日内撤单情况的撤单比例指标。撤单比例的取值越大，表明日内撤单现象越严重。

$$Cancel_{i,t}=\sum Weight\times Cancel_{i,t,j} \qquad （A-27）$$

（5）巨额订单概率（$ProBig$）。本项目通过利用日内订单申报数据，对日内订单申报的巨额订单概率进行估计，巨额订单概率越大，表明投资者越倾向于提交数额巨大的订单。

$$ProBig_{i,t}=\sum Weight\times ProBig_{i,t,j} \qquad （A-28）$$

（6）羊群效应（$Herd$）。本项目参照朱菲菲等对经典的检验羊群效应的 LSV 方法进行改进，构建了如下式的羊群效应强度指标：

$$Herd_{i,t}=\left|\frac{B(i,T)}{B(i,T)+S(i,t)} -P_t\right|-AF(i,T) \qquad （A-29）$$

其中，$B(i,T)$ 为股票 i 在时期 T 内所有买方驱动单数量；$S(i,t)$ 为股票 i 在时期 T 内所有卖方驱动单数量；P_t 为交易时期 T 每只股票买单占其交易单比例在横截面上的平均；$AF(i,T)$ 为一个调整项，等于在假设投资者各自独立进行交易时，个股买单比例占比与所有股票平均买单比例占比偏离程度的期望值。羊群效应指标的取值越大，表明个股羊群效应现象越严重。